Lívia Rádis Baptista (org.)

Con R.O.

Español Esencial

volume único
ensino médio

SANTILLANA
ESPAÑOL

TABLA DE CONTENIDOS

LECCIÓN 1

QUIÉNES SOMOS

LECTURA

PRECALENTAMIENTO

1 Conversa con tu compañero y rellena el cuadro con los nombres de algunos deportistas, cantantes y actores o actrices que hayan nacido en algún país de habla española.

Deportistas	Cantantes	Actores / Actrices

2 ¿Ya has escuchado alguna canción en español? ¿Cuál?

3 ¿Ya has visto alguna película en ese idioma? ¿Cuál?

4 ¿Sabes cuántos países tienen el español como lengua oficial?

5 Anota el nombre de cinco países cuya lengua oficial sea el español.

6 ¿Qué otros datos añadirías sobre el mundo hispánico? Menciona algunos ejemplos de sitios turísticos, comidas típicas, ritmos e instrumentos musicales, entre otros, de los diversos países de lengua española.

Sitio turístico	Comida típica	Ritmo musical	Instrumento musical

Lee los siguientes **datos biográficos** y relaciónalos con el nombre de las personas que figuran en las fotos.

¿Quiénes son?

1 Es un famoso jugador de fútbol argentino que aún muy joven empezó a actuar en el FC Barcelona. Nació en Rosario, el 24 de junio de 1987. Lo llaman Leo, Lio y también Pulga Atómica. Suele jugar como media punta o delantero por la derecha. Él se llama...

2 Nació el 2 de febrero de 1977, en Barranquilla, Colombia. Su primer lanzamiento fuera de su país, *Pies descalzos*, la convirtió en una superestrella en Latinoamérica y España. Ya ha ganado tres Grammy Latinos y un Grammy por mejor álbum pop latino por su aclamado *MTV Unplugged*. Ella es...

3 Es un actor mexicano muy famoso en todo el mundo. Nació en Guadalajara, el 30 de noviembre de 1978. Hijo de actores, empezó su carrera en el teatro. A los 11 años ya actuaba en las telenovelas. Varias películas en las que ha sido el protagonista han logrado gran éxito, tales como: *El crimen de Padre Amaro* (2002), *Diarios de motocicleta* (2004), *Mala educación* (2004) y *El pasado* (2007). Él se llama...

Adaptado de: http://www.fanmusical.net/; http://pt.wikipedia.org/

Shakira

Thalía

Maradona

Messi

Christian

Gael García Bernal

TOMA NOTA

Biografía es una narración que busca reproducir los hechos más destacados de la vida de una persona o personaje.

COMPRENSIÓN E INTERPRETACIÓN

1 Según los datos mencionados en los tres textos propuestos, escribe F si la afirmación es falsa o V, si es verdadera.

a) [ ] Tenemos informaciones sobre un actor, una cantante y un deportista.
b) [ ] Las personas descritas nacieron en países cuya lengua oficial es el español.
c) [ ] Todos tienen la misma edad.
d) [ ] Los tres son mexicanos.

2 Escribe [1] si los datos o palabras se refieren a Shakira; [2], a Gael García Bernal; y [3], a Lionel Messi.

[ ] Es de México.	[ ] Es de Argentina.	[ ] CD.	[ ] Fútbol.
[ ] FC Barcelona.	[ ] Es deportista.	[ ] Película.	[ ] *Pies descalzos*.
[ ] Es cantante.	[ ] *Diarios de motocicleta*.	[ ] Es actor.	[ ] Es de Colombia.

3 En el primer texto, en "**Suele** jugar como media punta o delantero por la derecha", el verbo **soler** puede ser reemplazado por:

a) [ ] Necesita
b) [ ] Tiene la costumbre de
c) [ ] Le gusta
d) [ ] Quiere

4 En el texto 2, la frase "Su primer lanzamiento fuera de su país, *Pies descalzos*, la convirtió en una superestrella en Latinoamérica y España" quiere decir que:

a) [ ] *Pies descalzos* la hizo famosa en todo el mundo.
b) [ ] *Pies descalzos* fue su primer éxito en su país.
c) [ ] *Pies descalzos* la transformó en una cantante conocida fuera de Colombia.
d) [ ] *Pies descalzos* fue su primer lanzamiento.

5 Lee esta tira de Quino y enseguida contesta las preguntas.

QUINO. *Mafalda 5*. Buenos Aires: Ediciones de la Flor, 1990.

Quino es el gran dibujante, padre de Mafalda y de tantas otras caricaturas que durante varias décadas han encantado el mundo con un humor crítico, inteligente y siempre actual. Quino, o Joaquín Salvador Lavado, nació el 17 de julio de 1932 en la ciudad de Mendoza (Argentina). Recibió el **sobrenombre** desde chico, para diferenciarlo de su tío Joaquín Tejón, pintor y dibujante publicitario con quien a los 3 años descubrió su vocación.

Adaptado de: http://www.mibsasquerido.com.ar

a) ¿Susanita cree que la fama tiene solo el aspecto negativo? Justifica tu respuesta.
b) Según lo que piensa Susanita, ¿en qué consiste el aspecto negativo de la vida de los famosos?

Vocabulario
Ama de casa: dona de casa.
Saldré: futuro del verbo **salir**.

c) De acuerdo con lo que sueña Susanita para su futuro, ¿será posible que salga en las revistas y en los periódicos? Comenta.
d) Teniendo en cuenta lo que has leído, contesta las preguntas a continuación. Compara con tus compañeros las respuestas.
   1 ¿Qué piensas sobre la fama y los famosos?
   2 ¿Te gustaría ser una persona famosa? ¿Por qué?

6 Completa el texto con las palabras propuestas. Ten en cuenta el contexto.

Los embajadores del Unicef

Las personas célebres vinculadas al Unicef provienen de diferentes ámbitos y tienen historias personales distintas, pero todas ellas comparten un mismo compromiso de mejorar las vidas de los ________ en todo el mundo.

El Unicef se beneficia de la fama de determinadas personas: las personas ________ atraen la atención del ________, por lo que pueden dirigir su mirada hacia las necesidades de los niños, tanto en sus respectivos países como en sus visitas a proyectos sobre el terreno y a programas de emergencia en otros ________; pueden utilizar su talento y su ________ para recoger fondos y realizar tareas de promoción de la causa de la niñez, además de dar su apoyo a las misiones del ________ con el fin de garantizar el derecho de todo niño a la salud, la ________, la igualdad y la protección.

Son ________ internacionales, famosos como ________, Whoopi Goldberg, David Beckham, Jackie Chan y Susan Sarandon, entre otros. Diego Torres es el embajador regional de América Latina y, en Brasil, ________ y Daniela Mercury son los embajadores nacionales.

Adaptado de: http://www.unicef.org

Shakira
educación
niños
países
Unicef
fama
Renato Aragão
embajadores
público
célebres

Vocabulario

Proyectos sobre el terreno: "projetos de campo".

7 Tras leer la tira y el texto anterior, señala SÍ en caso de que la afirmación sea verdadera o NO si no procede.

	SÍ	NO
a) Los dos textos defienden la misma idea con respecto a la vida de los famosos.		
b) Los famosos no se preocupan en ayudar a otras personas.		
c) Para Susanita, el cotidiano de personas "comunes" no sale en la prensa.		
d) Solamente estrellas de cine y de televisión pueden ser embajadores del Unicef.		

Daniela Mercury.

Diego Torres.

LECCIÓN **1**

VOCABULARIO

1 Considerando el fragmento del texto: "Suele jugar como media punta o delantero por la derecha", las posiciones destacadas corresponden respectivamente, en portugués, a:

a) [ ] "zagueiro" y "goleiro"
b) [ ] "meio-campista" y "zagueiro"
c) [ ] "meio-campista" y "atacante"
d) [ ] "centroavante" y "lateral"

2 Escribe la nacionalidad de los famosos.

a) La supermodelo Gisele Bündchen es ___________.
b) Quino, el dibujante, es ___________.
c) El cantante Alejandro Sanz es ___________.
d) El futbolista David Beckham es ___________.
e) Antonio Banderas, el actor, es ___________.
f) El escritor Gabriel García Márquez es ___________.
g) La cantante Julieta Venegas es ___________.
h) Rafael Nadal es un conocido jugador de tenis ___________.
i) *Condorito* es un personaje de cómic ___________.
j) Diego Torres es un cantante ___________.

3 Observa en el calendario los meses del año y contesta las preguntas.

¿Cuándo es...

a) la Navidad?
b) tu cumpleaños?
c) el Día de la Hispanidad?
d) el cumpleaños de tu mejor amigo(a)?

Completa la secuencia.

a) lunes, martes, ___________
b) octubre, noviembre, ___________
c) ayer, hoy, ___________
d) día, semana, ___________

Señala la respuesta correcta.

Si hoy es miércoles, ayer fue:

a) [ ] jueves.
b) [ ] martes.
c) [ ] lunes.

Si hoy es jueves, mañana será:

a) [ ] miércoles.
b) [ ] martes.
c) [ ] viernes.

4 Tacha la palabra que no pertenece al grupo.

a) ingeniero – arquitecto – estudiante – profesor – venezolano
b) brasileño – dibujante – chino – inglés – danés
c) septiembre – julio – viernes – diciembre – febrero
d) segunda – martes – jueves – lunes – sábado

5 Forma frases en tu cuaderno organizando las palabras y los signos de puntuación propuestos.

a) los los y de clases lunes miércoles español Tenemos.
b) favorito Cómo llama artista se tu ? ¿
c) sino soy no No puertorriqueño venezolano , , .
d) es del el portero Quién equipo ? ¿

GRAMÁTICA

¿Cómo se escribe?

Para que puedas deletrear algún dato o palabra, o para que apuntes algo que alguien haya deletreado, es necesario que conozcas el ALFABETO ESPAÑOL.

El alfabeto español se compone de 27 letras. **CH** y **LL** son dígrafos, es decir, signos gráficos compuestos por dos letras que representan un solo sonido. Cuando se ordena alfabeticamente, las palabras que empiezan por **CH** y **LL** o las que contienen esos dígrafos deben figurar a los lugares correspondientes dentro de la **C** y la **L**, respectivamente.

A	a	J	jota	R	erre
B	be	K	ka	S	ese
C	ce	L	ele	T	te
D	de	M	eme	U	u
E	e	N	ene	V	uve
F	efe	Ñ	eñe	W	uve doble
G	ge	O	o	X	equis
H	hache	P	pe	Y	ye
I	i	Q	cu	Z	zeta

OBSERVA

1 Cuando nos referimos a las letras, utilizamos el artículo femenino **la**. Se dice **la a**, **la be**, etc.

2 Hay variaciones de nomenclaturas para designar algunas letras:
la **B** se dice también be larga, be alta, be grande; la **V**, ve, ve corta, ve baja, ve chica.

Ejercicios

1 Deletrea...

a) tu apellido.
b) tu correo electrónico.
c) tu sobrenombre.
d) el nombre de tu banda favorita.

2 Ahora escucha y luego escribe lo que te deletreamos.

a) ______________________
b) ______________________
c) ______________________
d) ______________________

Pronombres personales

	Singular	Plural
1.ª persona	Yo	Nosotros(as)
2.ª persona	Tú / Vos	Vosotros(as)
3.ª persona	Él / Ella / Usted	Ellos / Ellas / Ustedes

OBSERVA

Según la RAE (Real Academia Española), **usted** es una forma de segunda persona usada por **tú** como tratamiento de cortesía, respeto o distanciamiento. Sin embargo, aunque **usted** se refiera a una persona con quien hablamos o a quien escribimos algo, se clasifica como un pronombre de tercera persona gramatical.
En América, se puede utilizar **ustedes** en situaciones formales e informales. Fíjate en la forma para dirigirse a una o más personas en distintas situaciones.

	Tratamiento informal	Tratamiento formal
España	Tú / Vosotros	Usted / Ustedes
Argentina y Uruguay	Vos / Ustedes	
Gran parte de América	Tú / Ustedes	

El uso de **vos** en lugar de **tú** es el **voseo**, una de las características del español de Argentina, Uruguay y de algunas regiones de Bolivia, Chile, Colombia, Ecuador, Paraguay, Perú, Venezuela, Cuba, El Salvador, Guatemala, Honduras, México, Nicaragua y Panamá.

Ahora observa estos fragmentos extraídos de los textos:
"Ella **es**..." — "Él **se llama**..." — "... *Messi, Diego Torres, Shakira, Gael García Bernal* **son** *de distintos países de habla hispánica...*"

Te presentamos la conjugación de algunos verbos:

	Ser	Estudiar	Trabajar	Llamarse
[Yo]	soy	estudio	trabajo	me llamo
[Tú]	eres	estudias	trabajas	te llamas
[Vos]	sos	estudiás	trabajás	te llamás
[Él / Ella / Usted]	es	estudia	trabaja	se llama
[Nosotros(as)]	somos	estudiamos	trabajamos	nos llamamos
[Vosotros(as)]	sois	estudiáis	trabajáis	os llamáis
[Ellos / Ellas / Ustedes]	son	estudian	trabajan	se llaman

Ejercicios

1 Completa el texto con los verbos indicados entre paréntesis, conjugándolos en presente de indicativo.

_______ (llamarse) Francisco pero mucha gente me conoce como Paco. _______ (ser) puertorriqueño, pero vivo en Venezuela. _______ (estudiar) por la mañana y _______ (trabajar) por la tarde en la oficina de mi padre.
Esta _______ (ser) mi mejor amiga. _______ (llamarse) Delia, _______ (estudiar) en la misma escuela que yo, pero no _______ (trabajar). Me encanta estar a su lado.

2 Relaciona las respuestas adecuadas.

a) ¿Cómo te llamas?	[ ] En una oficina cerca de mi casa.
b) ¿De dónde eres?	[ ] En el Colegio Velásquez.
c) ¿Dónde estudias?	[ ] Soy Dolores Sierra.
d) ¿Dónde trabajas?	[ ] Voy tirando.
e) ¿Cómo estás?	[ ] Soy de El Salvador.

Vocabulario

Voy tirando: vou levando.

3 Ahora vuelve a escribir las frases de la primera columna del ejercicio anterior, pero considerando la segunda persona del plural.

a) ____________

b) ____________

c) ____________

d) ____________

e) ____________

OBSERVA

Siempre se acentúan los **adverbios y pronombres interrogativos**.

¿**Cuál** es tu nombre?

¿**Cómo** te llamas?

Incluso si se sobrentiende la pregunta:

No sé **dónde** estudia mi vecino.

Me gustaría saber **cómo** se llama tu hermano.

Los **signos de interrogación** se colocan siempre al principio y al final de la pregunta, incluso cuando ella se hace en el medio de la frase.

Y tu hermano, **¿**cómo se llama**?**

4 En el enunciado del enigma hay algunos errores gramaticales. Copia el texto en tu cuaderno, corrígelo y después encuentra la respuesta del juego.

¿Quién es quién?

Estos jóvenes somos integrantes de un conjunto que interpreta la música que está de onda. Para oxigenarse, juegan un "picado" (partido de fútbol informal). Pero no sabemos quien es quién. Para lograrlo deberás establecerlo teniendo en cuenta que: Agustín tiene el pantalón igual al de Ignacio. El de Alberto son diferente. A la derecha de Alberto está Edmundo, y Carlos a la derecha de Agustín. Esto eres todo. ¿Quién es quién?

Adaptado de: suplemento de *La Nación*, Buenos Aires, 25 jul. 1993.

COMUNICACIÓN

En una escuela de español para extranjeros, un grupo de alumnos de nivel avanzado ayuda a teclear los datos de otros estudiantes en un sistema de información. Presta atención a la forma de tratamiento, a la conjugación verbal y al acento de los estudiantes:

Diálogo 1: El tuteo

Estudiante español	¿Cómo te llamas?
Julia	Soy Julia.
Estudiante español	¿Y tu apellido?
Julia	Law.
Estudiante español	¿De dónde eres?
Julia	Soy inglesa.
Estudiante español	¿Qué haces?
Julia	Soy estudiante y trabajo en un hotel.
Estudiante español	¿Eres soltera?
Julia	Sí, sí.

Diálogo 2: El voseo

Estudiante argentino	Vos, ¿cómo te llamás?
Paolo	Me llamo Paolo.
Estudiante argentino	¿Y tu apellido?
Paolo	Rossini.
Estudiante argentino	¿De dónde sos?
Paolo	Soy italiano, de Roma.
Estudiante argentino	¿Qué hacés?
Paolo	Estudio idiomas y soy ingeniero agrónomo.
Estudiante argentino	¿Sos soltero?
Paolo	No, no, estoy casado.

En cada uno de los diálogos se usa el tratamiento informal (**tú**, en el primer diálogo, y **vos**, en el segundo). ¿Cómo serían esas entrevistas en una situación formal? Practica con tu compañero.

OBSERVA

Para presentarse	Para saludar	Estado civil
Soy…	Buenos días.	soltero(a)
¡Hola!, me llamo…	Buenas tardes.	casado(a)
Mi nombre es…	Buenas noches.	separado(a)
	Hola, ¿qué tal?	divorciado(a)
	¿Cómo estás?	viudo(a)

PRODUCCIÓN ORAL

En grupos de 4 o 5 personas, entrevista a tus compañeros, apunta sus datos y el artista preferido de cada uno.

Nombre	Nacionalidad	Profesión	Estado civil	Artista preferido

AMPLIACIÓN DEL VOCABULARIO

¡Ojo! En español hay varias palabras semejantes al portugués, pero algunas tienen significados distintos. Observa:

El **sobrenombre** de Joaquín Salvador Lavado es **Quino**.

Los **apellidos** de Quino son **Salvador Lavado**.

PRODUCCIÓN ESCRITA

Clarín, Buenos Aires, 2 sep. 2006.

1 Imagínate que hay un sorteo y el premio es un encuentro con tu ídolo, como en la promoción que figura arriba. Rellena esta ficha con tus datos y escribe el nombre del famoso al que te gustaría conocer.

Apellido(s) __________

Nombre __________

Sobrenombre __________

Fecha de nacimiento __________

Nacionalidad __________

Correo electrónico __________

Sexo [ ] Varón [ ] Mujer

Mi ídolo es __________

2 Ahora busca datos sobre tu ídolo y escribe su biografía. Si tienes alguna foto, pégala abajo.

FOTO

Has notado que Messi, Diego Torres, Shakira y Gael García Bernal son de distintos países: Argentina, Colombia y México. Todos ellos hablan español y, aunque existan algunas diferencias, por ejemplo, en cuanto al léxico o al acento, se entienden.

1 Hoy el español es el idioma oficial de 21 países. Identifícalos en el mapa, escribe sus nombres, sus capitales y el gentilicio relativo a cada uno. Te damos, como ejemplo, Guinea Ecuatorial.

También se habla el español en algunas regiones de Filipinas y Estados Unidos.

	País	Capital	Gentilicio
01			
02			
03			
04			
05			
06			
07			
08			
09			
10			
11	Guinea Ecuatorial	Malabo	Guineano(a)
12			
13			
14			
15			
16			
17			
18			
19			
20			
21			

Filipinas

Océano Pacífico

Océano Índico

2 Contesta las preguntas según el ejemplo.

a) ¿Son los integrantes de la banda Maná cubanos? No, son mexicanos.

b) ¿Es Shakira venezolana?

c) ¿Son Antonio Banderas y Penélope Cruz norteamericanos?

d) ¿Es tu profesor(a) guatemalteco(a)?

e) ¿Es Fernando Alonso un piloto francés?

LECCIÓN 2

NUESTRA FAMILIA

LECTURA

PRECALENTAMIENTO Mira las imágenes y conversa con tus compañeros.

1 ¿Cómo se componen las familias de las fotos?

2 ¿Cómo eran las familias del pasado con relación al número de hijos? ¿Y las actuales?

3 ¿Cuál era el papel del hombre en la familia? ¿Y en la actualidad?

4 ¿Cuál era el papel de la mujer en la familia? ¿Y hoy día?

5 Teniendo en cuenta nuestra realidad, ¿cómo crees que será la institución familia en el futuro? ¿Quiénes la integrarán? ¿Cómo se darán las relaciones personales?

En pequeños grupos, intercambien sus respuestas. Discutan cómo y cuándo esperan formar su propia familia: número de integrantes, tipo de relaciones, participación en las actividades domésticas, etc.

Manolito Gafotas es un personaje que surgió de un programa de radio y saltó a los libros e incluso al cine. Lee el **relato** en el que Manolito se presenta y a su familia.

El último mono

Me llamo Manolito García Moreno, pero si tú entras a mi barrio y le preguntas al primer tío que pase:

—Oiga, por favor, ¿Manolito García Moreno?

El tío, una de dos, o se encoge de hombros o te suelta:

—Oiga, y a mí qué me cuenta.

[...] En Carabanchel, que es mi barrio, por si no te lo había dicho, todo el mundo me conoce por Manolito Gafotas. Todo el mundo que me conoce, claro. Los que no me conocen no saben ni que llevo gafas desde que tenía cinco años. Ahora, que ellos se lo pierden.

Me pusieron Manolito no porque me parezco a mi padre pero por su camión y al camión le pusieron Manolito por mi padre, que se llama Manolo. A mi padre le pusieron Manolo por su padre, y así hasta el principio de los tiempos. [...] Hasta el último Manolito García, que soy yo, el último mono. Así es como me llama mi madre en algunos momentos cruciales, y no me llama así porque sea una investigadora de los orígenes de la humanidad. Me llama así cuando está a punto de soltarme una colleja. A mí me fastidia que me llame el último mono, y a ella le fastidia que en el barrio me llamen el Gafotas. Está visto que nos fastidian cosas distintas aunque seamos de la misma familia. [...]

Hace tres años mi abuelo se vino del pueblo y mi madre cerró la terraza con aluminio visto y puso un sofá cama para que durmiéramos mi abuelo y yo. Todas las noches le saco la cama suya. Es un rollo mortal sacarle la cama, pero me aguanto muy contento porque luego siempre me da una moneda para mi cerdo —no es un cerdo de verdad, es una hucha— y me estoy haciendo inmensamente rico. [...]

Si mi abuelo se muriera yo tendría que compartir la terraza de aluminio con el Imbécil. Es mi hermanito pequeño, el único que tengo. A mi madre no le gusta que le llame el Imbécil; no hay ningún mote que a ella le haga gracia. Que conste me salió el primer día que nació. [...] Pues me acerqué a la cuna y le fui a abrir un ojo con la mano porque el Orejones, mi amigo, me había dicho que si mi hermanito tenía los ojos rojos es que estaba poseído por el diablo. Yo fui a hacerlo con mi mejor intención y el tío se puso a llorar con ese llanto tan falso que tiene. Entonces todos se me echaron encima como si el poseído fuera yo y pensé por primera vez: "¡Qué imbécil!", y es de esas cosas que ya no se te quitan de la cabeza. [...]

Adaptado de: LINDO, Elvira. *Manolito Gafotas*. Madrid: Alfaguara Juvenil, 1988.

Vocabulario

El último mono: la persona que menos importa.
Soltar una colleja: dar un golpe en la nuca con la palma de la mano.
Tío: en el habla popular, una palabra genérica para decir hombre. Para las mujeres se usa **tía**.
Una de dos: "das duas uma".

TOMA NOTA

El **relato** es un texto narrativo-descriptivo en el que se presentan informaciones básicas referentes a un cierto acontecimiento. El principal objetivo con ese género de texto es informar, reconstruyendo al lector u oyente una secuencia de acontecimientos; por ello focaliza las acciones. El relato puede ser oral o escrito y ocurrir en contextos distintos como, por ejemplo, el fragmento de la **novela** en la que se narra la historia de un niño y su familia, los **formularios** y la **carta** de Karla, en la página 23.

COMPRENSIÓN E INTERPRETACIÓN

1 Según el texto:

- **a)** ¿Cuáles son los apellidos del chico que narra el relato?
- **b)** ¿A qué Manolito debe su nombre?
- **c)** ¿Por qué le llaman Gafotas?
- **d)** ¿Cómo se compone la familia de Manolito?
- **e)** ¿Qué le ocasiona disgusto a Manolito?
- **f)** ¿Por qué Manolito quería verificar los ojos de su hermano?

2 Según las informaciones del texto, escribe F para las alternativas falsas y V para las verdaderas, corrigiendo las que no están adecuadas.

- **a)** [ ] Manolito y su madre coinciden en que el mote es una forma cariñosa de identificar a alguien.
- **b)** [ ] El abuelo paterno de Manolito tiene el mismo nombre de su hijo.
- **c)** [ ] Manolito duerme con su abuelo y hermano.
- **d)** [ ] Manolito está satisfecho en armar la cama a su abuelo.
- **e)** [ ] El hermano de Manolito lloró al ver sus ojos rojos.

3 Marca con una X la alternativa adecuada.

Por el texto podemos inferir que Manolito Gafotas:

- **a)** [ ] es el tercer hijo de Manolo.
- **b)** [ ] es una persona poco conocida en su barrio.
- **c)** [ ] se parece a un monito que lleva gafas.
- **d)** [ ] es un niño travieso.

4 Manolito Gafotas:

- **a)** [ ] ahorra dinero.
- **b)** [ ] adora los cerdos.
- **c)** [ ] es conocido en el barrio por el último mono.
- **d)** [ ] tiene un hermano de grandes orejas.

5 El hermano menor de Manolito:

- **a)** [ ] también se llamará Manolo.
- **b)** [ ] es una persona falsa.
- **c)** [ ] lleva un mote que le ha puesto Manolito.
- **d)** [ ] llora mucho como si estuviera poseído por el diablo.

6 Identifica en el texto las frases que justifiquen tus respuestas a las preguntas 3, 4 y 5.

VOCABULARIO

1 En el fragmento "[...] porque luego siempre me da una moneda para mi cerdo —no es un cerdo de verdad, es una **hucha**" [...], la expresión destacada significa:

a) [ ] un objeto de decoración.
b) [ ] un bote gordo donde Manolito guarda sus monedas.
c) [ ] un monedero en formato de cerdo.
d) [ ] un recipiente con una hendidura para guardar dinero.

2 Elige en el recuadro las palabras relacionadas a la familia y al parentesco, y completa los espacios.

nieto hermanos cuñada primos padre
mujer tía suegra abuela sobrinos

a) Carlos y Ana son hijos del mismo padre: son ______.
b) La madre de mi madre es mi ______. Yo soy su ______ y la hermana de mi madre es mi ______.
c) Mi hermano está casado con Ana. Ella es mi ______, y sus hijos, Felipe y Matías, son mis ______. Mis hijos son sus ______. Mi madre es ______ de Ana.
d) El ______ de mi abuela es mi bisabuelo. Ya su ______ es mi bisabuela.

3 Todas las alternativas se refieren a características físicas, menos:

a) [ ] flaco.
b) [ ] ojos verdes.
c) [ ] habladuría.
d) [ ] pecas.

4 Relaciona cada característica física y de personalidad con su opuesto. El primer ejercicio está puesto como ejemplo.

a) alto	[ ] agitado
b) gordo	[ ] feo
c) tranquilo	[ ] delgado
d) alegre	[a] bajo
e) guapo	[ ] triste

GLOSARIO VISUAL pág. 328-329

5 Completa la tabla con dos características que podemos encontrar en el cuerpo humano.

Pelo		Ojos		Cara
Color	Tamaño	Formato	Color	Formato

6 Completa los espacios retirando del recuadro las palabras correspondientes a características de personalidad.

despistado(a) individualista emotivo(a) objetivo(a) sociable
calmo(a) metódico(a) crítico(a) persistente

a) Soy ____________________: hago planes y visualizo todas las etapas para alcanzar lo que quiero.
b) No desisto fácil. Soy ____________________.
c) Nunca sé dónde he puesto mis llaves, mi paraguas, mis cuadernos. Soy muy ____________________.
d) Conozco a mucha gente y me gusta hacer amistades. Soy una persona ____________________.
e) No tengo prisa. Prefiero hacer todo con tranquilidad. Soy una persona muy ____________________.
f) Me gusta la rutina, las cosas en su lugar, pues solo así me siento más seguro(a). Soy ____________________.
g) Soy sensible a las ceremonias, a los homenajes y lloro con facilidad. Soy muy ____________________.
h) Lo cuestiono todo, busco ver por un lado nuevo las cosas convencionales. Soy muy ____________________.
i) No me gusta trabajar en equipo, dividir mis cosas con nadie. Soy ____________________.

7 Rellena los formularios con los datos solicitados.

a) Me llamo Marta Hernández Martínez. Vivo en la Calle Clay, 2928, Palermo, en Buenos Aires, Argentina. Para enviar correspondencia por favor escribir a Apartado de Correos número 1426. Código Postal 1900.

Nombre: ____________________
Primer apellido: ____________________ Segundo apellido: ____________________
Dirección: ____________________ Número: ____________________
Barrio: ____________________ CP: ____________________ Apartado de Correos (AC): ____________________
Ciudad: ____________________ País: ____________________

b) Soy Juan Ordóñez. Vivo en Brasil y necesito enviar este paquete a mi madre. Su nombre es Yolanda Caballero y vive en Uruguay, en el centro de Montevideo, Edificio Palacio Salvo, en la Plaza Independencia, 846, piso 902. El código postal es el 11100. Aquí en Brasil, vivo en São Paulo, en Avenida Conselheiro Rodrigues Alves, 655, piso 604, barrio Vila Mariana. El código postal es el 00014-000.

Destinatario: ____________________
Domicilio: ____________________ CP: ____________________
Barrio: ____________________ Ciudad: ____________________ País: ____________________
Remitente: ____________________
Domicilio: ____________________ CEP: ____________________
Barrio: ____________________ Ciudad: ____________________ País: ____________________

Número y género de los sustantivos y adjetivos

Observa estas frases extraídas del texto:

"Hasta el último Manolito García, que soy yo, **el último mono**".

"Está visto que nos fastidian **cosas distintas** aunque seamos de **la misma familia**".

"... y le fui a abrir **un ojo** con **la mano** porque el Orejones, mi amigo, me había dicho que si mi hermanito tenía **los ojos rojos** es que estaba poseído por **el diablo**".

Los **sustantivos** pueden variar en número: **singular** o **plural**, y en género: **masculino** o **femenino**.

	Género	
Número	Masculino	Femenino
singular	el ojo	la madre
plural	los ojos	las madres

En general, son femeninos los sustantivos terminados en **-a** (singular), **-as** (plural) y masculinos los terminados en **-o** (singular), **-os** (plural). Algunos sustantivos terminados en **-e** o en consonante pueden ser masculinos o femeninos. Ejemplos:

un estudiante	**una** estudiante
el camión	**la** aviación
el pez	**la** nariz

OBSERVA

Los sustantivos terminados en **-aje** son masculinos: **el** vi**aje**, **el** equip**aje**, **el** pe**aje**, etc.
Los sustantivos terminados en **-umbre** son femeninos: **la** incertid**umbre**, **la** leg**umbre**, etc.
Observa que los artículos (**el**, **los**, **la**, **las**, **un**, **unos**, **una**, **unas**) indican el género del sustantivo.

Los **adjetivos** concuerdan en género y número con los sustantivos que acompañan. Ejemplos:

el ojo rojo	los ojos rojos
la boca roja	las bocas rojas

Formación del plural

Cuando el sustantivo o adjetivo:			
	termina en vocal, se le añade la **-s**	la mano el día	las manos los días
	termina en consonante, se le añade **-es**	la canción el cantautor	las canciones los cantautores

Ejercicios

1 Reescribe las frases en tu cuaderno, pasándolas al plural.

a) La calle de esta ciudad es muy estrecha y oscura.
b) El color de la pared del salón del piso de Marcos es azul y gris.
c) Mi amiga es muy fuerte y tiene la mano grande.
d) Lleva un cinturón marrón, una camiseta blanca y un sombrero ancho.
e) Mi vecino inglés y la niña japonesa estudian en una buena escuela.

2 Retira las palabras del recuadro y colócalas en la tabla según correspondan.

Masculinas	**Femeninas**

autobús
lección
madre
día
pasión
reloj
paisaje
foto
deporte
felicidad

3 La persona que escribió el siguiente texto se equivocó y cometió algunos errores. Trata de identificarlos y reescribe el texto de modo correcto en tu cuaderno.

¡Qué hermoso situación la de tener y educar a un familia multicultural! Soy italiano y mi esposa es brasileño. Vivimos en Chile por cuestiones profesionales. Nuestra hijos se han criado en un ambiente más abierta culturalmente. Tienen mucha más contacto con personas de otros naciones vecinos y son más tolerante con otra culturas. Creo que ellas están viviendo en una tiempo más globalizado.

Los posesivos: pronombres y adjetivos

Lee las frases entresacadas del texto:

Tanto los adjetivos como los pronombres concuerdan en género y número con la cosa poseída. Pero ¡ojo!, los adjetivos posesivos van delante del sustantivo y los pronombres posesivos van después del sustantivo.

Ejemplos:

¿**Tus** hermanos son mayores o menores que tú?
└ adjetivo posesivo

Este bolígrafo es **tuyo.**
pronombre posesivo

Formación

Adjetivo posesivo		**Pronombre posesivo**			
Antes del sustantivo		Después del sustantivo			
singular	plural	singular		plural	
mi	mis		mío(a)		míos(as)
tu	tus	un(a) + sustantivo +	tuyo(a)	unos(as) + sustantivo +	tuyos(as)
su	sus		suyo(a)		suyos(as)
nuestro(a)	nuestros(as)		nuestro(a)		nuestros(as)
vuestro(a)	vuestros(as)		vuestro(a)		vuestros(as)
su	sus		suyo(a)		suyos(as)

Ejercicio

Completa los espacios con los posesivos que sean necesarios.

Querida familia Cucalón,

En primer lugar quiero agradecerles mucho por hospedarme en ________ casa. Hacer un intercambio a Ecuador siempre ha sido ________ gran sueño, porque quiero conocer un país y una cultura diferente, encontrar gente diferente, comprender ________ modo de pensar, y por último, perfeccionar ________ español.

Me llamo Karla, tengo 14 años y vivo con ________ familia en una ciudad pequeña del sur de Alemania. Somos cuatro personas: ________ hermano pequeño, Elías, que tiene 11 años, ________ padres Ulrike y Christoph de 45 años y, claro, yo misma. Además, ________ abuelos viven en la misma ciudad.

________ hermano y yo somos alumnos de un colegio muy moderno. Nuestro padre trabaja allá como profesor de Arte y de Biología y ________ madre es enfermera.

________ mayor pasión es conocer países y culturas diferentes, especialmente las de Latinoamérica. Por consiguiente me gusta aprender idiomas extranjeros.

Me encanta escribir mensajes y tengo muchísimas preguntas sobre ________ país y, sobre todo, ________ familia.

________ familia siempre se alegra de tener invitados; si alguien de la ________ quisiera visitarnos en Alemania, será bienvenido.

Por fin solo puedo darles las gracias por ________ enorme hospitalidad.

Muchas gracias,

Karla

Adaptado de: http://64.233.169.104/search?q=cache:qQ_e-U8pL1AJ:ecuador4ever.wordpress.com

COMUNICACIÓN

1 Escucha el diálogo en que Julio va a la casa de Luis por primera vez y contesta las preguntas.

a) ¿Quién es Julio?
b) ¿Con quién se parece la madre de Julio?
c) ¿Cómo es el padre de Julio?
d) ¿Cuántos hermanos tiene Julio? ¿Cómo se llaman?
e) ¿Quiénes son pelirrojos en la familia de Julio?
f) ¿Quiénes están en la foto de la familia de Julio?

2 Lee el diálogo y verifica cuánto has acertado.

Luis Federico, este es Julio, mi amigo de la escuela.
Federico Hola, Julio. ¿Qué tal?
Julio Muy bien.
Federico Y esta es Trini, mi novia.
Julio Hola, Trini, mucho gusto.
Trini Encantada.
Luis ¡Qué formalidad! La familia de Julio vive en una ciudad a unos 300 kilómetros de aquí. Vino a estudiar. Ah, y su madre se parece un poco con nuestra tía Carmen.
Federico ¿Cómo lo sabes?
Luis Me ha enseñado una foto. ¿La tienes aquí contigo, Julio?
Julio Sí, un momento. Aquí. Toma. Sacamos esta foto en el cumpleaños de mi madrina.
Trini ¿Y cuál es tu madre?
Julio Es esta: alta y muy delgada. Tiene los ojos castaños y su pelo es corto. En la foto está rubia, pero es morena, como yo.
Federico Es verdad. Se parece un poco con la tía... Pero ella tiene un aire de paz, mientras que tía Carmen... ¡Es tan agitada!
Trini ¿Y tu padre? ¿Es este que está al lado de tu madre? ¿Ese moreno de ojos negros y pelo largo?
Julio Sí, hoy lleva el pelo corto, y está más gordo...
Federico ¿Y tus hermanos?
Julio Bueno, tengo dos hermanos y una hermana. Laura es la mayor. Es la que está sentada. Su marido es este que está en pie, al lado de mi madre.
Trini ¡Qué interesante! ¡Es pelirroja! ¿Y este chico, que está detrás de tu cuñado, es tu hermano? Tiene tu misma cara...
Julio Sí, es Sergio. Y Ramón es el menor.
Luis Aquí está. ¿El de pelo rizado, camiseta y vaqueros?
Julio Sí, y esta de pelo corto, sentada a su lado, es tía Mercedes. ¡Mírala! Es pelirroja como mi hermana. Y estos tres chiquillos sentados en el suelo son sus hijos. Todos morenos como tío Pedro.
Federico Me parece una familia encantadora...
Julio Gracias. Lo mismo pienso yo de la tuya, que me recibe tan bien en su casa...

OBSERVA

Para presentar a alguien:
Te presento a mi hermana...
Este es mi abuelo... / Esta es mi prima...

PRODUCCIÓN ORAL

En grupo: elaboren un diálogo en que describan la familia de uno de los integrantes del grupo y, luego, represéntalo a sus compañeros de clase.

AMPLIACIÓN DEL VOCABULARIO

El árbol genealógico

Mira el árbol genealógico y completa los huecos usando el vocabulario relacionado con la familia.

padre	madre
	hija
cuñado	
	sobrina
ahijado	

suegro	
	yerno
nieto	
	mujer
	madrina

PRODUCCIÓN ESCRITA

1 Ahora forma cinco frases, en que expongas las relaciones de parentesco presentes en el árbol genealógico de tu propia familia.

2 Escribe un texto en que presentas a una familia. Puede ser la tuya, la de famosos o de personajes de historietas. Pega una foto en tu trabajo escrito para facilitar la presentación y descríbela a todos los presentes.

LECCIÓN 3

NUESTRAS VIVIENDAS

LECTURA

PRECALENTAMIENTO

Tu casa ideal revela cómo eres. A continuación tienes un *test* de seis preguntas sobre tu casa ideal. Cada pregunta tiene tres posibles respuestas. Selecciona la respuesta que consideres adecuada. Al final de la página verás los resultados, cabeza abajo.

1 Te gustaría vivir:
- **a)** [ ] en el centro.
- **b)** [ ] en la periferia.
- **c)** [ ] en pleno campo.

2 Tu casa ideal tiene:
- **a)** [ ] un tejado amarillo.
- **b)** [ ] un tejado marrón.
- **c)** [ ] un tejado rojo.

3 Tu casa ideal:
- **a)** [ ] está llena de objetos.
- **b)** [ ] está siempre ordenada.
- **c)** [ ] es grande para poder invitar a muchos amigos.

4 Tu casa ideal tiene:
- **a)** [ ] solo dos habitaciones.
- **b)** [ ] por lo menos cuatro habitaciones.
- **c)** [ ] tres habitaciones y un jardín.

5 Para los amigos organizarías:
- **a)** [ ] una fiesta en el jardín.
- **b)** [ ] una comida en la cocina.
- **c)** [ ] una merienda en el jardín.

6 Los muebles de tu habitación:
- **a)** [ ] los cambias una vez al año.
- **b)** [ ] los cambias cuando están viejos y ya no te gustan.
- **c)** [ ] les tienes tanto cariño que nunca los cambiarías.

Chicos, Argentina, año XI, n. 1, sep./oct. 1994.

Mayoría de respuesta A: Eres una persona creativa y original. El desorden que reina en tu casa o en tu habitación es quizá... ¡tu fuente de inspiración!

Mayoría de respuesta B: Eres una persona tradicional, prefieres una casa ordenada y regular, el lugar ideal para descansar con tranquilidad.

Mayoría de respuesta C: Te gusta soñar: ¡Tu casa y tu jardín representan para ti la isla de tus sueños!

Lee este **anuncio** clasificado publicado en *El Mercurio*, periódico chileno.

CASA VIVA
Desde 1984

No se conforme con una casa, construya un hogar

CASA VIVA es Hogar
desde 15 UF/m²

Todas nuestras casas incluyen:

Proyectos a medida
Todos los estilos
Equipamiento *full*
Entrega llave en mano
Construcción albañilería o 100% metalcon

Américo Vespucio 344 - Las Condes. Fonos: 263 3196 - 321 3229 www.casaviva.cl

El Mercurio, Santiago, 2 sep. 2007.

Vocabulario

- **Equipamiento *full*:** equipamiento completo.
- **Metalcon:** se trata de acero galvanizado para construir casas, oficinas, etc.
- **UF:** es la sigla de Unidad de Fomento, un valor que fija el Banco Central de Chile, basado en la variación del Índice de Precios al Consumidor (IPC).

TOMA NOTA

En los **anuncios clasificados** se destacan tres características: la brevedad, porque hay que proporcionar la información en el menor espacio posible; la redacción concisa y términos destacados, para captar el interés del lector.

COMPRENSIÓN E INTERPRETACIÓN

1 En "No se conforme con una **casa**, construya un **hogar**", se nota la diferencia de sentido entre las dos palabras destacadas. Llevándose en cuenta el contexto, ¿cómo explicas cada vocablo?

2 Señala la alternativa correcta. Casa Viva es una empresa que se dedica a la construcción de casas:

a) [ ] de madera y metal.
b) [ ] de piedras y de madera.
c) [X] de ladrillo, piedra, arena, cemento y otros materiales semejantes o solamente de metal.
d) [ ] solamente de madera.
e) [ ] con piscina y de metal.

3 Ahora compara el primer anuncio con este otro publicado en el mismo periódico.

Longisur
Construyendo calidad de vida

APROVECHE:
Construya su casa desde **7,5 UF/m²**

Maderas Impregnadas • *Siding* PVC • *Full* Terminaciones • Diseños Personalizados • Llave en Mano • Crédito Directo

Más de 30 años construyendo en todo Chile
Av. Providencia 1071 - Fono: 251 8222 - info@longisur.cl / www.longisur.cl

El Mercurio, Santiago, 2 sep. 2007.

4 Completa el cuadro con los datos de cada anuncio.

a) Año de creación de la empresa.
b) La unidad de fomento (UF) por metro cuadrado.
c) Número de teléfono.

Casa Viva	Longisur

Vocabulario

***Full* terminaciones:** terminaciones completas (en portugués: "acabamento completo").
Maderas impregnadas: maderas tratadas con resinas.
***Siding* PVC:** es un tipo de revestimiento para la parte externa o interna de viviendas, comercios o industrias. Se utiliza en la construcción y en la decoración (en portugués: "lambri de PVC").

5 Observa el cuadro con los valores de cada constructora.

Casa Viva (UF/m²)	**Longisur** (UF/m²)
15	7,5

Supongamos que 1 UF vale R$ 60,00. ¿Cuánto cuesta, como mínimo, una casa de 100 m^2 vendida por...

a) Casa Viva?

b) Longisur?

6 Lee este anuncio y después contesta las preguntas.

Se vende casa en Madrid

Lista para ocupar • totalmente amueblada y decorada • armarios empotrados en la cocina • trastero • 2 baños reformados • 4 dormitorios • sala de estar con hogar • garaje • calefacción • jardín • excelente vista.

Precio: 240.000 €
Superficie: 180 m^2

Gestiona: TUS ENSUEÑOS
Fono: 482-5990

1 En cuál continente está ubicada la casa y en cuál moneda está fijado su precio?

2 En "sala de estar con **hogar**", la palabra en negrita se traduce al portugués como:

a) [X] "lar".

b) [ ] "chaminé".

c) [ ] "lareira".

3 La casa tiene un lugar especial para guardar cosas que no se usan con mucha frecuencia. ¿Cuál es?

4 En "**lista** para **ocupar**", las palabras en negrita pueden ser sustituidas en español por:

a) [ ] despierto y derribar.

b) [X] pronta y habitar.

c) [ ] preparada y reformar.

VOCABULARIO

GLOSARIO VISUAL pág 322-323

1 Organiza las palabras que te proponemos en las siguientes partes de la casa. No repitas ninguna de ellas.

escritorio	mantel
nevera	estantería
mesa	ducha
cama	sábanas
sofá	ordenador
butaca	fregadero
cocina	toalla
ropero	cojín
sillas	inodoro

Comedor	Salón	Cocina	Dormitorio	Baño	Despacho

2 Elabora cinco frases utilizando por lo menos una palabra de cada columna y escríbelas en tu cuaderno.

3 Relaciona cada palabra con su respectiva definición.

a) ascensor
b) escalera
c) grifo
d) alfombra
e) almohada

[ ] Objeto de tela, de forma generalmente alargada y relleno de una materia blanda, que sirve para apoyar la cabeza en la cama.

[ ] Llave colocada en la boca de una cañería o en un depósito para regular el paso de líquido.

[ ] Pieza de tejido grueso que sirve para cubrir el suelo, generalmente de una habitación o una escalera.

[ ] Serie de peldaños colocados uno tras otro a diferentes alturas, y que sirve para subir a un piso o nivel más elevado, o para bajar de ellos.

[ ] Aparato para trasladarse de un piso a otro de un edificio.

Real Academia Española. *Diccionario del estudiante.* Madrid: Santillana, 2005.

4 En el mundo existen diferentes tipos de viviendas. Escribe debajo de cada tipo de vivienda su respectivo nombre. ¡Ojo! No habrán fotos para dos nombres.

iglú chalé palafito *bungalow* chabola piso cueva

5 ¿Qué vivienda te parece menos confortable? ¿Por qué?

¿Cómo se escriben los números cardinales?

Unidades	Decenas		
0 cero	10 diez	20 veinte	30 treinta
1 uno	11 once	21 veintiuno	31 treinta y uno
2 dos	12 doce	22 veintidós	32 treinta y dos
3 tres	13 trece	23 veintitrés	33 treinta y tres
4 cuatro	14 catorce	24 veinticuatro	44 cuarenta y cuatro
5 cinco	15 quince	25 veinticinco	55 cincuenta y cinco
6 seis	16 dieciséis	26 veintiséis	66 sesenta y seis
7 siete	17 diecisiete	27 veintisiete	77 setenta y siete
8 ocho	18 dieciocho	28 veintiocho	88 ochenta y ocho
9 nueve	19 diecinueve	29 veintinueve	99 noventa y nueve

Centenas	Millares
100 cien	1 000 mil
101 ciento uno	1 001 mil uno
200 doscientos	2 000 dos mil
300 trescientos	3 010 tres mil diez
400 cuatrocientos	4 100 cuatro mil cien
500 quinientos	5 101 cinco mil ciento uno
600 seiscientos	10 000 diez mil
700 setecientos	100 000 cien mil
800 ochocientos	1 000 000 un millón
900 novecientos	1 000 000 000 mil millones

Ejercicios

1 Contesta las preguntas, escribiendo los números en letras.

a) ¿Cuántos años tienes?

b) ¿Cuál es el número de tu teléfono?

c) ¿Cuál es el número de tu casa o piso?

2 Finalmente has encontrado la casa de tus ensueños. Rellena este cheque y ¡cómprala!

Santander Río

CHEQUE DE PAGO DIFERIDO-CPD

La fecha de pago no puede exceder un plazo de 360 días.

SERIE M N° 99905673

$ 187.440,00

072-156-3000 4
44405673 4
00001402577 8

SANTA FE,_____ DE_____________________ DE_________

EL______DE______________________DE__________

PAGUESE A:________________________________

LA CANTIDAD DE PESOS:_____________________

Cta.: 156-140252/2 GRAL SAN MARTIM SANTA FE
27136765255 MARTÍN GONZÁLEZ
00012215971 GRACIELA GONZÁLEZ

H7-X/07

Domicilio de Pago: SANTA FE: SAN MARTIN - Santa Fe

0721563000999056730000140257 7

Observa el anuncio.

Clarín, Buenos Aires, 2 sep. 2006.

·OBSERVA

heladera = **nevera**
↓ Hispanoamérica ↓ España

3 Escribe por extenso cuál es el precio normal...

a) de la heladera con *freezer*.
b) de la cocina.
c) del lavarropas automático.

4 Ahora escribe el precio de cada cuota...

a) de la heladera con *freezer*.
b) de la cocina.
c) del lavarropas automático.

·OBSERVA

Se utiliza **e** en lugar de **y** cuando la palabra siguiente empieza por **i** o **hi**, seguida de consonante. Por ejemplo:

a) Padre **e** hijo compraron una casa.
b) Hijo **y** padre compraron una casa.

Se emplea **u** en lugar de **o** cuando a continuación la palabra empieza por **o** u **ho**. Ejemplos:

a) Mujer **u** hombre pueden alquilar esta habitación.
b) Hombre **o** mujer pueden alquilar esta habitación.
c) Dentro de 10 **o** 15 días recibirás la llave.

Las conjunciones

Observa el uso de las **conjunciones** destacadas en el siguiente anuncio.

¿Disfrutas leyendo revistas de decoración?, ¿quieres echar un vistazo para informarte y obtener ideas para decorar tu casa?, entonces estás en la perfecta sección. Aquí encontrarás todo tipo de revistas de decoración con las que conseguirás decorar tu casa o piso lo mejor posible para tener tu lugar cómodo y placentero.

http://www.ciao.es

La conjunción copulativa **y** indica adición de los elementos y enlace de ideas o de términos. Por otra parte, la conjunción disyuntiva **o** puede denotar diferencia, separación o alternativa entre dos o más personas, cosas o ideas.

Observa la diferencia en otro ejemplo:

a) ¿Quieres una casa **y** un piso?
b) ¿Quieres una casa **o** un piso?

Ejercicio

Completa con las conjunciones **y** y **o** o sus variantes (**e** y **u**), según convenga.

a) El edificio está entre el centro comercial ___ la iglesia.
b) Quiero alquilar un piso ___ una casa con un dormitorio solamente; es para mi hijo que va a estudiar en otra ciudad.
c) Los que viven en la calle a veces duermen en albergue ___ hogar de paso.
d) Creo que este microondas cuesta 370 ___ 400 pesos.
e) Palafito ___ iglú son diferentes tipos de viviendas.

Los artículos

Los **artículos** anteceden los sustantivos e identifican su género. Se dividen en:
Determinados: cuando se refieren a alguna cosa, a alguien o a una clase o especie definidas.
Indeterminados: cuando se refieren a alguna cosa o a alguien que no se puede o que no se quiere identificar, especificar o definir.

Artículos		determinados	indeterminados
masculino	singular	el	un
	plural	los	unos
femenino	singular	la	una
	plural	las	unas

OBSERVA
El artículo masculino singular **el** se funde con las preposiciones **a** y **de**, formando las contracciones **al** y **del**, respectivamente.

Ejercicio

Completa los siguientes textos con los artículos o las contracciones relacionados arriba.

a) Si por una parte tenemos muchos anuncios de varios tipos de casas, modestas y lujosas, por otra parte es importante mencionar que hay mucha gente que vive en ___ calles y temporalmente en albergues, a causa de ___ ruptura encadenada, brusca y traumática de sus lazos familiares, sociales y laborales. ___ extrema indigencia también conduce a ___ falta de ___ hogar.

Adaptado de: http://es.wikipedia.org/

b) En ___ calles de 16 ciudades colombianas viven 4.547 niños, señala estudio ___ Instituto Colombiano de Bienestar Familiar (ICBF) y la Unión Europea. Aquellos que trabajan en ___ calles, pero que ___ terminar ___ día vuelven ___ hogar, no fueron incluidos en ___ estudio. ___ menores entrevistados contaron que abandonaron sus hogares cansados ___ maltrato de sus padres o para estar cerca de sus amigos.

Adaptado de: http://www.ninosdepapel.org/

Presente de indicativo de los verbos **estar** y **vivir**

	Estar	Vivir
Yo	est**oy**	viv**o**
Tú/Vos	est**ás**	viv**es**/viv**ís**
Él/ella/usted	est**á**	viv**e**
Nosotros(as)	est**amos**	viv**imos**
Vosotros(as)	est**áis**	viv**ís**
Ellos/ellas/ustedes	est**án**	viv**en**

Fíjate en los diferentes sentidos del verbo **vivir** en las frases siguientes:

a) **Vivo** en la calle San Salvador, 145.
b) No **vivo** sin ti.
c) **Vivo** despistado...

¿Cómo traduces a esas frases?

Ejercicio

Completa los huecos conjugando los verbos **estar** o **vivir** en presente de indicativo.

a) ¿Dónde ______ el baño? ______ al final del pasillo, a la izquierda.
b) ¿Dónde ______ Pilar? En el tercer piso.
c) ¿Sabes dónde ______ Luís? ______ en el patio, jugando a la pelota.
d) ¿Dónde ______ las sábanas y la colcha? En el armario, Juan.
e) Lucía, ¿______ con tus padres? No, ahora ______ con dos amigas.

COMUNICACIÓN

OBSERVA

Para describir tu vivienda

Mi casa tiene...	**Mi casa está**...
dos dormitorios.	pintada de verdemar.
una cocina.	ubicada entre la terminal y la Plaza Mayor.
un baño.	cerca del metro.
una sala de estar.	en un barrio ruidoso.
un comedor.	en las afueras de la ciudad.
un patio.	
un pequeño pasillo.	
una lavandería.	
un garaje.	

Para preguntar e informarte acerca de una casa

Pregunta	**Respuesta**
¿Cuántas habitaciones tiene?	Tiene dos habitaciones.
¿Tiene patio?	Sí, tiene un patio pequeño. / No, no tiene patio.
¿Es nueva (antigua)?	Sí, es una casa nueva. / No, es antigua.
¿Es alquilada?	Sí, es alquilada. / No, es propia.

Escucha el siguiente diálogo.

7

Julia Mamá, por fin, vamos a comprar la casa de nuestros sueños. Ayer estuvimos en tres casas y nos decidimos por una. Manuel cogerá las llaves hoy.

Madre ¡Qué bien!, Julia. Y, ¿cómo es la casa?

Julia Está cerca de aquí, en un barrio muy tranquilo. Tiene patio, jardín, garaje e incluso una piscina. El porche es magnífico, hay unas plantas maravillosas. Desde el recibidor arranca una escalera de mármol que conduce a un salón muy amplio con un hogar. La casa tiene cuatro habitaciones, tres baños, dos lavabos, salón, comedor, cocina...

Madre Julia, eso es un palacio...

Julia Se me olvidó contarte que en el baño de mi habitación hay ¡una *jacuzzi*!

Madre Ay, ¡qué curiosa estoy! Quiero visitarte pronto. ¿Y los muebles?

Julia Hay varios armarios empotrados. Algunas cosas voy a llevar de nuestra casa. Pero quiero comprar nuevas cortinas, alfombras, unos butacones rojos y grandes, un escritorio nuevo para Juanito, una TV LCD 42"... Mañana tengo una cita con el decorador. Quiero elegir nuevos colores para la pared y cambiar algunas cosas...

Madre Ay, cariño, vas a tirar la casa por la ventana...

Julia No te preocupes, mamá, ya terminé de pagar aquellas cuotas de 1205 euros. Ahora podré hacer nuevas compras...

PRODUCCIÓN ORAL

1 Así es la nueva casa de Julia. Ahora cuéntanos cómo es la casa de tus sueños.

2 Pide que un compañero describa la parte de la casa que más le guste: qué muebles y adornos hay, dónde está la puerta, la ventana, etc. Dibuja todo mientras tu compañero describe el espacio. Al final enseña tu dibujo y averigua si todo está de acuerdo con lo que se describió.

AMPLIACIÓN DEL VOCABULARIO

GLOSARIO VISUAL pág. 322-323

Escribe las partes de la casa identificadas.

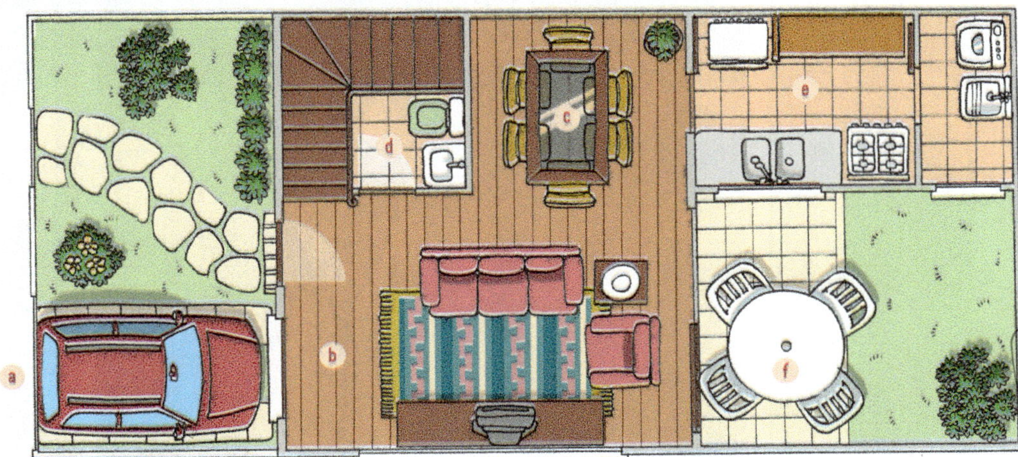

Planta baja	Planta alta
a)	a)
b)	b)
c)	c)
d)	d)
e)	e)
f)	

PRODUCCIÓN ESCRITA

Quieres vender esta casa y debes escribir un anuncio. No te olvides de la estructura de este tipo de texto; hay varios datos que son imprescindibles (ver p. 27 y 28).

LECCIÓN 4

NUESTRA CIUDAD

LECTURA

PRECALENTAMIENTO

1 ¿Qué informaciones esperas encontrar en los folletos turísticos?

2 ¿Dónde crees que sea el mejor lugar para ir de viaje? ¿Por qué?

3 Y tu ciudad, ¿la consideras una ciudad turística? ¿Por qué?

4 ¿Irías a México? ¿Qué sabes de ese país?

5 ¿Quiénes fueron los aztecas y los mayas?

Palacio de Bellas Artes, Ciudad de México.

Afresco de Diego Rivera. Palacio Nacional de la Ciudad de México.

Basílica de Guadalupe. México.

Trajineras. Canal de Xochimilco, México.

Lee el siguiente **folleto turístico**.

Pirámide del Sol, Teotihuacán, México.

¡Descubra ciudad de MÉXICO!

- *Touroperador* Intravel - Mayorista establecido en México desde 1990.
- Oficinas propias en Ciudad de México, Cancún, Riviera Maya, Guadalajara y Monterrey.
- 60 empleados.
- Empresa líder en la operación de circuitos regulares por carretera dentro de México.
- Individuales y grupos.
- Equipo humano de gran profesionalismo y experiencia.
- Guías especializados, certificados por la Secretaría de Turismo de México.
- Transporte propio. *Autotur*, empresa filial de nuestro grupo, posee la flota más grande y moderna de autobuses turísticos, situados en los principales destinos del país.
- Acuerdos hoteleros con cadenas y hoteles independientes en todo México.
- Grupos de incentivo, Congresos y Convenciones. Ferias y Exposiciones.
- Grupos de interés particular en temas: Arqueología, Etnografía, Religiosos, Esotéricos, Gastronomía, Artesanales, Ecoturismo, Buceo, Salud, Negocios.
- Estancias en ciudades y destinos de playa.

SERVICIOS TERRESTRES EN CIUDAD DE MÉXICO

USD 15 Traslado aeropuerto-hotel o viceversa.

Incluye asistencia, manejo de equipaje y transporte.

USD 60 Visita de Ciudad con Museo que está ubicada en un altiplano. Martes a domingo.

Por la mañana, visita panorámica de la ciudad comenzando por el Centro Histórico donde está la sede del Virreinato, Zócalo, Catedral, Palacio Nacional, los murales de Diego Rivera; recorrido por el Paseo de la Reforma y Chapultepec, hasta llegar al Museo Nacional de Antropología, uno de los más importantes del mundo, para una visita breve. Allá se pueden ver dibujos de lo que fueron los calpullis/tlaxilcalli y también observar el trazado del campán. Se puede permanecer en el museo o ser trasladado al hotel. Tarde libre. Sugerimos una excursión a los canales de Xochimilco o una visita a la parte del chinampa (en el casco viejo).

USD 50 Basílica de Guadalupe-Pirámides de Teotihuacán. Diario.

Iniciaremos con la Plaza de las Tres Culturas en Tlatelolco, para apreciar en la arquitectura las tres etapas del México actual. Proseguiremos a la Basílica de Guadalupe, el segundo santuario católico más visitado del mundo. Continuación a Teotihuacán "donde los hombres se vuelven dioses" para ver la Ciudadela, el Templo de Quetzalcoatl, la calzada de los muertos, las pirámides del Sol y la Luna. Comida. Regreso al hotel.

USD 94 Ballet Folklórico en Bellas Artes.

Incluye entrada nivel anfiteatro y traslados. Miércoles y domingos.

http://www.incotravel.com.mx/ (Adaptado)

Vocabulario

Altiplano: planicie alta.
Calpullis / tlaxilcalli: canales que dividían los barrios.
Campán: secciones de la ciudad.
Chinampa: construcción de suelo artificial sobre agua, cimentado sobre pilotes.
Virreinato: distrito gobernado por un virrey.

TOMA NOTA

El **folleto turístico** es, igual que la campaña comunitaria, un **texto publicitario**. Para escribirlo el publicitario busca informaciones sobre la ciudad y sus costumbres, por ejemplo, características geográficas, lugares históricos, horarios de museos, restaurantes y cine, fiestas típicas, etc.

COMPRENSIÓN E INTERPRETACIÓN

1 ¿Cuál es el objetivo del texto?

2 De acuerdo con el texto del folleto marca verdadero (V) o falso (F) para las afirmaciones y enseguida justifica tu respuesta.

a) [ ] El turista puede ir al Ballet Folklórico en Bellas Artes todos los días.
b) [ ] Se puede hacer la visita a la Ciudad con Museo los miércoles, jueves y viernes.
c) [ ] Para las tardes libres una opción es la excursión por los canales de Xochimilco.
d) [ ] En Teotihuacán los hombres son dioses.

3 Relaciona cuatro ventajas que esa agencia ofrece a los que van a hacer paseos por México.

4 Explica cómo es la flota de la empresa filial *Autotur*.

5 Busca en el recuadro el valor de cada servicio terrestre y completa las cuestiones que siguen.

México

USD 94 USD 15
USD 60 USD 50

a) **¡Jamás te olvidarás!** Por ______ puedes hacer un recorrido por la ciudad y apreciar en la arquitectura las tres etapas del México actual.

b) **¡No te lo pierdas!** Espectáculo del Ballet Folklórico en Bellas Artes con entrada nivel anfiteatro y traslados. Todo incluido por solo ______.

c) Con ______ participas del recorrido por el Paseo de la Reforma y Chapultepec, hasta llegar al Museo Nacional de Antropología. **¡Es una ganga y vale la pena!**

d) Pagas ______ por el servicio de traslado aeropuerto-hotel o viceversa, incluyendo asistencia, manejo de equipaje y transporte.

6 Lee la introducción a continuación y observa atentamente los mapas. Luego relaciónalos con los datos abajo y obtendrás más informaciones sobre las civilizaciones maya y azteca.

MAYAS Y AZTECAS

En el área mesoamericana (México y Centroamérica) se desarrollaron dos de las grandes culturas precolombinas: **mayas** y **aztecas**. La maya, la más antigua de ellas, entró en decadencia hasta su desaparición. Los aztecas fueron conquistados por Hernán Cortés.

[ ] En el valle de México, crearon desde su capital, Tenochtitlán, un poderoso imperio que dominaría México y América Central, hasta la llegada de los españoles.

[ ] Sus orígenes remontan al siglo XVI a. C. El imperio se extendió por el sur de Yucatán (México) y parte de Guatemala y Honduras.

[ ] Formaron un poderoso imperio en lo que hoy es México. Se organizaban en una confederación de ciudades: Texcoco, Tlacopán y Tenochtitlán; aunque el imperador residía en esta última.

[ ] Sus ciudades eran centros ceremoniales monumentales con pirámides escalonadas y otros grandes edificios de uso religioso, así como observatorios astronómicos y grandes explanadas para realizar los rituales. Muchas de ellas, como Palenque, Chichén Itzá o Tikal, han sido excavadas a partir del siglo XIX y han legado un patrimonio cultural impresionante.

[ ] Su época de esplendor se sitúa entre los siglos III y IX d.C., sin embargo, cuando los españoles llegaron a la península de Yucatán, se encontraban inmersos en un período de decadencia que acabó por disolver el imperio.

[ ] Era un pueblo y su dominación se dilató durante 150 años, hasta la llegada de Hernán Cortés.

Fuente: *La Enciclopedia del Estudiante*. Madrid: Santillana-El País. Tomo 7, p. 166-167. (Adaptado)

VOCABULARIO

1 Relaciona los nombres de la primera columna con los de la segunda y obtendrás la definición de los términos.

a) Etnografía [ ] Conjunto de cosas que se llevan en un viaje.
b) Ecoturismo [ ] Dicho de comercio: que se realiza al por mayor.
c) Mayorista [ ] Ciencia que estudia y describe los grupos étnicos y los pueblos.
d) Equipaje [ ] Permanencia bajo el agua, nadando o realizando alguna actividad.
e) Carretera [ ] Vía pública, ancha y pavimentada.
f) Buceo [ ] Turismo en contacto con el medio ambiente.

Fuente: *Diccionario del estudiante.* Madrid: Real Academia Española/Santillana, 2005.

Recorridos a pie

La mayoría de los sitios de interés en México DF se concentra en determinadas zonas de la ciudad, por lo tanto la mejor manera de desplazarse por la ciudad es a pie.

2 Observa las expresiones del recuadro y el **plano** del Centro Histórico de la Ciudad de México. ¿Cómo se va del Gran Hotel Ciudad de México al Palacio de Bellas Artes? Describe el recorrido.

3 La moneda oficial en México es el **peso mexicano** y se cotiza a aproximadamente 11 pesos por dólar americano. Al grupo de turistas de la actividad 2 le gustaría saber cuánto necesitan de dinero, en pesos mexicanos, para hacer el paseo Ballet Folklórico en Bellas Artes, ofrecido en el folleto de la página 37. Calcula el valor.

OBSERVA

Para desplazarse

Gira a la derecha / a la izquierda
Dobla
Sigue adelante / todo recto / unos ... metros
Sigue siempre recto
Cruza / atraviesa la calle / el parque
Pasa delante de / de la
Pasa por un bar / una tienda
Está entre A y B
Está delante de / de la

Tener y Haber en presente de indicativo

Observa los verbos destacados en los siguientes textos:

Viernes a Domingo

FIN DE SEMANA EN VERACRUZ Y DESCENSO EN RÁPIDOS EN

Jalcomulco, Veracruz

Te llevaremos a descubrir un lugar donde el espíritu no **tiene** fronteras.
Disfruta la vida silvestre y extrema en un recorrido por los rápidos del río en Jalcomulco.

No **hay** reembolsos.
En caso de causas ajenas a la operación de Turibús como: lluvia, manifestaciones, tráfico, etc. en los cuales se impida la circulación normal de la ruta, no reembolsaremos el monto de sus boletos.

Presente de indicativo

Yo	ten**go**	he
Tú	**tie**nes	has
Vos	tenés	has
Él/ella/usted	**tie**ne	ha o hay (impersonal)
Nosotros(as)	tenemos	hemos
Vosotros(as)	tenéis	habéis
Ellos/ellas/ustedes	**tie**nen	han

Algunos verbos irregulares como, por ejemplo, el verbo **tener** tienen como característica diptongar la vocal de la raíz, de modo que esa se convierte en **-ie**. Eso **no** ocurre en la primera y segunda personas del plural que conservan la vocal.

La primera persona de ese verbo tiene una irregularidad propia, del tipo consonántica (la **-n** se convierte en **-ng**), de ahí: tener ⟶ ten**go**.

El verbo **haber impersonal** se usa siempre en tercera persona de singular.

Usos

Tener

Expresar idea de posesión	Indicar edad	Auxiliar en perífrasis de obligación
Tengo una casa pequeña.	**Tengo** veinte años.	**Tengo** que estudiar más.

Otros usos

Tener hambre	**Tener** envidia.
Tener calor/frío	**Tener** celos.
Tener sed	**Tener** miedo.
Tener ganas de	**Tener** sueño.

Haber

Expresar existencia de algo	Auxiliar de los tiempos compuestos	Auxiliar en perífrasis de obligación
Hay un parque aquí cerca.	**He tenido** mucha suerte.	**Hay que llegar** antes de las diez.
Hay mucha gente en la plaza.	**Había llegado** antes de las once.	**Hay que salir** pronto.

OBSERVA

Es importante distinguir entre el **uso del verbo haber** y el de **estar**, de las indicaciones de lugar. El **verbo haber** indica la existencia de algo y **estar** la ubicación. Ejemplos:

En la ciudad	**hay**	un cine muy grande. muchas librerías interesantes. pocas tiendas de frutas secas.	personas cantando en la plaza. una estación de metro.
	está / están	el teatro popular. el ayuntamiento al lado de la comisaría de policía. los buenos restaurantes mexicanos. una buena universidad.	

Perífrasis verbales de infinitivo

Formas	Significados	Ejemplos
haber de + infinitivo	Indican obligación	Hemos de visitar los murales de Diego Rivera.
haber que + infinitivo		Hay que comprar artesanías para decoración.
tener que + infinitivo		Tienes que ir a Guadalajara.
deber + infinitivo		Debemos conocer las obras de Frida Kahlo.

Completa el texto con los verbos **tener** o **haber** en presente de indicativo, según convenga.

El Centro Histórico es una sección de la ciudad llena de vida. Porque no es solo una reliquia, es un centro lleno de comercios. ________ boutiques con luces de neón, tiendas de ropa tanto para caballeros como para damas, peleterías y todos los otros artículos que uno puede desear. Pero eso no nos impresionó, lo que nos asombró fue la cantidad que ________ de estas tiendas. En ciertos casos son cuadras y cuadras por la misma calle de tiendas del mismo artículo. De todas ellas fue la calle República de Chile la que más nos intrigó. [...] por varias cuadras, eran todas tiendas de vestidos de novias, que podemos decir, no ________ el gusto exquisito que ________ las mujeres. Pregúntele a su guía o en su hotel si ________ algún interés en particular y ya ellos le dirán cuál es la calle del Centro para usted.

Vimos muchos cafés al aire libre por la Plaza de Armas, frente al Palacio Presidencial. ________ entendido que muchos de ellos sirven buen almuerzo. También nos dijeron que ________ muchos otros restaurantes en esta área de la ciudad de todos los presupuestos. [...]

http://www.caminandosinrumbo.com/

Adverbios de lugar y locuciones adverbiales

Observa las frases que aparecen en el folleto:

Allá se pueden ver dibujos de lo que fueron...
Continuación a Teotihuacán "**donde** los hombres se vuelven dioses".

Ahora lee la frase:
Querétaro es un Estado **en el centro** de México.

Las palabras destacadas en negrita son adverbios de lugar.

Adverbios de lugar	Locuciones adverbiales
Aquí / acá (en este lugar) (**cerca**) Ahí (en un lugar próximo tanto del que habla como del que escucha) (**no tan cerca**) Allí, allá (en un lugar alejado del que habla) (**lejos**) Cerca / No tan cerca / Lejos Arriba / Abajo / Enfrente Donde	A la derecha / A la izquierda A lo lejos Al lado Antes de En el medio / En el centro / En frente a Todo recto

Preposiciones

Observa estas frases entresacadas del folleto turístico.

Estancias **en** ciudades y destinos **de** playa.

... recorrido **por** el Paseo de la Reforma y Chapultepec, **hasta** llegar al Museo Nacional...

Las palabras destacadas son **preposiciones**, elementos invariables que enlazan una palabra con otra.

Lista de las preposiciones:

a	de	hacia	según
ante	desde	hasta	sin
bajo	durante	mediante	sobre
con	en	para	tras
contra	entre	por	

OBSERVA

Se consideran preposiciones:

Excepto, con el sentido de *a excepción de, fuera de, menos.*

Incluso, con el sentido de *hasta* y *aun.*

Salvo, con el sentido de *fuera de, con excepción de.*

Ejercicio

Completa el texto con el verbo haber, adverbios de lugar, locuciones adverbiales y preposiciones de modo a darle sentido.

¿Qué hacer en Ciudad de México?

_______________ el metro Coyoacán o Viveros _______________ caminar _______________ el Jardín Hidalgo _______________ apreciar la arquitectura provincial del sur de la ciudad. Una vez _______________, preguntar _______________ la calle Francisco Sosa y recorrerla _______________ llegar _______________ la plaza Santa Catarina y sus hermosas inmediaciones. También es recomendable conocer el barrio _______________ La Conchita, el mercado, la catedral (una de las pocas con forma de basílica), la casa de Frida Kahlo y el restaurante Los Danzantes (un clásico _______________ desayunar o comer).

Si aún quedan energías, se puede ir _______________ taxi _______________ la plaza San Jacinto, el núcleo del antiguo pueblo de San Ángel, _______________ puede visitarse el hermoso barrio de Chimalistac (un auténtico secreto escondido del Distrito Federal), la calle Altavista (_______________ otra de las casas de Frida Kahlo y Diego Rivera), el mercado de flores y el Museo de El Carmen.

Travesías: inspiración para viajeros. Ciudad de México: Mapas Editorial, n.º 73, p. 108.

LECCIÓN

4 COMUNICACIÓN

En una operadora de viajes a México, Abelardo, Demetrio y Gonzalo hablan con un operador mexicano que les da buenas informaciones acerca de la Ciudad de México.

8

Agente de Viajes (AV)	Ahora que ya tienen sus pasajes a México ¿puedo ayudarlos en algo más?
Turista 1	Sí, dígame, ¿qué equipaje debo llevar?
AV	Entre mayo y junio la temporada es más calurosa, lleve prendas ligeras, finas y frescas. Para ir a clubes nocturnos o a restaurantes exclusivos, coloque en la valija una vestimenta casual y un traje ligeramente formal.
Turista 1	¿Es fácil manejar en la ciudad?
AV	Sí, pero existen zonas en las que el tráfico se congestiona, entre ellas el Centro Histórico de la ciudad.
Turista 2	¿Qué precauciones debo de tomar a la hora de comer?
AV	Las exquisitas comidas mexicanas se caracterizan por ser picantes y muy condimentadas, por lo que debe ser mesurado y frugal a la hora de comer, especialmente en sus primeros días de estancia. Así su organismo se irá acostumbrando a la gastronomía local, como son los tacos, el chilmole, las enchiladas y los tamales.
Turista 3	¿Tendré problemas para cambiar o pagar en dólares o euros?
AV	No, porque en México la mayoría de los establecimientos comerciales, hoteles, restaurantes, entre otros negocios, aceptan dólares y euros como forma de pago.
Turista 2	¿Dónde puedo comprar artesanías?
AV	Yo les recomiendo adquirirlas en las tiendas específicas de artesanías que venden padrísimos trajes bordados por las mujeres otomíes, juguetes de madera y cartón, tallas en ópalo y otras piedras semipreciosas, y delicadas creaciones en cestería, provenientes de los pueblos de origen maya.
Turista 1	Muchas gracias por la información.
AV	De nada y que tengan un buen viaje.

Vocabulario

Padrísimo: buenísimo, estupendo

Otomíes: pertenecientes al grupo étnico otomí, de origen prehispánico.

PRODUCCIÓN ORAL

Habla con un(a) compañero(a) sobre la parte del barrio que más les guste y dónde llevarían a un(a) nuevo(a) amigo(a) a visitar. ¿Qué hay de interesante en ese sitio?

GLOSARIO VISUAL pág. 324-325

AMPLIACIÓN DEL VOCABULARIO

Establecimientos comerciales

Observa la imagen y relaciona los establecimientos comerciales con el número correspondiente a su nombre.

1. El banco
2. La plaza
3. La peluquería
4. El hospital
5. El cine
6. El teatro
7. La gasolinera o estación de servicios
8. La biblioteca
9. La escuela
10. El hotel
11. La estación de metro / tren y autobuses
12. La cafetería
13. La oficina de correos
14. El museo
15. El supermercado
16. El centro comercial
17. El aparcamiento
18. La farmacia
19. La guardería
20. El quiosco

PRODUCCIÓN ESCRITA

¿Cuáles son los principales circuitos turísticos de tu ciudad?

Elabora un breve texto con informaciones sobre los principales puntos turísticos de tu ciudad. Describe plazas, bibliotecas, museos, teatros, iglesias, playas, centros comerciales, etc. No te olvides de mencionar por qué esos lugares son importantes y los recomiendas a los turistas.

NUESTROS HÁBITOS

LECTURA

PRECALENTAMIENTO

Lluvia de palabras

GLOSARIO VISUAL pág 326-327, 343

Conversa con tus colegas y apunta palabras relacionadas a los temas propuestos en los recuadros.

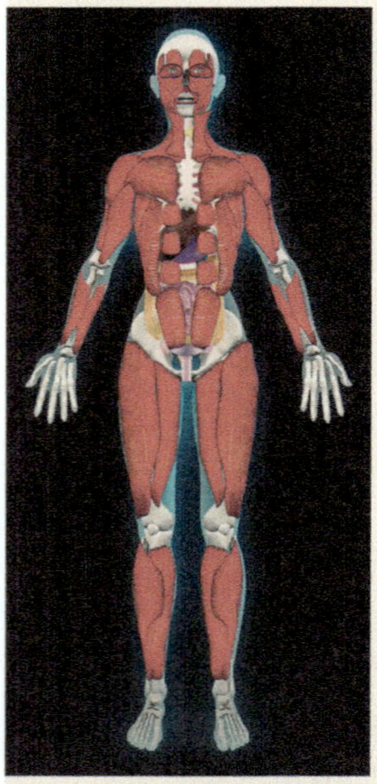

Verbos relacionados a hábitos	Sustantivos relacionados a:			
	partes del cuerpo	enfermedades	síntomas	deportes

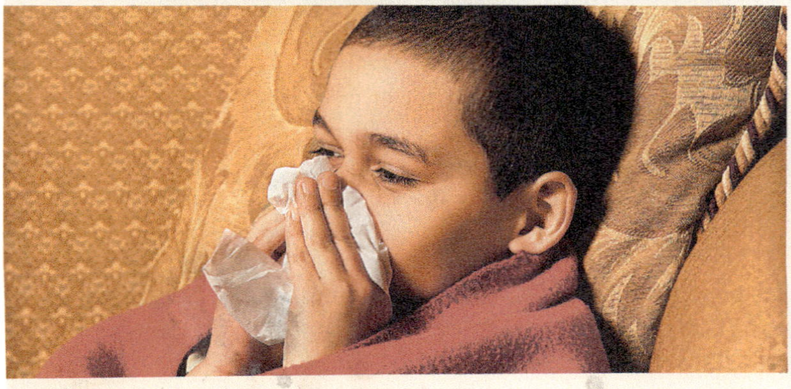

Lee la **campaña comunitaria** propuesta por el Ministerio de Sanidad y Consumo de España y contesta las preguntas.

¡Despierta, desayuna!

Por la mañana, ¡un buen desayuno!

Procura desayunar todas las mañanas con tus hijos. Rendirán mejor durante el día y les ayudarás a prevenir la obesidad. Un buen desayuno debe incluir un lácteo (leche, yogur, queso), un cereal (pan, galletas...), un poco de aceite, mermelada o miel, frutas o zumo y, en ocasiones, jamón o fiambre.

¡Haz que se muevan!

Fomenta en ellos la actividad física dentro de sus hábitos como un juego más y participa con ellos en actividades al aire libre.

Con un buen desayuno ¡da el primer paso para la alimentación saludable de tus hijos!

www.msc.es (Adaptado)

TOMA NOTA

La finalidad de una **campaña comunitaria** es informar, aclarar y orientar a las personas sobre un tema determinado y persuadirlas a que participen.

COMPRENSIÓN E INTERPRETACIÓN

1 Observa la imagen de la campaña en la página 47 y responde.

a) ¿Cuál crees que es su objetivo?
b) ¿Cuál es la relación entre la imagen y el eslogan?
c) ¿A quién se dirige la campaña?
d) ¿Cuáles son los consejos que se dan para evitar la obesidad infantil?
e) ¿Cómo debe ser la actividad física?

2 Observa una vez más la imagen y señala qué sugiere la campaña para tener un buen desayuno.

a) [ ] frutas y zumos
b) [ ] cereales
c) [ ] leche y queso
d) [ ] huevos con *bacon*
e) [ ] galletas y tostadas
f) [ ] hamburguesas y tartas

3 Señala la afirmación correcta sobre la campaña.

a) [ ] Para evitar la obesidad infantil es necesario que los niños nunca tomen dulces, pastas o alimentos ricos en grasas.
b) [ ] Tener una alimentación saludable y hacer ejercicios físicos son dos puntos importantes para combatir la obesidad infantil.
c) [ ] La obesidad infantil es un problema exclusivo de la sociedad española.
d) [ ] Un buen desayuno es todo para tener una alimentación saludable.

4 Relaciona las comidas y los períodos en que ocurren.

a) por la mañana	[ ] la cena
b) al mediodía	[ ] la comida o el almuerzo
c) por la tarde	[ ] el desayuno
d) por la noche	[ ] la merienda

¡ATENCIÓN!
Una alimentación saludable incluye el consumo equilibrado de todos los alimentos.

5 Lee la tira de Gaturro y después, en parejas, discute si las afirmaciones propuestas están de acuerdo o en desacuerdo con tu opinión.

www.gaturro.com

OBSERVA
Si estás de **acuerdo**, puedes contestar:
Estoy a favor de...
Tiene razón...
Estoy de acuerdo con...
Por otra parte, si estás en **desacuerdo**, puedes decir:
Estoy en contra de...
No pienso que...
No estoy de acuerdo con...

a) Gaturro prefiere pensar en lugar de hacer ejercicios físicos. Y tú, ¿prefieres hacer flexiones o reflexiones? ¿Por qué?
b) A Gaturro no le gustan las clases de Educación Física. ¿Y a ti?
c) ¿Te gusta ir al *gym*, hacer musculación u otro tipo de actividad física?

6 Considera la siguiente campaña creada también por el Ministerio de Sanidad y Consumo del gobierno español.

www.msc.es

7 Observa la imagen y subraya qué deportes la señora puede estar practicando.

el baloncesto – la natación – el esquí – el *aquagym* – el *rugby*

8 Completa: el color rojo contrasta con el azul del agua de la piscina. ¿Qué representa este color?

9 Contesta las siguientes preguntas:

a) ¿A quién se dirige la segunda campaña?

b) Con relación al contenido de los textos, ¿qué hay en común?

VOCABULARIO

1 Observa las imágenes y rellena el cuadro con los elementos que faltan.

Deporte	Deportista	Algunos tipos de competición
	jugador de fútbol	
	automovilista/piloto	
	jugador de voleibol/voleibolista	Gran Prix (fem.)/Liga Mundial (masc.)
tenis		Roland Garros
natación		Olimpiadas

2 Utiliza una palabra de cada línea del cuadro anterior para completar las frases.

a) Diego Maradona ya ha participado del equipo de ________________ argentino.
b) El colombiano Juan Pablo Montoya se destacó en el ________________.
c) Mireya Luis fue ________________ del equipo cubano.
d) Rafael Nadal, el tenista español, ya ha ganado tres veces el ________________.
e) El estadounidense Michael Phelps es considerado el mejor ________________ de los últimos tiempos.

3 Une los opuestos.

alto	oscuro
delgado/flaco	bajo
engordar	bonito/guapo
feo	gordo/grueso
grande	pequeño/chico
claro	adelgazar

4 ¿Qué partes del cuerpo utilizas para...

a) abrazar?
b) arrodillarte?
c) besar?
d) respirar?
e) guiñar?
f) patear?

Verbos pronominales en presente de indicativo

Los verbos pronominales, o reflexivos, son los que expresan una acción que se vuelve sobre sí misma. Así, en general, se usan para hablar de nuestros hábitos.

	Regular	Irregulares		
	levantarse (1)	**acostarse** (2)	**despertarse** (3)	**vestirse** (4)
Yo	me levanto	me acuesto	me despierto	me visto
Tú	te levantas	te acuestas	te despiertas	te vistes
Vos	te levantás	te acostás	te despertás	te vestís
Él/ella/usted	se levanta	se acuesta	se despierta	se viste
Nosotros	nos levantamos	nos acostamos	nos despertamos	nos vestimos
Vosotros	os levantáis	os acostáis	os despertáis	os vestís
Ellos/ellas/ustedes	se levantan	se acuestan	se despiertan	se visten

De la misma forma se conjugan otros verbos, tales como:

1 ducharse, peinarse, afeitarse, lavarse, cepillarse, bañarse.
2 acordarse.
3 sentarse.
4 despedirse.

Ejercicio

Completa las frases conjugando los verbos indicados entre paréntesis.

a) Todos los días Manolo ______ (acostarse) temprano porque al día siguiente ______ (levantarse) a las seis y va al *gym*. Hace los ejercicios de musculación, luego ______ (ducharse) y ______ (vestirse) para ir al trabajo. Cree que así tiene más disposición para enfrentar el día a día.

b)

Los demostrativos

Los **adjetivos demostrativos** acompañan un sustantivo y sirven para ubicar en el tiempo o en el espacio las personas del discurso. Indican si la persona, animal u objeto está cerca del hablante, cerca del oyente o lejos del hablante y del oyente.

Ejemplo: ***Esta*** *pomada es de tu madre, pero* ***esas*** *pastillas son las mías.*

	Cerca del hablante	**Cerca del oyente**	**Lejos del hablante y del oyente**
Singular	este/esta	ese/esa	aquel/aquella
Plural	estos/estas	esos/esas	aquellos/aquellas

Los **pronombres demostrativos** sustituyen a un sustantivo.

Ejemplo: *¿Son tus patines?*
Esos *no.*

Los **neutros** —**esto, eso** y **aquello**— no tienen plural y no acompañan sustantivos.

Ejemplo: *No quiero* ***aquello****, sino* ***esto****.*

Ejercicio

Completa las frases con los demostrativos adecuados, después asocia cada una a su respectiva imagen y al deporte referido.

Uso del demostrativo	Deporte	
a) ________ (lejos) aletas son mejores que ________ (cerca del hablante).	[ ] el buceo	[ ]
b) ________ (cerca del oyente) tabla fue un regalo de mi padre, ________ (lejos), de mi novia.	[ ] el surf	[ ]
c) Compré ________ (cerca del hablante) nueva bolsa de palos en Japón, ________ (cerca del oyente) son las viejas.	[ ] el golf	[ ]

Los números ordinales

Los **números ordinales** son los que indican orden o sucesión.

1.º	primer/primero(a)	11.º	undécimo(a)	21.º	vigésimo(a) primero(a)
2.º	segundo(a)	12.º	duodécimo(a)	32.º	trigésimo(a) segundo(a)
3.º	tercer/tercero(a)	13.º	decimotercero(a)	40.º	cuadragésimo(a)
4.º	cuarto(a)	14.º	decimocuarto(a)	50.º	quincuagésimo(a)
5.º	quinto(a)	15.º	decimoquinto(a)	60.º	sexagésimo(a)
6.º	sexto(a)	16.º	decimosexto(a)	70.º	septuagésimo(a)
7.º	séptimo(a)	17.º	decimoséptimo(a)	80.º	octogésimo(a)
8.º	octavo(a)	18.º	decimoctavo(a)	90.º	nonagésimo(a)
9.º	noveno(a)	19.º	decimonoveno(a)	100.º	centésimo(a)
10.º	décimo(a)	20.º	vigésimo(a)	1000.º	milésimo(a)

OBSERVA

Primero y **tercero** pierden la o antes de un sustantivo masculino singular. Se trata de un caso de **apócope.**

Ejemplos: Es el **primer** día de los juegos olímpicos.
Es la **primera** vez que gana un campeonato.
Llegó en **vigésimo tercer** lugar en el Maratón de Barcelona.
Serás siempre el **primero** en mi corazón.

Ejercicios

1 Escribe en letras los números entre paréntesis.

a) La ________________ (1.ª) revista sobre la salud adolescente estará en el quiosco más cerca de tu casa el ________________ (1.er) día de cada mes.

b) La semana pasada la universidad reunió varios investigadores en el ________________ (13.er) Congreso de Cardiología.

c) El atleta venezolano quedó en el ________________ (59.º) lugar en el ________________ (4.º) Maratón de Córdoba.

d) Se ha confirmado el ________________ (7.º) caso de infección humana por el virus de la gripe avial.

e) Michael Jordan, el jugador de baloncesto estadounidense, ganó su ________________ (2.º) oro olímpico en 1992.

2 Observa este directorio de un hospital y contesta las preguntas. Escribe los números en letras.

Planta	7	6	5	4	3
Directorio	Administración y tesorería	Diagnóstico y tratamiento	Maternidad	Pediatría	Cirugía
Planta	2	1	B	S1	S2
Directorio	Enfermería	Emergencias	Informaciones	Aparcamiento	Aparcamiento

a) ¿Dónde están los quirófanos?

b) ¿Dónde están los niños ingresados?

c) ¿Dónde puedo obtener informaciones sobre el paciente ingresado?

d) ¿Dónde puedo tramitar las formas de pago del tratamiento?

COMUNICACIÓN

Escucha la siguiente campaña comunitaria y señala si las afirmaciones están correctas (C) o incorrectas (I). Después corrige las incorrectas.

	C	I
a) Aunque alguien no fume, puede inhalar el humo y sufrir daños en su salud.		
b) Pablo, Laura y Sergio son fumadores pasivos.		
c) Pablo, Laura y Sergio son adultos y tienen hijos.		
d) La campaña ha sido elaborada por el Ministerio de Educación.		
e) Laura tiene dieciséis años.		

PRODUCCIÓN ORAL

En grupos de 4 o 5 personas, organicen una presentación a partir del texto abajo. Fíjense que será una campaña difundida por televisión.

¡Despierta! ¡Desayuna! Por la mañana, ¡ponte las pilas!
¡Despierta! ¡Desayuna! ¡Cómete el mundo! ¡Muévete!
¡Despierta! ¡Desayuna! ¡Come sano y muévete!
Gobierno de España

El cuerpo humano

GLOSARIO VISUAL pág. 326-327, 343

Observa las fotos y, a partir de las pistas que te damos, completa los huecos formando palabras que se relacionan a las partes del cuerpo. Si conoces las canciones propuestas y si te gusta cantar, podrás presentárselas a tus compañeros.

Marta, centrocampista brasileña. La mejor jugadora de fútbol del Mundo del 2006.

Mis ojos, Maná

Gracias a Dios
1 Que me dio mis _ J _ S
2 Que me dio mi B _ C _
Que me dio toda mi piel
3 Tengo dos P _ _ R N _ S
Para recorrer el mundo
Por los mares más profundos
Para llegar hasta ti gracias al cielo
No olvido
Ponerme nada
4 Tengo P _ _ S
5 Tengo mi _ S P _ L D _
Y también mi corazón
6 Tengo dos M _ N _ S
7 Para recorrer tus M _ S L _ S
Tus colinas
Tu cintura

Giba, punta brasileño. Muchas veces elegido el mejor jugador de balonvolea en los torneos de que participó.

Suerte, Shakira

8 Suerte que es tener _ A _ I O _
sinceros
Para besarte con más ganas
9 Suerte que mis _ E _ _ O _ sean
pequeños
Y no los confundas con montañas
3 Suerte que heredé las _ I E _ _ A _
firmes
Para correr si me hace falta,
1 Y es que tus dos O _ O _ me dicen
Que han de llorar cuando te vayas

PRODUCCIÓN ESCRITA

A partir de las siguientes sugerencias, elabora una campaña comunitaria. Podrás elegir otros temas que te parezcan importantes para la comunidad en que vives. Sugerencias: a) El alcohol y los menores. / b) La práctica de ejercicios físicos. / c) El tabaco. / d) La importancia de dormir bien. / e) Otros temas posibles.

NUESTRA SALUD: NUTRICIÓN

LECTURA

PRECALENTAMIENTO

1 ¿Qué te sugieren estas fotos?

2 ¿Qué opinas acerca del tema "disturbios alimenticios"? ¿Sueles discutirlo?

3 ¿Cómo es tu alimentación? ¿Te ocupas de ella?

4 ¿Qué cuidados tienes con lo que comes?

5 ¿Con qué frecuencia sueles ingerir comida rápida?

6 Para ti, ¿de qué depende la belleza externa?

7 ¿Cómo la alimentación puede prevenir enfermedades?

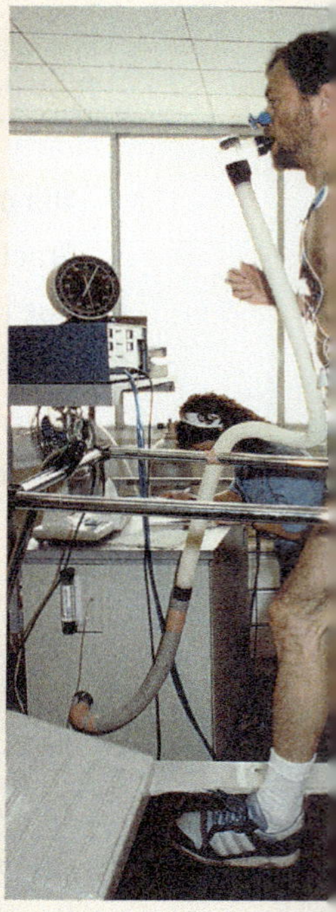

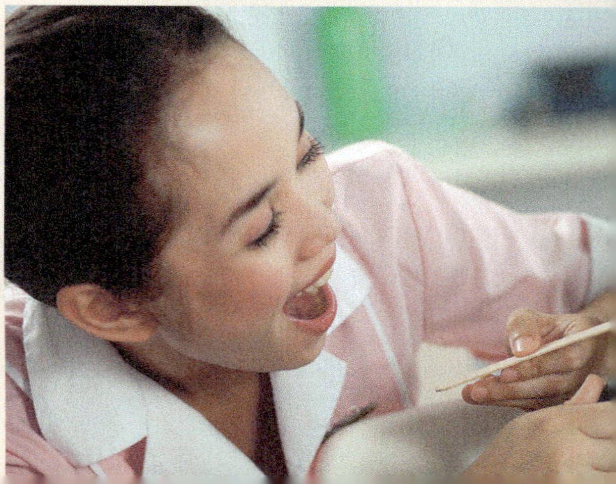

Lee la **entrevista** a la psicóloga María Isabel Gómez y responde a las preguntas.

«Aún hay prejuicios que ocultan las cifras sobre anorexia y bulimia»

María Isabel Gómez (Jaén, 1971) es psicóloga y desde hace cinco años trabaja como voluntaria en la Asociación en Defensa de la Atención a la Anorexia Nerviosa y Bulimia (Adaner). La semana pasada presentó una campaña de información dirigida a jóvenes y padres.

Pregunta 1 **¿Qué objetivos persigue la campaña?**

Respuesta Recordar que los trastornos alimenticios que provocan la bulimia o la anorexia son enfermedades y no un capricho de la adolescencia. También va dirigida a las familias que cuando descubren el problema, no saben a quién acudir.

Pregunta 2 **¿La información que existe es insuficiente?**

Respuesta Estas enfermedades todavía son muy desconocidas. No solo los afectados, sino también las familias son reacias en asumir que uno de sus miembros está enfermo. Prefieren pensar que las conductas de sus hijos responden más bien a la frivolidad de la juventud.

Pregunta 3 **¿Qué hay detrás de un trastorno alimenticio?**

Respuesta Una persona insatisfecha que busca la aprobación social a través del aspecto físico que marca los cánones de la sociedad actual. En la publicidad y en las series juveniles, aquellos que triunfan, que son los primeros en todo y que consiguen al mejor chico o chica, suelen ser personas delgadas, guapas, casi perfectas. Y esto no corresponde a la realidad.

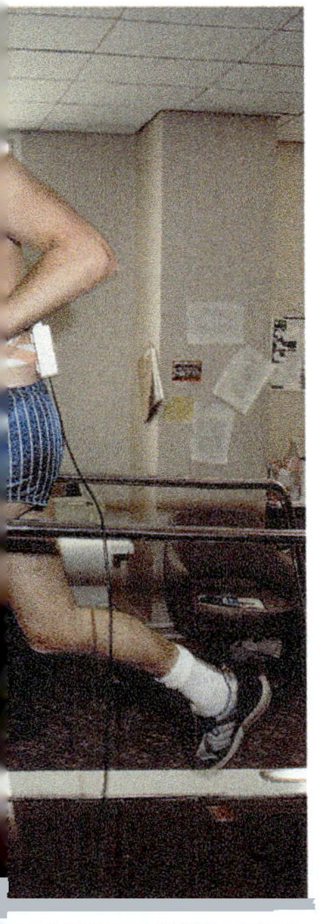

Pregunta 4 **¿Dónde está la solución?**

Respuesta La solución pasa por la prevención. Por eso la asociación trabaja en los colegios y en los institutos para fomentar la autoestima y la autonomía de los jóvenes para que puedan desarrollar un espíritu crítico frente a las presiones de la sociedad actual que parece valorar solo la belleza y la competitividad.

Pregunta 5 **Con la llegada del verano ¿aumentan los casos?**

Respuesta Más que aumentar, diría que se destapan porque es cuando se muestra el cuerpo. No sabría precisar la cantidad de la población que se puede ver afectada, porque a muchas familias les da vergüenza reconocer que tienen un enfermo. Acabar con los prejuicios es nuestra asignatura pendiente.

Pregunta 6 **¿Tiene cura?**

Respuesta Sí, y es más eficaz y rápida cuando colabora toda la familia. Recuperar nutricionalmente al enfermo es cuestión de semanas. Lo difícil es el plano psicológico, entonces hablamos de tres a cinco años.

Pregunta 7 **¿Ha evolucionado el perfil de los enfermos?**

Respuesta Sigue afectando mayoritariamente a las chicas jóvenes, aunque también se han registrado casos en hombres y niños menores de 10 años. También hay otro tipo de trastornos como la vigorexia, la obsesión por construir un cuerpo atlético, y la ortorexia, que centra la alimentación en productos *light* y bajos en calorías.

http://www.elpais.com/ (Adaptado)

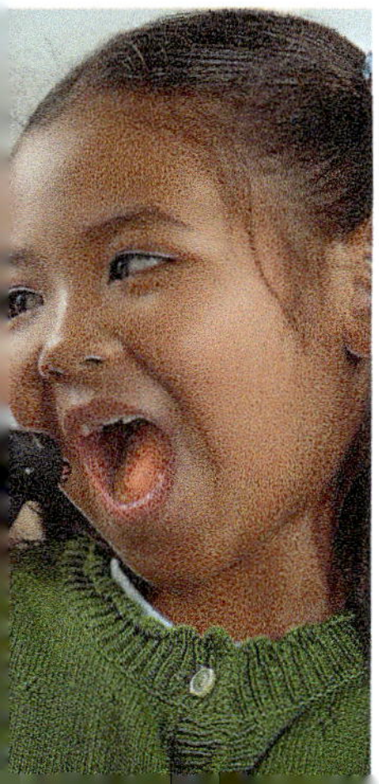

TOMA NOTA

Una **entrevista** es un diálogo en que una persona, generalmente un periodista, hace preguntas a otra persona con el fin de conocer mejor sus ideas, sus sentimientos, su forma de actuar o las circunstancias de algún hecho en que haya participado.

COMPRENSIÓN E INTERPRETACIÓN

1 Tras leer el texto escribe F si la afirmación es falsa y V, si es verdadera.

a) [ ] La bulimia y la anorexia no son enfermedades, son un capricho de la adolescencia.

b) [ ] María Isabel Gómez trabaja como voluntaria en la *Asociación en Defensa de la Atención a la Anorexia Nerviosa y Bulimia* desde los cinco años de edad.

c) [ ] María Isabel presentó una campaña de información dirigida a jóvenes y padres.

d) [ ] En general cuando las familias descubren el problema van directamente a una persona que las pueda acudir.

e) [ ] La enfermedad afecta mayoritariamente a las chicas jóvenes.

2 Contesta a las preguntas según el texto.

a) ¿Cómo reacciona la familia de las personas que sufren estas enfermedades?

b) Además de la bulimia y la anorexia, ¿cuáles son los otros tipos de trastornos mencionados en la entrevista? Explícalos.

c) ¿Qué pasa con la llegada del verano? Explica.

d) ¿Los medios de comunicación influyen, de alguna manera, en la creación de un estereotipo de cuerpo ideal, principalmente para las mujeres? ¿Cómo lo hacen?

3 ¿Cómo pueden ayudar la familia y los amigos a los anoréxicos o bulímicos?

4 Sobre la anorexia, lee parte de una opinión impresa en un periódico chileno y contesta la pregunta.

"[...] Es crucial inculcar al interior de los hogares la importancia de una vida saludable, pero sin exacerbar criterios estéticos que pueden dar pie a enfermedades como esta. [...]"

La Tercera, 2 de septiembre de 2007. p. 2.

¿Estás de acuerdo con lo que has leído? Justifica tu respuesta.

5 ¿Siempre han sido los patrones de belleza como lo son hoy día? Lee el siguiente fragmento y comprueba tu respuesta.

Anteriormente se consideraba a la persona con sobrepeso como una persona que gozaba de buena salud, sin embargo ahora se sabe que la obesidad tiene múltiples consecuencias en nuestra salud.

Ahora se sabe que la obesidad está fuertemente relacionada como causal de otras enfermedades como lo son los padecimientos cardiovasculares, dermatológicos, gastrointestinales, diabéticos, osteoarticulares, etc.

http://es.wikipedia.org/wiki/Obesidad/

6 Lee la letra de la canción *Dame comida*, de Miguel Costas.

DAME COMIDA

POR UN PLATO DE LENTEJAS TRABAJO COMO UN CABRITO
PERO YO SOLO QUIERO UNA PIERNA DE CORDERO
VIVA LA MERIENDA Y EL PINCHO MORUNO
EL GANADO LANAR Y EL GANADO VACUNO

DAME COMIDA
NO A LAS VERDURAS NO A LA ENSALADA
SON MALAS COMIDAS LAS QUE NO ENGORDAN NADA
VIVAN LAS RECETAS SIN PRIVACIONES
NO A LAS DIETAS Y A LOS CUERPOS DANONE

DAME COMIDA
SI EL POSTRE ES BUENO PARA QUEDAR LLENO
PARA ESTAR GORDITOS SON LOS PASTELITOS
CUANTO MÁS OBESO MÁS SATISFACCIÓN
GORDITO RELLENO DE PAN Y JAMÓN

DAME COMIDA

Letra y canción de Miguel Costas, del grupo Siniestro Total. Tema original del álbum *En beneficio de todos*, grabado y mezclado en Trak (Madrid, 1990).

7 ¿Qué tipo de alimentación sugiere la canción?

8 Explica, con tus palabras, el verso "no [...] a los cuerpos danone".

9 ¿Te parece sorprendente la manera como se ve la alimentación en la canción? ¿Por qué?

10 Compara la canción *Dame comida* y la entrevista con la psicóloga María Isabel Gómez y contesta: ¿qué relación de las personas con la alimentación presenta cada texto? ¿A qué se opone cada uno de ellos?

11 ¿Qué le pasa a uno si se alimenta únicamente como sugiere la canción?

VOCABULARIO

1 Lee las definiciones a continuación y busca en el texto las palabras equivalentes.

a) ________________. (conjug. pedir). tr. **4.** Tratar de conseguir o de alcanzar (algo).
b) ________________. intr. **2.** Buscar la ayuda de alguien.
c) ________________. adv. **1.** Indica que lo expuesto continúa vigente en el momento en que se habla o al que se hace referencia.
d) ________________. adj. Que es contrario a algo o se resiste a ello.
e) ________________. (v. soler). aux. Seguido de un infinitivo, expresa que lo significado por este es habitual o frecuente.

Diccionario del estudiante. Madrid: Real Academia Española/Santillana, 2005.

2 Completa el texto con las palabras del recuadro que sean adecuadas.

enferma trastorno ingesta cuerpo
miedo laxantes peso vómitos casos

Crece el número de personas que sufren a causa de la obesidad, por otra parte se nota también el crecimiento de los ________________ de anorexia y de bulimia.

Anorexia: Las personas con este ________________ se niegan a mantener su cuerpo con un ________________ situado dentro de los límites de la normalidad, tienen mucho ________________ de aumentar peso o de llegar a ser obesas y están exageradamente preocupadas por su figura. Además, la valoración que hacen de sí mismas como personas viene determinada por la opinión sobre su ________________.

Bulimia: La bulimia es la ________________ excesiva de alimentos que después se intentan compensar con conductas anómalas como ________________, abuso de ________________ y diuréticos, o dietas restrictivas intermitentes, lo que se acaba convirtiendo en una costumbre que modifica la conducta de la persona ________________.

http://www.acab.org/ (Adaptado)

3 Relaciona las columnas buscando el significado de las palabras.

a) Enfermo	[ ] De la juventud o relacionado con esa fase del desarrollo del ser vivo.
b) Alimentación	[ ] Estado o situación de la persona, del pueblo o de la entidad que goza de independencia.
c) Eficaz	[ ] Lo que ocurre verdaderamente; todo lo que existe y forma el mundo real.
d) Frivolidad	[ ] Que padece una enfermedad o un trastorno patológico.
e) Competitividad	[ ] Aprecio, afecto o consideración que se tienen hacia uno mismo.
f) Juvenil	[ ] Ligereza o falta de profundidad y de seriedad, especialmente en el comportamiento.
g) Realidad	[ ] Impedimento de algo negativo que ha sido previsto con antelación.
h) Prevención	[ ] Capacidad para competir o rivalidad para conseguir un fin.
i) Autoestima	[ ] Que produce el efecto al que está destinado.
j) Autonomía	[ ] Suministro de alimentos a un ser vivo.

Verbos irregulares

Decimos que un verbo es irregular cuando, al conjugarlo, se produce un cambio en su raíz.

Observa los verbos destacados en las frases extraídas de la entrevista de la psicóloga María Isabel:

*¿Qué objetivos **persigue** la campaña?*

*... y que consiguen al mejor chico o chica **suelen** ser personas delgadas, guapas casi perfectas.*
*No sabría precisar la cantidad de la población que se **puede** ver afectada...*

Poder y **soler** son verbos irregulares que presentan una **diptongación**: la **-o** de la raíz se transforma en **-ue** en todas las personas verbales, excepto NOSOTROS(AS) y VOSOTROS(AS). Hay más de un tipo de diptongación posible. Observa con atención el cuadro:

Modelos	o → ue	e → ie	i → ie	u → ue
	Almorzar	**Calentar**	**Adquirir**	**Jugar**
Yo	almuerzo	caliento	adquiero	juego
Tú	almuerzas	calientas	adquieres	juegas
Él/ella/usted	almuerza	calienta	adquiere	juega
Nosotros(as)	almorzamos	calentamos	adquirimos	jugamos
Vosotros(as)	almorzáis	calentáis	adquirís	jugáis
Ellos/ellas/ustedes	almuerzan	calientan	adquieren	juegan

Otros verbos que diptongan

o → ue	**e → ie**	**i → ie**
apostar, colgar, contar, dormir, demostrar, encontrar, mostrar, soñar y otros.	acertar, atravesar, cerrar, comenzar, empezar, merendar, pensar, querer, sentir, tener y otros.	inquirir

OBSERVA

El **voseo** sigue sus propias reglas y no presenta diptongación en la 2.ª persona almorzás / calentás / adquirís / jugás.

Ejercicios

1 Completa los siguientes minidiálogos con los verbos entre paréntesis, conjugados en presente de indicativo.

a) ¿Qué ________________ (soler, tú) comer en el almuerzo?
— ________________ (Soler, yo) comer una milanesa con papas fritas y una ensalada de lechuga y tomate.

b) ¿________________ (Calentar, yo) el pollo ahora?
— No, más tarde lo ________________ (calentar, nosotros).

c) ¿Quieres una manzana?
— No, ________________ (preferir, yo) una pera.

d) ¿________________ (Dormir) usted bien después de tomar una taza de café?
— No, no ________________ (dormir, yo) bien porque me agito mucho.

e) ¿Te ________________ (sentir) bien? Estás muy pálida.
— No, no me ________________ (sentir) bien, creo que el jamón me hizo mal.

2 Seguramente ya has escuchado algo sobre los alimentos transgénicos. Lee el fragmento de noticia abajo y complétalo, conjugando los verbos entre paréntesis en presente de indicativo. Atención: los verbos marcados con (*) son irregulares.

Francia veta el transgénico más común en España

París expresa dudas sobre su efecto sobre el medioambiente y la salud.

Rafael Méndez – Madrid – 13/1/2008

El Gobierno francés ha suspendido el cultivo del maíz transgénico más utilizado en España. París ______________ (alegar) que, según los últimos estudios, este maíz ______________ (tener*) efectos no deseados sobre el medio ambiente y que ______________ (necesitar) nuevos estudios sobre su impacto en la salud humana. España es el líder europeo en el cultivo de la planta, llamada Mon 810, diseñada por la multinacional Monsanto y aprobada en la UE (Unión Europea) en 1998.

El transgénico ______________ (ser*) una planta a la que se le altera un gen para que ______________ (adquirir*) alguna característica nueva, en general la resistencia a una plaga. En este caso, el maíz produce una toxina que ______________ (atacar) al taladro, la plaga más común del maíz.

Con esta decisión, Francia ______________ (proseguir*) su guerra contra los transgénicos. En el comunicado, el Ejecutivo ______________ (anunciar)que aplica "la cláusula de salvaguardia" sobre el cultivo de esa variedad. Esta cláusula está prevista en una directiva europea y fija que si un país ______________ (disponer) de nueva información de que un transgénico "constituye un riesgo para la salud humana o el medioambiente ______________ (poder*) restringir o prohibir provisionalmente en su territorio el uso o la venta".

La decisión del Gobierno francés se basa en la revisión científica que ha llevado a cabo su autoridad sobre la materia. El comité científico ______________ (asegurar) que hay datos que no se conocían en 1998 que ______________ (demostrar*) que "la dispersión del polen ______________ (alcanzar) distancias kilométricas". Estos resultados, según el informe, ______________ (mostrar*) que es imposible garantizar que no se produce "polinización cruzada", o sea, que una planta transgénica polinice una tradicional. Esto ______________ (poder*) arruinar a los agricultores ecológicos, a los que se les exige productos libres de transgénicos.

http://www.elpais.com/, accedido el 17/03/08. (Adaptado)

Heterogenéricos, heterosemánticos

Vocablos heterogenéricos

Son palabras iguales o semejantes en cuanto a la forma gráfica y al significado, pero distintas en cuanto al género, al pasar del español al portugués.

Español	Portugués	Español	Portugués
la hamburguesa	"o hambúrguer"	la sal	"o sal"
la leche	"o leite"	el análisis	"a análise"
la legumbre	"o legume"	el coraje	"a coragem"
la miel	"o mel"	la costumbre	"o costume"

Son del género masculino

Español	Portugués
Los árboles frutales: El naranjo, el manzano...	"a laranjeira, a macieira"
Los días de la semana: El lunes, el martes...	"a 2.ª-feira, a 3.ª-feira"
Las palabras terminadas en -aje: El viaje, el paisaje...	"a viagem, a paisagem"

Son del género femenino

Español	Portugués
Las palabras terminadas en -umbre: La costumbre, la legumbre...	"o costume, o legume"
Las letras del alfabeto: La a, la b, la c...	"O *a*, o *b*, o *c*..."

Vocablos heterosemánticos

También denominados **falsos amigos**, los heterosemánticos son vocablos idénticos o semejantes en cuanto a su forma gráfica, pero que divergen parcial o totalmente en cuanto a su significado.

Español	Portugués
aceitar	"cobrir de óleo"
cinta	"fita"
contestar	"responder"
copa	"taça"
copo	"floco de neve ou de algodão"

Español	Portugués
crianza	"criação", "educação"
cubiertos	"talheres"
polvo	"poeira"
taza	"xícara"
vaso	"copo"

Ejercicio

¿Cómo se prepara una mesa adecuadamente? Lee abajo algunos consejos y subraya la opción correcta para completar el texto.

- El mantel debe estar siempre limpio, planchado y, si es posible, que combine con *la color / el color* de tu vajilla.
- *Los cubiertos / Los talleres* deben colocarse en *la orden / el orden* en que se van a utilizar, comenzando por el exterior. El tenedor y la cuchara del postre, ofrécelos después. Así evitarás la confusión a la hora de comer.
- Si tu mesa es muy *larga / ancha*, ten siempre dos juegos con *el sal / la sal*, la pimienta, el hielo, etc.
- *Las copas / Las tazas* de agua y de vino se colocan a la derecha, en la parte superior de los cubiertos, con *el copo / el vaso* de vino hacia el exterior, y deben servirse a solo tres cuartas partes de su capacidad.
- Para mayor versatilidad y contraste es mejor seleccionar la vajilla en *una color / un color* neutro (blanco) y si te gustan los diseños, escoge uno que sea sobrio y simple. Esto te facilitará combinarlo con diferentes manteles y decorar la mesa con flores, dispuestas en bonitos *vasos / floreros*, sin ningún temor.

http://www.deguate.com/, accedido el 13/03/08. (Adaptado)

Adverbios de duda

Lee con atención el diálogo:

La palabra destacada es un **adverbio de duda**.

RECUERDA

Adverbio es una palabra invariable que califica un verbo, un adjetivo, otro adverbio o un pronombre.

Para expresar dudas, posibilidades o probabilidades también podemos emplear las locuciones adverbiales **tal vez** y **a lo mejor**.

Con **a lo mejor** empleamos indicativos y con **tal vez** se emplea el subjuntivo.

Ejemplos:

Tal vez *Lupe esté delgada porque no se alimenta bien.*
A lo mejor *ha vuelto a las clases de gimnasia.*

Ejercicio

Contesta las preguntas utilizando un adverbio o una locución adverbial de duda y las informaciones entre paréntesis.

a) ¿Qué hay para comer hoy? (pasta y ensalada)
b) ¿Sabes qué está preparando Andrés para su fiesta? (fiesta temática)
c) ¿Qué vas a llevar al cumpleaños de Felipe? (una tarta de gambas)

En el supermercado

10 Marta se encuentra con su amiga Isabel en el supermercado.

Isabel Hola, Marta. ¿Qué te pasa? Te conozco muy bien y no he podido dejar de notar tu carrito de compras. ¡Qué cantidad de legumbres, verduras, yogures!

Marta Pues sí... (risas) Es que voy a tratar de cambiar mi alimentación. Esta semana he ido al médico y, además de estar un poco gordita, ¡he descubierto que tengo el colesterol alto!

Isabel ¿En serio? ¡Pero si solo tienes 25 años!

Marta Pues también yo pensaba que estaba libre de tener esos problemas por ahora. Mi alimentación estaba muy desequilibrada. Como sabrás, me encantan las hamburguesas, las patatas fritas, los dulces...

Isabel ¿Y cómo no iba a saberlo? El problema es que solo comes esas cosas, Marta.

Marta Sí, lo sé. Me he puesto a dieta y empecé a probar otros tipos de alimentos. Lo único es que a veces no los identifico...

Isabel A ver si te puedo echar una mano. ¿Qué no has encontrado?

Marta Bueno, la espinaca, el calabacín, la coliflor, la lechuga y los pimientos los he encontrado, pero no la col de Bruselas.

Isabel Mira, Marta, son esas pequeñitas, que parecen repollitos.

Marta Ah, vale, gracias.

Isabel Mira qué ricas estas zanahorias. Me gusta comerlas crudas, con un poco de aceite y sal. ¿Por qué no las pruebas? Siempre las tengo en la nevera, por si tengo ganas de picar algo...

Marta ¡Qué buena idea! Voy a hacer lo mismo que tú.

Ahora contesta:

a) ¿Por qué Isabel se sorprende al ver las compras de su amiga Marta?

b) ¿Qué motivos tiene Marta para cambiar su alimentación?

c) ¿Marta está dispuesta a hacer dieta? ¿Qué problema tiene con relación a los alimentos que debe comer?

PRODUCCIÓN ORAL

Ayuda a Marta a organizar su alimentación: conversa con tu compañero(a) y prepara un menú para una semana, sin dejar de considerar que Marta debe ingerir alimentos con pocas calorías y baja cantidad de gordura.

AMPLIACIÓN DEL VOCABULARIO

Observa las fotos y contesta. Si es necesario, consulta el glosario visual al final del libro.

GLOSARIO VISUAL pág. 330-335

a) ¿Qué alimentos normalmente se consumen en el desayuno?

b) ¿Qué alimentos son propios del almuerzo o de la cena?

c) ¿Qué sueles tomar de postre?

PRODUCCIÓN ESCRITA

Presenta un trabajo sobre los hábitos alimentarios de los jóvenes de tu edad. Elabora una lista de preguntas y entrevista a algunos compañeros de tu clase o del colegio. Luego, comparte con tu grupo las respuestas que has conseguido y, juntos, verifiquen si hay respuestas que se repiten o que sean muy semejantes. Elijan las mejores y preparen un guion para un programa televisivo de entrevistas. Si posible, dramaticen la entrevista en aula.

LECCIÓN 7

EL OCIO Y EL TRABAJO

LECTURA

PRECALENTAMIENTO

1 ¿Qué haces en tu tiempo libre?

[ ] Veo la tele.
[ ] Voy al cine.
[ ] Escucho música.
[ ] Leo periódicos, revistas o libros.
[ ] Salgo con mis amigos.
[ ] Salgo con mi novio(a).
[ ] Practico deportes.
[ ] Duermo.
[ ] Cuido de mis mascotas.
[ ] Juego al videojuego.
[ ] Navego por Internet.
[ ] Hago trabajos voluntarios.
[ ] Otras actividades:

2 ¿Ya has elegido tu profesión?

3 En tu opinión, ¿trabajamos mucho y relajamos poco?

En los momentos de ocio mucha gente ve la tele. Lee esta **cartelera** de televisión y después contesta las preguntas.

TV ABIERTA

Canal					
Red TV VTR 17; ZAP 4; Direct TV 148; Telefónica 117; Gtd 17	09:00 **Punto de vista.** 10:00 **De película.** 10:30 **Cada día mejor.**	12:00 **Cara a cara.** Tomás Cox entrevista hoy a Lucho Jara. 12:30 **VIP.** 13:10 **Xena.** Serie. 14:00 **Alias.** Serie. 15:00 **Hechiceras.** Serie.	16:00 **Supernatural.** Serie. 17:00 **Smallville.** Serie. 18:00 **Telediario.** 19:00 **Tardes de cine.** "El tesoro de China". 21:00 **Ripley.** Reportajes de lo insólito. 21:55 **El tiempo.**	22:00 **7 noches de película.** "El reinado de fuego". 00:00 **Sex & the city.** 01:00 **Cada día mejor.**	
TVN VTR 19; ZAP 4; Direct TV 149; Telefónica 119; Gtd 19	08:00 **Tronia.** Los Pitufos. 08:30 **Tronia.** Karkú. 09:30 **Tronia.** Lazy town. 10:00 **Estado nacional.** 11:30 **Una belleza nueva.**	12:30 **Fútbol italiano.** Roma vs. Siena. 14: 20 **24 horas al día.** 15:00 **Frutos del país.** 16:00 **La cultura entretenida.** "Insectos al ataque: agresión".	17:00 **La cultura entretenida.** "Megadesastres: terremoto". 18:00 **La cultura entretenida.** "Dragón de la Patagonia". 19:00 **El último pasajero.** 21:00 **24 horas central.** 21:55 **TV tiempo.**	22:00 **Enigma.** "Celos mortales: el crimen de Victoria Solis". 23:15 **Nip TUC.** Serie. 00:15 **Zoom deportivo.** 01:15 **Estado nacional.** Repetición.	
Mega VTR 20; ZAP 9; Direct TV 150; Telefónica 120; Gtd 20	07:10 **Astro boy.** 07:50 **Las chicas superpoderosas.** 08:30 **Santa misa.** 09:15 **Kappa Mickey.** 10:10 **El chavo animado.** 10:45 **BKN.** 11:30 **Life & times of Juniper Lee.**	12:00 **Avatar.** 12:45 **Los padrinos mágicos.** 13:40 **Un cachorro llamado Scooby.** 14:20 **El pájaro loco.** 14:45 **Deportes chilenos por el mundo.** 15:45 **Cine familiar.** "Curly Sue".	19:30 **Tarde de reportajes.** "Masacre en Apoquindo". 20:50 **Meganoticias.** 21:25 **El tiempo.**	21:30 **Pasión de primera.** 22:20 **Caiga quien caiga.** 00:30 **Strong medicine.** Serie.	
Chilevisión VTR 21; ZAP 11; Direct TV 151; Telefónica 121; Gtd 21	08:00 **Vivienda y construcción.** 09:00 **Arcadia.** 10:00 **Siete días.**	12:00 **Fórmula 1.** Gran premio de Italia. 13:30 **Chilevisión noticias tarde.** 14:30 **Cine.** "Enemigo mío". 16:30 **Documentos.**	19:00 **Fútbol argentino.** River Plate vs. Velez Sarsfield. 19:30 **Cuánto vale el show.** Repetición. 21:00 **Chilevisión noticias central.**	22:00 **Tolerancia cero.** El invitado de hoy es Joaquín Lavín. 23:45 **Chilevisión noticias.** 00:15 **Show de goles.**	
Canal 13 VTR 22; ZAP 13; Direct TV 152; Telefónica 122; Gtd 22	07:50 **Santa misa.** 08:35 **Bienaventurados.** 08:40 **El domingo hablamos.** 09:40 **El club Disney.** 11:00 **Amango.** 11:45 **Cubox.** Dibujos animados.	14:00 **Telearte.** 14:25 **El tiempo.** 14:30 **Pan en tu camino.** 14:35 **Tierra adentro.** 15:30 **Flor de país.** 16:30 **Mundial de atletismo.**	17:30 **Deportes 13 full.** 19:00 **Amango.** Repetición. 19:45 **Papi Ricky.** Resumen teleserie. 21:00 **Teletrece.** 21:55 **El tiempo.**	22:00 **Héroes.** "Portales, la fuerza de los hechos". La historia de Diego Portales, interpretado por Carlos Concha, un poderoso y revolucionario ministro de la década de 1830 que por sus métodos y personalidad fue rechazado por muchos, mientras otros lo seguían, respetaban y admiraban.	00:00 **Pelotas.** 00:55 **El domingo hablamos.** Repetición. 01:55 **Pan en tu camino.**
Telecanal VTR 9; Telefónica 116; Gtd 16	08:00 **Telemonitos.** 11:24 **El hombre invisible.** 12:20 **Misión planetaria.** 13: 20 **Stargate.** 14:15 **Cine en familia.** "La maldición de la noche de brujas". 16:10 **Cine en familia.** "Illansky".	18:00 **Mundo motor.** 18:30 **Hiperconectados.** 19:10 **Hércules.** 20:00 **Miniserie.** 21:55 **Cine de estrellas.** "Súper espía K". 00:00 **Rompeportones.** 00:45 **Veamos rodeo.**			
UCV VTR 18; Gtd 18	15:00 **Llama y gana.** 16:00 **Ripley channel.** 17:00 **Sector activo.** 17:30 **Automundo.** 18:00 **Hablemos de capacitación.** 18:30 **La fórmula del éxito.** 19:30 **Caminos de la iglesia.**	20:00 **UCVTV noticias.** 20:30 **País cultural.** 21:30 **Futfem.** 22:00 **Empresa océano.** 22:30 **Gesto urbano.** 23:30 **Turismo deportivo.** 00:00 **Otra cosa es con guitarra.**			
+ Canal 22 VTR 99; Gtd 27	08:00 **+Kotas.** 09:00 **Vivienda, construcción y decoración.** 13:30 **La nueva opción.** 15:40 **Especial de cine.** 16:30 **DF riders.** 17:00 **Camino de luz.** 18:00 **BPMS.** 18:30 **Mis hijos.**	20:00 **Chile crece.** 21:00 **Rutas de solidaridad.** 21:30 **Ciclo de cine soviético.** "Los caballeros de la fortuna". 00:00 **Todo es posible.**			

El Mercurio, Santiago, 2 sep. 2007.

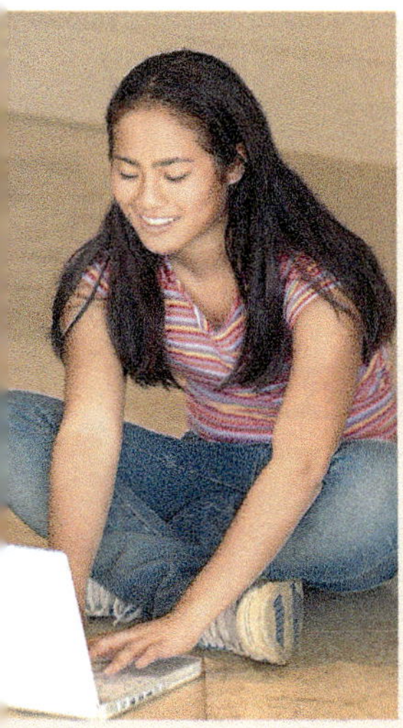

TOMA NOTA

La **cartelera**, en el sentido que presentamos aquí, es una sección de los periódicos donde se anuncian funciones teatrales, de cine, de televisión o de otros espectáculos.

COMPRENSIÓN E INTERPRETACIÓN

1 Completa el recuadro con por lo menos cinco programas de cada tipo apuntados en la cartelera de la página anterior.

Dibujos animados	Series	Programación deportiva	Películas	Noticias

2 ¿Qué cadena...

a) empieza más temprano su programación? ¿Y más tarde?
b) presenta más dibujos animados? ¿Y más series?
c) presenta más telediarios y programas deportivos?

3 Señala la opción correcta.

OBSERVA

Otros tipos de películas:
de ciencia ficción
épica
musical
de aventura
de suspense o suspenso

Portales, la fuerza de los hechos (Canal 13, 22:00) es una película:

a) [ ] cómica.
b) [ ] romántica.
c) [ ] histórica.
d) [ ] de terror.
e) [ ] del oeste.

OBSERVA

Luis Alberto Jara Cantillana, más conocido como ***Lucho Jara***, es un cantante y presentador de televisión chileno.

4 ¿Cuál es el programa que entrevistó al cantante chileno Lucho Jara?

5 Relaciona los siguientes temas a sus respectivos programas.

a) Infantil.
b) Fútbol.
c) Informática.
d) Coches.
e) Documental.

[ ] *Show de goles* (Chilevisión, 00:15).
[ ] *La cultura entretenida* (TVN, 16:00).
[ ] *Telemonitos* (Telecanal, 08:00).
[ ] *Hiperconectados* (Telecanal, 18:30).
[ ] *Automundo* (UCV, 17:30).

6 Contesta.

a) ¿Qué series y dibujos animados mencionados en la cartelera se conocen en Brasil?
b) ¿Qué programa te gustaría ver? ¿Por qué?
c) ¿En Brasil, la programación para el fin de semana suele ser distinta de aquella para los días útiles? ¿Por qué?
d) Compara la cartelera chilena con una brasileña. ¿Es similar la programación?
e) ¿Qué características debe tener un buen programa de televisión?

Para informar la hora

Son las dos (en punto).

¿Qué hora es?
01 :00 **Es** la una (en punto).
06:00 **Son** las seis (en punto).
12:00 **Son** las doce (en punto).

¿A qué hora empieza...?
08:00 A las ocho (en punto).
13:00 A la una (en punto).

Son las dos y cinco.

¿Qué hora es?
13:10 Es la una y diez.
15:15 Son las tres y quince.
(Son las tres y cuarto.)
16:20 Son las cuatro y veinte.

¿A qué hora empieza...?
17:25 A las cinco y veinticinco.
18:30 A las seis y treinta.
(A las seis y media.)

Son las diez **menos** veinticinco.

¿Qué hora es?
20:40 Son las nueve **menos** veinte.
12:45 Es la una **menos** quince.
(Es la una menos cuarto.)

¿A qué hora termina...?
05:50 A las seis **menos** diez.
19:55 A las ocho **menos** cinco.

7 Escribe en letras. ¿A qué hora empieza...

a) *Punto de vista*, de la Red TV?
b) *Astro boy*, de la Mega?
c) *El club Disney*, del Canal 13?
d) *Estado Nacional* (repetición), de la TVN?
e) *Stargate*, de Telecanal?

OBSERVA

Stargate se refiere, de modo general, a un universo de ciencia ficción que nace en 1994 de la mano de Dean Devlin y Roland Emmerich con el film *Stargate, puerta a las estrellas*, continuado luego en forma de novelas, dos series de televisión (*Stargate SG-1 y Stargate Atlantis*), una serie animada (*Stargate infinity*) y otros trabajos derivados.

http://es.wikipedia.org/

LECCIÓN

7

VOCABULARIO

Mucha gente trabaja para garantizar el ocio de otros. Mira quién está detrás de las cámaras:

Directores	Decoradores	Traductores	Locutores	Actores/Actrices
Productores	Presentadores	Publicistas	Peluqueros	Operadores de cámara y vídeo
Guionistas	Maquilladores	Músicos	Bailarines	Técnicos de sonido, de luces
Redactores	Documentalistas	Cantantes	Grafistas	Diseñadores de moda
Periodistas	Escenógrafos	Reporteros	Diseñadores	Fotógrafos del sector audiovisual

1 Escribe qué profesiones se relacionan a los siguientes objetos:

a) micrófono:
b) cepillo, peine, secador:
c) ropas:
d) máscaras de pestañas, rubor, lápiz labial:
e) guitarra, batería:

2 Completa.

Si yo fuera...	sería...
a) un personaje de un dibujo animado	
b) un personaje de una película	
c) un deportista	
d) una canción	
e) un libro	

3 ¿Qué dibujos animados son estos? Busca sus nombres en español.

GRAMÁTICA

Perífrasis verbales de obligación

Para expresar obligación en forma:

	Personal		Impersonal
	Tener que	**Deber**	**Haber que**
Yo	tengo que *estudiar*...	debo *descansar*...	Hay que *beber algo*...
Tú	tienes que...	debes...	
Vos	tenés que...	debés...	
Él/ella/usted	tiene que...	debe...	
Nosotros(as)	tenemos que...	debemos...	
Vosotros(as)	tenéis que...	debéis...	
Ellos/ellas/ustedes	tienen que...	deben...	

Ejercicios

1 Relaciona.

a) Lucho, [ ] tenemos que ahorrar dinero para viajar el próximo fin de semana.
b) Lola y Concha [ ] debés quedarte en casa unos días más, pues aún no estás bien.
c) Tú y yo [ ] debe jugar menos y estudiar más.
d) Mi novio [ ] tenéis que organizar estos DVD siguiendo la fecha de producción.
e) Tú y ella [ ] tienen que ser más puntuales.

2 Mira este anuncio y forma frases utilizando la forma impersonal de obligación.

Ejemplo:

Para presentarse a la plaza de ingeniero civil hay que tener experiencia mínima de 10 años.

a) Para acceder a la plaza de administrativos...
b) Para presentarse al puesto de bodeguero...
c) Para ser un jefe de obra de aquella empresa...
d) Para ocupar el puesto de arquitecto...

SE NECESITA PERSONAL

Ingenieros civiles Constructores civiles Arquitecto — **Titulado. Experiencia mínima 10 años en terreno 5 últimos como administrador.** Sólidos conocimientos en construcción en altura, en administración, manejo de sistemas computacionales, de programación, leyes laborales y Prevención de Riesgo.

Bodegueros — **Experiencia mínima 5 años en obra. Sólidos conocimientos en materiales** de construcción. Manejo de sistemas computacionales.

Administrativos — **Experiencia mínima 5 años en obra. Sólidos conocimientos en remuneraciones** y leyes laborales. Manejo de sistemas computacionales.

Jefes de obra — **Experiencia 15 años en edificación en altura.** Sólidos conocimientos en construcción en altura, rendimientos, mano de obra, materiales y en la dirección de personal de supervisión.

Gran capacidad de trabajo en equipo
Renta acorde a mercado
Enviar currículo a: gerencia.operaciones@ryrimp.cl

La Tercera, Santiago, 2 sep. 2007.

Verbos en presente de subjuntivo

Para expresar dudas, posibilidades, deseos, consejos, empleamos los verbos conjugados en el **presente de subjuntivo**. Observa las frases siguientes:

Tal vez las secretarias **descansen** durante el viaje.
Es posible que Ramón **lea** el último libro de Gabriel García Márquez en un día.
Te aconsejo que **duermas** más y **trabajes** menos.

El presente de subjuntivo se forma a partir del presente de indicativo.

Presente de indicativo	Presente de subjuntivo
1.ª persona del singular	1.ª persona del singular
(Yo) descanso	(que yo) descanse
(Yo) leo	(que yo) lea
(Yo) duermo	(que yo) duerma

OBSERVA
Las terminaciones de 2.ª y 3.ª conjugación son iguales.

	descansar (1)	leer (2)	dormir (3)
Yo	descanse	lea	duerma
Tú	descanses	leas	duermas
Él/ella/usted	descanse	lea	duerma
Nosotros(as)	descansemos	leamos	durmamos
Vosotros(as)	descanséis	leáis	durmáis
Ellos/ellas/ustedes	descansen	lean	duerman

Ejercicio

Según un reportaje publicado en un periódico chileno, dormir menos de nueve horas causaría déficit atencional. Lee los consejos para facilitar un buen dormir y completa los espacios con los verbos indicados entre paréntesis, conjugándolos adecuadamente en la segunda persona de singular (tú).

Los especialistas en medicina del sueño han elaborado una guía del buen dormir para quienes tienen problemas en descansar. Estas son algunas sugerencias:

- Es importante que ____________ (usar) el dormitorio solo para dormir y no para comer, ver televisión, navegar por Internet o hablar por teléfono.
- Es conveniente que ____________ (asegurar) que la habitación sea oscura, sin ruidos y con una temperatura agradable.
- Es aconsejable que ____________ (evitar) el uso de cafeína —como café, té, refrescos cola y chocolate—, descongestionantes, alcohol y tabaco.
- Es bueno que ____________ (comer) alimentos naturales y ____________ (evitar) exceso de azúcar y productos elaborados que contengan químicos como colorantes y preservantes.
- Es conveniente que ____________ (evitar) la siesta y las actividades de entretención sedentarias, ya que todo esto puede empeorar los trastornos del sueño.

Adaptado de: *La Tercera*, Santiago, 2 sep. 2007.

Pronombres relativos (que, quien, cuyo/a, cual)

Los pronombres relativos se refieren a un antecedente expreso.

La película ← **que** está en cartel ganó varias estatuillas.

Este es el deportista a **quien** me referí ayer.

Alicia leyó toda la obra durante este fin de semana, la **cual** tenía más de cien capítulos.

Julieta Venegas, **cuyo** DVD me regalaron ayer, hará un concierto en Brasil.

Ejercicio

Completa con los relativos adecuados.

¡Mira quién baila! es un programa de entretenimiento ________ tiene gran audiencia en España. Anne Igartiburu es ________ presenta ocho personas ________ rostro es siempre popular. Los famosos aceptan el reto de entrenar a fondo para lucirse ante el público en una gala semanal. El objetivo de todos ellos es ganar y recoger así fondos para la ONG la ________ apadrinan. Un experto jurado valora y puntúa las exhibiciones de los bailarines y son los telespectadores ________ a través de las llamadas telefónicas, los SMS, deciden el ganador de la noche. A partir de la novena gala, se elimina, por votación popular, uno de los concursantes, hasta proclamar vencedor a uno de ellos.

Adaptado de: http://www.rtve.es/

Adverbio de deseo (ojalá)

La palabra **ojalá**, del árabe *wasa Alláh* (¡quiera Dios!), expresa nuestro deseo de que algo ocurra. Puede ir acompañada del gesto de juntar las manos como si fuéramos a rezar, al mismo tiempo que los ojos se elevan al cielo como si nos encomendáramos.

COLL, J., GELABERT, M.J. y GIFRE, E.M. *Diccionario de gestos con sus expresiones más usuales*. Madrid: Edelsa, 1990.

Ejercicio

Construye frases, en tu cuaderno, con las palabras que te proponemos.

Ejemplo:
Ojalá / tener / tiempo: Ojalá tenga más tiempo para pasear y estar con mis amigos.

a) Ojalá / viajar / mañana.
b) Ojalá / partir / hoy.
c) Ojalá / superar / las pruebas del DELE.
d) Ojalá / descansar / fin de semana.
e) Ojalá / conseguir / billetes.

COMUNICACIÓN

OBSERVA

Para expresar ideas, suposiciones, dudas e inseguridad

Creo que... / Pienso que...
Supongo que...
Tal vez... / Quizá...
Es posible... / Es probable...
No estoy seguro de...

Para expresar deseos

Ojalá...

1 Antes de leer el diálogo abajo, escucha la grabación y luego contesta las preguntas.

a) ¿Cuántas personas participan del diálogo?
b) ¿Dónde están?
c) ¿Cuáles son los equipos de fútbol citados?
d) ¿Todos son hinchas de un mismo equipo?

11 **2** Ahora averigua si tus respuestas están correctas.

Pablo Creo que este año el Real Madrid vencerá el campeonato español una vez más.
Alex Ojalá sea el campeón, ¡es el mejor equipo de fútbol del mundo!
Juan De eso no estoy seguro. Barça tiene muy buenos jugadores también. No os olvidéis de Ronaldinho, Messi, Puyol...
Alex Sí, pero Real tiene a Robinho, Cannavaro, Raúl...
Pablo Camarero, la cuenta, por favor.
Alex Bueno, hasta ahora, los resultados indican que muy probablemente el Real será campeón.
Juan Pero Barça aún tiene algunas posibilidades.
Pablo Vámonos, hombres. Pronto empezará el clásico y no quiero perder un solo segundo del partido.
Alex Lástima no haber conseguido comprar las entradas para el partido... Ahora estaríamos con los hinchas del Real.
Juan Yo, no. Con los hinchas del Real estaríais solo tú y Pablo...

PRODUCCIÓN ORAL

En grupos, conversen sobre uno de los temas propuestos y después presenten las conclusiones a los demás compañeros. Utilicen las expresiones del recuadro.

a) ¿Qué equipo de fútbol será el vencedor del campeonato brasileño este año?
b) ¿Qué película ganará el Óscar?
c) ¿Qué carrera seguirá cada uno de los miembros del grupo?

AMPLIACIÓN DEL VOCABULARIO

Profesiones

GLOSARIO VISUAL pág. 336-337

La médica.

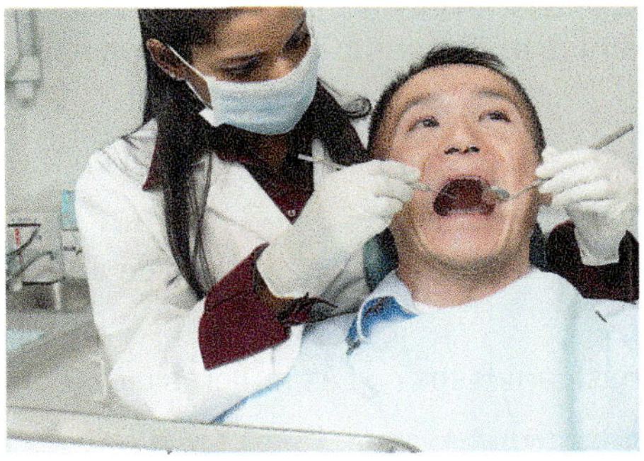
La dentista.

El camarero.

La cajera.

El juez de fútbol.

El mecánico.

El piloto.

Ocio

Tipos de material de lectura:
- periódicos
- revistas
- cómics
- libros de literatura, de ciencia ficción, ensayos.

Tipos de película:
- cómicas
- históricas
- de aventura
- de ciencia ficción
- románticas
- de terror
- del oeste

Tipos de programa:
- dibujos animados
- entrevistas
- telenovelas
- telediarios
- películas
- *reality shows*
- series

Tipos de música:
- rock
- *hip hop*
- salsa
- merengue
- tango
- romántica
- bolero
- samba

Tipos de deporte:
- maratón
- fútbol
- voleibol
- balonmano
- baloncesto
- natación
- golf
- béisbol

Tipos de instrumento:
- guitarra
- guitarra eléctrica
- batería
- piano
- castañuelas
- flauta
- marimba

PRODUCCIÓN ESCRITA

Imagínate que eres el(la) director(a) general de una cadena de televisión cuyos programas tienen gran audiencia entre los jóvenes de 12 a 18 años. Organiza una programación especial (cartelera) para el próximo domingo.

MAÑANA **TARDE** **NOCHE**

LECCIÓN 8

NUESTROS GUSTOS: VESTUARIO

LECTURA

PRECALENTAMIENTO

1 ¿Qué es para ti la moda?

2 ¿Con qué ropa te sientes más a gusto? ¿Con las deportivas o con las clásicas?

3 ¿Qué prendas de vestuario prefieres que te regalen en Navidad, cumpleaños, etc.?

4 ¿Y los colores? ¿Cuáles van mejor con tu estado de ánimo?

5 ¿Quiénes son los más vanidosos? ¿Las mujeres o los hombres?

GLOSARIO VISUAL pág 338-339

Lee esta **nota** que trata de la diseñadora Carolina Herrera.

Carolina Herrera
ofrece un otoño de plumas en Nueva York

La venezolana Carolina Herrera presentó el lunes una colección otoño-invierno llena de tonos café, azul y mostaza y muchas, muchas plumas, en la Semana de la Moda de Nueva York.

Las modelos lucieron sombreros al estilo de Peter Pan con abrigos y pantalones de equitación y hasta vestidos de fiesta de tafetán. Muchos trajes también incluyeron estampados inspirados en la ornitología, como uno de un ala delicada y otro de pájaros coloridos.

El estampado de pájaros lució impresionante en un traje bordado de gasa decorado con plumas de avestruz. Y para quienes prefieren un *look* más sutil, Herrera presentó un vestido bronce sin tirantes de tafetán con una pretina de plumas.

Los conjuntos para el día incluyeron una blusa sin mangas fabricada con una serie de parches terracota y negro combinada con una falda bordada color mostaza, y una capa de lana con un chaleco de *tweed*, blusa bronce de seda y pantalones de equitación.

Herrera definitivamente siguió la emergente tendencia de agregarle algo extravagante a un traje de otro modo más casual, o por el contrario, de agregarle algo acogedor a un elegante traje de noche.

"La tranquilidad y sofisticación de los exteriores. Una chaqueta de equitación que uno saca del ropero sobre un traje de gasa arrugada para una cena elegante en la granja", dijo Herrera en sus notas. "La vida de la ciudad olvidada".

Cadena Global/AP

TOMA NOTA

La **nota** es una noticia corta, o sea, la exposición de hechos actuales considerados de interés general. Se encuentra en el género informativo, y su extensión y profundidad es breve a la hora de tratar la información.

COMPRENSIÓN E INTERPRETACIÓN

1 Según el texto leído, podemos afirmar que:

I. Carolina Herrera presentó una colección absolutamente innovadora, que no sigue ninguna tendencia de moda.
II. Los colores claros se hicieron notar en el desfile de Herrera.
III. La colección de la venezolana trajo accesorios que remiten a una historia infantil.
IV. El uso de las plumas fue la única referencia a los pájaros presentada en la colección de la estilista.
V. No todos los modelos presentados en el desfile eran extremadamente llamativos.

Están incorrectas las alternativas:

a) [ ] I, III, IV.
b) [ ] II, III, IV.
c) [ ] I, II, IV.
d) [ ] III, IV, V.
e) [ ] II, IV, V.

2 Justifica tu elección. ¿Por qué las alternativas anteriores están incorrectas? Busca en el texto los argumentos para tus respuestas.

3 ¿Por qué el autor de la nota dice que los sombreros utilizados en el desfile seguían el "estilo Peter Pan"?

4 Explica con tus palabras la frase "La vida de la ciudad olvidada", que cierra la nota.

5 ¿Cuál es la diferencia entre "diseño de moda" y "diseño de vestuario"? Lee el pequeño texto que sigue y descúbrelo.

Diseño de modas es el arte aplicado dedicado al diseño de ropa y accesorios creados dentro de las influencias culturales y sociales de un período de tiempo específico.

El diseño de modas difiere del diseño de vestuario debido al hecho de que su producto principal tiende a quedar obsoleto después de una o dos temporadas, usualmente. Una temporada está definida como otoño/invierno o primavera/verano. Se considera generalmente que el diseño de modas nació en el siglo XIX con Charles Frederick Worth, que fue el primero en coser las prendas una etiqueta con su nombre. Mientras todos los académicos estudian las prendas (artículos de vestimenta) de cualquier período de la historia como diseño de vestuario, solo la ropa creada después de 1858 puede considerarse como diseño de modas.

Los diseñadores de modas diseñan ropa y accesorios. Algunos diseñadores de alta costura son independientes laboralmente y diseñan para clientes individuales. Otros cubren las necesidades de tiendas especializadas o de tiendas de departamentos de alta costura. Estos diseñadores crean prendas originales, asimismo como los que siguen tendencias de moda establecidas. Sin embargo, la mayoría de los diseñadores de modas trabajan para fabricantes de ropa, creando diseños para hombres, mujeres y niños en el mercado masificado. Las marcas de diseñador que llevan una firma, tales como Calvin Klein y Ralph Lauren, normalmente cuentan con el soporte de un equipo de diseñadores individuales que trabajan bajo la supervisión de un director de diseño.

http://es.wikipedia.org/, acceso el 6/3/08. (Adaptado)

Ahora contesta:

a) ¿Cuándo y cómo nació el diseño de moda?
b) ¿Trabajan de la misma manera todos los diseñadores de moda?
c) Ahora que ya conoces más del mundo de la moda, ¿cómo clasificarías el trabajo de Carolina Herrera: diseño de moda o de vestuario? ¿Por qué?

VOCABULARIO

1 Pon los nombres y los colores a las prendas de vestir.

Vestuario femenino

a) ______________________
b) ______________________
c) ______________________
d) ______________________
e) ______________________
f) ______________________
g) ______________________
h) ______________________

Vestuario masculino

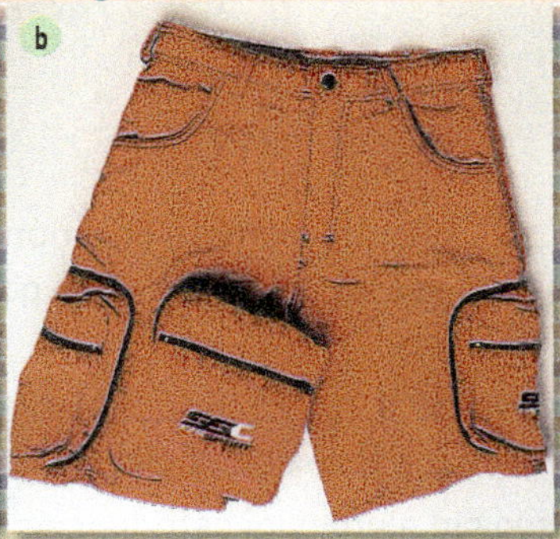

a) ______________________
b) ______________________
c) ______________________
d) ______________________
e) ______________________
f) ______________________

Accesorios

2 Los accesorios son los complementos perfectos en el universo de la moda. Relaciona los nombres con las imágenes.

[ ] Cadena larga.
[ ] Pendientes, aros, colgantes.
[ ] Bolso.
[ ] Brazaletes.
[ ] Anillos.
[ ] Gafas, anteojos, lentes.

3 **Vuelve a la nota relativa a la estilista Carolina Herrera (pág. 77) y descubre los materiales utilizados en su** colección otoño-invierno.

a) Cada una de las piezas que recubre el cuerpo de las aves.
b) Tejido generalmente de seda, delgado, muy tupido y de brillo apagado.
c) Tela de seda o hilo muy fina y transparente.
d) Sustancia viscosa en forma de hilo segregada por las orugas. Tejido hecho con estos hilos debidamente preparados.
e) Pelo de oveja o de algún otro animal. Tejido de este material.

4 Completa el texto con las palabras propuestas, fijándote siempre en el contexto.

mantas negro polleras clásico ampliado grises tendencia estilo colores
mezclas rosa texturas combinaciones blanco marca sofisticados
falda ponchos moda pantalones celeste

Un estilo con vigencia eterna

Hay un ______________ que no pasa de ______________, que siempre es sinónimo de elegancia y que sienta bien a los 30, a los 50 y a cualquier edad. Es el más puro estilo ______________, que renueva ______________, ______________ y diseños pero que siempre es... un clásico.

Con distintas combinaciones, en ______________ "casual" o ______________ largas, se trata de una ______________ inconfundible, que aporta a la mujer una cuota de distinción y de sobria elegancia.

El ______________ está muy asociado a este estilo sin alardes ni estridencias. Puede combinarse con ______________ o con colores más audaces. O se pueden mezclar negros y una gama de ______________. Pero no es la única variante.

Los colores tostados o de tonos pálidos (como el ______________ o el ______________ claros) también encajan bien con los diseños de polleras o pantalones clásicos.

Pero hay otros argumentos en favor de la opción clásica. Siempre son modelos combinables, que además de no pasar nunca de moda, resultan –a la vez– ______________ y flexibles. Una ______________ larga –de género, de lana o de hilo– puede adaptarse tanto a una jornada de trabajo como a una ocasión social.

En los últimos años, las ______________ más audaces también han sabido "encajar" con el estilo más tradicional. Se ha ______________ la gama de colores y se han propuesto ______________ atrevidas e interesantes con modelos autóctonos –______________ y ______________, por ejemplo–, apostando a un "toque personal" dentro de la ______________ sobria del clasicismo puro.

http://www.eldia.com.ar/

GRAMÁTICA

Lee el diálogo y observa las estructuras en negrita.

Verbo GUSTAR

El verbo **gustar**, en general, se usa en las terceras personas (singular y plural) y debe concordar con el sujeto gramatical que lo acompaña. Si el sujeto es un infinitivo, el verbo gustar debe ir en singular.

OBSERVA

El complemento indirecto tónico es necesario cuando hay que explicitar a la persona afectada por el verbo **gustar**. En las demás personas verbales, aunque sea frecuente, su uso es opción del hablante.

Aunque el verbo **gustar** sea el más usual para expresar gustos, podemos emplear también el verbo **encantar**.

A mí me encantan los vestidos largos, de seda natural.

Complemento indirecto		Verbo	Sujeto gramatical
Tónico	**Átono**		
A mí	me	gusta gustan	el color violeta.
A ti	te		la ropa deportiva.
A vos	te		andar a la moda.
A él/ella/usted	le		los guantes de cuero.
A nosotros(as)	nos	gusta gustan	llevar zapatillas confortables.
A vosotros(as)	os		los desfiles de alta costura.
A ellos/ellas/ustedes	les		los accesorios de moda.

Ejercicios

1 Construye frases con las palabras dadas, ordenándolas adecuadamente.

a) gustan / no / los / colores / me / oscuros
b) mucho / a / nos / sobre / tele / programas / a / moda / la / en / nosotros / gusta / asistir
c) largas / tías / a / las / gustan / les / mis / faldas
d) zapatos / a / los / le / Maribel / altos / de / gustan / tacones
e) gorra / ¿verdad? / ti / gusta / te / llevar / a

2 Completa las frases usando el verbo **gustar** y el pronombre complemento adecuado.

a) No sigo la moda, pero ________________ conocer las tendencias.
b) Tengo unas zapatillas de un color rojo brillante que ________________ mucho.
c) ¿________________ (tú) estos pantalones?
d) ¿Cuál perfume ________________ (vosotros) más?
e) A algunos ________________ llevar cosas colgadas del cuello, como el móvil o el mp3.

Adverbios y expresiones de cantidad

Observa las siguientes frases:

*Hay un estilo que no pasa de moda, que siempre es sinónimo de elegancia y que sienta **bien** a los 30, a los 50 y a cualquier edad.*

*En los últimos años, las combinaciones **más** audaces también han sabido "encajar" con el estilo **más** tradicional.*

Las palabras destacadas son **adverbios de cantidad**.

También son adverbios de cantidad: más, menos, poco, bastante, demasiado, muy, mucho, apenas, casi, nada, todo.

RECUERDA

Adverbio es una palabra invariable que califica un verbo, un adjetivo, otro adverbio o un pronombre.

Ejercicio

Relaciona las columnas adecuadamente. Luego de hacerlo, subraya los adverbios que encuentres.

a) Este vestido está un

b) Prefiero los colores

c) Me gustan

d) La modista comenzó a convertirse poco a poco

e) Siempre que voy a comprar vaqueros

f) A Rosa no le gustan los vestidos tan escotados

g) Este verano hace bastante calor

h) En la actualidad en el mundo de la moda no se lleva gargantilla ancha,

i) Había tanta gente el en desfile que

j) Solo las chicas muy altas

[ ] mucho los trajes de gasa.

[ ] y tampoco las de estilo collar de perros con diamantes.

[ ] elijo los modelos que mejor me queden.

[ ] pueden desfilar como modelos.

[ ] por eso las personas se visten casi siempre con prendas livianas.

[ ] en una de las diseñadoras más elegantes del panorama internacional.

[ ] apenas pude verla.

[ ] poco corto, ¿no te parece?

[ ] menos llamativos.

[ ] prefiere algo más discreto.

Uso de **muy** y **mucho**

Fíjate:	Se emplea con	Ejemplos
Muy	Adjetivos	Este vestido es **muy corto**.
	Adverbios	La colección de Carolina Herrera me pareció **muy** bien.
Mucho	Verbos	Llegamos **mucho** antes que ellos.
	Antes, después Mejor, peor Mayor, menor Más, menos	Este bolso es **mucho** mejor que el otro.
Mucho(s) **Mucha(s)**	Sustantivos	La colección trae **muchos** accesorios en metal.

ATENCIÓN

Con *mayor, menor, mejor, peor, antes, después, más* y *menos*, usamos siempre **mucho**. Por ejemplo:

En la fiesta Carmen estaba **mucho** más elegante que Teresa.

Mucho después de haber terminado el desfile, la sala seguía llena de periodistas que esperaban para hablar con la estilista.

Ejercicio

Completa las frases con **muy** o **mucho**, según convenga.

a) El hombre fue ______________ bondadoso.

b) Si dices la verdad, será ______________ mejor.

c) Tenemos que practicar ______________ para ganar el partido de tenis.

d) Estamos ______________ mejor hoy que ayer, porque no llueve.

e) Ella tiene ______________ ganas de viajar en las vacaciones.

Acentuación

Palabras		Se acentúan gráficamente	No se acentúan gráficamente
Agudas	La pronunciación es más fuerte en la última sílaba.	Las que terminan en **-n**, **-s** o **vocal**. ca-**fé**, ja-**más**, tam**bién**	Las que terminan en consonante distinta de **-n** y **-s**. Uste**d**, sabe**r**
Llanas o graves	La pronunciación es más fuerte en la penúltima sílaba.	Las que terminan en cualquier consonante que no sea **-n** o **-s**. **lá**-piz, au-to-**mó**-vil, di-**fí**-cil	Las que terminan en -**n**, -**s** o vocal. Esteba**n**, lune**s**, noche
Esdrújulas	La pronunciación es más fuerte en la antepenúltima sílaba.	Siempre se acentúan. **mé**-di-co, ca-**tó**-li-co, **ás**-pe-ra	—
Sobresdrújulas	La pronunciación es más fuerte en alguna de las sílabas anteriores a la antepenúltima sílaba.	Siempre se acentúan. Se acentúan los adverbios terminados en **-mente** derivados de adjetivos que llevan tilde. fácil → **fá**cilmente ent**ré**gamelos	—

La acentuación de los interrogativos: en interrogativas y exclamativas directas e indirectas se acentúan los pronombres:

cuál: ¿Cuál es el tuyo?	**cuándo:** ¿Cuándo vienes?
quién(es): ¿Quién lo ha dicho?	**cuánto(a), cuán:** ¿Cuántas cosas has traído? / ¡Cuán larga es esta pasarela!
qué: No sé qué hacer.	**cómo:** ¿Cómo te va?
dónde: ¡Dónde fuiste a pedir dinero!	**por qué:** ¿Por qué no estudias moda?

Ejercicios

1 En el siguiente texto faltan los acentos en algunas palabras. Acentúalas de acuerdo con las reglas que has aprendido.

La locura de la talla cero

¿Crees que las tallas manipulan la mente de las mujeres?

La obsesion con la delgadez siempre ha sido un juego de numeros (piensa en los complicados calculos que debes hacer para obtener el indice de masa corporal o en tu fijacion con esos dos ultimos kilos que quieres perder y ver reflejados en la bascula del gimnasio). Pero el deseo de ser mas esbeltas ha dado un giro absurdo: estamos viviendo en un mundo de tallas de ropa que bajan del cero a los subceros (conocidas como 00).

Las tallas negativas (y las celebridades cada vez mas flacas que las usan) estan poniendo mas presion que nunca sobre las mujeres. No puedes evitar pensar que si ha habido que inventar tallas menores de 0 es porque tiene que haber por ahi un monton de chicas ultradelgadas. "La talla es la nueva herramienta para medir lo que vales", dice Susan Head, sicologa y especialista en imagen corporal. "Las mujeres quieren alcanzar esa talla 0 ideal." [...]

http://www.terra.com/cosmoenespanol/

2 Clasifica las palabras que has acentuado.

Agudas	Graves / llanas	Esdrújulas

COMUNICACIÓN

•OBSERVA

Para describir detalles

Con botones / con pliegues / con bolsillos / con cremallera / con tacones.
Corto / largo / ancho / ajustado / fruncido / escotado / tableado.

Los colores

rojo / naranja / rosado / azul
beige / verde / negro
violeta / amarillo / gris / marrón, etc

12 En una tienda

En una tienda de ropa tres chicas, Ana, Ligia y Renata, buscan vestidos para ponerse en la fiesta de fin de curso, y piden ayuda a la dependienta.

Dependienta	Buenas tardes. ¿Las puedo ayudar en algo?
Ana	Sí, por favor. Buscamos vestidos de fiesta, pero no tenemos la menor idea...
Ligia	Hay un vestido lindo en el mostrador, negro, a rayas...
Dependienta	Empecemos por algo muy importante sobre los colores y las rayas: el color claro ensancha y resalta. El color oscuro angosta, adelgaza y estrecha. Las rayas verticales adelgazan y alargan y las rayas horizontales acortan y ensanchan.
Ligia	Entonces, como estoy demasiado delgada, creo que lo mejor sería algo liso y claro... Hum... en cuanto al color... me gusta mucho el azul celeste...
Renata	¡Y yo, con lo bajita que soy! Para seguir estos consejos lo mejor sería probarme algo con rayas verticales... ¿Qué te parece, Ana?
Ana	Es una buena idea... Yo, por mi parte, prefiero un vestido verde, que sea alegre. He visto uno en el mostrador, sin tirantes, que me encantó.
Dependienta	Aquí los tienen: para cada una, 2 modelos. Por favor, usen los probadores que están a la derecha a ver cómo les quedan. De lo contrario, buscaré otros.
Ana, Renata y Ligia	Gracias.
(algún tiempo después)	
Ana	Perfectos. Están preciosos.
Ligia	¿Serán muy caros?
Renata	A lo mejor podemos pagarlos en cuotas o con tarjeta.
Ana	A veces nos dan descuento si pagamos al contado.
Renata	Chicas, ¡todo eso hay que preguntárselo a la dependienta! ¿Qué les parece?
Ana y Ligia	Tienes razón... Ahí viene...

Observa las explicaciones de la dependienta y marca SÍ o NO, según lo que sea mejor para estos tipos de personas.

Tipo de persona → **Características de la ropa ↓**	**Alta y delgada**	**Gordita de estatura mediana**	**Bajita con peso normal**
Rayas horizontales			
Colores oscuros			
Rayas verticales			
Colores claros			

PRODUCCIÓN ORAL

"El hábito no hace al monje". ¿Estás de acuerdo con este refrán? ¿Por qué? Comenta con tus compañeros de clase.

AMPLIACIÓN DEL VOCABULARIO

La moda

¿Qué sabes de los diseñadores brasileños? Observa las imágenes.

Ahora, completa el texto con las palabras del recuadro.

puños camisas esposas
rojo coral minivestidos sensualidad
diseñadores texturas moda
pliegues verde turquesa
colección sofisticado creador
zapatos de tacón

Creación de Alexandre Herchcovitch.

Creación de Carlos Miele.

Centromoda Latina: New York Fashion Week

Alexandre Herchcovitch y Carlos Miele

by Catherine Villota – 10 septiembre

La cuota latinoamericana en los primeros días del New York Fashion Week la pusieron los diseñadores brasileños Alexandre Herchcovitch y Carlos Miele.

Herchcovitch mostró su __________ de mujeres andróginas, quienes llevaban la reinterpretación vanguardista del tuxedo. Los __________ de __________ a manera de __________, las solapas flotantes, los __________ puntilla y los __________ de flor (*Flower dress*) reafirman la descarga de __________ y contundencia de la primavera-verano 2008 de este __________. Además, Herchcovitch le da un toque de sofisticado *underground* a esta semana de la __________ tan *uptown*.

Por otro lado, Carlos Miele, como lo dice la misma Susy Menkes, se ha convertido en una figura importante dentro del calendario del New York Fashion Week y nosotros diríamos que se suma a la lista de los __________ de procedencia latina (Carolina Herrera y Oscar de la Renta) que encuentran en NYC el escenario perfecto para sus diseños. Destacado el sutil juego de volumen en las __________, gracias al trabajo de los recogidos y __________, así como la gama de color de __________ pistacho, azul __________ y __________. Fresco, efímero y __________.

Una vez más Brasil hace presencia dentro del circuito internacional de la moda con dos propuestas y dos almas diferentes.

nfw@centromodaonline.com

GLOSARIO VISUAL pág. 338-339

PRODUCCIÓN ESCRITA

¿Qué tipo de prendas prefieren los chicos y chicas en Brasil? Las novelas y series de televisión suelen influenciar a los jóvenes en cuanto a la forma de vestir. Escribe una nota sobre las últimas tendencias de la moda joven de hoy día, considerando la influencia de los medios de comunicación. (Si te parece necesario, lee de nuevo la nota de la pág. 77 y/o la de más arriba.)

LECCIÓN I Quiénes somos

"Vestibular"

Texto 1 (PUCRS)

A Responder a las cuestiones de 1 a 5 de acuerdo con el texto 1.

Los padres y la educación de los hijos

El tema de la educación ha cobrado gran actualidad en los medios de comunicación. Todos los niños tienden a ser caprichosos, y hay mayores que no han superado la fase infantil. ¿Por qué? No todos los padres educan en la reciedumbre, contradiciendo los caprichos de sus hijos. No faltan los que les siguen la corriente, quizá por ignorancia pedagógica, quizá por deficiente sentido de la responsabilidad, quizá por debilidad hacia el niño, o por falta de firmeza; en ___ caso, ___ no saberles amar.

Vienen los disgustos cuando el niño ha crecido y se constata que se deja llevar por sus impulsos. Cuando los padres se dan cuenta, tarde ya, recuerdan el adagio: "al árbol se lo endereza de pequeño". El remedio es único: la prevención. Hay que poner cuidado cuando el pequeñín hace tanta gracia, cuando la niñita con sus caricias y monadas pretende sacarle al padre un beneficio que antes le negó la madre. Perturbador de la personalidad del niño y del adolescente, es que estos vean a sus progenitores divididos. La unidad hace la fuerza; nunca mejor dicho. En una familia puede haber hijos que se dominen a sí mismos y sean luego personalidades fuertes, e hijos abandonados al albur de sus sentimientos, blandos de carácter, egoístas, en fin, un fracaso educativo.

Si los padres no se ponen de acuerdo, o uno obra a las espaldas del otro, o están separados y cada cual da una opinión distinta, no esperemos hijos con personalidades maduras o psiquismos resistentes.

Mano de hierro en guante de terciopelo, le oí repetir a un insigne educador.

La Vanguardia.es, septiembre, 2007. (Adaptado)

1 Las palabras que rellenan correctamente las lagunas de la línea 9 son, respectivamente:

a) [ ] alguno; porque
b) [ ] cualquiera; al
c) [ ] cualquier; por
d) [ ] ninguno; para
e) [ ] ningún; con

2 La lectura del texto permite concluir correctamente que:

a) [ ] los progenitores educan a sus hijos sin ningún rigor.
b) [ ] las desavenencias de los padres inciden negativamente en los hijos.
c) [ ] en un mismo hogar siempre se hallan niños con personalidades incompatibles.
d) [ ] el fracaso en los métodos educativos ha adquirido gran notoriedad.
e) [ ] los medios de comunicación fomentaron el uso de nuevos recursos pedagógicos.

3 La pregunta que encuentra respuesta en el texto es:

a) [ ] ¿Por qué los métodos educativos han empeorado últimamente?
b) [ ] ¿Cómo suelen actuar los hijos cuando pretenden alguna ventaja de los padres?
c) [ ] ¿En qué medida los adolescentes se sienten fracasados en el seno familiar?
d) [ ] ¿De qué medios se dispone para que se mantenga la armonía entre los padres?
e) [ ] ¿Qué prejuicios tienen los hijos con relación a la educación de sus padres?

4 El verbo que se encuentra en el mismo modo y tiempo que "vean" (línea 19) es:

a) [ ] siguen.
b) [ ] constatan.
c) [ ] llevan.
d) [ ] conducen.
e) [ ] esperen.

5 Las ideas que forman el párrafo comprendido entre las líneas 25 a 28 se relacionan por:

a) [ ] causa y tiempo.
b) [ ] proporción y oposición.
c) [ ] concesión y explicación.
d) [ ] condición y consecuencia.
e) [ ] efecto y finalidad.

Texto 2 (PUCRJ)

B Basado en el texto, contesta las preguntas 6, 7 y 8.

***El País* analiza mañana la educación del siglo XXI**

La globalización, la integración de inmigrantes y las nuevas tecnologías darán un vuelco a la educación en el siglo XXI y dibujarán un nuevo panorama en las aulas escolares y universitarias.

El País analiza mañana, en ocho páginas, cómo los cambios sociales que se avecinan exigirán una renovación de las escuelas, la pedagogía y las políticas educativas. El panorama de los centros españoles cambiará radicalmente con la entrada en las aulas de los ordenadores conectados a Internet y con la presencia creciente de alumnos de diferentes culturas y etnias.

Las consecuencias de la apertura de España a Europa y al resto del mundo afectarán al sistema educativo. Se incrementará y potenciará la movilidad de estudiantes, se planteará la creación de títulos universitarios de validez universal y se promoverán experiencias cibereducativas entre estudiantes de distintas nacionalidades.

Además de una amplia exposición sobre estas tendencias, se analizan los principales logros del siglo XX, los colegios y las universidades del futuro, y los desafíos para Europa, Estados Unidos y el Tercer Mundo.

El País. Madrid, domingo 16 de enero de 2000.

Vocabulario
El País: *título de jornal espanhol.*
Dibujarán: *desenharão.*
Se planteará: *se proporá.*
Logro: *sucesso.*

6 Entre los motivos que exigirán un cambio educativo en el siglo venidero, se excluye:

a) [ ] la globalización.
b) [ ] los nuevos medios tecnológicos.
c) [ ] los alumnos pertenecientes a grupos étnicos distintos.
d) [ ] el predominio de la realidad virtual.
e) [ ] la apertura de las fronteras españolas al mundo.

7 Según la noticia, lo presentado a continuación son expectativas sobre la educación del siglo XXI, excepto:

a) [ ] Ordenadores conectados a Internet en las aulas.
b) [ ] Ausencia de cambios en las medidas y los proyectos educativos.
c) [ ] Interacción entre alumnos de nacionalidades y culturas distintas.
d) [ ] Experiencias a través de Internet entre estudiantes del Primero y Tercer Mundo.
e) [ ] Títulos universitarios de validez internacional.

8 La expresión señalada en "... las nuevas tecnologías **darán un vuelco** a la educación...", en el primer párrafo, significa:

a) [ ] causarán daños profundos.
b) [ ] provocarán cambios relevantes.
c) [ ] protegerán logros pasados.
d) [ ] mantendrán la validez actual.
e) [ ] rechazarán la pedagogía pasada.

Ejercicios de consolidación gramatical

1 Completa los diálogos con los nombres de las letras que se deletrean a continuación.

Dos amigos en el pasillo del Colegio...

Martín Carlos, no te olvides: envíame el archivo con el trabajo de Portugués.
Carlos Pero no tengo tu mail, ¿me lo das?
Martín Apúntatelo: valencia@starnet.com
Carlos ¿Valencia @ qué...? No he comprendido, ¿me lo repites?
Martín Bueno, entonces te lo deletreo: ______________________ arroba – ______________________ – punto com.
Carlos Ahora sí, perfecto.

Observa

En el sitio web: http://www.rae.es tendrás acceso a todo el contenido del *Diccionario de la Real Academia Española;* dudas de vocabulario, conjugaciones de los verbos, etc.

En la clase de español...

Profesora La tarea es para el lunes entrante. Las dudas de vocabulario se deberán consultar en el *Diccionario de la lengua española*, el de la Real Academia, disponible en línea: http://buscon.rae.es/drael/
Alumno No he comprendido, ¿puede deletrearlo?
Profesora Sí, claro, a ver: ______________________ dos puntos – barra – barra – ______________________ – punto ______________________ punto ______________________ – barra – ______________________ – l (uno en número romano).

2 ¿Formal o informal? Lee las oraciones y organízalas según el grado de formalidad.

¿Sois vosotros estudiantes?
¿Es usted de esta ciudad?
¿Cómo te llamas?
¿Cómo se llama?
¿De dónde sos? (En Argentina)
¿De dónde es (usted)?
¿Ustedes son españoles o mexicanos? (En España)
¿De dónde eres?

Formal	Informal

3 Identifica cuál es el pronombre personal, sujeto de cada oración, y escríbelo en el corchete.

a) Eres muy perezoso. [ ]

b) Carlos será bien recibido, es muy amigable. [ ]

c) Vamos en coche hasta Madrid. [ ]

d) Partiremos ahora, ¿está lista? [ ]

e) Soy alemán pero me gusta estudiar español. [ ]

4 El texto a continuación presenta errores de concordancia. Identifícalos y reescribe el texto.

Se llamo Pepe, que eres el nombre familiar de José. Es alumno de español desde hace cinco meses. Mi profesora eres chilena y te llamas Ester. Además de español, estudias francés con mi prima. Trabajan y estudian juntos. Nuestros jefes sois mexicanos, os llamáis Ana y Paco. Mi prima y yo trabajas por la mañana y nuestros jefes trabajáis por la tarde.

LECCIÓN 2 Nuestra familia

"Vestibular"

Texto 1 (UFPE / UFRPE)

Alguna vez se me preguntó por qué recorría distancias, abandonaba familia, obligaciones y tranquilidad, para elegir desiertos, selvas o montañas, con el único objeto de ver unos animalitos emplumados. Respondí que era para entender al hombre. La afirmación, clara para los iniciados, no lo es para quienes nos contemplan asombrados. En la naturaleza recuperamos algo de lo que fuimos, nos bañamos en humildad y entendemos mejor nuestro comportamiento, al observar la vida animal desprovista de maquillaje cultural. Percibimos, en el amoroso cuidado de los pichones, en la apasionada búsqueda de la pareja, en la violenta defensa del territorio, en el instinto de conservación de la vida, nuestro propio primitivismo.

Tito Narosky. "¿Para qué observar aves?".

1 Este texto es:

a) [ ] una descripción de la naturaleza.

b) [ ] un testimonio personal.

c) [ ] un trabajo estadístico.

d) [ ] un estudio científico.

e) [ ] un análisis histórico.

2 Según el autor, observar aves es importante porque:

a) [ ] permite una mejor comprensión del ser humano.

b) [ ] permite conocer mejor la vida en los desiertos.

c) [ ] permite conocer mejor la vida en las selvas.

d) [ ] provoca constantes asombros.

e) [ ] provoca un placer estético.

3 En la frase "La afirmación, clara para los iniciados, no lo es para quienes nos contemplan asombrados", la palabra *iniciados* se refiere:

a) [ ] a unos animalitos emplumados.

b) [ ] a los hombres que recorrían distancias.

c) [ ] a aquellos que viven en selvas o montañas.

d) [ ] a aquellos que aprecian observar aves.

e) [ ] a aquellos que no tienen obligaciones familiares.

4 Podemos inferir que la palabra *pichón*, cuyo plural *pichones* aparece en el texto, significa:

a) [ ] el nido de las aves.

b) [ ] la cría de las aves.

c) [ ] el instinto de las aves.

d) [ ] el vuelo de las aves.

e) [ ] el plumaje de las aves.

Texto 2

"En América Latina debería sumarse a los otros valores la noción de que debe haber una *ética de la prisa*. Cada día que transcurre sin respuestas adecuadas a los sufrimientos de la población significa daños en muchos casos irreversibles", afirma el argentino Bernardo Kliksberg en las páginas de su último libro *Hacia una economía con rostro humano*. Kliksberg, de 62 años, vive en Washington, y es asesor de diversos organismos internacionales y coordinador general de la Iniciativa Interamericana del Banco Interamericano de Desarrollo (BID). En su obra, afirma que una cultura de la ética conseguiría reducir drásticamente los niveles de corrupción. Asegura que el peor riesgo es acostumbrarse a la pobreza, y destaca que hechos como la profunda reacción de la sociedad civil en la Argentina de la crisis le dan sobrados motivos para la esperanza.

Bernardo Kliksberg. "La economía más humana".
La Nación, revista, 6/10/2002.

5 Bernardo Kliksberg denomina "ética de la prisa":

a) [ ] a la necesidad urgente de renegociar las obligaciones de la deuda externa.

b) [ ] a la necesidad de encontrar soluciones urgentes para los problemas sociales.

c) [ ] al combate a la corrupción, hasta ahora sin respuestas adecuadas.

d) [ ] a la política de reformulación de la burocracia de los organismos internacionales.

e) [ ] a las reacciones de la sociedad civil ante las crisis.

6 El libro escrito por Bernardo Kliksberg se titula *Hacia una economía con rostro humano* porque, según la reseña, defiende la necesidad de:

a) [ ] atender los intereses del Banco Interamericano de Desarrollo.

b) [ ] colocar la economía al servicio de los intereses de la población.

c) [ ] modernizar la economía según las indicaciones de los organismos internacionales.

d) [ ] intervenir rápida y eficazmente la sociedad. *[Modificada]*

e) [ ] acabar permanentemente con la corrupción.

7 En la frase "[...] y destaca que hechos como la profunda reacción de la sociedad civil en la Argentina de la crisis le dan sobrados motivos para la esperanza", la expresión "la Argentina de la crisis" se refiere:

a) [ ] a la Argentina como un país permanente-mente en crisis.

b) [ ] a la Argentina como un país profundamente corrupto.

c) [ ] a una crisis específica por la que atravesó la Argentina.

d) [ ] a la falta de esperanza de la población argentina.

e) [ ] a la Argentina como un país profundamente reaccionario.

8 Según el autor, el peor riesgo para América Latina sería:

a) [ ] la resignación frente a la pobreza.

b) [ ] la corrupción de la sociedad civil.

c) [ ] los intereses internacionales.

d) [ ] la falta de una cultura de la ética.

e) [ ] los sufrimientos de la población.

CUADERNO DE ACTIVIDADES

Ejercicios de consolidación gramatical

1 Señala la alternativa que contiene la secuencia correcta de posesivos que rellenan los huecos de la historia a continuación.

Hice los mejores viajes de ______________ vida en compañía de ______________ padres y hermanos. Éramos tres niños y teníamos la costumbre de ocultar ______________ perrito en el coche para garantizar que él viajara con nosotros. ______________ nombre era Manchas. Le dimos este nombre porque las manchas ______________ eran tantas que llamaban la atención de toda la gente.

a) [ ] suya – mis – su – su – sus

b) [ ] su – mis – vuestro – su – sus

c) [ ] mía – sus – nuestro – su – suyas

d) [ ] mi – mis – nuestro – su – suyas

e) [ ] mía – mías – vuestro – su – sus

2 Escribe **C** para la oración correcta y **E** para la que tenga algún error con relación a los artículos o a los pronombres. Luego identifica la secuencia correcta.

[ ] Mañana vamos a conocer a la hermanita de Juan y suyo padre.

[ ] ¿Cómo es mi abuelo? Pues, tiene ojos azules y es alto.

[ ] Mi nombre es Patricia y soy de Cartagena de Indias, Colombia.

[ ] Los amigos tuyos son también míos, ¿vale?

[ ] No sé cuánto tiempo dura la viaje de mi prima Valeria.

a) [ ] E – C – E – C – E

b) [ ] C – E – C – E – C

c) [ ] E – E – C – C – E

d) [ ] C – C – E – E – C

e) [ ] E – C – C – C – E

3 Señala la alternativa en la que aparece un error en la formación del plural.

a) [ ] café – cafés
b) [ ] inglés – inglés
c) [ ] piel – pieles
d) [ ] marrón – marrones
e) [ ] madrastra – madrastras

4 Elige un elemento de cada columna y forma frases.

	está	valenciano.
Yo	tiene	gafas.
Sus amigas	tienen	muy amables.
Mis parientes	es	en Córdoba.
Juana	son	45 años.
Sergio	llevo	muchos amigos en el cole.
	llevan	el pelo corto.

a) ______
b) ______
c) ______
d) ______
e) ______
f) ______

5 Completa los diálogos con el adjetivo posesivo o el pronombre posesivo necesario.

a) **En la escuela.**

David Aída, ¿me puedes prestar ______ bolígrafo azul? Es que he perdido el ______.

Aída Claro, aquí está... Pero, creo que el ______ está debajo de la mesa de Juan.

b) **En el hotel.**

Ana ______ (de nosotras) habitación está al lado de la de ______ primos.

Rafael Sí, pero todavía no han llegado. Lo sé porque ______ coche no está en el garaje.

c) **En el parque.**

Señor Señora, ¿son aquellos los nietos ______ (de usted)?

Señora ¡Qué va! ¡Son ______ bisnietos!

6 Rellena los huecos con el verbo que está entre paréntesis, conjugándolo en presente de indicativo. Pon atención al sujeto de la oración.

a) ¡David y Aída se ______ (parecer) tanto a sus padres!
b) ¿Cuántos años ______ (tener) vosotros?
c) ______ (llegar) temprano a la fiesta de la familia y encontramos a gente que no veíamos hace mucho tiempo.
d) ______ (tener) los ojos oscuros, soy baja y vivo con mis padres.
e) Dicen que te ______ (parecer) a alguien famoso, pero ya no sé su nombre.

LECCIÓN 3 Nuestras viviendas

"Vestibular"

Texto 1 (UFPE / UFRPE)

Yo no busco nunca en los libros de viaje el alma de los países que me interesan. Lo que busco es algo más frívolo, más sutil, más pintoresco, más poético y más positivo: la sensación. Todo viajero artista, en efecto, podría titular su libro: *Sensaciones*. Porque así como la novela, según Zola, no es más que la vida vista a través de un temperamento, así el paisaje lejano es una imagen interpretada por un visionario.

Comparando descripciones de un mismo sitio hechas por autores diferentes, se ve la diversidad de las retinas. Un literato llamado a reproducir tres veces distintas un aspecto pintoresco de la Naturaleza hará, si es sincero y si es artista, tres obras que no se parecen entre sí.

Enrique Gómez Carrillo. *La psicología del viaje* (1919).

1 El autor afirma que:

a) [ ] pretende publicar un libro titulado *Sensaciones*.
b) [ ] en los libros de viaje no hay espacio para expresar sensaciones.
c) [ ] al leer libros de viaje, presta atención a las sensaciones.
d) [ ] pocos son los países considerados sensacionales.
e) [ ] las sensaciones son más poéticas y sutiles que las novelas.

2 "... la vida vista a través de un temperamento" debe interpretarse como una visión:

a) [ ] personal de la vida.
b) [ ] equilibrada de la vida.
c) [ ] positiva de la vida.
d) [ ] empobrecida de la vida.
e) [ ] equivocada de la vida.

3 En el texto podemos inferir que, para el autor:

a) [ ] algunos viajeros tienen buen temperamento.
b) [ ] todo viajero es un artista.
c) [ ] algunos viajeros consiguen captar rasgos peculiares del paisaje.
d) [ ] todo viajero es un visionario.
e) [ ] algunos viajeros son también novelistas.

4 Según el autor, las descripciones de la naturaleza, cuando hechas por un artista, son:

a) [ ] siempre objetivas.
b) [ ] siempre poéticas.
c) [ ] siempre pintorescas.
d) [ ] siempre diferentes.
e) [ ] siempre frívolas.

Texto 2

La idea de una casa hecha para que la gente se pierda es tal vez más rara que la de un hombre con cabeza de toro, pero las dos se ayudan y la imagen del laberinto conviene a la imagen del minotauro. Queda bien que en el centro de una casa monstruosa haya un habitante monstruoso.

El minotauro, medio toro y medio hombre, nació de los amores de Pasifae, reina de Creta, con un toro blanco que Poseidón hizo salir del mar. Dédalo, autor del artificio que permitió que se realizaran tales amores, construyó el laberinto destinado a encerrar y a ocultar al hijo monstruoso. Este comía carne humana; para su alimento, el rey de Creta exigió anualmente de Atenas un tributo de siete mancebos y de siete doncellas. Teseo decidió salvar a su patria de aquel gravamen y se ofreció voluntariamente.

Ariadna, hija del rey, le dio un hilo para que no se perdiera en los corredores; el héroe mató al minotauro y pudo salir del laberinto.

Jorge Luis Borges. *Manual de Zoología fantástica* (1983).

5 En el texto, "aquel gravamen" se refiere:

a) [ ] al hilo que Ariadna entregó a Teseo.
b) [ ] a la monstruosa condición del minotauro.
c) [ ] al sacrificio humano ofrecido al minotauro.
d) [ ] al laberinto en que estaba confinado el minotauro.
e) [ ] a los amores de Pasifae.

6 ¿Cuál de estas afirmaciones **no** corresponde a lo expresado por el autor?

a) [ ] El minotauro era una criatura mitad humana, mitad animal.
b) [ ] Dédalo hizo posible que Pasifae amase un toro blanco.
c) [ ] El laberinto fue construido para confinar al minotauro.
d) [ ] El minotauro fue creado después del laberinto.
e) [ ] Teseo consiguió salir del laberinto.

7 "Conviene" está conjugado en presente, en la tercera persona del singular. ¿Cuál es el infinitivo de ese verbo?

a) [ ] Convienir.
b) [ ] Convenir.
c) [ ] Convir.
d) [ ] Convier.
e) [ ] Convinir.

8 Indique todas las alternativas que correspondan a lo dicho en el texto.

I. El laberinto es un lugar adecuado para el minotauro.
II. Teseo era el padre de Ariadna.
III. El minotauro era blanco.
IV. Teseo era el rey de Creta.
V. Teseo no fue obligado a luchar contra el minotauro.

Las alternativas son:

a) [ ] I y IV.
b) [ ] II, III, y V.
c) [ ] I, IV y V.
d) [ ] II, III y IV.
e) [ ] I y V.

Ejercicios de consolidación gramatical

1 Elige la respuesta correcta.

A Hola, Ana, me gustaría hablar contigo y con Manuel, ¿dónde ________________?
B ________________ en el ático que queremos comprar. ¿Por qué no vienes aquí a la Calle Concepción esquina con Avenida Libertador?

a) [ ] eres – Está
b) [ ] es – Estoy
c) [ ] está – Estás
d) [ ] estamos – Estáis
e) [ ] estáis – Estamos

2 Señala la alternativa incorrecta en cuanto a la conjugación del verbo **vivir**.

a) [ ] Quiero saber por qué Julián y tú vivís enojados.
b) [ ] San Juan de la Cruz, Cervantes y Galdós son algunos de los escritores españoles que vive por medio de su obra.
c) [ ] Mi hermano ya no vive.
d) [ ] Juan y yo vivimos en una ciudad que está en la frontera entre Paraguay y Brasil.
e) [ ] ¡Andrés y Arturo no viven como reyes!

3 Marca la alternativa que contiene los verbos que completan correctamente los huecos de la frase a continuación.

I. No ________________ muchas personas dispuestas a comprar esta casa.
II. No siempre los grandes centros comerciales ________________ los muebles que queremos comprar.

a) [ ] tienen – tienen
b) [ ] tienen – hay
c) [ ] hay – tienen
d) [ ] hay – hay
e) [ ] tiene – tiene

4 Completa las frases con “hay”, “está/están” o “tiene/tienen”.

a) Las obras de reforma del edificio ________________ a punto de concluir.
b) No ________________ ninguna estación de metro cerca de mi casa.
c) El apartamento que te comenté ________________ tres habitaciones muy amplias.
d) En la casa que quiere comprar, el salón comedor ________________ equipado con televisor. Ya en la cocina ________________ un microondas.

5 Reescribe las frases sustituyendo el verbo “haber” por “tener” de acuerdo con el ejemplo.

Ejemplo: En esa ciudad **hay** pocos edificios.
Esa ciudad **tiene** pocos edificios.

a) En los apartamentos del Barrio Histórico hay balcón con vista al mar.

____

b) En la calle de arriba hay una señal con la indicación de callejón sin salida.

____

c) En este barrio no hay edificios, solo casas de, como máximo, dos plantas.

____

d) En las tiendas ya no hay tantos muebles en oferta.

____

e) Hay un gran patio en la casa.

____

6 Frida Kahlo nació el 6 de julio de 1907.
Los números de la frase anterior se escriben:

a) [ ] seis – mil nuevecientos siete.
b) [ ] seis – mil novecientos siete.
c) [ ] sieis – mil nuevecientos y sete.
d) [ ] seis – mil y nuevecientos sete.
e) [ ] sieis – mil y novecientos y siete.

7 Marca la alternativa en la que el número aparece escrito con error.

a) [ ] Mil seiscientos sesenta y nueve.
b) [ ] Dos mil quinientos veintiséis.
c) [ ] Dos mil doscientos veinte.
d) [ ] Tres mil ochocientos setenta y tres.
e) [ ] Cien mil y uno.

8 Escribe con letras los números que están entre paréntesis.

a) El metro de Valencia tiene más de ________________ (140) kilómetros de red.
b) El metro de la Ciudad de México transportó en 2006 a aproximadamente ________________________________ (416 995 000) viajeros.
c) En El Corte Inglés se puede comprar un televisor de 40 pulgadas LCD por ________________ ________________________ (1249) euros y una silla de estudio con ruedas por ________________ (52) euros.

9 Elige la alternativa en la que aparece el uso incorrecto de las conjunciones.

a) [ ] Luis puso en el salón un baúl de madera e hierro.
b) [ ] Cualquier mujer u hombre puede vivir en esa casa.
c) [ ] Hay 2 o 3 personas que quieren alquilar el apartamento del segundo piso.
d) [ ] Lola compró un ropero, una cama y unas almohadas nuevas.
e) [ ] Trabajo en una tienda que vende artículos para la vivienda y el jardín.

10 Completa cada hueco con "y" o "e".

a) Ana ________ Ignacio quieren vivir en el campo.
b) El catálogo trae fotos de casas de madera ________ de casas prefabricadas.
c) El folleto publicitario dice que los productos de la empresa son nobles ________ idóneos ________ son utilizados para construir la casa de nuestros sueños.
d) Hay hombres que viven en casas ________ otros que viven en las calles.
e) Chabola ________ piso, cueva ________ iglú, estos son algunos de los tipos de viviendas que han abrigado al hombre.

11 Llena cada hueco con "o" o "u".

a) Los palafitos son construcciones que se apoyan en pilares ________ estacas.
b) Dicen que en los grandes centros urbanos ha crecido el número de viviendas de 1 ________ 2 habitaciones.
c) ¿Prefieres vivir en apartamento ________ casa?
d) ¿Por qué tengo que decir ahora si quiero una casa con piscina, jardín ________ hogar?

LECCIÓN 4 Nuestra ciudad

"Vestibular"

Texto 1 (UCS)

A Las cuestiones 1 hasta 6 están basadas en el texto:

Venecia: el turismo destronado

Antonio Paolo Russo

Inundada de visitantes, Venecia trata de espantarlos... Pero hay medios mejores de rescatar a la ciudad del turismo.

La belleza no solo tiene ventajas: Venecia se ha convertido en un punto de destino tan popular que el turismo ha provocado en ella una crisis económica, social y demográfica, pero sobre todo cultural. Sin embargo, no es un problema ineluctable.

Desde hace muchos años, en múltiples aspectos, Venecia no ha sabido ser digna de su imagen romántica. En el centro hay tanta gente que apenas se puede circular; las tiendas venden baratijas a precios elevados, que los vendedores ambulantes multiplican por diez para un turista coreano, que compra una máscara de carnaval "made in Korea".

La situación de la población local no es mejor. Los servicios –de las escuelas a los hospitales– fueron expulsados de la ciudad para dar cabida a operaciones más lucrativas como las comidas rápidas y las tiendas de recuerdos, por lo que Venecia logra cada vez menos retener a sus habitantes. Su población ha disminuido a unas 68 000 personas, cifra apenas superior a un tercio de lo que era en 1951. Ello es comprensible: comer en un restaurante es sumamente caro; la compra de un producto de primera necesidad o de un par de gafas puede imponer una hora de trayecto a una ciudad vecina. Y si a uno le gustan los quesos franceses, serán dos horas.

Venecia se encuentra en las antípodas[1] del "turismo sostenible"[2]. Lo que está amenazado en esta ciudad, que hace 250 años era una de las más poderosas y pobladas del planeta, es la cultura en su sentido más amplio. El problema reside evidentemente en preservar el patrimonio. Pero hay más. Sus ciudadanos como sus visitantes desean que Venecia siga siendo una entidad viva, que no se la transforme en un decorado de teatro para presentar allí la función estéril de un acto de consumo: el turismo.

El Correo de la Unesco, julio/agosto 1999. p. 43.

Vocabulario

Antípodas[1]: en la forma coloquial, significa contraponerse totalmente a algo. En este caso, Venecia está en contra del turismo sostenible.

Turismo sostenible[2]: en portugués: *turismo sustentável*, que puede mantenerse por sí mismo.

1 Na oração "La belleza no solo tiene ventajas..." (linha 3), a expressão **no solo** pode ser traduzida como:

a) [ ] A beleza sozinha não tem vantagens...
b) [ ] A beleza não tem vantagens...
c) [ ] Só a beleza não tem vantagens...
d) [ ] A beleza não tem somente vantagens...
e) [ ] Nem só a beleza tem vantagens...

2 No mesmo período, o pronome *ella* (linha 5) substitui:

a) [ ] vantagem.
b) [ ] crise.
c) [ ] beleza.
d) [ ] cultura.
e) [ ] Veneza.

3 Conforme o texto:

a) [ ] as pessoas que moram em Veneza são tantas, que é difícil caminhar nas ruas.
b) [ ] os preços são tão bons, que todos os turistas fazem compras em Veneza.
c) [ ] as pessoas que moram em Veneza sofrem as consequências do turismo.
d) [ ] nas escolas e nos hospitais podem-se fazer refeições rápidas.
e) [ ] os habitantes de Veneza são enganados pelos turistas.

4 No texto, a expressão *sin embargo* (linha 6) estabelece uma relação de:

a) [ ] causa.
b) [ ] adição.
c) [ ] adversidade.
d) [ ] conclusão.
e) [ ] proporcionalidade.

5 Em Veneza, os produtos de primeira necessidade:

a) [ ] são tão bons, que são comprados pelas pessoas das cidades vizinhas.
b) [ ] incluem queijos franceses.
c) [ ] demoram duas horas para chegar à cidade.
d) [ ] podem ser comprados nas ruas.
e) [ ] não são encontrados facilmente.

6 Segundo o texto, as causas da diminuição da população de Veneza são:

a) [ ] o turismo e a falta de comidas rápidas.
b) [ ] a crise demográfica e o resgate do turismo.
c) [ ] a preservação do patrimônio e sua localização geográfica.
d) [ ] a falta de serviços e o preço dos produtos.
e) [ ] a falta de incentivo ao turismo e a falta de escolas.

Texto 2 (UnB)

B Lee el texto:

Solo le pido a Dios

Solo le pido a Dios
que la guerra no me sea indiferente
es un monstruo grande y pisa fuerte
toda la pobre inocencia de la gente

Solo le pido a Dios
que lo injusto no me sea indiferente
si un traidor puede más que unos cuantos
que esos cuantos no lo olviden fácilmente

León Gieco, cantado por Ana Belén.

7 Lee la primera estrofa y juzga los puntos siguientes como V (Verdadero) o F (Falso).

a) [ ] La necesidad de reaccionar frente a la agresión con otra.
b) [ ] Apatía, indiferencia.
c) [ ] Conciencia de la amenaza.
d) [ ] Pena delante de quien no tiene culpa.

8 Juzga los puntos siguientes como V (Verdadero) o F (Falso). La segunda estrofa en el texto sugiere que el que reza:

a) [ ] vea la injusticia.
b) [ ] sepa identificar el nombre de aquel que le traiciona.
c) [ ] sea injusto con los otros.
d) [ ] ora para que la memoria del horror se borre rápidamente.

Ejercicios de consolidación gramatical

Frases célebres ¡Para no olvidar!

1 Completa las frases con el verbo “haber” en presente de indicativo:

Atención

Hay muchas otras frases disponibles en línea: <http://www.mediosmedios.com.ar/>, hay que pinchar en el enlace: Frases para no olvidar.

a) ______________ hombres que luchan un día y son buenos. ______________ otros que luchan un año y son mejores. ______________ quienes luchan muchos años y son muy buenos. Pero ______________ los que luchan toda la vida: estos son imprescindibles. (Bertold Brecht)
b) ______________ algo más importante que la lógica: la imaginación. (Alfred Hitchcock)
c) ______________ un único lugar donde ayer y hoy se encuentran y se reconocen y se abrazan. Ese lugar es mañana. (Eduardo Galeano)
d) No ______________ nostalgia peor que añorar lo que nunca jamás existió. (Joaquín Sabina)
e) Después de escalar una montaña muy alta, descubrimos que ______________ muchas otras montañas por escalar. (Nelson Mandela)

2 Con relación al ejercicio anterior, contesta las afirmaciones con V (Verdadero) o F (Falso).

a) [ ] El texto de Bertold Brecht comienza con “Hay hombres...”. Ese término quiere decir que son todos los hombres, sin excepción.
b) [ ] En todos los pensamientos el verbo “haber” está en forma impersonal.
c) [ ] Según Joaquín Sabina, es bueno añorar todo lo que existió.
d) [ ] En las frases, el verbo “haber” tiene sentido de existir.
e) [ ] Según la conjugación verbal de “haber” en presente de indicativo, es correcto decir “En la ciudad han muchas iglesias”.

3 Completa las frases con el verbo "tener" en presente de indicativo.

a) ¿_______________ (vos) el último CD de Shakira?

b) Carmen _______________ hambre, Carla y Patricia _______________ sed.

c) _______________ (yo) muchas ganas de conocer España.

d) Me llamo Pepe, que es la forma familiar de José, soy de Madrid y _______________ 16 años.

e) El sospechoso del crimen _______________ el pelo corto y lleva barba.

f) Ana, Paola y yo _______________ que trabajar y, a causa de eso, cursamos el bachillerato por la noche.

Vocabulario
Bachillerato: los estudios de enseñanza secundaria que preceden a los superiores. En portugués: *Ensino Médio*.

4 Ahora, separa las frases del ejercicio anterior según los principales usos del verbo "tener".

a) Manifestar voluntad:

____

b) Indicar necesidad:

____

c) Decir la edad:

____

d) Expresar sensaciones fisiológicas:

____

e) Describir características en general:

____

f) Expresar posesión:

____

5 Escribe las frases en español.

a) No centro da cidade tem uma banca de jornais.

____

b) O cabeleireiro fica perto do estacionamento.

____

c) O posto de gasolina fica antes da igreja.

____

d) Temos que estudar espanhol.

____

e) Tenho que ir até a prefeitura.

____

6 Relaciona.

		mis blusas que acabé de planchar?
	está	comidas congeladas para comprar?
¿Dónde	hay	la lámpara nueva?
	están	un restaurante lujoso para cenar?
		mis libros de español?

7 Completa los huecos del texto con "hay", "está" o "están".

El banco _______________ lejos de la escuela donde doy clases, por eso tengo que caminar mucho. Las aceras _______________ muy llenas de gente y _______________ un embotellamiento bárbaro. Los conductores _______________ muy nerviosos y agitados, todos tienen prisa. Aprovecho mi horario de almuerzo para pagar las cuentas. Llego al banco y me doy cuenta de que _______________ una cola inmensa, pero _______________ avanzando rápidamente. Espero con paciencia. Cuando llega mi turno de pagar dichas cuentas, se rompe la máquina, ¡no me lo podía creer! La cajera _______________ pálida y las personas _______________ desesperadas. _______________ muchos clientes por atender y por suerte _______________ un cajero más. Por fin me atienden. ¡Qué día!

LECCIÓN 5 Nuestros hábitos diarios

"Vestibular"

Texto 1 (UFPR)

A As questões 1 a 3 referem-se ao texto a seguir:

El mayor torneo de *póker* será el 19 de agosto en Londres

LONDRES (AFP) – El torneo de *póker* al desnudo más grande que se haya realizado jamás está siendo organizado por un corredor de apuestas irlandés, que anunció este viernes que el evento se celebrará el 19 de agosto en un exclusivo café de Londres.

El famoso corredor de apuestas, Paddy Power, indicó que ha organizado este torneo tras haber recibido unas 50 inscripciones después de publicar un comunicado en broma el Día de los Inocentes en Gran Bretaña anunciando un torneo mundial de póker al desnudo.

La broma llenó la imaginación de decenas de personas en todo el mundo que aspiran ahora a convertirse en el primero en ganar el título de campeón. Este interés llevó a Paddy Power a hacer realidad su fantasía.

Al menos 200 aficionados al póker desvelarán todo en ese torneo, que se celebrará en el Café Royal, en la plaza Picadilly de Londres, indicó un portavoz del corredor.

"La idea es tener 100 hombres y mujeres, pero seguramente tendremos más participantes en el torneo", declaró, precisando que el objetivo del evento es entrar en el libro de Guinness de los Récords.

La entrada al torneo, que será grabado en televisión, es libre y a cada jugador se le entregará una bolsa de regalos conteniendo seis artículos de ropa que se podrán poner.

Los contendientes apostarán con esas ropas y cuando estén desnudos serán eliminados del torneo. El ganador –que se llevará a casa un trofeo y más 10000 libras británicas en efectivo– será la última persona que tenga ropa puesta.

www.kemestascontando.com/noticias.

1 Considere las siguientes afirmaciones sobre el texto:

I. Jamás se ha realizado en Inglaterra un torneo de póker.
II. Paddy Power es una persona que practica la carrera en competiciones deportivas.
III. Un café londrino va a ser el sitio de la competición.
IV. Paddy Power estaba de guasa cuando publicó la nota el Día de los Inocentes.
V. El comunicado de Power que anunciaba el torneo era en son de broma.
VI. El deseo de las personas que pretenden ganar el título de campeón ha sido la motivación para hacer realidad la fantasía de Power.

Son correctas las afirmaciones:

a) [ ] I, III y V solamente.
b) [ ] I, II y VI solamente.
c) [ ] I, II y III solamente.
d) [ ] III, IV, V y VI solamente.
e) [ ] II, IV y VI solamente.

2 La frase "Al menos 200 aficionados al póker desvelarán todo en ese torneo...", significa:

a) [ ] Por lo menos 200 personas mantendrán esmero constante en ese torneo.
b) [ ] Como mínimo 200 contendientes se quitarán toda la ropa en ese juego.
c) [ ] Lo menos 200 hombres tendrán cuidado total en esa competición.
d) [ ] Casi 200 ingleses se cambiarán las prendas en esa competición.
e) [ ] Más o menos 200 invitados perderán el sueño durante toda esa noche de torneo.

3 Según el texto, considere las siguientes afirmaciones:

I. Gana el torneo el primer jugador que se desnude.
II. Los concursantes pueden elegir si quieren o no pagar por los artículos que reciben cuando llegan al café.
III. Siguen jugando los contendientes que lleven algo puesto.
IV. El ganador del juego se llevará 10000 libras en dinero.

Son correctas las afirmaciones:

a) [ ] II y IV solamente.
b) [ ] I y II solamente.
c) [ ] I, II y III solamente.
d) [ ] I y III solamente.
e) [ ] III y IV solamente.

4 Relacione los refranes con su correspondiente significado.

a) A pan duro, diente agudo.
b) Cuando hay hambre, no hay pan duro.
c) Cría cuervos y te sacarán los ojos.
d) Cuando el río suena, agua lleva.
e) Tanto peca el que mata la vaca como el que le detiene la pata.

[ ] Aunque tu acción sea secundaria influye en el resultado.
[ ] Cuando se habla de algo es porque hay alguna razón por detrás.

[ ] Para superar las dificultades, hay que esforzarse.

[ ] La necesidad hace valorar las cosas mínimas.

[ ] Los beneficios hechos a quien no los merece son correspondidos con desagradecimiento.

5 Numere la alternativa que representa la secuencia correcta de la columna anterior, de arriba abajo.

a) [ ] e – d – a – b – c.
b) [ ] a – b – c – d – e.
c) [ ] c – d – e – a – b.
d) [ ] c – b – a – d – e.
e) [ ] e – c – a – b – d.

Texto 2

B As questões 6 a 9 referem-se ao texto a seguir:

El cotilleo

Gonzalo Casino

Sí, parece ser que hablar bien o mal de terceras personas, que lo de menos aquí es lo bien o mal paradas que salgan, es un pasatiempo de lo más razonable y saludable. Enterarse de la vida y milagros de otros es algo que fascina a los humanos desde que adquirieron la facultad del lenguaje e, incluso, hay quien piensa que el habla se desarrolló precisamente para eso, para poder contarse chismes unos de otros. Esta idea no es ninguna "boutade", sino que es el meollo de una nueva teoría científica sobre el origen y la evolución del lenguaje. Uno de los que la postulan, Robin Dunbar, profesor de antropología biológica del University College de Londres, asegura que el cotilleo es una actividad universal a la que se entregan hasta las personas más serias y que se ejercita hasta en los lugares más circunspectos. Para comprobarlo, llevó a cabo la experiencia de monitorizar conversaciones en un comedor universitario, anotando el tema de las mismas cada 30 segundos. En esta experiencia, las conversaciones oscilaban entre lo académico o laboral y lo personal, aunque alrededor del 70% del tiempo de charla giraba en torno a experiencias y relaciones personales. La mitad de estos temas de conversación aludía a los presentes, mientras que la otra mitad se refería a personas ausentes. Hablar de lo que hacen o dejan de hacer, de lo que dicen o dejan de decir o de lo que puedan pensar terceras personas es, según Dunbar, un ejercicio que permite coordinar las relaciones sociales y mantener cohesionados grupos más grandes.

www.elmundo.es/salud.

6 Considere las siguientes definiciones de la palabra "cotilleo".

a) Es un acto que puede favorecer o perjudicar a terceros pero, de todos modos, es sano.

b) Es una nueva teoría de cómo el lenguaje se desarrolla con un ritmo distinto en cada individuo.

c) Es un nuevo pasatiempo que se ha puesto de moda en Londres con el profesor de Antropología, Robin Dunbar.

d) Es una manera de informarse de los sucesos de la gente.

De acuerdo con el texto, están correctas las definiciones:

a) [ ] b, c y d solamente.
b) [ ] b y d solamente.
c) [ ] a, b y d solamente.
d) [ ] b y c solamente.
e) [ ] a y d solamente.

7 Es proposición de Robin Dunbar:

a) [ ] Las personas serias evitan el cotilleo en sitios circunspectos.

b) [ ] La práctica de hablar de terceros rompe la cohesión social, sobre todo de grupos grandes.

c) [ ] La facultad del lenguaje pudo haber sido estimulada por la necesidad de cotillear.

d) [ ] Para desarrollarse, el cotilleo depende del lugar donde se encuentren las personas.

e) [ ] El cotilleo es una práctica social propia de los universitarios.

8 Sobre la experiencia de controlar las conversaciones, es correcto afirmar:

a) [ ] Cuando se trata de cotillear, las personas hablan igualmente de los presentes y de los ausentes.

b) [ ] Robin Dunbar se limitó a grabar las conversaciones que trataban de cotilleo.

c) [ ] Durante la experiencia, Robin Dunbar charló sobre sus experiencias y relaciones personales.

d) [ ] Robin Dunbar descubrió que a cada 30 segundos los estudiantes cambiaban de tema de conversación.

e) [ ] Robin Dunbar grabó las conversaciones de los estudiantes tanto en las aulas como en el comedor.

9 "Esta idea no es ninguna 'boutade', sino que es el meollo de una nueva teoría científica sobre el origen y la evolución del lenguaje." (líneas 9 a 11)

¿Cuál de las alternativas abajo corresponde al sentido de la frase arriba?

a) [ ] La idea de cotilleo como factor de evolución del lenguaje está superada hoy día.

b) [ ] Es un disparate pensar que el lenguaje humano evolucionó a partir de la práctica del cotilleo.

c) [ ] El cotilleo no es el principal argumento de la teoría científica sobre el origen y la evolución del lenguaje.

d) [ ] Usar la noción de "cotilleo" para explicar el origen y la evolución del lenguaje no es ninguna broma.

e) [ ] La teoría de que el origen y la evolución del lenguaje está en la práctica del cotilleo no se ha comprobado científicamente.

Ejercicios de consolidación gramatical

1 Indica la alternativa en la que aparecen las formas correctas del verbo destacado en la siguiente frase: "No siempre **me acuerdo** de llevar las gafas de natación a la piscina".

a) [ ] te acuerdas – nos acostamos – me acuerdan
b) [ ] se acuerda – nos acuerdamos – se acuestan
c) [ ] te acuerdas – se acuerda – os acordáis
d) [ ] se acuerda – nos acordamos – os acuerdáis
e) [ ] nos acostamos – os acordáis – se acordan

2 Completa las frases con los verbos entre paréntesis.

a) Me ________________ (acostarse) a las once.
b) Jorge se ________________ (afeitarse) todas las mañanas.
c) Nos ________________ (levantarse) muy temprano todos los días.
d) Os ________________ (cepillarse) los dientes tres veces al día.
e) Edgardo y Arturo se ________________ (sentarse) cómodamente en el sillón azul.

3 Rellena los huecos con el verbo que está entre paréntesis, conjugándolos en presente de indicativo.

De lunes a viernes por la mañana, la rutina de Lucía y Ronaldo es invariable: ________________ (despertarse) a las seis de la mañana, ________________ (ducharse), ________________ (vestirse) y desayunan frutas, leche y tostadas. A veces comen cereales, pero no les gusta. A las siete, ________________ (despedirse) de sus padres y van al instituto acompañados por un grupo de amigos del vecindario.

4 Completa los huecos con un pronombre o adjetivo demostrativo y marca la alternativa correcta.

Vamos a hacer un recorrido por el gimnasio para conocer sus instalaciones. De ________________ lado están las piscinas cubiertas y de ________________, las piscinas de verano. Todos ________________ pasillos nos llevan al campo de fútbol y ________________, a las salas de musculación. La sala de reconocimiento médico es ________________ que está allí, cerca de la cancha de tenis.

a) [ ] ese – aquel – estes – ese – aquella
b) [ ] este – aquel – estos – ese – aquella
c) [ ] ese – aquel – esos – este – aquella
d) [ ] ese – aquellas – estes – ese – aquella
e) [ ] este – aquellos – estos – eso – aquella

5 Indica el demostrativo que rellena correctamente la frase a continuación.

________ no es para mí, tengo que mejorar mis hábitos alimentarios.

a) [ ] Este
b) [ ] Ese
c) [ ] Aquel
d) [ ] Esto
e) [ ] Esos

6 Escribe con letras los números que están entre paréntesis.

a) Ronaldo Luiz Nazario de Lima fue el ________________ (1.er) jugador brasileño en ganar el "Balón de Oro", premio concedido al mejor jugador de Europa. Cinco años después, en 2002, repitió el éxito, ganó su ________________ (2.º) "Balón de Oro".

b) La ________________ (13.ª) edición de la Feria de Artículos Deportivos se realizará dentro de dos meses.

c) Gané el ________________ (5.º) premio en el maratón anual de mi ciudad y el ________________ (3.º) en el minimaratón de la ciudad de Santiago.

d) El ________________ (4.º) Simposio de Medicina Deportiva y Ciclismo se realizó en Córdoba.

e) ¡Por Dios! Eres la ________________ (1000.ª) persona que me pregunta por qué no he ganado la carrera.

7 Completa cada hueco con el número ordinal que está entre paréntesis, escribiéndolo con letras.

a) En el ________________ (3.er) día del mes de julio empezaron los juegos de invierno. Me perdí las ________________ (1.as) competiciones, pero pude ver casi todas las otras.

b) Hay informes que afirman que el desayuno es la ________________ (1.ª) comida del día y la más importante.

c) No todos los que alcanzan las ________________ (1.as) posiciones en la carrera de velocidad ganan medallas, pero, en la carrera del mes pasado, los que llegaron hasta la ________________ (9.ª) posición sí lo lograron.

d) Soy el ________________ (1.er) nieto de mis abuelos paternos y el ________________ (3.º) de mis abuelos maternos en optar por ser atleta.

LECCIÓN 6 Nuestra salud: nutrición

"Vestibular"

Texto 1 (UFG)

A Leia atentamente o texto que se segue. As questões de 1 a 3 referem-se a ele.

No te equivoques

Diferencias entre bebidas para deportistas y energéticas

En las tiendas de alimentación, las bebidas energéticas suelen ocupar los mismos estantes que las bebidas para deportistas, pero no tienen nada que ver.
Las bebidas para deportistas están formuladas específicamente para satisfacer las necesidades nutricionales que se producen por el desgaste provocado ante el esfuerzo muscular intenso.
Las bebidas para deportistas están formuladas para aportar agua y electrólitos con el fin de evitar los devastadores efectos de la deshidratación, cosa imposible de realizar con las bebidas energéticas, ya que no son productos destinados a apagar la sed sino a estimularnos física y mentalmente.
Para que la publicidad no te lleve a error, busca la información nutricional que aparece en las etiquetas de los envases y si no encuentras sales minerales o la cafeína aparece en cantidades superiores a los 30 mg/100 ml, esa no es una bebida para deportistas.

(Revista *DT*, Buenos Aires, mayo de 2002, n.º 172.)

1 De acordo com o conteúdo do texto acima, as "bebidas para esportistas". C = correto. E = errado.

a) ( ) sacian sanamente la sed.

b) ( ) contribuyen al desarrollo de la masa muscular.

c) ( ) estimulan el organismo humano.

d) ( ) pueden distinguirse de las energéticas observando las indicaciones nutricionales expuestas en el envase.

2 Sobre as bebidas energéticas, declara-se que

a) ( ) están destinadas a avivar el tono vital del consumidor.

b) ( ) contienen una peligrosa proporción de cafeína disuelta en sales minerales.

c) ( ) suelen ser confundidas, por los clientes de las tiendas de alimentación, con las destinadas "a deportistas".

d) ( ) proporcionan energía extra al que las ingiere.

3 A respeito das palavras e expressões contidas no texto, pode-se afirmar que

a) ( ) las *tiendas de alimentación* son armazones de palos hincados en la tierra, cubiertos con telas, que sirven de aposento campestre.

b) ( ) los *estantes* son muebles con anaqueles o entrepaños, generalmente sin puertas, que sirven para colocar cosas.

c) ( ) el vocablo *aportar* quiere decir proporcionar algo que contribuya a satisfacer una demanda.

d) ( ) la palabra *apagar* significa aplacar una necesidad.

Texto 2 (UFG)

B Após ler atentamente o texto a seguir, responda às questões de 4 a 6 [colocando C para as afirmações corretas e E para as erradas].

¿Por qué funcionan los remedios caseros?

Bajo su "ridícula" apariencia, algunos remedios de la abuela esconden explicaciones científicas que justifican su eficacia.

A pesar del empeño de la ciencia "académica" moderna en despreciar sistemáticamente los remedios populares, la verdad es que muchos de los descubrimientos de la medicina actual tienen su raíz en las tradicionales recetas de la abuela. Cuenta la leyenda que fue un remedio casero el que originó el milagroso negocio de la aspirina. A finales del siglo XIX, Félix Hoffman, un joven químico que trabajaba para Bayer, estaba preocupado con la salud de su padre, al que le habían recetado para aliviar los dolores infusiones de hojas de sauce que contenían salicina –el principio activo responsable de su acción analgésica, un compuesto que en el organismo se convierte en ácido salicílico–. El remedio funcionaba, pero su estómago se resentía. Y en esas estaban cuando Hoffman puso solución al problema "acetilando" el compuesto para bloquear los ácidos responsables de este efecto secundario. Así obtuvo el ácido acetilsalicílico, que más tarde fue comercializado por Bayer.

De hecho, todos hemos comprobado alguna vez la eficacia de los remedios naturales. ¿Quién no ha oído hablar del poder desinfectante de la saliva? Estos son solo algunos ejemplos de los remedios transmitidos "de boca en boca" y a los que la ciencia, finalmente, ha dado la razón.

BARRAL, Miguel. Revista *QUO*. Madrid, julio de 2001.

4 Miguel Barral expõe que:

a) [ ] la medicina casera es más eficaz que la alopática.

b) [ ] algunos remedios de la abuela se pueden explicar científicamente.

c) [ ] los remedios naturales son el principio de la química actual.

d) [ ] las medicinas populares fueron desdeñadas por la ciencia académica moderna.

5 A infusão de folhas de salgueiro:

a) [ ] era conocida en las plazas de abastos por sus poderes curativos.

b) [ ] fue comercializada, a finales del siglo XIX, por Bayer.

c) [ ] tiene poderes analgésicos.

d) [ ] está en el origen de la aspirina.

6 Félix Hoffman:

a) [ ] logró eliminar un efecto secundario causado por la infusión de hojas de sauce.

b) [ ] sufría una enfermedad incurable.

c) [ ] se preocupó de curar a su padre.

d) [ ] ascendió gracias a sus logros.

Ejercicios de consolidación gramatical

1 Elige la opción correcta que completa el diálogo.

A Silvia, Teresa y yo ______________ en Torre Molinos todos los días laborales. Y tú, ¿dónde ______________?

B ______________ en El Campanero, me gusta mucho la comida de ese restaurante.

a) [ ] almozamos, almuerzas, Almuerzo

b) [ ] almorzamos, almorzas, Almorzo

c) [ ] almorzamos, almuerzas, Almuerzo

d) [ ] almuerzamos, almuerzas, Almuerzo.

e) [ ] almuerzamos, almorzas, Almorzo.

2 ¡Parece pero no lo es! Busca al intruso, o sea, marca con un círculo la palabra de género opuesto a las demás.

a) precepto – costumbre – acuerdo – contrato

b) color – aprendizaje – dolor – nariz

c) huevo – cerdo – pavo – legumbre

d) lunes – sal – miel – leche

e) análisis – sangre – coraje – origen

3 Completa las frases. ¡Ojo! en las cajas azules tendrás que hacer la traducción y en las rojas conjugar los verbos en presente de indicativo.

a) Necesito [uma sacola] _______ más... ¿ [Poder] _______ agarrar este?

b) [A maquiagem] _______ que [querer [yo]] _______ es [a] ___ que tiene [a cor] _______ gris.

c) Según [o costume] _______ , en esta casa desayunamos todos juntos. [Despertarse [yo]] _______ temprano y [calentar [yo]] _______ [o leite] _______ para todos.

d) Si sigues tomando tanto helado, verás [a dor] _______ de muelas que tendrás.

e) Pasaremos nuestras vacaciones en una finca estupenda. En aquel sitio se puede disfrutar [das laranjeiras] _______ y [macieiras] _______ . Será [uma viagem fantástica.] _______

4 Completa el relato con los verbos indicados en presente de indicativo.

_______ (dormir) tarde porque _______ (jugar) al dominó. Soy adicta al juego y siempre _______ (apostar) más de lo que debería. A causa de eso, nunca me _______ (despertar) temprano y siempre estoy endeudada. _______ (contar) siempre con la suerte, hago lo que _______ (poder) y lo que no _______ (poder) para no dejar de jugar. _______ (adquirir) pagarés y nunca cumplo las fechas acordadas. Busco trabajo pero nunca _______ (encontrar). Las cosas van de mal en peor y cuando ya no tengo más qué hacer, _______ (cerrar) los ojos y cuando me _______ (despertar) veo que era todo una pesadilla. ¡Qué suerte!

Vocabulario

Agarrar: se utiliza en el español de Sudamérica En España se diría "coger". ¡Ojo! En algunos países como Argentina, El Salvador, Guatemala, Honduras, México, Paraguay, Uruguay y Venezuela "coger" significa, de una forma vulgar, "tener relaciones sexuales".

Pagarés: papel de obligación por una cantidad que ha de pagarse a tiempo determinado. En portugués: *promissória*.

5 Identifica las palabras cuyo sentido no corresponde y reescribe las frases usando el vocablo adecuado.

a) Cuando el profesor descubrió que estaba copiando quedó embarazada.

____

b) Los talleres están en rebaja.

____

c) Bebía directamente de la garrafa.

____

d) Se quitó toda la ropa y quedó pelado.

____

e) El perro traía un oso en la boca.

____

f) Llevé el coche a la oficina porque se rompió el limpiaparabrisas.

____

g) Aquí un copo de agua cuesta 10 euros.

____

f) Esa cantante ha tenido mucho suceso.

____

LECCIÓN 7 El ocio y el trabajo

"Vestibular"

Texto 1 (UFCG)

A Responda às questões 1 a 7 de acordo com o texto 1.

Ex querida amiga:

1 Tú has echado por la borda todo el tiempo que compartimos. Ahora ya no te interesa estar conmigo en los recreos, prefieres al trío "Las Decadentes". Lo que tú no sabes es que ellas se interesarán por ti solo por un tiempo: ya verás que cuando te conozcan más, no te van a dar ni la hora.

6 Quiero pedirte que me devuelvas todos los discos compactos que te presté, el libro de *Las Crónicas de Narnia* y las servilletas que te escribí. Ya encontraré una amiga que merezca todo esto. Solo por el momento me ves sola en los recreos. Antes estaba desesperada por salir a recreo, no hallaba las horas de que tocaran el timbre. Me gustaban nuestros paseos eternos siempre recorriendo el mismo camino. Me gustaba escucharte; yo te entendía. ¿Te acuerdas cuando estabas tan triste y le pedimos permiso a tu mamá para que te quedaras a alojar en mi casa? ¡Qué simpático fue irnos juntas al colegio! ¿Qué harás con tus problemas?, porque supongo que no se terminaron. Ahora prefiero estar en clases; eso sí, siempre que a la profe no se le ocurra la idea de trabajar en grupo, porque entonces ahí viene ese sentimiento de soledad de nuevo.

22 He descubierto que el patio del espino es el mejor lugar del colegio. Ahí nadie me molesta. Ningún alumno va para allá porque queda frente a la ventana de la sala de profesores. Cuando tú pasaste por ahí y me saludaste, yo solo te miré. No tengo esa simpleza tuya, como que todo te resbala. En mí las cosas quedan como un dolor.

28 ¿Qué hice para que te aburrieras de mí? Creo que yo no me merecía esto. Tú no sabes el daño que me has hecho. Siento que todos me rechazan porque soy fea y vivo en una casa más pobre. Mi mamá dice que todas las chicas jóvenes son bonitas y que las personas valen por lo que son, pero resulta que las feas no pololean y las miserables no tienen ni amigas. Creo que cuando sea grande me voy a hacer la cirugía estética, me teñiré de rubia y me compraré una casa grande y elegante. Seré una importante ejecutiva, invitaré a todas mis amigas, pero a ti no. Entonces sentirás lo que me has hecho.

39 La profe me preguntó el otro día qué nos pasaba que ya no nos veía juntas. No supe qué contestarle pues yo tampoco entiendo lo que sucedió. Creo que tú me debes una explicación. Uno no puede decir, "sabes, voy a pasar este recreo con ellas" y listo. Uno no puede dejar a los amigos así, botados... Cómo le voy a explicar a mis papás que tú ya no llamarás por teléfono.

Lenguaje y Comunicación 8. Chile: Santillana, 1998. p. 80.

1 O sentimento que a autora do texto quis expressar foi de:

I. ciúme, pois ela não aguenta ver sua amiga com outras meninas.
II. inconformismo, porque não entende o que aconteceu.
III. carinho, porque fala com ternura sobre a amiga.
IV. alívio, porque acredita que cumpriu com o dever de amiga.
V. solidão, já que se lembra dos momentos em que estava com a amiga.

A sequência correta é:

a) [ ] I, IV, V.
b) [ ] II, III e IV.
c) [ ] I e III.
d) [ ] I, II e V.
e) [ ] I e V.

2 Ao dizer "Tú has echado por la borda todo el tiempo..." (L. 1) a autora quer dizer que a amiga:

a) [ ] desperdiçou um tempo precioso de estudo na escola.
b) [ ] não desfrutou do tempo de amizade.
c) [ ] encontrou o tempo perdido compartilhando-o com outras amigas.
d) [ ] tirou proveito dela durante o tempo em que estiveram juntas.
e) [ ] jogou fora as experiências que viveram juntas.

3 Para a remetente, o que uma pessoa precisa para ter amigos é:

a) [ ] ser ruiva e ter muito dinheiro.
b) [ ] ter uma bela casa em um bairro de luxo.
c) [ ] ser bonita e ter sucesso na vida.
d) [ ] ser charmosa e vestir-se elegantemente.
e) [ ] tornar-se executiva e gastar muito dinheiro.

4 Com relação ao comportamento da autora do texto, diga quais das alternativas a seguir são verdadeiras (V) e as falsas (F).

[ ] Sente-se rejeitada e a sua autoestima está muito baixa.
[ ] Costuma escrever em guardanapos.
[ ] Vai se submeter a uma cirurgia estética o mais rápido possível.
[ ] Pensa que as pessoas valem pelo que são.
[ ] É muito parecida com a pessoa para quem escreve.

A sequência correta é:

a) [ ] V F F V F.
b) [ ] V F V F F.
c) [ ] F V V F F.
d) [ ] V V F F F.
e) [ ] V F V F V.

5 No fragmento "Uno no puede decir, 'sabes, voy a pasar este recreo con ellas' y listo. Uno no puede dejar a los amigos así, botados..." (L. 42 a 44), a autora expressa a(o):

a) [ ] receio de contar a verdade a seus pais.
b) [ ] sua recriminação ante a ação da amiga.
c) [ ] impotência de não poder falar o que quer a sua ex-amiga.
d) [ ] desgosto de não ser aceita pelo grupo.
e) [ ] dor de ser questionada pela professora sobre a amizade.

6 No fragmento "No tengo esa simpleza tuya, como que <u>todo te resbala</u>". (L. 26 e 27), a expressão grifada nos remete à ideia de que a amiga:

a) [ ] é indiferente à situação que está vivendo.
b) [ ] está preocupada com o que os outros falam.
c) [ ] não quer falar com a autora porque é muito tímida.
d) [ ] é alvo dos comentários maliciosos dos colegas da escola.
e) [ ] está preocupada com a tristeza da autora.

7 A denominação "Las Decadentes" (L. 3), revela que existe(m) na escola:

a) [ ] alunas com baixo rendimento escolar.
b) [ ] uma banda de *rock* formada por mulheres.
c) [ ] rivalidades entre grupos de alunos.
d) [ ] amigas que acolhem as meninas deprimidas.
e) [ ] uma equipe de professoras antiquadas.

Texto 2

B Leia o texto 2 e responda às questões 8 a 10.

Muy cerca de mi ocaso, yo te bendigo, vida,
porque nunca me diste ni esperanza fallida,
ni trabajos injustos, ni pena inmerecida.
Porque veo al final de mi rudo camino
que yo fui el arquitecto de mi propio destino;
que si extraje las hieles o la miel de las cosas,
fue porque en ellas puse hiel o mieles sabrosas;
cuando planté rosales coseché siempre rosas.
... Cierto, a mis lozanías va a seguir el invierno:
¡mas tú no me dijiste que mayo fuese eterno!
Hallé sin duda largas las noches de mis penas,
mas no me prometiste tú solo noches buenas,
y, en cambio, tuve algunas, santamente serenas...
Amé, fui amado, el sol acarició mi faz.
¡Vida, nada me debes! ¡Vida, estamos en paz!

Amado Nervo In: http//:galeon.hisoavista.com/

8 O título mais apropriado para esse texto é:

a) [ ] *Inquietud*, pois está procurando uma razão para viver.
b) [ ] *Resignación*, pois está conformado com os momentos ruins que viveu.
c) [ ] *Agradecimiento*, já que ele foi muito amado por todos.
d) [ ] *Amargura*, porque sua vida foi muito sacrificada e triste.
e) [ ] *En paz*, porque a vida foi muito justa com ele.

9 O autor parece estar no(a):

a) [ ] ápice da sua vida, planejando o seu futuro.
b) [ ] fim da vida, recordando a sua própria história.
c) [ ] velhice, lamentando-se da sorte.
d) [ ] juventude, sonhando com o seu destino.
e) [ ] maturidade, procurando corrigir alguns erros cometidos.

10 No fragmento "... que si extraje las hieles o la miel de las cosas..." (L. 6), o autor refere-se a(os):

a) [ ] conflitos ou perturbações que aparecem em nosso caminho.
b) [ ] tristezas ou alegrias que vivenciamos durante a vida.
c) [ ] pessimismo ou otimismo com que enfrentamos os problemas.
d) [ ] frustrações ou ilusões causadas pelas relações pessoais.
e) [ ] amarguras ou prazeres que provocamos nos outros.

Ejercicios de consolidación gramatical

1 Completa las frases con "hay que" o con "tener que". Pon atención a si el sujeto está expresado.

a) Si queréis ir conmigo al cine, ________________ llegar temprano a mi casa.

b) Para entender esta película, ________________ poner atención a las primeras escenas.

c) Para disfrutar del tiempo libre, ________________ saber equilibrarlo con el trabajo.

d) No ________________ salir de casa para divertirnos.

e) Para relajarte, ________________ hacer cosas que te apetezcan.

2 Vuelve a leer las frases y escribe cuáles expresan obligación de forma impersonal.

____

____

3 Señala la alternativa en la que aparece la forma verbal que completa la frase correctamente.

Si tenés ánimo y tiempo, ________________ guardar los CDs en sus cajas.

a) [ ] hay

b) [ ] debés

c) [ ] tenemos

d) [ ] debes

e) [ ] tienes

4 Elige la forma correcta y tacha la otra.

a) Cuando se está cargado de trabajo, hay que / tiene que priorizar algunas tareas sin olvidarse de apartar un tiempo para descansar.

b) Los técnicos de sonido deben / hay que probar los micrófonos antes de iniciar de las grabaciones.

c) Sin duda, para que logres grabar el mejor cd posible, debes / tienes que buscar el mejor estudio de grabación.

5 Utiliza los verbos del recuadro para rellenar los huecos de las frases a continuación.
No te olvides de conjugarlos.

trabajar dormir leer vender evitar reunir

a) Es bueno que la gente ________________ más cómics.

b) Es interesante que nos ________________ en el mismo restaurante donde nos encontramos la semana pasada.

c) Es posible que los reporteros ________________ hasta muy tarde hoy.

d) Te aconsejo que ________________ ver las películas en DVD. Lo mejor es ir al cine.

e) Tal vez yo ________________ temprano esta noche.

f) Es importante que algunas tiendas de deportes ________________ entradas para ese partido.

6 Transforma las frases según el ejemplo.

Ejemplo: **Nado** media hora todos los días.
Ojalá nade media hora todos los días.

a) Los Fernández participan del Festival Internacional de Tango.

____

b) Ella y tú aprendéis a bailar distintos ritmos musicales.

____

c) Viajamos a la costa el próximo mes.

____

d) Los operadores de cámara reciben informaciones importantes del director de fotografía.

____

e) Descanso mucho los fines de semana.

____

7 Completa las frases con los pronombres relativos del recuadro.

cuyo cual cuales que quienes

a) Los niños con ________________ hablamos de las aventuras del Pájaro Loco están en el colegio.
b) ¿Hay alguna película de la ________________ nunca te has olvidado?
c) La revista de teatro, ________________ nombre no me acuerdo en este momento, no trae informaciones sobre esa obra.
d) Las canciones ________________ sabía tocar en la guitarra están pasadas de moda.
e) En el Festival de Cine, conocí a algunas personas con las ________________ pude establecer una verdadera amistad.

LECCIÓN 8 Nuestros gustos

"Vestibular"

Texto (UEMS)

A Señala las alternativas correctas. Las cuestiones 1 a 4 están relacionadas al texto.

El auge de los videojuegos

El creciente auge de los videojuegos ha dado lugar a una razonable preocupación por las adicciones que su uso intensivo puede provocar en niños y **jóvenes** Para contrarrestar sus efectos es fundamental el papel de control que puedan ejercer los padres, en particular respecto a los contenidos de los juegos a los que acceden sus hijos por medio de Internet. Un sondeo realizado por la agencia de noticias The Associated Press y American Online (AOL) mostró que el 40 por ciento de los estadounidenses juegan juegos de consola o de computadora. La investigación –realizada sobre <u>3024</u> entrevistas con adultos norteamericanos, incluidos <u>1046</u> jugadores– reveló que los más populares son los juegos de mesa o de cartas, seguidos por los de estrategia, deportes extremos, aventuras, tiro al blanco y simulaciones. Entre quienes se identifican como usuarios cotidianos de los videojuegos, el 45 por ciento juega a través de Internet. Más de una tercera parte de quienes lo hacen por ese medio gastaron **más** de <u>200</u> dólares el año último en juegos, cuatro veces más**(1)** que la cantidad empleada por quienes no juegan de ese modo. El mercado de los videojuegos ya superó ampliamente las recaudaciones del mundo de la **cinematografía**. En la Argentina, el juego en línea 3D Games tiene 280000 usuarios registrados, en tanto el Counter Stike es uno de los más requeridos en los cibercafés. Los videojuegos representan un reto continuo para los usuarios que, además de observar y analizar el entorno, deben asimilar y retener información, realizar razonamientos inductivos y deductivos, construir y aplicar estrategias cognitivas de manera organizada y desarrollar determinadas habilidades psicomotrices (por ejemplo, lateralidad y coordinación psicomotora) para afrontar las situaciones problemáticas que se van sucediendo en la pantalla. El jugador siempre**(2)** se implica y se ve obligado a tomar decisiones y ejecutar acciones motoras continuamente, aspecto muy**(3)** apreciado por los niños y jóvenes, generalmente**(4)** con tendencia a la hiperactividad; en este sentido, el juego supone un desahogo de tensiones.

Muchos videojuegos proporcionan distracción y diversión inmediata y en altas dosis. Sin embargo, los valores que promueven otros, algunos de ellos muy difundidos, son el consumismo, la competitividad, la velocidad, el erotismo, el sexo, la agresividad y la violencia. Una de las grandes cuestiones es la adicción que podrían despertar.

Hay quienes sostienen que no existe ningún dato riguroso sobre la posibilidad de una evolución comparable a la de un trastorno adictivo o del control de los impulsos en los jugadores. Sin embargo, cada vez más profesionales de la salud se muestran preocupados por cuanto estos juegos podrían convertirse en una tendencia y muchos psicólogos se han unido a los familiares de víctimas para pedir que se incluyan advertencias a los consumidores respecto de que pueden causar adicción.

El papel de la familia es fundamental para evitar que los niños no caigan en la adicción. Para ello, lo más apropiado podría ser la limitación de los tiempos para esa actividad, la selección y evaluación del contenido de los juegos –acordes con la edad de los niños–, y, sobre todo, que los padres conozcan como sus hijos pasan sus momentos de esparcimiento.

La Nación, 10 de julio de 2006.

1 Con respecto a la comprensión del texto, marque la alternativa adecuada.

a) [ ] Con la ayuda de los psicólogos, los niños no serán víctimas de los videojuegos.

b) [ ] Los padres deberán jugar juntamente con sus hijos.

c) [ ] Los videojuegos causan la hiperactividad.

d) [ ] Algunos videojuegos promueven valores como la violencia, el erotismo, el consumismo, entre otros.

e) [ ] En Argentina, los mercados de los videojuegos y de la cinematografía se igualan.

2 Marque la alternativa en que los números cardinales, subrayados en el texto, estén escritos de forma correcta.

a) [ ] Tres mil veinticuatro, mil y quarenta seis, doscientos.

b) [ ] Tres mil y veinticuatro, mil cuarenta y seis, doscentos.

c) [ ] Tres mil veinticuatro, mil cuarenta y seis, doscientos.

d) [ ] Tres mil veintiquatro, mil quarenta y seis, doscientos.

e) [ ] Tres mil y veinticuatro, um mil cuarenta y seis, doscientos.

3 Señale la alternativa en que las definiciones de acentuación de las palabras, en negrita en el texto, **jóvenes**, **más**, **cinematografía**, estén correctas.

a) [ ] Aguda terminada en -s – monosílabo lleva tilde – aguda terminada en vocal.

b) [ ] Esdrújula lleva tilde – aguda terminada en -s – grave terminada en vocal.

c) [ ] Sobresdrújula lleva tilde – monosílabo – hiato lleva tilde.

d) [ ] Grave terminada en -ns – acento diacrítico – grave terminada en vocal.

e) [ ] Esdrújula lleva tilde – acento diacrítico – hiato lleva tilde.

4 Escoja la alternativa en que los adverbios **más**, **siempre**, **muy** y **generalmente**, numerados en el texto, estén correctos con respecto al tipo.

a) [ ] De cantidad – de tiempo – de cantidad – de modo.

b) [ ] De duda – de modo – de cantidad – de tiempo.

c) [ ] De modo – de afirmación – de modo – de lugar.

d) [ ] De duda – de tiempo – de modo – de lugar.

e) [ ] De cantidad – de tiempo – de cantidad – de tiempo.

5 Escoja la alternativa en que el uso de las preposiciones esté adecuado.

a) [ ] Ellos van al teatro en coche.

b) [ ] Enrique y Pedro vienen da universidad.

c) [ ] El viernes vamos en el campo.

d) [ ] Vamos en el cine a la noche.

e) [ ] Viniste de lo restaurante muy tarde.

(UEMS – 2007)

6 En cuanto al cambio de número en español (plural), elija la alternativa correcta.

a) [ ] Les papeles.

b) [ ] Los autobús.

c) [ ] Uns hombres.

d) [ ] Las cuatros.

e) [ ] Los regalos.

7 Con respecto a los heterogenéricos, escoja la opción en que ese no aparece.

a) [ ] Leche.

b) [ ] Costumbre.

c) [ ] Dolor.

d) [ ] Casa.

e) [ ] Árbol.

8 Apunte la alternativa correcta con relación a los numerales.

a) [ ] 25: veinte y cinco.

b) [ ] 33: treinta e três.

c) [ ] 102: ciento dos.

d) [ ] 44: quarenta e quatro.

e) [ ] 356: trescientos y cincuenta e seis.

9 En cuanto a la ocurrencia de "mucho" y su apócope "muy", señale la opción correcta.

a) [ ] Él es mucho amigo.

b) [ ] La salteña no me gustó muy.

c) [ ] Fernando baila mucho bien.

d) [ ] Nosotros conversamos muy tiempo.

e) [ ] Tienen muchas cosas en común.

10 En lo que se refiere a los heterosemánticos, elija la alternativa donde aparezca otro ejemplo.

a) [ ] Profesor.

b) [ ] Mujer.

c) [ ] Viajar.

d) [ ] Oso.

e) [ ] Doler.

Ejercicios de consolidación gramatical

1 Señala la oración en la que todas las palabras estén correctamente acentuadas.

a) [ ] ¿Quien me puede prestar el auto pues tengo que ir a la lavanderia?
b) [ ] ¿Dónde esta mi delantál?
c) [ ] Me gusta mas viajar en avion que en autobús.
d) [ ] A el no le gusta nada acompañar a la nóvia a hacer compras.
e) [ ] Prefiero leer los periódicos del área de economía.

2 Completa las frases con la forma correcta del verbo "gustar".

a) A mí me ______________ correr por el parque todas las mañanas.
b) A los adolescentes les ______________ las películas de acción.
c) Las películas románticas le ______________ a mi madre.
d) Carlos e Isabel, ¿a vosotros os ______________ la comida japonesa?
e) Ana y Claudia, ¿a ustedes les ______________ las novelas históricas?

3 Forma frases usando el verbo "gustar" y un elemento de cada una de las siguientes columnas, según el ejemplo: *A ti te gusta poco la lectura*.

Personas	Adverbios de cantidad	Lo que gusta
Marcos	mucho	la *lectura*.
Tú	poco	los ritmos caribeños.
Yo	nada	la comida china.
Nosotros		los libros en español.
Vosotros		los deportes radicales.
Mis padres		ver una exposición.

a) ______________________________
b) ______________________________
c) ______________________________
d) ______________________________
e) ______________________________

4 Escribe oraciones contando cuáles de estos lugares del mundo te gustan. Si no los conoces, busca información sobre ellos para responder.

Islas Malvinas · París · Emiratos Árabes Unidos · El Vaticano · Disneyworld · Las Vegas

____
____
____

5 Completa las siguientes oraciones con el verbo "preferir":

a) Marcela, ¿qué ______________: ir al cine o al club?
b) A mí no me gustan los lugares muy llenos de gente; ______________ los más solitarios.
c) Los jóvenes, en general, ______________ las fiestas en las que hay muchos invitados.
d) Nos encantan los deportes que se practican al aire libre; entre ellos, ______________ el motocross.
e) El profesor ______________ explicar primero todo el tema y dejar las preguntas para después.

6 Completa las siguientes frases con las palabras que figuran en el recuadro precedidas de "muy", "mucho"(s), "mucha"(s).

delgadas personas variada lejos tránsito famosas lugar para estacionar caras cómodas

a) Las Cataratas de Iguazú son ______. Todos los años las visitan ______.

b) No me gustan los cines del centro de la ciudad; quedan ______. Además, hay ______ y no hay ______.

c) En general, las tiendas del *shopping* son ______ pero son ______ porque allí tienes estacionamiento y una plaza de alimentación ______.

d) Otro problema de las tiendas del *shopping* es el tamaño de la ropa: generalmente está diseñada para jovencitas ______.

7 Lee el siguiente texto y coloca todos los acentos que falten.

Tengo, vamos a ver... "las *shoppings*" del Estado socialista

Carlos Alberto Domínguez, Cuba-Verdad / CubaNet

LA HABANA, octubre – Comenzare advirtiendoles a los lectores de CubaNet que han ocurrido cambios importantes en Cuba desde que se desmerengo la URSS. Por ejemplo, se implanto el "periodo especial en tiempo de paz", comenzo "la batalla de ideas", se descubrio que la soya es capaz de matarles el hambre a los cubanos y se establecieron "las *shoppings*".

De estos cambios el mas importante es el de "las *shoppings*". Con ellas el gobierno de Fidel Castro recauda los dolares que recibe por concepto de remesas el sector de la sociedad cubana con familiares en Estados Unidos de America.

A cambio de los dolares estadounidenses el regimen de Castro vende a estos compatriotas, sin regular por la libreta de abastecimiento, aceite comestible, carnes, leche, jabones y otros productos de primera necesidad. Por supuesto, a precios exorbitantes. [...]

A diferencia de los hoteles y demas instalaciones turisticas, exclusivos para los turistas, en "las *shoppings*" puede comprar cualquier cubano siempre y cuando posea los dolares de rigor. [...]

Pero lo de "las *shoppings*" es diferente. Alli nadie te pregunta de donde eres. Si no tienes dolares, no importa, al menos puedes mirar las vidrieras sin que la policia te eche del lugar. [...] Con dolares se compra, sin ellos se mira, se sueña, se espera por mejores tiempos en los que se pueda disponer de la pasta dentifrica o del jabon de tocador.

http://www.cubanet.org/ (Adaptado)

Vocabulario

Las shoppings: en general, en los países latinoamericanos se usa el vocablo inglés "shopping" en masculino, pero en Cuba se usa en femenino. Se dice también: Centro Comercial (América) y Grandes Almacenes (España).

Desmerengarse: regionalismo muy usado en Cuba que significa "desintegrarse".

LECCIÓN

9 HEMOS CONOCIDO MARAVILLAS...

LECTURA

PRECALENTAMIENTO Observa las fotos con tus compañeros.

1 Alguien ya ha visitado alguno de esos monumentos? ¿Saben dónde se ubican? Conversa con tus colegas y completa el recuadro a continuación con las informaciones que hayas obtenido.

(Mi colega) ha estado en...	... que está localizado en (continente, país, ciudad)...	Nunca ha estado en...

2 ¿Cuáles de los monumentos de las fotos se consideran como maravillas del mundo moderno según un concurso realizado en 2007?

Paraty, Río de Janeiro.

La Alhambra de Granada, Andalucía, España.

Machu Picchu, Perú.

Los Moais, Isla de Pascua, Chile.

Templo de Kukulcán, Chichén Itza, México.

Teatro Amazonas, Manaus.

Catedral Sagrada Familia, Barcelona, España.

Cristo Redentor, Río de Janeiro.

Cataratas de Iguazú, Paraná.

Iglesia N. Sra. do Rosário dos Pretos, Pelourinho, Salvador.

En un **foro de Internet** uno coloca dos preguntas sobre un tema cualquiera y espera que alguna persona las conteste. Lee las siguientes respuestas a las preguntas "¿Viajarías solo y/o con desconocidos?" y "¿A alguien le gustaría conocer Costa Rica?"

Jangel
Edad: 35
Registrado: 16 Mar 2006
Mensajes: 11611
Ubicación: Sevilla y ¡olé!

Publicado: Jue 8 Jun 2006 11:49 a.m. **Asunto**:
¡Costa Rica! Tengo ganas de conocer ese país. Este año un amigo mío ha estado allí y le ha encantado. Creo que viajaría solo. Desde luego, nunca con un desconocido. Solo viajaría con alguien, un buen amigo o una buena amiga, con quien supiera que me podría entender. Porque cuando salgo de viaje soy una máquina imparable y es difícil seguirme el ritmo. Este semestre mi novia y yo hemos viajado con otras parejas y hemos tenido que adaptarnos a ellas, dejando de hacer cosas que habíamos programado. No hemos visto ni mitad de lo que pensábamos ver. Para mí, hemos perdido mucho tiempo y dinero. No lo soporto.

Niebla
Vivo aquí
Edad: 25
Registrado: 1 Mar 2006
Mensajes: 5747

Publicado: Jue 8 Jun 2006 4:16 p.m. **Asunto:**
He hecho algunos viajes sola, incluso a algunos países. Pero siempre he llevado la dirección de personas amigas de mis amigos. Antes de viajar busco contactarlas por Internet de manera que nos hacemos conocidos. Casi siempre me he quedado en sus casas. En los viajes he hecho muchas amistades con los viajeros que estaban solos igual que yo. Así que dejan de ser desconocidos...

Champollión
Edad: 26
Registrado: 17 May 2006
Mensajes: 126

Publicado: Sáb 10 Jun 2006 12:54 p.m. **Asunto:**
Yo no he viajado nunca solo, de hecho solo he viajado dos veces, una con mi hermano y otra con compañeros de clase y la verdad es que las dos veces me lo he pasado muy bien. Con mi hermano dormíamos en albergues y es interesante porque puedes conocer gente nueva e ir a tu aire al mismo tiempo. Una vez he charlado con un chico inglés que había viajado solo por el mundo durante ocho meses y me dijo que era más joven que yo en la época...
Viajar es (según mi opinión) mejor con compañía, aunque sea un amigo o alguien que conozcas. Creo que es más entretenido y si no conoces a la gente con la que vas... puede ser interesante.

Harlan
No puedo vivir sin este foro
Edad: 32
Registrado: 28 Mar 2006
Mensajes: 3208
Ubicación: Perdido en la eternidad

Publicado: Dom 11 Jun 2006 5:27 p.m. Asunto:
Viajo constantemente solo... aunque por trabajo.
No es una mala experiencia.
Por "placer" no lo he hecho nunca....
¡Saludos!

http://www.abretelibro.com/ (Adaptado)

Vocabulario

Desde luego: sin duda.

TOMA NOTA

Los **mensajes electrónicos** (foro, *e-mail*, *SMS*, *Orkut*) surgieron con la Internet y permiten una comunicación muy rápida entre interlocutores conectados en la red virtual. Han ampliado las fronteras y cambiado las formas de interacción.

COMPRENSIÓN E INTERPRETACIÓN

1 Podemos decir que Jangel...

a) [ ] está acostumbrado a viajar con amigos.
b) [ ] es sistemático.
c) [ ] prefiere viajar solo.
d) [ ] ha viajado con desconocidos y no le ha gustado nada.

2 Podemos inferir que Jangel en sus viajes...

a) [ ] ha conocido a mucha gente.
b) [ ] ha estado con personas conocidas que respetan su manera de ser.
c) [ ] no ha aguantado viajar con su novia.
d) [ ] ha planeado todo con antelación.

3 Según el texto, Niebla es una persona...

a) [ ] solitaria desde hace algún tiempo.
b) [ ] que ha decidido viajar para estudiar.
c) [ ] joven que en Internet programa viajes con amigos.
d) [ ] engreída que posee amigos en todo el mundo.

4 Champollión...

a) [ ] hizo con su hermano un viaje económico.
b) [ ] ha viajado pocas veces en su vida con desconocidos.
c) [ ] ha ido de viaje con sus compañeros de clase al campo.
d) [ ] piensa que tener compañía en viaje es fundamental.

5 Todas las alternativas presentan características que podemos inferir de Champollión, **menos que**:

a) [ ] es joven.
b) [ ] desea hacer muchos viajes.
c) [ ] es mayor que su hermano.
d) [ ] es estudiante.

6 Se pueden confirmar todas las alternativas en los mensajes, **excepto**:

a) [ ] Solamente un forero ha ido a Costa Rica.
b) [ ] La mayoría de los foreros dice que haría un viaje solo.
c) [ ] En albergues se conocen personas y se hacen amistades.
d) [ ] No todos los amigos comparten los mismos gustos nuestros.

7 ¿Cómo le gusta a Jangel viajar?

8 ¿Podemos decir que Niebla tiene facilidad de relacionarse? ¿Por qué?

9 ¿Cuál forero cree que viajar solo puede ser una buena alternativa? ¿Por qué? Justifica tu respuesta.

VOCABULARIO

1 Retira del calendario las informaciones necesarias para completar las frases.

2008 Calendario

	ENERO	FEBRERO	MARZO	ABRIL
Lunes	7 14 21 28	4 11 18 25	3 10 17 24 31	7 14 21 28
Martes	1 8 15 22 29	5 12 19 26	4 11 18 25	1 8 15 22 29
Miércoles	2 9 16 23 30	6 13 20 27	5 12 19 26	2 9 16 23 30
Jueves	3 10 17 24 31	7 14 21 28	6 13 20 27	3 10 17 24
Viernes	4 11 18 25	1 8 15 22 29	7 14 21 28	4 11 18 25
Sábado	5 12 19 26	2 9 16 23	1 8 15 22 29	5 12 19 26
Domingo	6 13 20 27	3 10 17 24	2 9 16 23 30	6 13 20 27

	MAYO	JUNIO	JULIO	AGOSTO
Lunes	5 12 19 26	2 9 16 23 30	7 14 21 28	4 11 18 25
Martes	6 13 20 27	3 10 17 24	1 8 15 22 29	5 12 19 26
Miércoles	7 14 21 28	4 11 18 25	2 9 16 23 30	6 13 20 27
Jueves	1 8 15 22 29	5 12 19 26	3 10 17 24 31	7 14 21 28
Viernes	2 9 16 23 30	6 13 20 27	4 11 18 25	1 8 15 22 29
Sábado	3 10 17 24 31	7 14 21 28	5 12 19 26	2 9 16 23 30
Domingo	4 11 18 25	1 8 15 22 29	6 13 20 27	3 10 17 24 31

	SEPTIEMBRE	OCTUBRE	NOVIEMBRE	DICIEMBRE
Lunes	1 8 15 22 29	6 13 20 27	3 10 17 24	1 8 15 22 29
Martes	2 9 16 23 30	7 14 21 28	4 11 18 25	2 9 16 23 30
Miércoles	3 10 17 24	1 8 15 22 29	5 12 19 26	3 10 17 24 31
Jueves	4 11 18 25	2 9 16 23 30	6 13 20 27	4 11 18 25
Viernes	5 12 19 26	3 10 17 24 31	7 14 21 28	5 12 19 26
Sábado	6 13 20 27	4 11 18 25	1 8 15 22 29	6 13 20 27
Domingo	7 14 21 28	5 12 19 26	2 9 16 23 30	7 14 21 28

a) En Brasil los estudiantes tienen vacaciones los meses de ________, ________, ________ y ________.

b) El invierno brasileño comprende los meses de ________, ________ y ________. Ya la primavera en el Hemisferio Sur corresponde al otoño en el Hemisferio Norte y se manifiesta en ________, ________ y ________.

c) El día ________ de ________ se celebra el Día de la Hispanidad.

d) El carnaval es una fiesta móvil que se realiza algunas veces en el segundo mes del año, o sea, en________ y otras veces en el mes de ________. El ________ de cenizas marca el término de la fiesta.

e) En todo el mundo se celebra el Día del Trabajo, en el mes de ________.

f) En España la semana empieza el ________. En cambio, en Brasil el primer día es el ________.

g) ¿Y tu cumpleaños? Mi cumpleaños es el día ________ del mes de ________. Este año va a caer en un ________.

2 En el recuadro hay algunas expresiones. Completa los espacios, usándolas según el contexto.

así que   ir a tu aire   desde luego   de hecho   aunque

a) __________ me gusta viajar y conocer países distintos.

b) Si viajas solo, no tienes que preocuparte con rutas preestablecidas. Es cuestión de __________. Nada mejor que obedecer tu propio ritmo.

c) Los españoles cada vez viajan más, __________ compran menos paquetes turísticos.

d) Luce me dio ánimos para seguir mi viaje, __________ no lo dudé y embarqué hacia Turquía.

e) __________ Turquía es el país más bello que he conocido.

3 Observa estas imágenes. ¿Con qué frecuencia realizas las actividades representadas? Contesta las preguntas utilizando las palabras del recuadro y entrevista a tus compañeros para saber su opinión.

nunca siempre todos los días una vez a la semana
algunas veces al año dos veces al mes

¿Con qué frecuencia...

a) haces ejercicios físicos?
b) preguntas al profesor tus dudas?
c) lees el periódico?
d) estudias para las pruebas?
e) escuchas canciones en español?

GRAMÁTICA

Verbos en pretérito perfecto

Observa estas frases entresacadas de los textos que has leído.

Este año un amigo mío **ha estado** allí y le **ha encantado**.

No **hemos visto** ni mitad de lo que pensábamos ver.

He hecho algunos viajes sola...

Yo no **he viajado** nunca solo, de hecho solo **he viajado** dos veces...

Una vez **he charlado** con un chico inglés que había viajado solo por el mundo...

Ellas se refieren a **acciones pasadas**, hechos ya transcurridos.

El pretérito perfecto compuesto está formado por el presente de indicativo del verbo auxiliar **haber** y el verbo principal en el participio.

Así se conjugan los verbos regulares.

Yo	he	
Tú	has	
Vos	has	viaj**ado**
Él/ella/usted	ha	conoc**ido**
Nosotros(as)	hemos	part**ido**
Vosotros(as)	habéis	
Ellos/ellas/ustedes	han	

Observa que el participio de los verbos regulares terminados en **-ar** es **-ado** y de los verbos terminados en **-er** e **-ir** es **-ido**.

Pero hay verbos con el **participio irregular**. Tomemos como ejemplo los de al lado.

Infinitivo	Participio
hacer	hecho
ver	visto
romper	roto
poner	puesto
ver	visto

Se utiliza el pretérito perfecto para referirse a hechos que de alguna manera mantienen relación con el presente del hablante, ya sea en la forma de evocaciones o de hechos. Es común el uso de **marcadores temporales** tales como:

hoy	esta noche	alguna/rara vez
esta mañana/tarde	este año	Últimamente/aún/todavía no/nunca/ya
este mes	este verano	en los últimos días, etc.
	el otro día	

Ejercicio

Completa los espacios con los marcadores temporales del recuadro y los verbos que están entre paréntesis, conjugándolos en pretérito perfecto.

cinco horas	hoy	más tarde
tras	antes	todos los días

Madrid rumbo al sur es un proyecto de viaje que lleva estudiantes madrileños a países africanos para que puedan tomar conciencia de una realidad social distinta de la suya y actuar de manera solidaria. Lee un fragmento del relato de una visita a una región de Mozambique.

Crónica del día 13/9/2007

________________, todavía no ________________ (amanecer), pero, como ________________, una voz ________________ (gritar): ¡Buenos días! ________________ la mañana se ________________ (levantar) húmeda y nublada, pero esto no ________________ (impedir) que hiciéramos gimnasia. ________________ de desayunar, la hermana Lucila nos ________________ (hablar) del proyecto de apadrinamiento de huérfanos de Inharrime.

Una vez en el autobús, ________________ largas y calurosas horas de viaje, ________________ (llegar) a Okwe, donde el jefe del distrito nos ________________ (dar) la bienvenida y nos ________________ (hablar) de los proyectos de ayuda internacional que actúan en la región.

[...]

Al poco tiempo ________________ (comer). ________________, paseando, nos ________________ (ir) explicando cómo se organiza esta comunidad que vive de la agricultura. En todos los proyectos trabajan las mujeres y los hombres de la comunidad y los beneficios los dividen entre todos para su autoabastecimiento y venta.

Elena Gutiérrez y Carmen Gómez-Ullate

http://www.madridrumboalsur.com/ (Adaptado)

Pronombres personales en función de complemento

Observa los términos destacados en los siguientes ejemplos.

Este año un amigo mío ha estado allí y ***le*** *ha encantado.*
*Porque cuando salgo de viaje soy una máquina imparable y es difícil seguir****me*** *el ritmo.*
*Este semestre mi novia y yo hemos viajado con otras parejas y hemos tenido que adaptar****nos*** *a ellas...*
... y la verdad es que las dos veces ***me lo*** *he pasado muy bien.*

Cuando un elemento ya ha sido mencionado, para no volverlo a usar se emplean las formas átonas de los **pronombres en función de complemento** (directo o indirecto):

Tónicos	Singular	Plural
1.ª persona	yo (mí, conmigo)	nosotros, nosotras
2.ª persona	tú (ti, contigo)	vosotros, vosotras
3.ª persona	él, ella; usted	ellos, ellas; ustedes

– Funcionan como sujeto.

Átonos	Singular	Plural
1.ª persona	me	nos
2.ª persona	te	os
3.ª persona	la, lo; le (se); lo (neutro)	los, las; les (se)

– Los pronombres de primera y segunda persona funcionan como complemento directo o complemento indirecto indistintamente, y no presentan cambios de género.
– **Lo**, **la**, **los** y **las** funcionan como complemento directo y poseen diferencias de género y número.
– **Le** y **les** se flexionan en género y número y funcionan como complemento indirecto.
– Cuando coinciden los pronombres complemento directo y complemento indirecto en una oración, el segundo (**le**, **les**) se convierte en **se** por razones de fonética (**Le** lo di > **Se** lo di).

Según la regla de colocación pronominal, los pronombres complementos siempre van antepuestos a los verbos, excepto en los siguientes casos:

El imperativo afirmativo	El infinitivo	El gerundio
No sé nada de esta noticia. ¡Cuénta**mela**! (o sea, cuenta a mí la noticia)	¿Los billetes? No os preocupéis. Puedo comprár**noslos**.	Es tu postre favorito. La cocinera está preparándo**telo**.

En los casos de perífrasis verbal (cuando hay un verbo conjugado y otro no conjugado) los pronombres complemento admiten dos formas de colocación: pueden ir antepuestos o junto al verbo (énclisis).

Vamos a visitar**la**.	o	**La** vamos a visitar.
¿Tu cuenta? Puedo pagár**tela** ahora.	o	¿Tu cuenta? **Te la** puedo pagar ahora.
Estaba diciéndo**selo** al Dr. Raúl.	o	**Se lo** estaba diciendo al Dr. Raúl.

OBSERVA

1 Cuando se emplean dos pronombres, el complemento indirecto va antes del directo. Ejemplo: ¿Vuestra compra? **Os la** vamos a enviar enseguida.

2 Cuando el complemento indirecto se refiere a la tercera persona (singular o plural) y se usa combinado al complemento directo **lo**, **la**, **los**, **las**, el pronombre **le** o **les** se transforma en **se**. Ejemplo: No me gusta que mis hijos tomen dulces, pero no **se los** prohíbo del todo. (= no los prohíbo a ellos)

3 Cuando el pronombre directo se refiere a personas se utiliza la preposición **a**. Aún así, el pronombre complemento sigue siendo el directo. Ejemplos:

Escucho la música. = **La escucho.**	pero	Escucho **a** Marta. = **La escucho.**
Veré estos espectáculos. = **Los veré.**	pero	Veré **a** Lucas y **a** Roberto. = **Los veré.**

4 En algunos casos la información es compartida entre los hablantes de manera que no es necesario mencionar la palabra nuevamente, porque ya se sabe de qué se trata. Ejemplo: Por "placer" no **lo** he hecho nunca... (en un contexto en que se supone que el **lo** se refiere a **viajar solo**).

Ejercicio

Ana hará su primer viaje sola al extranjero. Está nerviosa y su hermana intenta ayudarla. Completa los espacios con los complementos que sean necesarios.

Carmen ¿Ya has preparado tus maletas?

Ana Sí, ________ he preparado, pero siempre pienso que me he olvidado algo.

Carmen ¿Te han entregado tus billetes?

Ana Sí, ________ ________han entregado esta semana. ________ he puesto junto con mi pasaporte.

Carmen ¿Por qué esta camiseta está fuera de la maleta?

Ana Con ella el guía nos identificará. Todos nosotros tenemos que llevar ________ puesta.

Carmen ¡Estás ansiosa! Cuénta ________ de las expectativas de tus amigas. ¿Todas estarán en casa de una familia o en un albergue?

Ana A Clara, no ________ preguntes nada: está muy nerviosa y guarda secretos. No ________ cuenta a nadie. Luisa ha entrado en contacto por *e-mail* con varios de los integrantes de la familia que ________ recibirá. Pasa el día contactándo ________...

Carmen Ana, ¿puedo pedir ________ un favor?

Ana ¡Claro, pide ________!

Carmen Envía ________ algunas postales a mi casa, por favor... Es que ________ colecciono...

COMUNICACIÓN

13 Escucha el diálogo en que Isabel le cuenta a Maite lo que le ha pasado a su familia este año y contesta las siguientes preguntas:

a) ¿Por qué Isabel ha tenido que estudiar?
b) ¿Qué tipo de deporte practica Isabel?
c) ¿Cuáles son los cambios alimentares que ha sufrido?
d) ¿Qué curso hace el padre de Isabel?
e) ¿Qué negocio familiar su madre y Sole han empezado?
f) ¿Quiénes trabajan en la tienda?
g) ¿A qué se dedicaba su madre antes?

Ahora, lee el diálogo y verifica cuánto has acertado.

Isabel ¡Vaya semana!

Maite ¿Qué has hecho?

Isabel Uff... He tenido que estudiar para las pruebas de la próxima semana. Los profesores nos han puesto varios ejercicios para prepararnos para estas evaluaciones...

Maite ¿Y esto te ha cansado de esa manera?

Isabel No, es que este año empecé a jugar al voleibol y me han seleccionado para el equipo principal. Oye: nunca he entrenado tanto en mi vida.

Maite No lo sabía...

Isabel Y me han puesto una dieta con muchos carbohidratos. Y ahora ya no puedo comer tanto chocolate como antes...

Maite Pero el resultado compensa... Mira qué bien estás. Adelgazaste y has ganado músculos.

Isabel Claro, con las horas que me paso entrenando... Pero vuelvo muerta a casa y como mi familia ha tenido problemas financieros, tengo que ayudar en la limpieza de la casa apenas llego de la escuela y del club.

Maite No lo sabía... ¿Qué pasa?

Isabel Mi padre ha empezado un curso de especialización por la noche. Y, con lo caro que es, mi madre y Sole, mi hermana mayor, se pusieron a vender ropa. Al inicio compraban prendas de diferentes confecciones, pero, con lo creativas que son, han empezado a producir sus propios modelos...

Maite ¿Son aquellas que has llevado al instituto?

Isabel ¡Sí! Y las ventas marchan tan bien que abrieron una tienda. Pequeña, ¡desde luego! Como mi hermano se casó el año pasado y su dormitorio quedó vacío, han puesto allí el taller de costura.

Maite Cuántos cambios, ¿eh? Es un buen negocio el de la moda. ¿Y quién está en la tienda?

Isabel Mis hermanas. Sole es la responsable y ha registrado la empresa. Con lo caro que son los impuestos... Maribel trabaja y está registrada.

Maite Me alegro que todo vaya bien.

Isabel Este mes, en mi casa, todos hemos trabajado muchísimo. Y yo, como me he descuidado con las notas, tengo que estudiar.

Maite ¡Entonces adiós! Vete a casa a estudiar. Iba a invitarte al cine, pero... ¡Adiós!

Isabel Ay, cómo me gustaría poder acompañarte. ¡Hasta pronto!

PRODUCCIÓN ORAL

En grupo, comenten lo que han realizado este año y lo que no hicieron el año pasado. Elaboren un diálogo y preséntenlo a la clase.

AMPLIACIÓN DEL VOCABULARIO

Fiestas y folclore

Mira las fotos y completa los espacios con el nombre de la fiesta o manifestación folclórica que corresponde a cada una de las descripciones.

a) Celebración de origen indígena en honor a los ancestros. En México se regalan calaveras hechas de dulce, se come pan, se construyen altares de muerto en las casas y está presente, lado a lado, el dolor y la diversión.

b) Fiesta que se celebra en Buñol, ciudad valenciana, el último miércoles de agosto y en la que los participantes arrojan tomates unos a los otros.

c) Fiesta realizada en Pamplona del 6 al 14 de julio en homenaje al santo patrón de la ciudad. Una de las actividades más famosas es el encierro.

d) Todo comenzó como una feria de ganado. Se monta un conjunto de casetas y varias atracciones se instalan para celebrar de la fiesta principal de Sevilla, capital de la provincia homónima. Hay cantes, flamenco, paseo de caballos, etc.

e) Una de las más importantes de toda España es la de Sevilla. Las 59 hermandades salen procesión durante el período de Domingo de Ramos al Domingo de Resurrección.

f) Tradición de origen mexicano que se celebra durante los días previos a la Navidad. La culminación de la fiesta es el momento de romper algo semejante a una olla de barro o un globo, muchas veces con siete picos.

g) Fiesta realizada en honor a San José, patrono de los carpinteros. Se hacen grandes construcciones artísticas de materiales combustibles que representan figuras conocidas (*ninots*) y composiciones de elementos (las fallas).

PRODUCCIÓN ESCRITA

Escribe un breve texto en que cuentes en un foro una situación imprevisible que haya alterado tus planes o expectativas de viaje.

LECCIÓN 10

CONTANDO EN EL PASADO

LECTURA

PRECALENTAMIENTO

1 ¿Qué sabes de Cuba?

2 ¿Cómo vive hoy el pueblo cubano?

3 ¿De qué personalidades cubanas te acuerdas de pronto?

4 ¿Alguna vez has leído algo sobre la formación técnico-docente de los atletas cubanos?

Fidel Castro.

El Malecón, La Habana.

Colegio del Santo Ángel y Hotel Ángel. Plaza Vieja, La Habana.

Catedral de Santiago de Cuba.

La historia de Cuba y de Fidel Castro están enlazadas para siempre. Observa con atención la **línea del tiempo** de la vida de Fidel que sigue:

Línea del tiempo: FIDEL CASTRO

- **Agosto 1926**: Nace en la aldea cubana de Birán, hijo del gallego Ángel Castro Argiz y de Lina Ruz.
- **1950**: Recibe el título de Doctor en Leyes por la Universidad de La Habana.
- **Julio 1953**: Se rebela contra el dictador Fulgencio Batista, llevado al poder por los EE.UU.
- **Mayo 1955**: Encarcelado tras un ataque, es amnistiado y parte a México.
- **Diciembre 1956**: Regresa a Cuba y junto con el argentino Ernesto "Che" Guevara realizan la guerra de guerrillas.
- **Enero 1959**: Triunfa su revolución y Batista huye a República Dominicana.
- **Enero 1959**: Entra en La Habana e inicia la transformación política, económica y social.
- **Enero 1961**: Estados Unidos rompe relaciones diplomáticas con Cuba.
- **Febrero 1962**: Estados Unidos impone un embargo comercial total contra Cuba.
- **Octubre 1962**: Crisis de los Misiles.
- **1980**: Éxodo de Mariel, 125 mil cubanos parten a los EE.UU.
- **1990**: Cuba entra en crisis económica tras la desintegración la Unión Soviética.
- **Agosto 1993**: Prohíben el uso de dólares en Cuba.
- **Junio 2001**: Sufre un desmayo tras dos horas de discurso.
- **Octubre 2004**: Tropieza y se cae, sufriendo una fractura en la rodilla izquierda y en el brazo derecho.
- **Julio 2006**: Raúl Castro asume temporalmente el poder tras una enfermedad intestinal de Fidel.
- **Febrero 2008**: Renuncia a la presidencia tras 49 años en el poder.

http://www.andina.com.pe/ (Adaptado)

TOMA NOTA

Para representar hechos que han sucedido en un periodo de tiempo determinado podemos recurrir a un tipo especial de esquema gráfico, que recibe el nombre de **línea del tiempo**.

Kalipedia. Lengua castellana II. Madrid: Santillana, v. 2, p. 236.

COMPRENSIÓN E INTERPRETACIÓN

1 Ordena cronológicamente algunos de los hechos de la vida de Fidel, según lo que has observado en la línea del tiempo.

[ ]	Fidel se involucra junto con Che Guevara en la lucha contra Batista.
[ ]	Lo meten en prisión.
[ ]	El comandante pierde los sentidos públicamente.
[ ]	Castro tiene un grave problema de salud y tiene que alejarse del poder.
[ ]	Los EE.UU. rompen cualquier relación comercial con Cuba.
[ ]	Castro se va a vivir a México.
[ ]	Fulgencio Batista deja el poder.
[ ]	Fidel se lastima la pierna y el brazo, tras tropezar y caerse.

2 Señala con una X las afirmaciones correctas, luego corrige las informaciones que están mal.

a) [ ] Fidel Castro desciende de españoles.
b) [ ] En 1955 Fidel Castro huye de la cárcel y se va a México.
c) [ ] Fidel Castro se rompe el tobillo y un brazo cuando se cae, víctima de un desmayo.

3 El 26 de julio de 1953, Fidel dirigió el histórico asalto al cuartel Moncada, en Santiago. El joven líder fue encarcelado después de su célebre alegato ante el tribunal, que tituló 'La Historia me absolverá'. ¿Qué quiso Fidel Castro decir con este título?

a) [ ] Que el tribunal lo perdonó.
b) [ ] Que con el pasar del tiempo las personas lo perdonarán.
c) [ ] Que el pueblo cubano le dio su perdón.
d) [ ] Que él estaba correcto, no necesitaba ser perdonado.

4 Uniendo las dos columnas vas a encontrar algunas curiosidades más sobre Cuba.

a) Cuba tuvo el primer ____________ de América Latina.	PERIÓDICO
b) La primera emisión de radio cubana fue ____________.	COSMONAUTA
c) Cuba fue el ____________ del mundo después de los EE.UU. en transmitir emisiones de televisión en colores.	MONEDA
d) Un cubano fue el primer ____________ latinoamericano.	FERROCARRIL
e) El primer ____________ cubano se publicó en 1764 y se llamaba la *Gaceta de La Habana*.	EN INGLÉS Y NO EN ESPAÑOL
f) Cuba no tuvo ____________ propia hasta el año 1915.	AUTOMÓVIL
g) El primer ____________ circuló por las calles de La Habana en 1900.	SEGUNDO PAÍS

http://www.bnjm.cu/

Mestizaje cubano

La poesía afrocubana –por llamarla de algún modo, a falta de un calificativo más preciso– rompe con el esquema tradicional rimado, sin abandonar el ritmo. Es una poesía, mezcla de la lengua castellana, española, europea, y dialectos, frases, onomatopeyas propias del decir africano. Es una poesía mestiza como el cubano mismo.

Con el segundo poemario de Nicolás Guillén, *Sóngoro cosongo* (1931), se reafirma aún más esa poesía. El autor lo presiente, quizás, cuando expresa: " (...) estos versos mulatos participan acaso de los mismos elementos que entran en la composición étnica de Cuba (...) Por lo pronto, el espíritu de Cuba es mestizo. Y del espíritu hacia la piel nos vendrá el color definitivo. Algún día se dirá color cubano".

La canción del bongó

—Aquí el que más fino sea,
responde, si llamo yo.
Unos dicen: Ahora mismo,
otros dicen: Allá voy.
Pero mi repique bronco,
pero mi profunda voz,
convoca al negro y al blanco,
que bailan el mismo son,
cueripardos y almiprietos
más de sangre que de sol,
pues quien por fuera no es de noche,
por dentro ya oscureció.
Aquí el que más fino sea,
responde, si llamo yo.

En esta tierra, mulata
de africano y español
(Santa Bárbara de un lado,
del otro lado, Changó),
siempre falta algún abuelo,
cuando no sobra algún Don
y hay títulos de Castilla
con parientes en Bondó:
Vale más callarse, amigos,
y no menear la cuestión,
porque venimos de lejos,
y andamos de dos en dos.
Aquí el que más fino sea,
responde si llamo yo.

Habrá quién llegue a insultarme,
pero no de corazón;

habrá quién me escupa en público,
cuando a solas me besó...
A ese, le digo:
—Compadre,
ya me pedirás perdón,
ya comerás de mi ajiaco,
ya me darás la razón,
ya me golpearás el cuero,
ya bailarás a mi voz,
ya pasearemos del brazo,
ya estarás donde yo estoy:
ya vendrás de abajo arriba,
¡que aquí el más alto soy yo!

http://perso.wanadoo.es/

Vocabulario

Ají: pimiento (Amér. Central y Antillas).
Ajiaco: Salsa cuyo principal ingrediente es el ají.
Almiprieto: de alma muy oscura.
Bondó: Región del África Central habitada por tribus del mismo nombre.
Bronco: Áspero, rudo.
Changó: Par los africanos el segundo en jerarquía de los dioses intermediarios entre el hombre y el dios mayor del cielo.
Cueripardo: de piel oscura.
Menear: Agitar o mover.
Repique: Sonido producido por el golpeteo de un cuerpo sobre otro.
Son: Danza aparecida en Cuba en el siglo XVIII.
Santa Bárbara: Patrona de los mineros y protectora durante las tormentas.

1 Tras haber leído el poema de Nicolás Guillén, *La canción del bongó*, responde:

a) ¿A quiénes convoca el poeta? ¿Qué los une?
b) ¿Qué se entiende por "cueripardos" y "almiprietos"?
c) ¿Qué elementos en el texto apuntan hacia el mestizaje?

2 Observa los verbos y completa las definiciones con cada uno de ellos: insultar / repicar / escupir.

a) ____________: tañer o sonar de modo repetido las campanas u otros instrumentos.
b) ____________: ofender a alguien a través de palabras o acciones.
c) ____________: arrojar saliva; arrojar o despedir algo de modo violento.

3 Elige dos de los verbos anteriores y elabora frases.

OBSERVA

Nicolás Guillén. Poeta cubano nacido en Camagüey en 1902.
Desde muy joven se inclinó por las actividades culturales y políticas de su país, ocupando cargos importantes en la diplomacia a raíz del triunfo de la revolución cubana.
Su inclinación posmodernista y vanguardista lo convirtió en el autor más destacado de la poesía afroantillana. Falleció en 1989.

http://amediavoz.com/guillen.htm

VOCABULARIO

1 Escoge dentro del recuadro la opción que reemplaza lo señalado en las frases, sin perjuicio de su sentido.

a) ... **se rebela** contra el...
b) ... **regresa** a Cuba...
c) ... Estados Unidos impone un **embargo** comercial...
d) ... asume **temporalmente** el poder...
e) ... La **expropiación** de bienes...
f) ... supone un grado más en la **escalada** de tensión entre ambos países...
g) ... las ideas castristas fueron extendiéndose **paulatinamente**...
h) ... **aunando** en su persona las jefaturas de Estado y de Gobierno...
i) ... su capacidad oratoria y sus **dotes** de mando...
j) ... la resistencia de las tropas gubernativas puso fin a la **asonada**...

aumento
coordinando
cualidades
lentamente
por un período
privación
se subleva
tumulto
vuelve
prohibición

2 Busca en la sopa de letras los términos que completan las informaciones sobre Cuba.

L	A	H	A	B	A	N	A	A	I	L	E
C	S	L	C	A	N	T	A	N	L	E	A
A	A	A	M	U	U	S	I	C	A	A	M
J	L	E	S	R	L	A	C	M	G	A	P
A	S	S	D	I	S	L	O	B	A	A	L
D	I	B	L	C	P	S	P	L	R	T	I
E	D	A	U	U	I	A	A	R	T	S	B
B	A	T	C	L	A	V	E	L	O	T	U
M	A	R	D	E	L	C	A	R	I	B	E
D	N	I	L	A	P	U	R	O	S	S	D
N	I	C	O	L	A	S	E	T	A	S	R
J	P	B	U	E	N	A	V	I	S	T	A

a) La capital de Cuba es ________________.
b) Cuba está ubicada en el ________________.
c) Cuba tiene la forma de un reptil, que es el ________________.
d) Sirven para fumar y los cubanos son los más famosos: ________________.
e) Cuba es una ________________.
f) La ________________ es un ritmo de baile caribeño.
g) ________________ Guillén fue un importante poeta cubano.
h) ________________ Social Club es un famoso grupo musical cubano.

GRAMÁTICA

Verbos en pretérito indefinido

Lee las frases sobre Santiago de Cuba y fíjate en los verbos destacados.

"Santiago de Cuba, que **fue** capital de la isla hasta 1556, es la más caribeña de las ciudades cubanas".

"Con el tiempo el carnaval de Santiago **ha evolucionado** hasta convertirse en un festival popular y cultural que atrae a numerosos turistas y estudiantes cubanos de danza y percusión".

VILLANUEVA, Clara y FERNÁNDEZ, Josefina. *Aires de fiesta latina*: un recorrido por Latinoamérica a través de 12 lecturas. Barcelona: Difusión, 2007.

Todos los verbos en negrita están en **pretérito**. Sin embargo, respetan directamente el "período de tiempo" en que ocurrió la acción, considerado con relación al momento presente de quien habla:

Período de tiempo que remite al presente del hablante. →	**Pretérito perfecto** Se usa con los marcadores temporales: hoy, esta semana, este año, etc.
Período de tiempo concluido, que no guarda relación directa con el presente del hablante. →	**Pretérito indefinido** Se usa con los marcadores temporales como: ayer, el año/mes pasado, en 2005 (o años anteriores), etc.

Verbos regulares	Estudi	Com	Viv
Yo	estudi**é**	com**í**	viv**í**
Tú	estudi**aste**	com**iste**	viv**iste**
Él/ella/usted	estudi**ó**	com**ió**	viv**ió**
Nosotros(as)	estudi**amos**	com**imos**	viv**imos**
Vosotros(as)	estudi**asteis**	com**isteis**	viv**isteis**
Ellos/ellas/ustedes	estudi**aron**	com**ieron**	viv**ieron**

OBSERVA

Esta distinción entre el pretérito indefinido y el pretérito perfecto no es uniforme en todas las zonas donde se habla español. En Galicia, Asturias, Canarias y gran parte de Hispanoamérica se usa poco el pretérito perfecto.

Verbos irregulares	Ser	Est	Pon	Ten
Yo	fui	est**uve**	p**use**	t**uve**
Tú	fuiste	est**uviste**	p**usiste**	t**uviste**
Él/ella/usted	fue	est**uvo**	p**uso**	t**uvo**
Nosotros(as)	fuimos	est**uvimos**	p**usimos**	t**uvimos**
Vosotros(as)	fuisteis	est**uvisteis**	p**usisteis**	t**uvisteis**
Ellos/ellas/ustedes	fueron	est**uvieron**	p**usieron**	t**uvieron**

OBSERVA

El verbo **ser** es completamente irregular.
Pista: Diferente del presente de indicativo, las irregularidades del pretérito indefinido *pueden* ocurrir en todas las personas verbales. Observa que las terminaciones son las mismas, sin importar la conjugación.

LECCIÓN 10

Ejercicios

1 Transforma el tiempo verbal de las frases abajo, de acuerdo con el marcador temporal destacado.

a) Hemos visitado **hoy** la finca La Vigía, donde residió por más de 20 años el gran escritor norteamericano Ernest Hemingway.

Las vacaciones pasadas ______.

b) Los periódicos han puesto a los mejores reporteros a trabajar en esa noticia **esta semana**.

El mes pasado ______.

c) Cuando nos dijo que todas las épocas son buenas para visitar las playas cubanas, **en esta fecha** empezamos a hacer planes de conocerlas.

Aquel mismo día, ______.

d) **Esta mañana** he escuchado en la radio muchas noticias sobre el período de transición por el que pasa Cuba.

Ayer ______.

2 ¿Te has dado cuenta que la Línea del Tiempo de la pág. 99 trae los verbos en presente de indicativo? Se trata del *Presente Histórico* pues presenta como actuales hechos ocurridos en el pasado. A continuación completa el siguiente fragmento del texto con las formas correctas del pretérito indefinido de los verbos que figuran en el recuadro.

dejar empezar entrar hacer huir
nacer rebelarse renunciar triunfar verse

Fidel Castro ______ el 13 de agosto de 1926, en Cuba. El 6 de julio de 1953 ______ contra el dictador Fulgencio Batista. La Revolución Cubana ______ en 1959, cuando Batista ______ el poder y ______ a República Dominicana. Fidel ______ en La Habana el 8 de enero de 1959 y ______ la transformación política, económica y social que lo ______ conocido en todo el mundo. En 2006 Fidel Castro ______ obligado a alejarse temporalmente de la presidencia de Cuba, por problemas graves de salud. Pasados casi 50 años en el poder, el comandante Fidel ______ definitivamente a la presidencia cubana el 19 de febrero de 2008.

Acento diacrítico

Observa las palabras en negrita en los globos. Son monosílabos que llevan un acento llamado **diacrítico** o **diferencial**. Ese acento marca la diferencia entre palabras que se escriben de la misma manera, pero tienen significado y función gramatical distinta. Así:

El béisbol – artículo determinado	¿Qué te dijo **él**? – pronombre sujeto
Se acuerda... – pronombre reflexivo	No lo **sé**. – verbo ser en 1.ª persona del singular, en Presente.

OBSERVA

Más acentos diacríticos:

tú (pronombre personal)	¿**Tú** eres caribeño?
tu (posesivo)	Aquí está **tu** pasaporte.
mí (pronombre complemento tónico)	La llamada es para **mí**.
mi (posesivo)	Este es **mi** sobrino.
sí (adverbio afirmativo)	**Sí**, yo soy de La Habana.
si (conjunción)	**Si** puedo, voy a Cuba este año.
de (preposición)	Este material es **de** Juan.
dé (verbo dar)	**Dé** mis saludos a Juan.

Ejercicio

Señala la alternativa que trae las palabras correctamente acentuadas. Enseguida, corrige lo que está mal.

I. Si no llueve esta tarde, vamos a ver la exposición de arte caribeña en el Espacio Cultural. Y tú, ¿qué harás?

II. A mí me encantaría comprar el nuevo CD del grupo Orishas, ¿lo conoces?
No se... creo que he oído algo en la fiesta de Marta.

III. ¿Dónde se habrá metido Paco?
¡Ah! ¡No se enoje! Pues el solo llega después de las 9...

a) [ ] Están correctas las alternativas I, II, III.
b) [ ] Está correcta solamente la alternativa I.
c) [ ] Están correctas las alternativas II y III.
d) [ ] Están correctas las alternativas I y II.
e) [ ] No hay alternativas correctas.

COMUNICACIÓN

14 Dani y Alberto se encuentran en una gran tienda. Escucha el diálogo y luego haz lo que se te pide.

Alberto ¡Hola, muchacha!
Dani ¡Hola, Alberto! ¡Qué casualidad! Estaba justo pensando en ti...
Alberto No me digas... ¿Qué haces por aquí?
Dani Pues... Estoy buscando un CD de música cubana... o un DVD quizás...
Alberto ¿De veras? ¿Y eso?
Dani Es que ayer fue el cumple de mi amiga Susana. Y hoy ella va a dar una fiesta en una casa en la que ponen música caribeña. Entonces, pensé en darle algo al estilo.
Alberto ¡Oye! ¡En esto este tu amigo habanero te puede ayudar! Hay excelentes grupos... Pero... ¿qué buscas concretamente?
Dani ¡Ni idea, hombre!
Alberto Bien... Disfruto en grande del guaguancó...
Dani ¿Y cómo es eso?
Alberto Es un tipo de rumba...
Dani ¡Ah! ¿Buena para bailar, entonces? No sé... Otro día Susana me comentó algo sobre un grupo... Los Orishas, creo.
Alberto Los conozco. El estilo es completamente distinto...Es un grupo joven, y está compuesto por tres chicos cubanos que viven en Europa. Ellos mezclan música cubana y *hip hop*, y el resultado es único.
Dani Me suena interesante... Hum... ¿Y si le llevo algo más tradicional?
Alberto Ahí tenemos a Compay Segundo, Chucho Valdéz, Omara Portuondo...
Dani Mira esto... *Buena Vista Social Club*... Es todo un clásico, ¿no?
Alberto Sí, y está también la película, si quieres.
Dani Hombre, ¿y por qué no vienes a la fiesta conmigo esta noche?
Alberto ¿Te parece? Sería un honor... Como dicen en mi tierra, *me voy a poner cuqui* para acompañarte...
Dani ¿Y qué significa eso?
Alberto ¡Ah! ¡A la moda! Al fin y al cabo, con una muchacha tan especial no puedo hacer una mala figura, ¿eh?

Ahora responde:

1 ¿Qué fue a buscar Dani en la tienda?

2 ¿Por qué Alberto dijo que la puede ayudar?

3 ¿Qué tipo de música le gusta a Alberto?

4 ¿Quiénes son los Orishas?

5 Alberto dijo que va a "ponerse cuqui" para ir a la fiesta. ¿Qué quiere decir?

PRODUCCIÓN ORAL

Habla con tus compañeros:

a) ¿Te gusta la música cubana? ¿Qué sabes de ella?
b) ¿Qué hay en común entre la música cubana y la de tu país? Explícalo.

AMPLIACIÓN DEL VOCABULARIO

Descripción física

GLOSARIO VISUAL págs. 328-329

Observa las fotos abajo y describe a los personajes de la manera más completa posible. Busca datos en el Glosario Visual.

PRODUCCIÓN ESCRITA

Elige a un personaje histórico o artístico que te guste y escribe su biografía, sin identificar a quién se refiere el texto. Añade algunos datos sobre la apariencia actual de la persona y cómo era cuando niño(a).

Después de listo, cambia tu texto con tus compañeros para que traten de descubrir a quién has descrito.

OBSERVA

Para ayudarte:
Nació... / Vivió... / Estudió... / Se trasladó a...

¿CÓMO ERA ANTES?

LECTURA

PRECALENTAMIENTO

1 Mira las fotos y coméntalas con tus compañeros: ¿qué actividades hacías cuando eras niño/niña y que ahora no haces? Intercambia las informaciones y luego de eso completa los espacios con lo que has obtenido.

Mi compañero(a) cuando era niño(a):	

2 ¿Hay alguna de esas actividades que tus compañeros(as) hacían y tú no?

De pequeño(a) yo no:	

3 ¿Recuerdas algo más que tú y tus compañeros(as) hacían en la infancia?

4 ¿Qué tipo de música escuchabas cuando eras pequeño(a)?

Lee la letra de una **canción** de Jorge Drexler, cantautor uruguayo, que comenta un momento de su pasado.

Aquellos tiempos

Era el tiempo del cambio,
el tiempo de la estampida,
el tiempo de la salida,
el tiempo de esta canción.

Era el tiempo de ver
el tiempo de otra manera,
y yo no sabía que era
el tiempo del corazón.

Era el tiempo
de cada cosa a su tiempo,
en tiempo de "bossa",
o de candombear.

Por esos tiempos yo andaba
siempre corto de tiempo
y nunca encontraba tiempo
en ningún lugar.

Cabe decir que es tiempo
de rememorar los viejos tiempos,
aquella ciudad...
Aunque no sea más
que para saber
que de tiempo en tiempo
conviene recordar:
que todo tiempo pasado es peor,
no hay tiempo perdido peor, (BIS)
que el perdido en añorar.

Era Mayo del 68,
pero en Montevideo del 83.

Era el tiempo de la apertura,
tiempo de dictaduras
derrumbándose.

Eran tiempos de revolcones,
manifestaciones;
yo empecé a fumar.

Y cuando fumaba,
el tiempo pasaba más lento
y yo me sentaba
a verlo pasar,
a verlo pasar...

Cabe decir que es tiempo
de rememorar aquellos tiempos,
la facultad...
Aunque no sea más
que para saber,
que el tiempo no suele
dar marcha atrás...

Y todo tiempo pasado es peor,
no hay tiempo perdido peor, (BIS)
que el perdido en añorar.

DREXLER, Jorge. CD **Fronteras** (Virgin/EMI Uruguay, 1999).

Vocabulario

Añorar: "sentir saudade".

TOMA NOTA

La canción es un tipo de composición musical para la voz humana, comúnmente acompañada de instrumentos musicales. Tradicionalmente combina letra, ritmo y melodía.

COMPRENSIÓN E INTERPRETACIÓN

1 ¿Qué plantea la canción?

2 De acuerdo con la canción ¿por qué es importante recordar el pasado?

3 Según la canción, ¿cuál es la peor cosa que puede ocurrir con relación al tiempo?

4 Todas las alternativas se refieren al contexto de la época a que nos remite la canción, excepto:

a) [ ] era un período de transformaciones.
b) [ ] la dictadura apretaba cada día más.
c) [ ] las manifestaciones sociales eran importantes.
d) [ ] muchas personas salían del país.

5 En aquella época el narrador disfrutaba de su tiempo libre para:

a) [ ] aquietarse.
b) [ ] rememorar.
c) [ ] hacer estampas.
d) [ ] buscar novia.

6 A partir de la lectura del texto, en tu opinión, ¿es importante recuperar datos del pasado? Justifica tu respuesta.

7 La Convención Iberoamericana de Derecho de los Jóvenes es el primer documento que da soporte jurídico a los gobiernos de los 18 países que la firmaron en octubre de 2005, en Badajoz, España, para la promoción de políticas públicas dirigidas a la juventud.

Encuentra en la sopa de letras algunos de los derechos de los jóvenes que están asegurados por la Convención Iberoamericana realizada en 2005.

S	R	A	I	L	I	M	A	F	A	N	U	E	D	N	Ó	I	C	A	M	R	O	F	U	B
A	T	L	O	J	A	B	A	R	T	S	T	Y	I	C	N	J	K	O	W	E	A	R	N	T
L	U	D	A	U	D	E	R	E	I	E	A	B	C	A	E	H	A	T	U	F	H	B	E	I
I	B	N	P	S	E	H	O	N	O	R	P	I	A	E	V	I	V	I	E	N	D	A	Z	D
D	F	E	E	T	S	I	M	E	U	C	A	R	R	O	C	D	E	U	T	A	E	E	V	A
R	A	T	N	I	C	A	R	T	N	R	Z	E	V	V	K	L	T	B	T	R	P	C	E	I
E	R	C	S	C	E	S	L	A	N	T	E	B	I	D	A	S	E	R	U	Y	O	A	D	E
C	E	M	A	I	G	U	A	L	D	A	D	D	E	G	É	N	E	R	O	I	R	M	U	T
H	I	N	M	A	C	D	V	I	V	E	A	D	I	A	S	B	Y	C	S	O	T	E	C	N
D	T	I	I	Z	Z	U	T	B	E	I	C	M	I	C	I	A	M	E	R	T	E	S	A	F
U	Q	U	E	D	A	S	D	E	A	U	T	R	E	L	I	G	I	Ó	N		C	T	C	E
L	N	O	N	G	U	M	E	R	L	C	G	S	I	A	M	U	O	C	O	E	R	R	I	F
A	C	I	T	Í	L	O	P	N	Ó	I	C	A	P	I	C	I	T	R	A	P	A	G	O	M
S	F	C	O	M	I	E	N	T	U	S	E	S	O	R	E	R	O	B	M	A	T	B	N	I
G	U	O	R	I	F	O	R	M	A	C	I	O	N	P	R	O	F	E	S	I	O	N	A	L

8 Ahora lee la letra de la canción del grupo peruano Hoja de Parra.

EN AQUEL TIEMPO

Quiero estar de nuevo en aquel tiempo...

Ha pasado tanto tiempo casi ya ni lo recuerdo
desde que cada uno escogió su propio rumbo
Desde entonces no nos vemos, casi ni nos conocemos
por más que compartimos un mar de recuerdos

Que será... llegaste a ser lo que querías
Yo sigo acá... tal vez nos veamos algún día

Ha pasado tanto tiempo he intentado mil inventos
pero no hay manera de volver hacia atrás
Es que nunca nos sentamos juntos y reflexionamos
lo que era que nos unía, aunque veía que se moría

Que será... llegaste a ser lo que querías
Yo sigo acá... tal vez nos veamos algún día

Quiero estar de nuevo en aquel tiempo
cuando nada podía salir mal
cuando se crearon todos los recuerdos
que ahora miro y sé que no volverán
... yo sé que no volverán

Ha pasado tanto tiempo casi ya ni lo recuerdo
desde que cada uno escogió su propio rumbo
Desde entonces no nos vemos, casi ni nos conocemos
por más que compartimos un mar de recuerdos

Que será... llegaste a ser lo que querías
Yo sigo acá... tal vez nos veamos algún día

Hoja de Parra. CD *Aunque el cielo gris no ayude* (2005).

9 ¿Qué plantea esta canción? ¿Es lo mismo que la canción *Aquellos tiempos*?

10 Destaca de esta canción el verso que contradice el tema de la primera canción en cuanto a ser el pasado siempre peor que el presente.

VOCABULARIO

1 En la primera columna se encuentran algunas palabras de la letra de la canción *Aquellos tiempos*. Relaciónalas con el término equivalente.

a) estampida	[ ] escaso
b) corto	[ ] transigencia
c) añorar	[ ] desbandada
d) apertura	[ ] iniciar
e) empezar	[ ] echar de menos

2 Completa el texto con las palabras que se encuentran en el recuadro.

conciencia recuperación futuro documental
agremiaciones línea dictatorial memoria en limpio construir
ciudadanía reciente organizarse tema

Desde 2006, en Maldonado, se desarrolla un programa de Derechos Humanos basado en el análisis del pasado ________________ y la creación de ________________.

En agosto de 2007, tuvo lugar el ciclo *Historia del Movimiento Estudiantil*: se proyectó un ________________ sobre la generación del 83, con la participación de algunos integrantes de esa generación.

"La charla permitió que los jóvenes conocieran cómo fue el período ________________ y las consecuencias que eso trajo a nuestro país, cómo la lucha de los estudiantes permitió que aún estando en dictadura la universidad pudiera conservar sus ________________ y pudiera ________________ en lo que fue aquella semana de septiembre del 83", dijo la coordinadora del programa. "Queremos que todos que no vivieron directamente estos años conozcan el ________________ porque es de vital importancia la ________________ de la ________________, que tomen ________________ de lo que pasó en este país durante 11 años". Rodrigo Arocena, que estuvo en la primera ________________ de lucha del Movimiento Estudiantil de los años 60, es hoy el rector de la Universidad. "Al cerrar con una conferencia del rector, cumplimos uno de los objetivos: pasar ________________ el pasado pensando en el ________________, pensando en qué Uruguay queremos ________________", añadió.

http://www.universia.edu.uy/ (Adaptado)

3 En cada una de las cajas hay características de una etapa de la vida. Léelas y circula la que no se aplica al período.

Niñez	Adolescencia	Madurez
egoísmo	indecisión	preocupación laboral
autonomía	constitución de grupos	toma de responsabilidades
curiosidad	madurez	objetividad
imitación	necesidad de experiencias	deseo de comprometerse
imaginación	instabilidad emocional	dependencia

GRAMÁTICA

Verbos en pretérito imperfecto de indicativo

Observa estas frases entresacadas de la letra de la canción *Aquellos tiempos*, que has leído.

Era el tiempo de ver el tiempo de otra manera, y yo no **sabía** que era el tiempo del corazón.	Por esos tiempos yo **andaba** siempre corto de tiempo y nunca **encontraba** tiempo en ningún lugar.

Los verbos destacados en negrita están en pretérito imperfecto de indicativo. Usamos el **pretérito imperfecto de indicativo** cuando:

- describimos acontecimientos repetidos o habituales del pasado;
- describimos circunstancias, personas u objetos en el pasado;
- expresamos circunstancias en que ocurrieron determinadas acciones;
- contrastamos el tiempo pasado (antes) con el tiempo presente (ahora).

Así se conjugan:	Regulares			Irregulares		
	nadar	comer	vivir	ser	ir	ver
Yo	nadaba	comía	vivía	era	iba	veía
Tú/vos	nadabas	comías	vivías	eras	ibas	veías
Él/ella/usted	nadaba	comía	vivía	era	iba	veía
Nosotros(as)	nadábamos	comíamos	vivíamos	éramos	íbamos	veíamos
Vosotros(as)	nadabais	comíais	vivíais	erais	ibais	veíais
Ellos/ellas/ustedes	nadaban	comían	vivían	eran	iban	veía

Ejercicio

Completa el fragmento de la entrevista de la revista *Soy Rock* a Andrés Ciro, vocalista de la banda argentina Los Piojos, con los verbos del recuadro conjugados en pretérito imperfecto de indicativo.

pasar(2) volar ver haber asustar sentir subir hacer

Soy Rock ¿Cómo viviste tu niñez durante la dictadura?

Ciro Tengo muchos recuerdos de esa época. ______________ hamburguesas y asaditos en el campito de enfrente de mi casa y, a través del alambrado, les ______________ sándwiches a los soldados y los conscriptos que estaban en el Colegio Militar de El Palomar. También recuerdo haber visto tanques, maniobras y simulacros de combate. Todo el tiempo ______________ esas cosas. Los aviones rasantes ______________ por arriba de mi casa y nos ______________ porque se ______________ como un estallido cada vez que ______________. Y con los pibes ______________ al techo de mi casa a buscar las balas perdidas que se ______________ disparado en el polígono de tiro del Colegio Militar.

Soy Rock. Argentina, noviembre de 2007, n.º 42, p. 24.

LECCIÓN **11**

Comparativo y superlativo

Observa las frases comparativas.

Comparativo		Ejemplos
	Superioridad	La vida en el campo era **más** tranquila **que** en la ciudad.
		Antes los estudiantes se informaban **más que** hoy.

Comparativo		Ejemplos
	Inferioridad	El movimiento estudiantil cuenta con **menos** participación **que** antes.
		En el campo se gasta **menos que** en la ciudad.

Comparativo		Ejemplos
	Igualdad	Aquí hay **tantas** mujeres **como** hombres interesados en luchar por sus ideales.
		La lucha hoy día sigue **tan** difícil **como** en el siglo XX.
		En los 80 las personas no salían **tanto como** ahora.

Comparativo		Ejemplos
	Sintético	Comer en un restaurante es **mejor** que en el bar.
		Peor que el dolor de cabeza es el dolor de dientes.
		En 2000 los celulares eran **mayores** que este de ahí.
		Mira, aquel modelo es aún **menor** que ese.

Ahora, observa las frases superlativas:

*Esto no es pequeño, es pequeñ**ísimo**.*
*¿Caro? No, ¡es car**ísimo**!*
*Ella es lind**ísima** y amabil**ísima**. Y está felic**ísima** con el premio.*
*Este ejercicio es facil**ísimo**.*

Hay muchos adjetivos con superlativos especiales, y en algunos casos coexisten dos formas:

bueno ⟶ bonísimo(a) / buenísimo(a)
cruel ⟶ crudelísimo(a) / cruelísimo(a)
fuerte ⟶ fortísimo(a) / fuertísimo(a)
simple ⟶ simplicísimo(a) / simplísimo(a)

Las formas cultas adoptan el sufijo -érrimo:

célebre ⟶ celebérrimo(a)
libre ⟶ libérrimo(a)
mísero ⟶ misérrimo(a)
pobre ⟶ paupérrimo(a)

Ejercicios

1 Completa los espacios de manera que se formen frases comparativas. Observa las instrucciones dadas en los paréntesis.

a) Las músicas de protesta son _______________ (interesantes, inferioridad) el rock.

b) Los niños de hoy son _______________ (vanidosos, superioridad) los de mi época.

c) Me gusta leer. Me gusta escribir. Así que me gusta ____________ (igualdad).
d) Para él, estudiar Matemáticas es ____________ (fácil, igualdad) montar en bici.
e) La calidad es ____________ (importante, superioridad) la cantidad de ejercicios que hagas.
f) Lo ____________ (bueno, sintético) fue que conquistamos nuestros derechos y lo ____________ (malo, sintético) es que tardamos en organizarnos.

2 Contesta las preguntas de acuerdo con el modelo.

Modelo: No conozco Estopa. ¿Es un buen grupo? *Sí, es buenísimo.*

a) ¿Hay muchas entradas para el concierto?
b) ¿Están caros estos DVDs?
c) ¿La música aquí es siempre tan alta?
d) Carla ha sido transferida. ¿Está feliz?
e) ¿El Teatro Municipal está lejos?

Apócope

Observa qué ocurre con **ninguno**, **uno** y **malo** en las frases a continuación.

"... nunca encontraba tiempo en **ningún** lugar".

— ¿Cuántos años tiene Marcos? ¿**Uno**?

— No sé... Creo que la próxima semana cumplirá **un** año.

No es que este chico esté de **mal** humor: el problema es que pasó por un período muy **malo**.

Formas apocopadas		Ejemplos
un	+ sustantivo masculino singular	¿Quieren **un** café? Sí, solo **uno**, por favor.
algún		¿Has visto **algún** coche en este color? Para mí coche **alguno** tendría colores tan extravagantes.
ningún		En la playa no tuvimos **ningún** día de sol. ¡**Ninguno**!
buen		En mi ciudad se respira un **buen** aire. Aquí, con este tiempo seco, solo con este aparato conseguimos tener un aire **bueno**.
mal		Ahora es un **mal** momento para carcajadas. Estamos pasando por un período muy **malo** y triste.

Ejercicio

Circula la palabra adecuada en cada caso.

a) Luisa es una buen/buena chica. Está siempre alegre y de buen/bueno humor.
b) La médica todavía no ha visto a ningún/ninguno paciente. Ha tenido un/uno problema con un/uno de sus hijos.
c) ¿Algún/Alguno de ustedes tiene un libro de Química muy buen/bueno?
d) No hay ningún/ninguno problema si llegamos unos minutos antes. ¿Hay algún/alguno inconveniente en quedarnos en tu casa?

COMUNICACIÓN

15 Escucha el diálogo y coloca V para verdadero o F para falso según lo que oigas.

a) [ ] Pablo se acuerda de la hora de comer.
b) [ ] Pablo y su padre practicaron los mismos deportes.
c) [ ] El padre de Pablo participaba de campeonatos de bici.
d) [ ] La madre de Pablo era bailarina.
e) [ ] Pablito le había pedido a su madre que le preparase su comida preferida.

Lee y verifica cuánto has acertado.

Padre Pablo, salí de ahí. Llevás más de 4 horas delante de la computadora.

Pablo Calmate, papá...

Padre ¡No! ¡Es la hora de comer! Ya sabés que eso no me gusta... Tenés que aprovechar mejor tus ratos libres...

Pablo ¿Qué querés decir?

Padre Que yo, a tu edad siempre andaba con mis amigos en el mundo real. Como vos, jugaba al fútbol, pero en la calle. Tenía muchos amigos en el barrio. Nos divertíamos mucho.

Pablo ¿Qué hacías?

Padre De niño jugaba al escondite, guardia y ladrones, a las bolitas... ¡Ah! Y soltábamos barriletes. Conocíamos casi toda la ciudad: andábamos en bici y disputábamos algunas carreras entre nosotros. Más tarde, descubrí los patines y, un poco después, la música...

Pablo ¿Tenías una banda?

Madre Sí, tu padre tocaba la batería... ¿Nos conocimos por lo de la banda?

Padre No, no fue por eso... Eras la chica del tercero, la más juguetona de todo el edificio. Eras muy diferente de todas...

Madre Es cierto. Era muy agitada y traviesa. Saltaba a la soga, iba a clases de judo al paso que todas mis amigas aprendían ballet... ¡Pero era introvertida! Vivía en mi mundo de la fantasía...

Pablo ¡Cuántas novedades!

PRODUCCIÓN ORAL

En grupos elaboren un diálogo en que cuentan lo que hacían cuando eran niños(as): sus gustos, sus aficiones, sus juguetes, etc. Luego se lo presentarán a los demás colegas.

OBSERVA

De niño(a) me gustaba jugar a las muñecas... al balón... a la pelota... Montaba en bici... Dibujaba...	Solía dormir hasta tarde. Solía...	Tenía muchos amigos. Tenía mucho tiempo libre.

AMPLIACIÓN DEL VOCABULARIO

Mira las fotos y relaciona las imágenes de los instrumentos con sus respectivos nombres.

[ ] violín
[ ] charango
[ ] guitarra
[ ] arpa
[ ] castañuela
[ ] piano
[ ] batería
[ ] trompeta
[ ] bandoneón
[ ] marimba
[ ] zampoña
[ ] órgano
[ ] timbal

Ahora, completa los espacios con dos nombres de:

Instrumentos de cuerda: ______________________________

Instrumentos de percusión: ______________________________

Instrumentos de viento: ______________________________

PRODUCCIÓN ESCRITA

Busca a personas mayores y pregúntales sobre los ritmos e instrumentos musicales que les gustaban cuando eran menores y que les dejaron recuerdos. Escribe un texto en que cuentes tus descubiertas.

ME HAN DICHO QUE...

LECTURA

PRECALENTAMIENTO

1 ¿Te gusta el cine? ¿Qué tipo de películas sueles ver? Elige entre los géneros abajo.

Después, conversa con tu compañero(a) e identifica a qué género pertenecen las películas cuyos carteles están ilustrados.

a) [ ] documental	e) [ ] ciencia ficción
b) [ ] animación	f) [ ] acción
c) [ ] aventura	g) [ ] drama
d) [ ] comedia	

2 De las películas presentadas, ¿cuáles han sido producidas en lengua española?

3 ¿Has visto alguna de ellas?

4 ¿Conoces alguna otra película en español? ¿Cuál(es)?

1

2

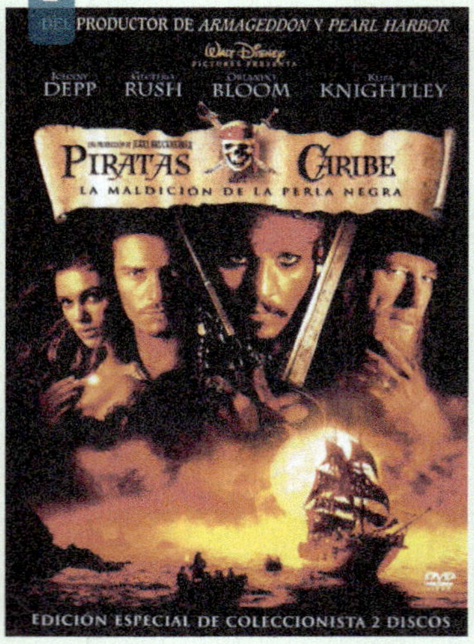

3

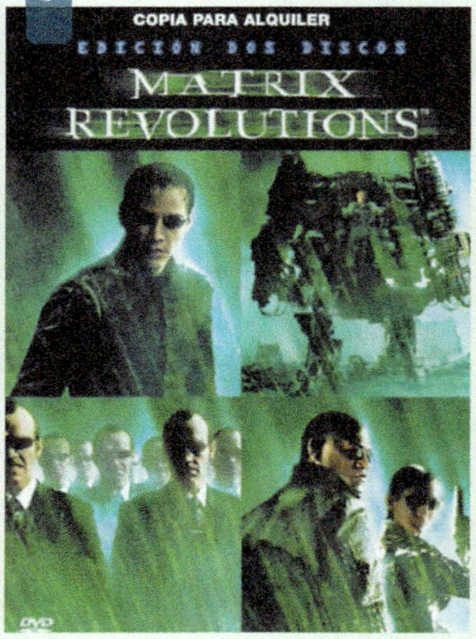

4

5

6

7

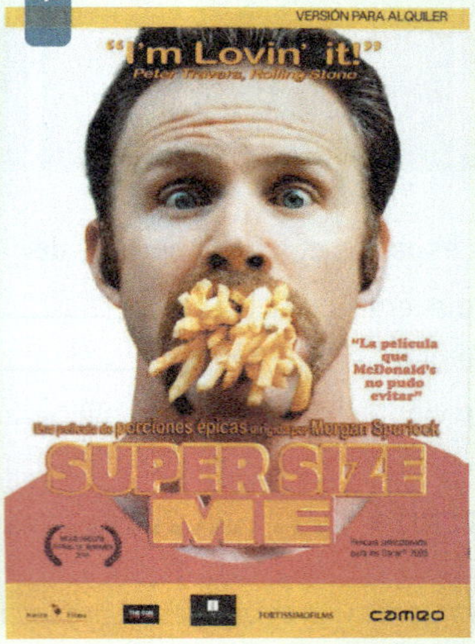

8

Lee el siguiente **reportaje** sobre el cine en lengua española.

Drexler gana el primer Óscar uruguayo

Jorge Drexler no solo ganó el primer Óscar para Uruguay por la mejor canción original, sino que también desafió a los organizadores del certamen cantando un par de estrofas en el escenario.

En vez de pronunciar el típico discurso de agradecimiento, Drexler cantó una parte de su balada *Al otro lado del río*, de la película *Diarios de Motocicleta*, en la entrega de los premios Óscar realizada en el Teatro Kodak de Hollywood [en 2005].

Las dos estrofas que entonó fueron un gesto público para la Academia, que no le había permitido interpretar su tema, reemplazándolo con Antonio Banderas y Carlos Santana.

La decisión de los organizadores había tenido tal polémica que el actor principal de la película, Gael García, no asistió a la ceremonia para protestar por la exclusión del cantautor uruguayo.

El "gesto" de Drexler no pasó desapercibido para los periódicos uruguayos. *El Observador* tituló: "Drexler se sacó las ganas".

Esta es la primera vez que una canción en español es nominada y recibe el premio en los 77 años de historia del famoso galardón.

"Y aquí también"

Cuando la prensa le preguntó a Drexler por qué decidió cantar en vez de pronunciar un discurso, el cantante dijo que quiso aprovechar la oportunidad.

"Me gusta cantar, eso es lo que hago, y si quieren canto aquí también", dijo Drexler y comenzó a interpretar de nuevo *Al otro lado del río*. El cantautor también manifestó que su triunfo "tiene que ver con la expansión del idioma español". "Pero por sobre todo, creo que esto se debe a la magnífica película que mi canción, de alguna manera, representa", concluyó.

http://news.bbc.co.uk/ [Adaptado]

TOMA NOTA

El **reportaje** es un género discursivo que se caracteriza por presentar informaciones sobre temas específicos y por caracterizar situaciones y acontecimientos a partir de la observación directa de los hechos. Es el producto, por lo tanto, de la actividad del periodista.

COMPRENSIÓN E INTERPRETACIÓN

1 Después de leer el texto con atención, indica V (verdadero) o F (falso) según el caso.

a) [ ] Jorge Drexler no quiso interpretar su canción en la ceremonia de entrega del Óscar.

b) [ ] El premio Óscar, en 2005, tenía ya 77 años de existencia.

2 ¿Quién es Gael García y por qué no asistió a la ceremonia de entrega de premios?

3 Lee el reportaje sobre la película *Mar adentro*, galardonada con el Óscar de mejor película extranjera.

Mar adentro

Con todas las apuestas a su favor, *Mar adentro* consiguió el Óscar a la mejor película en lengua no inglesa (en 2004). La producción, dirigida por Alejandro Amenábar, competía con la película francesa *Los chicos del coro*, la sudafricana *Yesterday*, la alemana *El hundimiento* y la sueca *Sa som i himmelen*.

Amenábar, de 32 años, dedicó el premio a Ramón Sampedro, el protagonista de la historia que inspiró el *film*: "Un hombre que pese a su decisión desplegó todo su amor".

El cineasta admitió que había soñado con recibir el Óscar, diciendo que "es el premio con el que siempre fantaseas. Es un icono y es increíble su capacidad de convocatoria". Sin embargo, agregó que con los años ha aprendido a ver el galardón con más distancia.

Mar adentro se convirtió en la cuarta victoria de una cinta española en la categoría de mejor película en lengua extranjera en Hollywood, tras *Volver a empezar* (1982), *Belle Époque* (1993) y *Todo sobre mi madre* (1999).

http://news.bbc.co.uk/ (Adaptado)

4 ¿Por qué Alejandro Amenábar dice que el Óscar es un premio con el que siempre se fantasea?

5 ¿Qué hay en común entre las dos películas *Diarios de motocicleta* y *Mar adentro*?

6 Señala con una X la alternativa incorrecta, según el texto de la página anterior.

a) [ ] Amenábar es chileno de nacimiento.

b) [ ] Carlos Santana y Antonio Banderas interpretaron el tema de la película *Diarios de motocicleta*.

c) [ ] Jorge Drexler no tenía ningún discurso preparado a la hora de recibir el premio, por eso decidió cantar una estrofa de su canción.

d) [ ] La película *Mar adentro* fue inspirada en un personaje real, el señor Ramón Sampedro.

e) [ ] Las películas *Diarios de motocicleta* y *Mar adentro* no compitieron entre sí por el mismo premio.

7 Justifica la respuesta dada en el ejercicio anterior, explicando por qué está incorrecta.

VOCABULARIO

1 Encuentra en el texto de la página 141 las palabras o expresiones cuyas definiciones son:

a) Cantante, por lo común solista, autor de sus propias composiciones: ______________.

b) Premio o recompensa por mérito o servicio: ______________.

c) Presentado(a) o propuesto(a) para recibir un premio: ______________.

d) Conjunto de publicaciones periódicas o grupo de personas que se dedica al periodismo: ______________.

e) Conjunto organizado de versos, con una disposición determinada de métricas y rimas, que constituye una unidad métrica dentro de una composición: ______________.

f) Concurso abierto, con premios: ______________.

Adaptado de: *Diccionario del estudiante*, Real Academia Española. Madrid: Santillana Ediciones Generales, 2005.

2 Busca en la sopa de letras las palabras del vocabulario de cine que mejor completan las frases siguientes.

a) Las ______________ suelen proyectarse en gigantescas ______________.

b) Cuando uno va al ______________, va a ver a una determinada actriz o un determinado ______________.

c) La canción de Drexler es parte de la ______________ de la película *Diarios de motocicleta*.

d) Ayer Ramón ______________ la escena más divertida del año: nadie podía parar de reírse.

e) *Mar adentro* es el cuarto ______________ de Alejandro Amenábar.

a	c	t	o	r	k	s	a	l	l	a	t	n	a	p
r	i	p	e	e	r	k	a	i	p	i	t	l	j	l
o	n	r	t	e	n	t	o	n	ó	ñ	a	s	y	t
n	e	g	o	m	b	e	r	t	n	k	g	i	a	e
o	n	s	ñ	p	r	o	t	a	g	o	n	i	z	ó
s	t	p	e	l	í	c	u	l	a	s	a	t	e	r
a	o	i	k	a	r	t	l	s	u	p	u	i	c	a
d	h	f	c	z	m	i	d	a	s	d	p	o	a	s
n	r	i	h	a	j	a	m	l	l	y	t	u	ñ	f
a	n	h	a	d	e	s	p	l	i	e	g	a	o	j
b	a	c	e	j	a	r	t	e	m	o	g	r	a	l

3 Lee la ficha técnica de dos de las cuatro películas españolas galardonadas con el Óscar, apunta los términos técnicos en negrita y busca su significado en el diccionario.

Año 2004
Duración **125 min.**
País **España**
Director **Alejandro Amenábar**

MAR ADENTRO

Guion Alejandro Amenábar
Música Alejandro Amenábar
Fotografía Javier Aguirresarobe

Reparto Javier Bardem, Belén Rueda, Lola Dueñas, Mabel Rivera, Clara Segura, Joan Dalmau, Tamar Novas, Jose María Pou, Celso Bugallo, Frances Garrido

Productora Sogecine / Himenóptero / UGC Images / Eyescreen

Género y crítica 2004: Óscar: Mejor película habla no inglesa. 2004: Venecia: León de Plata (Premio Especial del Jurado). Copa Volpi al mejor actor (Javier Bardem). 2004: Premios del Cine Europeo: Mejor Director, Mejor Actor protagonista (Javier Bardem). 2004: Globo de Oro Mejor Película extranjera. 14 Premios Goya / Drama. Basado en hechos reales.

Sinopsis Ramón (Javier Bardem) lleva casi treinta años postrado en una cama al cuidado de su familia. Su única ventana al mundo es la de su habitación, junto al mar por el que tanto viajó y donde sufrió el accidente que interrumpió su juventud. Desde entonces, su único deseo es terminar con su vida dignamente. La llegada de dos mujeres alterará su mundo: Julia (Belén Rueda), la abogada que quiere apoyar su lucha, y Rosa (Lola Dueñas), una vecina del pueblo que intentará convencerle de que vivir merece la pena.

Año 1999
Duración **105 min.**
País **España**
Director **Pedro Almodóvar**

TODO SOBRE MI MADRE

Guion Pedro Almodóvar
Música Alberto Iglesias
Fotografía Affonso Beato

Reparto Cecilia Roth, Marisa Paredes, Penélope Cruz, Candela Peña, Antonia San Juan, Rosa María Sardá, Fernando Fernán-Gómez, Fernando Guillén, Toni Cantó, Eloy Azorín, Carlos Lozano

Productora Coproducción España-Francia; El Deseo S.A. / Renn Productions / France 2 Cinema

Género y crítica 1999: Óscar: Mejor película extranjera. 1999: Cannes: Mejor director. 1999: 7 Premios Goya: incluyendo Mejor película, director y actriz (Cecilia Roth) / Melodrama.

Sinopsis Madrid. Una madre soltera ve cómo su joven hijo muere el día de su decimoséptimo cumpleaños mientras corre para conseguir el autógrafo de su actriz favorita. Decide entonces viajar a Barcelona en busca de su padre, un travestido llamado Lola, que desconocía el hecho de tener un hijo. Primero encuentra a su amigo Agrado, otro travesti, y a través de él conoce a Rosa, una monja de El Salvador, y por casualidad termina convirtiéndose en la asistente de Huma Rojo, la actriz que admiraba su hijo.

www.filmaffinity.com/

a) Guion: ______

b) Reparto: ______

c) Productor(a): ______

d) Género: ______

e) Crítica: ______

f) Sinopsis: ______

4 Las dos películas pertenecen a géneros distintos. Explica cada uno de ellos.

Discurso directo e indirecto

Observa estos párrafos entresacados del texto.

"Me gusta cantar, eso es lo que hago, y si quieren canto aquí también", dijo Drexler y comenzó a interpretar de nuevo *Al otro lado del río*.
Cuando la prensa le preguntó a Drexler por qué decidió cantar en vez de pronunciar un discurso, **el cantante dijo que quiso aprovechar la oportunidad.**

En el primer párrafo el periodista reproduce el habla de Jorge Drexler, tal y como la enunció el cantante. A eso llamamos **discurso directo.**

OBSERVA

En el **discurso directo** se presenta, por lo general, una reproducción literal de las palabras propias o ajenas. Como se transcribe lo dicho, comúnmente se emplean comillas o guiones para destacarlo. Ya el discurso indirecto reproduce palabras que se presentan como de otro hablante. Hay que reformular el discurso y modificar la conjugación verbal, los pronombres (personales, demostrativos, posesivos), los indicadores de tiempo y lugar. En el **discurso indirecto**, suelen aparecer verbos como decir, concluir, afirmar, pedir, mandar y ordenar. El relato puede estar en presente o en pasado.

Fíjate en todo lo que cambia cuando pasamos el primer párrafo al **discurso indirecto.**

Jorge Drexler.

Relato en presente	Relato en pasado
Drexler dice que **le gusta** cantar, que eso **es** lo que **hace** y que si **quieren canta allí** también.	Drexler dijo que **le gustaba** cantar, que eso **era** lo que **hacía** y que si **lo quisieran cantaría allí** también.

Correspondencia verbal entre el discurso directo e indirecto

Discurso directo	Discurso indirecto	
	Relato en presente	Relato en pasado
Voy al cine.	Dice que **va** al cine.	Dijo que **iba** al cine.
Iba al cine.	Dice que **iba** al cine.	Dijo que **iba** al cine.
Fui al cine.	Dice que **fue** al cine.	Dijo que **había ido** al cine.
He ido al cine.	Dice que **ha ido** al cine.	Dijo que **había ido** al cine.
Iré al cine.	Dice que **irá** al cine.	Dijo que **iría/irá** al cine.

Ejercicios

1 Transforma el estilo de los párrafos abajo, de discurso directo a indirecto, o viceversa, cambiando todo lo necesario.

a) El cantante dijo que quiso aprovechar la oportunidad.

b) El cantautor también manifestó que su triunfo "tiene que ver con la expansión del idioma español".

c) "Pero por sobre todo, creo que esto se debe a la magnífica película que mi canción, de alguna manera, representa", concluyó.

d) "También Internet ha servido para la difusión del cine clásico. Una colección de películas de dominio público se encuentran en el *Internet Archive*", explicó el especialista.

2 Lee la tira cómica y ordena cronológicamente los hechos.

In:<http://www.calvinyhobbes.com

a) [ ] La madre de Calvin le pregunta que pasó.

b) [ ] Calvin y Hobbes empujaron el coche.

c) [ ] El coche se metió en una zanja.

d) [ ] Calvin y Hobbes huyeron y se ocultaron sobre un árbol.

e) [ ] El coche cruzó la carretera.

f) [ ] La madre de Calvin supo que la grúa había sacado el coche de la zanja y salió a buscar al chico.

g) [ ] Calvin le explica a su mamá qué había ocurrido.

3 Ahora completa el texto en estilo indirecto, observando las indicaciones.

La madre de Calvin lo ____________________ (encontrar) y le ____________________ (preguntar) que ____________________ (pasar). Calvin le ____________________ (decir) que Hobbes y él ____________________ (empujar) el coche y que el vehículo ____________________ (cruzar) la carretera y ____________________ (caer) en una zanja. La madre entonces le ____________________ (contar) que una grúa ya ____________________ (sacar) el coche [de la cuneta], que no ____________________ (pasar) nada y que Calvin ya ____________________ (poder) volver a casa.

Verbos en pretérito pluscuamperfecto de indicativo

Relee el fragmento del texto y pon atención al verbo destacado.

La decisión de los organizadores ***había tenido*** *tal polémica que el actor principal de la película, Gael García, no asistió a la ceremonia para protestar por la exclusión del cantautor uruguayo.*

Si analizamos los hechos en un orden cronológico, podemos decir que los organizadores decidieron que Drexler no cantaría; tal resolución se hizo pública; se generó una gran polémica; Gael García no asistió a la fiesta. Sin embargo, la noticia no nos contaron en este orden, pero lo entendimos perfectamente, ¿verdad?

Cuando queremos referirnos a una acción pasada, transcurrida antes de otra acción también pasada, utilizamos el **pretérito pluscuamperfecto de indicativo**. Es un tiempo compuesto, que se forma con el verbo auxiliar **haber** en pretérito imperfecto de indicativo + el participio pasado del verbo principal.

	Auxiliar	Participio
Yo	había	
Tú/vos	habías	
Él/ella/usted	había	est**ado**
Nosotros(as)	habí**amos**	ten**ido**
Vosotros(as)	habí**ais**	s**ido**
Ellos/ellas/ustedes	habí**an**	

¡ATENCIÓN!

Con el pretérito pluscuamperfecto los pronombres se anteponen al verbo. Ejemplos:

Cuando fui a despertar a Amelia, ella ya ***se*** *había levantado.*

Como Manuela no encontraba el DVD que ***le*** *había prestado, acabó por comprarme uno nuevo.*

Contraste entre los pretéritos del indicativo

Pretérito imperfecto	Pretérito perfecto	Pretérito indefinido	Pretérito pluscuamperfecto
Describe acciones habituales en el pasado.	Indica una acción pasada que ocurre en un espacio temporal que guarda relación con el presente del hablante.	Indica una acción pasada que ocurre en un espacio temporal cerrado, que no guarda relación con el presente del hablante.	Indica una acción pasada que guarda una relación de anterioridad respecto a otra acción también pasada.

Observa el contraste en este pequeño texto.

Hasta hoy no la **he olvidado**... Me acuerdo muy bien la primera vez que la **encontré**: aquel día **hacía mal tiempo** y, como no **tenía** ganas de nada, me **fui** a ver una comedia cualquiera. Pero cuando **terminó** la película y **salí** del cine, la lluvia **había desaparecido** como que por magia. Así que **me puse** a caminar por la avenida y, de repente, la **vi** en aquella cafetería de la plaza...

Ejercicios

1 Completa con el pretérito pluscuamperfecto de los verbos indicados.

a) Cuando llegamos al cine la película ya ________________ (empezar).

b) Ya ________________ (bajar) unas músicas de la red cuando el CD llegó a Brasil.

c) Antes de empezar su carrera artística, Jorge Drexler ________________ (estudiar) la carrera de Medicina, como Ernesto Guevara.

d) Años antes de que se produjera *Capitán Sky y el mundo de mañana*, la compañía Pixar ya ________________ (producir) *Toy Story*, el primer largometraje realizado completamente por computadora.

Vocabulario

Peli *(coloquial)*: película.

2 Elige la mejor opción para completar cada una de las frases abajo.

1 Anteayer _____ a dar un paseo en coche y _____ a Alicia. ¡Nunca antes la _____ así de contenta!

a) [ ] vamos, encontramos, vimos
b) [ ] hemos ido, hemos encontrado, habíamos visto
c) [ ] fuimos, encontramos, habíamos visto
d) [ ] fuimos, hemos encontrado, hemos visto

2 Esta semana _____ la nueva peli de Almodóvar. El estreno _____ el viernes pasado, en el Cine Real.

a) [ ] ha asistido, fue
b) [ ] hemos asistido, ha sido
c) [ ] habíamos asistido, fue
d) [ ] hemos asistido, fue

3 Completa el texto abajo con los verbos del recuadro, debidamente conjugados en el pretérito más adecuado.

Del mundo del cine...

Walter Salles, cineasta, ____________ el 12 de abril de 1956, en Río de Janeiro, Brasil. Su película *Diarios de Motocicleta* ____________ dos nominaciones para el Óscar de 2005: mejor escritura adaptada y mejor canción original. ____________ por la mejor canción original, *Al otro lado del río*, escrita por el uruguayo Jorge Drexler. ____________ la primera vez que se ____________ ese premio a una composición en lengua española. Antes de su éxito con la película sobre Che Guevara, Walter Salles ya ____________ nominado al Óscar por otra película suya, *Central de Brasil* (mejor película extranjera, 1998).

ganar
nacer
otorgar
recibir
ser (2)

Traducido y adaptado de: http://www.adorocinema.com/

COMUNICACIÓN

16 Escucha el diálogo entre Cristina y Juan y en seguida haz lo que se te pide.

Me han dicho que...

Juan Hola, Cristina. Habla Juan.

Cristina Dime.

Juan Mira, ¿qué te parece si vamos al cine esta noche? Me gané dos entradas en el concurso de la radio.

Cristina ¡Ah! Me encantaría. ¿Y qué ponen?

Juan Pues... Es de un director argentino... La peli se llama *Derecho de familia* y ha sido producida por Argentina y España en 2005. No sé mucho más sobre el tema...

Cristina Ya lo veo... He estado con mis primas esta tarde y me han comentado algo... La fueron a ver anteayer. Me han dicho que es una comedia dramática, bastante inteligente.

Juan ¡Hum! Eso se pone cada vez más interesante... ¿Y de qué se trata?

Cristina A ver, que busco la sinopsis en la cartelera que tengo en algún sitio... Un momento... A ver, ya la tengo.

Juan ¿Y qué dice?

Cristina La leo. Escucha: "Ariel Perelman es abogado como su padre, pero a los dos los separa una gran diferencia. Mientras que el padre es el representante legal de un pintoresco grupo de delincuentes, Ariel está más volcado a los espíritus... En otras palabras, trabaja para un bufete que representa a clientes que están ausentes, con lo que su vida resulta bastante aburrida".

Juan Eso no me parece comedia... ¿Más bien un drama?

Cristina No seas tan ansioso... Hay más: "Las cosas, sin embargo, empiezan a mejorar. Ariel se casa con una hermosa mujer que anteriormente le había parecido inaccesible. Con ella tiene un hijo y su confianza en sí mismo empieza a crecer. En medio de todos estos cambios, su padre se le aparece con un asunto urgente. Ariel se ve obligado a tomar una decisión que cambiará su vida por completo. ¿Será capaz de obrar con independencia o permanecerá para siempre a la sombra de su anciano padre?"

Juan Bueno... Si vamos a ver la peli, lo descubrimos. ¿Qué te parece?

Cristina ¡Estupendo! ¿Pasas a recogerme?

Juan ¡Por supuesto, nena!

Adaptado de: http://www.labutaca.net/

Ahora contesta.

1 ¿Adónde quiere ir Juan? ¿Por qué?

2 ¿A qué género pertenece la película *Derecho de familia*?

3 ¿Quién(es) ya había(n) asistido a la película?

4 ¿A qué se dedican los protagonistas de la película?

PRODUCCIÓN ORAL

Proponga un debate a partir del siguiente tema: ¿el arte imita la vida o es la vida la que imita el arte?

AMPLIACIÓN DEL VOCABULARIO

El mundo de la séptima arte, como así lo dicen del cine, tiene palabras o expresiones propias.

Relaciona las imágenes a las palabras.

a) [ ] las entradas.
b) [ ] el cartel.
c) [ ] las butacas.
d) [ ] la taquilla.
e) [ ] la pantalla.
f) [ ] la grúa.
g) [ ] la claqueta.
h) [ ] el cine.
i) [ ] la cámara.
j) [ ] las luces.
k) [ ] los rollos de película.

PRODUCCIÓN ESCRITA

¡Anímate! ¿Cuál fue la última película que has visto? Vuelve a leer las fichas técnicas de la página 122 y escribe una breve sinopsis para presentarla a tus compañeros(as). No dejes de añadir tu crítica personal acerca de la obra.

LECCIÓN 13

NUESTRAS IDEAS Y SUPOSICIONES

LECTURA

PRECALENTAMIENTO

1 Mira las imágenes y conversa con tus compañeros. Según el pensamiento de este joven, ¿cómo creen ustedes que será la vida en el futuro? Intercambia las informaciones y contesta las preguntas.

2 ¿Cómo el chico de la imagen cree que será la comunicación en el futuro?

3 ¿En qué los inventos retratados en las imágenes nos facilitarán la vida?

4 ¿Qué planes tienes para tu futuro profesional? ¿Y personal?

5 En pequeños grupos, intercambien sus respuestas y preséntenlas a los demás compañeros.

Lee el **texto publicitario** publicado en la revista española *Andalucía Joven*.

Carnet Joven

más fácil, más descuentos

¡Cada día lo tienes mejor!
¡A partir de ahora, ya no tendrás que renovar más tu Carnet Joven!

El Instituto Andaluz de la Juventud ha puesto en marcha, de forma pionera en España, un sistema de renovación gratuita y automática de tu Carnet Joven hasta que cumplas los 26 años. Y todo para hacerte la vida más cómoda. ¿Que se te ha pasado la fecha de renovación de tu Carnet y te has quedado con las ganas de disfrutar de la variedad de descuentos que hay en los más de 3500 establecimientos asociados? ¡Pues no pasa nada! No te compliques la vida con fechas, plazos y líos similares. Ya no será necesario renovar el Carnet Joven cada dos años como hasta la fecha, así que olvídate de agendas y a disfrutar las ventajas de ser joven. Además, para los nuevos usuarios, se establece un precio único de 6 €, así que pagas los seis eurillos al principio... y a hacerte con todos los descuentos más interesantes de Andalucía hasta que cumplas los 26 años. ¿A que suena muy bien?

Hay todo un abanico de posibilidades para el bolsillo más joven: moda, ocio, deportes, viajes, cultura, salud, regalos... y en todos los puntos de Andalucía. Consulta la Web Patio Joven para encontrar establecimientos adheridos al programa del Carnet Joven más cercanos a ti.

Aprovéchate.
¡Porque ser joven es diferente!

¡nunca lo has tenido tan fácil!

http://www.andaluciajunta.es/

TOMA NOTA

El **texto publicitario** se define por buscar despertar en el interlocutor el deseo de comprar algo, sea un producto, una idea o adherir a una causa. Son, por esa razón, considerados persuasivos, es decir, buscan convencer a alguien a aceptar una idea, creer en algo, actuar de una determinada manera.

COMPRENSIÓN E INTERPRETACIÓN

1 Se puede decir que el Instituto Andaluz de la Juventud:

a) [ ] es la única organización española en la que se puede obtener el Carnet Joven.
b) [ ] toma a su cargo la renovación automática del Carnet Joven de sus asociados.
c) [ ] fue la primera institución española en adoptar la renovación automática del Carnet Joven.
d) [ ] ofrece descuentos a los jóvenes marchantes de España poseedores del Carnet Euro <26.

2 El Carnet Joven:

a) [ ] cambió su forma de renovación debido a las ganas de compras de los asociados.
b) [ ] no exige de sus asociados el pago anual.
c) [ ] renovaba cada dos años el contrato de los establecimientos y asociados adheridos al programa.
d) [ ] es un beneficio exclusivo de los estudiantes del Instituto Andaluz de la Juventud.

3 En todas las alternativas hay acciones que los asociados al Carnet Joven pueden realizar en los establecimientos asociados, excepto:

a) [ ] adquirir ropas de la moda.
b) [ ] ir al teatro o al cine.
c) [ ] hacer consultas médicas.
d) [ ] sacar dinero.

4 Según el texto los descuentos:

a) [ ] se ofrecen en todos los establecimientos de Andalucía y otras regiones.
b) [ ] se ofrecen en los establecimientos de Andalucía que aceptan el Carnet Joven.
c) [ ] son proporcionales al tiempo que uno está asociado al programa.
d) [ ] son interesantes y están disponibles a los 3500 asociados.

5 ¿Qué beneficios el Instituto Andaluz ofrece a quienes se asocian ahora al programa?

6 ¿Qué deben hacer los nuevos usuarios del Carnet Joven?

7 ¿Qué les ocurre a los antiguos usuarios si se les ha pasado la fecha de renovación?

8 ¿Por qué es interesante tener un Carnet como este?

9 ¿En qué se diferencian el Carnet Joven y la tarjeta de estudiante brasileña?

VOCABULARIO

1 En el fragmento "… y te has quedado con **las ganas** de disfrutar de la variedad de descuentos…", la expresión destacada significa:

a) [ ] hambre b) [ ] deseo c) [ ] fastidio d) [ ] curiosidad

2 Lee esta frase entresacada del texto: "No te compliques la vida con fechas, plazos y **líos similares**". El equivalente correcto de las palabras destacadas es:

a) [ ] otros trastornos por el estilo
b) [ ] otras fechas importantes
c) [ ] otras fechas y plazos importantes
d) [ ] ajustes entre la agenda personal y la laboral

3 La expresión "¿A que suena muy bien?" sugiere que el lector:

a) [ ] no comprende muy bien lo que se comenta en el texto.
b) [ ] considera la información del texto buena y de su interés.
c) [ ] tiene que mejorar su escucha de las cosas que lo rodean.
d) [ ] ha alcanzado el real significado del texto y no necesita hacer una nueva lectura.

4 ¿A qué expresiones del portugués corresponden las que están en itálico en las frases que te presentamos a continuación?

a) Como estaba muy preocupada, esta noche di vueltas en la cama. Total que *no he pegado ojo*.
b) Carlos *habla por los codos*: cuando empieza, difícilmente se calla.
c) No me gustan estos ambientes muy formales. No sé cómo portarme, no sé qué hablar, cómo usar los cubiertos… *Estoy como un pulpo en un garaje*.

5 Relaciona las expresiones idiomáticas de la izquierda con su significado.

a) Poner en marcha.	[ ] Estar muy caro.
b) Andarse por las ramas.	[ ] Equivocarse.
c) Meter la pata.	[ ] Hacer que un proyecto comience a realizarse.
d) Estar por las nubes.	[ ] Divagar, perderse en explicaciones que no vienen al caso.

6 En tu cuaderno, elabora frases utilizando tres de las expresiones que has aprendido en la cuestión anterior. Mira el ejemplo:

¡A trabajar! Vamos a **poner en marcha** nuestras ideas y presentarlas al (a la) profe.

7 Completa las frases de manera adecuada con las expresiones del recuadro:

vive por sus manos   ganó por la mano   tomarte el pelo   dar rienda suelta

a) No les hagas caso pues tratan de ______________. Como no sabías qué hacer ante esta situación, ahora ellos buscan engañarte.
b) Tengo pena, por esto quiero ayudarla: está separada, no recibe ninguna ayuda de su exmarido, tiene 5 hijos y ______________. Pienso en regalarles algunas ropas a los niños.
c) Con estos lápices, papeles, marcadores, tizas y pinceles, mi hermanita podrá ______________ a su imaginación.
d) El atleta número 10 llegó antes del favorito. Le ______________. La diferencia fue de décimos de segundos.

8 Lee el texto a continuación, que fue adaptado de un cuento sufí, y luego complétalo con las palabras extraídas del recuadro.

honestos malvados leales fieles buenos egoístas generosos

Érase una vez un anciano que pasaba los días sentado al lado de a un pozo a la entrada del pueblo. Un día, un joven se le acercó y le preguntó:

— Yo nunca he venido por estos lugares, ¿cómo son los habitantes de esta ciudad?

El anciano le respondió con otra pregunta:

— ¿Cómo eran los habitantes de la ciudad de la que vienes?

— ________________ y ________________, por eso me he sentido contento de haber salido de allí.

— Así son los habitantes de esta ciudad —le respondió el anciano.

Un poco después, otro joven se acercó al anciano y le hizo la misma pregunta:

— ¿Cómo son los habitantes de esta ciudad?

— ¿Cómo eran los habitantes de la ciudad de donde vienes? —le preguntó el anciano.

— Eran ________________, ________________, hospitalarios, ________________, trabajadores. Tenía tantos amigos que me ha costado mucho separarme de ellos...

— Los habitantes de esta ciudad también son así.

Un hombre que había llevado a sus animales a tomar agua al pozo y que había escuchado la conversación, en cuanto el joven se alejó le dijo al anciano:

— ¿Cómo puedes dar dos respuestas completamente diferentes a la misma pregunta puesta por dos personas?

— Mira. Cada uno lleva el universo en su corazón. Quien no ha encontrado nada bueno en su pasado tampoco lo encontrará aquí. En cambio, aquel que tenía amigos en su ciudad encontrará también aquí amigos ________________ y ________________. Porque las personas son lo que encuentran en sí mismas, encuentran siempre lo que esperan encontrar.

http://www.pliegosdeopinion.net/ (Adaptado)

Vocabulario

Sufí: del sufismo, doctrina mística musulmana profesada principalmente en Persia, actual Irán.

9 Cada una de las palabras del recuadro de la cuestión anterior se refiere a sentimientos. ¿Cuáles son ellos? El primer ejercicio está puesto como ejemplo.

a) egoístas egoísmo
b) malvados ________________
c) buenos ________________
d) generosos ________________
e) honestos ________________
f) leales ________________
g) fieles ________________

GRAMÁTICA

Verbos en presente de subjuntivo

Observa esta frase entresacada del anuncio que se encuentra en la página 151.

*... y a hacerte con todos los descuentos más interesantes de Andalucía hasta que **cumplas** los 26 años.*

El verbo destacado está en **presente de subjuntivo**, tiempo verbal que se utiliza para expresar:

	Ejemplos	
Posibilidad o duda	Tal vez **esté** en Europa. Puede ser que **viajemos** a otros países.	Quizás lo **tengas** en tu bolso.
Mandato	Quiero que **disfrutes** de tu tiempo libre.	Que **tengas** tiempo.
Exhortación o deseo	¡Que **tenga** suerte! ¡Que lo **pase** muy bien!	¡Ojalá **esté** mejor! Espero que Brasil **siga** esta idea.
Otros usos		
En oraciones subordinadas	Cuando **tenga** dinero, voy de viaje a España. No creo que **venga** hoy. Es posible que **esté** en Chile. Aunque **sea** tarde, voy al cine. Voy a ahorrar hasta que **tenga** todo el dinero.	

Así se conjugan:

	Verbos regulares			Verbos irregulares		
	viajar	**temer**	**cumplir**	**ser**	**estar**	**tener**
Yo	viaj**e**	tem**a**	cumpl**a**	**sea**	**esté**	**tenga**
Tú/vos	viaj**es**/viaj**és**	tem**as**/tem**ás**	cumpl**as**/cumpl**ás**	**seas/seás**	**estés**	**tengas/tengás**
Él/ella/usted	viaj**e**	tem**a**	cumpl**a**	**sea**	**esté**	**tenga**
Nosotros(as)	viaj**emos**	tem**amos**	cumpl**amos**	**seamos**	**estemos**	**tengamos**
Vosotros(as)	viaj**éis**	tem**áis**	cumpl**áis**	**seáis**	**estéis**	**tengáis**
Ellos/ellas/ustedes	viaj**en**	tem**an**	cumpl**an**	**sean**	**estén**	**tengan**

OBSERVA

El presente de subjuntivo se forma a partir de la primera persona del presente de indicativo, pero se utilizan las desinencias propias del subjuntivo. Ejemplo: verbo **tener** → yo teng**o** (presente de indicativo) → yo teng**a** (presente de subjuntivo).

Ejercicios

1 Completa los espacios con los verbos que se encuentran entre paréntesis, conjugándolos en presente de subjuntivo.

a) Los hispanos en los EE.UU. esperan que les ________________ (ser) asegurados más derechos sociales.

b) Ojalá que las leyes ________________ (garantizar) la manifestación de las más diversas culturas.

c) Es necesario que ________________ (ser, nosotros) más atentos a lo diferente en nuestra sociedad, que ________________ (estar) abiertos para comprender la diversidad y la pluralidad de manifestaciones culturales existentes y que ________________ (tener) ojos para percibir la riqueza de una convivencia armoniosa.

d) Espero que las distintas culturas ________________ (interactuar) libremente y sin persecuciones.

e) Quizás la sociedad algún día ________________ (conseguir) convivir en paz con lo diferente.

2 Completa los espacios con los verbos adecuados del recuadro y conjugándolos en presente de subjuntivo.

La “cocina fusión” es un estilo culinario que incorpora, mezcla o “fusiona” ingredientes o métodos culinarios de por lo menos dos diferentes estilos regionales o étnicos. Algunas personas creen que ________________ una moda, y que dentro de algunos años la gente ________________ a solicitar otro tipo de gastronomía. Aunque ________________ críticas, la fusión perdurará ya que desde el siglo pasado, año tras año, se constantemente renueva. No se sabe cuándo surgió: algunos dicen que fue con Marco Polo cuando introdujo en el arte culinario italiano el arte culinario chino. Para nosotros es bueno que los jefes de cocina ________________ contacto con otras culturas, que ________________ mucho, que ________________ y ________________ diferentes técnicas gastronómicas. Y que ________________ la máquina en marcha para que nosotros ________________ conocer nuevos sabores y olores. ¡Y que ________________ (nosotros)!

http://www.enplenitud.com/ (Adaptado)

conocer
viajar
poder
volver
tener
poner
ser
haber
contrastar
aprovechar

Verbos en futuro imperfecto de indicativo

Hemos extraído del texto del anuncio las siguientes frases:

*¡A partir de ahora, ya no **tendrás** que renovar más tu Carnet Joven!*
*Ya no **será** necesario renovar el Carnet Joven cada dos años...*

Los verbos destacados están en **futuro imperfecto de indicativo** y, a continuación, te presentamos algunos usos de ese tiempo verbal.

Usos del futuro imperfecto de indicativo	Ejemplos
Referirse a hechos futuros en relación al momento en que se habla.	Mañana **utilizaremos** el Carnet para comprarnos un billete de avión.
Referirse a planes.	Dentro de cinco años me **compraré** un piso.
Expresar posibilidad o duda.	¿**Será** necesario llevar comprobante de escolaridad? Me pregunto cuántos años **tendrá** hoy aquella actriz.
Expresar probabilidad.	Posiblemente Carlos nos **invitará** a cenar.

OBSERVA

Verbos regulares: infinitivo + terminación de futuro.
Verbos irregulares:

tener – **tendr**	+	é
poder – **podr**		ás
poner – **pondr**		á
haber – **habr**		emos
saber – **sabr**		éis
decir – **dir**		án

	Verbos regulares		Verbos irregulares			
			tener	**poder**	**hacer**	**querer**
Yo	viajar correr vivir +	**é**	tend**ré**	pod**ré**	ha**ré**	que**rré**
Tú/vos		**ás**	tend**rás**	pod**rás**	ha**rás**	que**rrás**
Él/ella/usted		**á**	tend**rá**	pod**rá**	ha**rá**	que**rrá**
Nosotros(as)		**emos**	tend**remos**	pod**remos**	ha**remos**	que**rremos**
Vosotros(as)		**éis**	tend**réis**	pod**réis**	ha**réis**	que**rréis**
Ellos/ellas/ustedes		**án**	tend**rán**	pod**ran**	ha**rán**	que**rrán**

Ejercicio

Completa los espacios con los verbos en futuro imperfecto de indicativo.

Abrir nuestras fronteras a la inmigración integrada ______________ (reportar) importantes beneficios a la sociedad española.

- Se ______________ (cubrir, tercera persona plural) puestos de trabajo. Muchos de los inmigrantes ______________ (estar) empleados en los trabajos que los españoles rechazan, como en la zona hortofrutícola, en el sector doméstico. Pero además también ______________ (ocupar) trabajos cualificados, como en las multinacionales, por ejemplo.
- Se ______________ (garantizar, tercera persona plural) las pensiones. En unos siete años la población activa española ______________ (dejar) de crecer, según datos de las instituciones oficiales. Como consecuencia los trabajadores ______________ (deber) soportar una gran carga fiscal y la edad de la jubilación se ______________ (retrasar). Sin embargo, la incorporación de los extranjeros al mundo laboral ______________ (poder) frenar ese proceso, una vez que gran parte de los que trabajan ya pagan impuestos.
- ______________ (nacer, tercera persona plural) más niños, una vez que España tiene una de las tasas de natalidad más bajas del mundo.
- El consumo y el comercio ______________ (aumentar) si la población inmigrante se regulariza.
- ______________ (producir) una renovación social. Los prejuicios ______________ (disiparse) a medida que los matrimonios mixtos tengan más peso en la sociedad.
- La aceptación de diferentes culturas y la educación en un marco de interculturalidad no solo ______________ (aumentar) el conocimiento del mundo sino que ______________ (hacer) que las personas tengan una visión más amplia de su entorno al darse cuenta de que no son las únicas y de que siempre ______________ (haber) más cosas con las que enriquecerse.

Quo, Madrid, n.° 56, mayo de 2000. (Adaptado)

Adverbios de modo

Lee las siguientes frases.

¿A que suena muy **bien**?
¡Cada día lo tienes **mejor**!

Valor intensificador	**bien**	La propuesta de descuentos está bastante **bien**.
	mal	No es un **mal** negocio programar nuestros gastos.
	mejor	Ahora el Carnet Joven está **mejor** que antes.
	peor	Antes la renovación del Carnet era **peor**: teníamos que hacerla cada dos años.

Ejercicio

Completa los espacios con **bien**, **mal**, **mejor**, **peor**.

a) Esta información es ______________ que la anterior. Ahora todo está más práctico.
b) Pienso que tu proyecto de viaje está ______________ elaborado. Es imposible ver tanto en un día.
c) En las librerías argentinas los libros están más ______________ dispuestos para la venta.
d) Cuanto ______________ es el frío, más equipaje tienes que llevarte. Piénsalo ______________. En mi opinión, ir en primavera es más aconsejable.

COMUNICACIÓN

17 Escucha el diálogo y contesta las preguntas.

1 ¿Cómo se siente Ana al principio de la conversación telefónica? ¿Por qué?

2 ¿Qué notas faltan definirse?

3 ¿Qué consejos le da Tito?

4 ¿Qué expectativa tiene Tito en relación al estado de ánimo de Ana viendo todo lo que tiene que estudiar?

5 ¿Cómo se siente Ana después de los consejos de Juan?

Lee y verifica cuánto has acertado.

Ana ¿Dígame?
Tito Hola, Ana. Te llamo justo para invitarte a un concierto...
Ana Lo siento, no puedo. Estoy muy deprimida...
Tito ¿Qué te pasa?
Ana No estoy nada bien en el cole. Mis calificaciones están pésimas. Si mis padres se enteran, me matan...
Tito ¿Y qué piensas hacer?
Ana No lo sé, Tito. Tengo esperanza con las Matemáticas. He estudiado todo el domingo, pero no sé...
Tito ¿Ya están definidas las notas de la etapa?
Ana Todavía no. Hay una prueba más y los puntos de los ejercicios.
Tito Tienes que organizarte mejor, buscarle la vuelta. Llama a un compañero que pueda estudiar contigo, esto facilita. Y trata de prestar atención en las clases, que me han dicho que a veces te quedas medio dormida...
Ana ¡Ja, ja, ja! ¿Eso te han dicho? Son unos chismosos... Pero, bueno, ya me dejaste más tranquila. Voy a ver qué hago. Muchas gracias.
Tito ¡De nada! Bueno, tendré que buscar compañía para el concierto. Adiós.
Ana Adiós.

PRODUCCIÓN ORAL

En grupos, hablen de cómo se sienten con las dificultades en el cole, qué problemas tiene cada uno y qué se suele decir en cada caso.

AMPLIACIÓN DEL VOCABULARIO

Estados de ánimo

Mira los dibujos y completa los espacios con el vocabulario de estados de ánimo.

Decime...
¿no estás ____________
de sentirte falso,
____________,
____________,
e ____________?
¿No estás ____________
de vivir ____________,
con pena, ____________,
____
y de espaldas a todo?
¿No te parece
que todo está al revés
y que ser ____________,
solidario y ____________
es cuestión de comprender
que sos muy importante
para vivir preso
por cosas que te aplastan,
no te permiten ver,
ni verte y entender
que la serenidad
y la paz están en ti!

agotado

asqueado

angustiado

indiferente

cargado

esperanzado

envidioso

amoroso

insensible

tenso

PRODUCCIÓN ESCRITA

Elabora un pequeño texto publicitario con la intención de persuadir a tus colegas a mejorar el humor de un compañero que se encuentra aburrido. Toma como punto de partida la situación que originó el fastidio.

LECCIÓN

14 NUESTROS PLANES

LECTURA

PRECALENTAMIENTO Conversa con tu compañero y juntos respondan a las preguntas que siguen.

1 ¿Alguna vez viste por TV o has viajado en un tren de gran velocidad? ¿Sabes por qué habrá recibido ese nombre?

2 ¿A qué velocidad piensas que viajará un tren de gran velocidad?

3 ¿En qué partes del mundo crees que habrá trenes de gran velocidad?

Lee el siguiente fragmento de una **crónica** del periodista argentino Germán Sopeña.

En la cabina del TGV

Hoy, el **TGV** cruza casi toda Francia de Norte a Sur y desde París hacia el Atlántico, con la nueva línea y la aerodinámica mejorada que le permitió alcanzar el extraordinario récord de 515 kilómetros por hora sobre rieles, suficiente tope como para que los TGV cotidianos se desplacen como si tal cosa a 300 kilómetros por hora.

Sigue siendo, por lo tanto, la cumbre técnica de los ferrocarriles del mundo; y, más importante aún, con respecto a la disposición convencional de ruedas de metal sobre rieles, alma natural de la idea ferroviaria. Se diga lo que se diga, esos experimentos de trenes sobre colchones de aire o monorrieles magnéticos pueden ser muy interesantes como ejercicios técnicos, pero no son ya ferrocarriles como un entusiasta entiende que deben ser. El gran mérito de la industria francesa —precedida, es cierto, por los japoneses— fue renovar ideas y *performances* sin cambiar lo esencial. [...]

¿Será prácticamente lo mismo andar a 160 kilómetros por hora que a 260? Lo es, a condición de que la vía esté en buen estado. Uno de los mayores problemas técnicos de la velocidad con el TGV es mantener bien pegado el pantógrafo que toma la corriente a la catenaria aérea que la transmite. Resuelto este inconveniente con un montaje especial para evitar las vibraciones que provoca el aire a 260 kilómetros por hora, los problemas del TGV se reducen a apretar el acelerador —o girar el **reóstato**, mejor dicho— para aumentar la intensidad de la energía eléctrica y hacer girar más rápido los motores. En realidad, los motores eléctricos modernos como estos pueden seguir aumentando su régimen casi indefinidamente. Ahora vamos a 250 kilómetros por hora, pero podríamos aumentar a 300, 400 o, ¿por qué no?, 500 kilómetros por hora.

¿Por qué vamos a 250 entonces? Es el compromiso óptimo entre velocidad y consumo. Es lo que se llamaría velocidad de crucero en un auto.

[...] Si sucede algo anormal a bordo del tren, con los frenos aplicados al máximo, un TGV lanzado a 260 kilómetros por hora necesitará 3200 metros para detenerse por completo.

SOPEÑA, Germán. *La libertad es un tren*. Buenos Aires: Emecé, 2003.

Vocabulario

Catenaria: "cabo suspenso".
Como si tal cosa: "como se fosse normal, corriqueiro".
Cumbre: "cume".
Pantógrafo: sistema de barras en el techo de las locomotoras eléctricas, usado para tomar corriente de un conductor aéreo.
Reóstato: instrumento para variar la resistencia de un circuito eléctrico.
Rieles: "trilhos".
TGV: tren de gran velocidad.
Tope: limite máximo.

OBSERVA

Germán Sopeña era secretario de Redacción del diario *La Nación*, de Buenos Aires. Su *hobby* era recorrer el mundo a bordo de todo tipo de trenes y después escribía al respecto de esos viajes. Paradójicamente, falleció en un accidente de aviación en 2001.

TOMA NOTA

El propósito de la **crónica** es exponer ampliamente una serie de acontecimientos en forma narrativa y literaria, incluyendo detalles y descripciones de los mismos, junto a comentarios y valoraciones del redactor.

La enciclopedia del estudiante. Madrid: Santillana, 2005, vol. 2, p. 156.

COMPRENSIÓN E INTERPRETACIÓN

Según el texto, responde a las siguientes preguntas.

1 ¿A qué se debe la velocidad que alcanzan los TGV?

2 ¿Qué tipo de energía utilizan los TGV?

3 ¿Por qué los TGV se desplazan normalmente a 250 km/h a pesar de que pueden alcanzar velocidades superiores a los 500 km/h?

4 ¿Por qué se afirma en el texto que los TGV son ferrocarriles como los entusiastas entienden que deben ser?

5 Investiga cuáles son las ventajas y las desventajas comparativas entre el tren convencional y el de gran velocidad y completa el recuadro.

Tren convencional		**Tren de gran velocidad**	
Ventajas	**Desventajas**	**Ventajas**	**Desventajas**

6 Responde a las siguientes preguntas.

a) ¿Viajarías en un TGV? Justifica tu respuesta con tres motivos.

b) ¿Crees que la tecnología de los trenes de gran velocidad se puede aplicar en Brasil?

c) ¿Qué ventajas y qué desventajas traería su aplicación en nuestro país?

d) ¿Qué se necesita para aplicar esa tecnología aquí?

7 Marca qué recorridos te parecen prioritarios para la instalación de ese tipo de trenes en Brasil y discute con tu compañero sobre la conveniencia de cada uno de ellos.

a) São Paulo–Río de Janeiro

b) São Paulo–Campinas

c) Porto Alegre–Recife

d) Manaus–Belém

e) Río de Janeiro–Vitória

f) Santos–São Paulo

VOCABULARIO

1 Lee las siguientes frases y sustituye la palabra destacada en negrita por la expresión equivalente de las del recuadro.

sin embargo   parar   siempre que   lograr   atraviesa   precisará de

a) El TGV **cruza** casi toda Francia de Norte a Sur y desde París hacia el Atlántico.

b) La aerodinámica mejorada le permitió **alcanzar** el extraordinario récord de 515 kilómetros por hora sobre rieles.

c) ¿Será prácticamente lo mismo andar a 160 kilómetros por hora que a 260? Lo es, **a condición de que** la vía esté en buen estado.

d) Un TGV lanzado a 260 kilómetros por hora **necesitará** 3200 metros para **detenerse** por completo.

e) **Ahora** vamos a 250 kilómetros por hora, **pero** podríamos aumentar a 300, 400...

2 Clasifica las palabras del recuadro central dentro del casillero correspondiente, según el tema al que se refieren.

Ecología

Medios de locomoción

Partes de un tren

Energía

COHETE
EFECTO INVERNADERO
HIDROELÉCTRICA
VELERO
RIELES
TRANSATLÁNTICO
EÓLICA
NATURALEZA
VAGÓN
FERRY-BOAT
CARBÓN
LOCOMOTORA
REFORESTACIÓN
PETRÓLEO
COCHE-CAMA

GRAMÁTICA

Verbos en futuro perfecto de indicativo

Lee las siguientes frases y observa los verbos destacados.

1 Como ustedes compraron billete en el tren común y yo en el AVE, cuando ustedes lleguen a Sevilla, yo ya **habré ido** a la plaza de toros y **habré estado** en la catedral.

2 Pasó por la estación un tren muy rápido. ¿**Habrá sido** el AVE que va a Madrid?

3 Me imagino que cuando estuviste en Sevilla **habrás conocido** el barrio de Santa Cruz.

4 Mañana a esta hora ya **habremos salido** de tapas.

Usamos el futuro perfecto de indicativo para:

a) referirnos a un hecho futuro anterior a otro hecho futuro: ejemplos 1 y 4.

b) hacer una hipótesis sobre un hecho pasado: ejemplos 2 y 3.

Formación: verbo **haber** en futuro imperfecto + participio del verbo principal.
Observa la conjugación del verbo **ser** como ejemplo:

Yo	habré	**+ sido**
Tú/vos	habrás	
Él/ella/usted	habrá	
Nosotros	habremos	
Vosotros	habréis	
Ellos/ellas/ustedes	habrán	

Vocabulario

AVE: nombre que se da al TGV en España.
Salir de tapas: una costumbre en España que consiste en salir a tomar un aperitivo y comer alguna cosa (tapas) en los bares.

Ejercicios

1 Completa las siguientes frases colocando el verbo entre paréntesis en futuro perfecto de indicativo.

a) La semana que viene nosotros ya ________________ (terminar) las pruebas.

b) En pocos años ________________ (completar) mis estudios y ________________ (irse) a vivir a Europa.

c) En casa nadie contesta el teléfono. ¿________________ (salir) todos?

d) Oí tocar el móvil. ¿Quién ________________ (ser)?

e) Pablo se ha retrasado. ¿________________ (tener) algún problema con el coche?

2 Relaciona los hechos de la columna de la izquierda con los que correspondan en la columna de la derecha y arma frases utilizando el futuro perfecto según el ejemplo.

a) no llegar a tiempo	a) hacer las tareas de casa
b) faltar a la escuela	b) perder el tren
c) despertarse temprano	c) ir al médico
d) regresar del colegio	d) hacer el desayuno

a) – b) La profesora no llegó a tiempo. ¿Habrá perdido el tren?

____

____

____

____

Perífrasis verbal: *ir a* + infinitivo

Lee la siguiente frase extraída del discurso del representante de la ciudad de Guadalajara ante el I Congreso de la Red de Ciudades AVE (ciudades por las que pasan los trenes AVE en España), celebrado en el año 2005:

"Varios periodistas del norte de Europa **van a realizar** unas entrevistas en los próximos días y **van a plantear** en sus revistas cómo viajar en el tren de alta velocidad en España. Esto significa que estamos despertando expectativas de un territorio que **se va a vertebrar** en materia de alta velocidad".

www.redciudadesave.es/ (Adaptado)

Vocabulario

Vertebrar: estructurar.

Usamos la perífrasis verbal **ir a** + infinitivo para referirnos a un hecho futuro, a proyectos o a intenciones.

Mañana **vamos a ver** esa película.

Esta noche **voy a terminar** de hacer el trabajo de Historia.

¿**Vas a venir** a la fiesta esta noche?

Profesora, ¿**va a corregir** las pruebas esta semana?

Mis compañeros **van a tomar** un helado a la salida del colegio.

Formación: verbo **ir** en presente de indicativo + preposición **a** + el verbo que indica la acción en infinitivo.

Ejercicios

1 Forma frases tomando un elemento de cada columna, según el ejemplo que aparece al pie.

Cuándo	**Quién**	**Qué**
El año que viene	mi novio(a)	terminar el colegio
A fin de año	(yo)	ir a la facultad
Esta tarde	mi amigo(a)	estudiar inglés
Dentro de un año	la profesora	corregir el trabajo

El año que viene voy a terminar el colegio.

2 Escribe en tu cuaderno cuáles son tus proyectos para el futuro.

Ejemplo: El próximo semestre voy a empezar a estudiar para el examen de ingreso a la facultad.

Principales usos de *lo*

- ***Lo* como artículo neutro**

Observa los siguientes ejemplos:

Lo *malo* de la situación es que tú no puedes resolver el problema.

Lo *lindo* del viaje en el TGV es la rapidez.

Lo *mejor* del viaje fue la cantidad de amigos nuevos que hicimos.

Lo *aprendido* en el curso me fue de mucha utilidad.

Usamos el artículo neutro **lo** para referirnos a una característica —positiva o negativa— que queremos destacar en una cosa, una persona, un hecho o una situación.

ATENCIÓN

Diferencia entre los artículos **el** y **lo**:
El = artículo masculino singular que usamos siempre antes de sustantivos.
Ejemplo: El estudio construye **el** futuro.
Lo = artículo neutro que usamos siempre antes de adjetivos masculinos singulares o de participios con la finalidad de destacar una característica.
Ejemplo: **Lo** importante de estudiar es que nos ayuda a construir nuestro futuro.

- ***Lo*** **como intensificador**

Observa los siguientes ejemplos:
Ese crucero es **lo** caro. ⟶ El crucero es muy caro.
No sabes **lo** bien que lo pasamos en el barco. ⟶ Lo pasamos muy bien en el barco.

Usamos **lo** para intensificar o enfatizar el significado de un adjetivo, un participio o un adverbio. Equivale al sentido de **muy**.

- ***Lo de*** **y** ***lo que***

Observa los siguientes ejemplos:
Pasamos la Navidad en **lo de** mi abuela. = Pasamos la Navidad en la casa de mi abuela.
¿Ya te enteraste de **lo de** Juan? = ¿Ya te enteraste de **lo que** le pasó a Juan? = ¿Ya te enteraste de aquello que le pasó a Juan?
Me contaron **lo del** accidente. = Me contaron **lo que** pasó en el accidente. = Me contaron aquello del accidente.
Vamos a hablar de **lo del** viaje. = Vamos a hablar del tema del viaje.

Usamos **lo de** para referirnos a la casa de una persona o a un hecho o tema específico.
Usamos **lo que** para referirnos a un hecho o tema específico, siempre antes de un verbo: equivale a **aquello que**.

Ejercicios

1 **Completa el siguiente texto con el** o con **lo:**

Ayer encontramos un anillo de oro en el patio del colegio. Nosotros sabíamos que ______ correcto era llevarlo a la secretaría de la escuela. ______ dueño fue a buscarlo: era ______ profesor de Geografía y ______ anillo había sido regalo de su padre. ______ importante de esta situación es que nos quedamos con la conciencia tranquila por haber hecho ______ que era correcto.

2 Haz oraciones con las siguientes palabras, utilizando antes de ellas los artículos **el, la** o **lo** o el intensificador **lo** según corresponda:

barato – precio   cultura – culto   ingratitud – ingrato
tranquilidad – tranquilo   interés – interesante   extenso – extensión

Ejemplo: *No sabes* **lo** *amable que es la gente en México.*
La *amabilidad de los mexicanos es uno de los atractivos del país.*

3 Completa con **lo de** o **lo que**.

a) _______________ te conté ayer es un secreto. No se lo digas a nadie.

b) No le cuentes a nadie _______________ te conté del despido.

c) _______________ premio de Juan es el tema del día en la oficina.

d) No puedo parar en tu casa pues voy a _______________ Isabel.

e) _______________ me comentaron ayer es que van a hacer grandes cambios en el departamento.

4 Escribe oraciones que comiencen con las siguientes expresiones:

a) Lo que te dije...

b) Lo que me contaron...

c) Lo que pasó ayer...

d) Lo que espero...

e) Lo que sabes...

f) Lo de Juan...

g) Lo de ayer...

h) Lo del director...

i) Lo de mi novia(o)...

Adverbios de modo terminados en *-mente*

Lee las siguientes frases y presta atención a las palabras en negrita:

Este sofá es muy **cómodo**. → Estaba sentada muy **cómodamente**.
Aquel corredor es muy **rápido**. → Venció la carrera **rápidamente**.
La prueba era **difícil**. → **Difícilmente** voy a sacar un 10 en la prueba.

Este tipo de adverbio de modo se forma a partir del **adjetivo** en su forma única (difícil/fácil) o femenina (cómoda/rápida) + la terminación **-mente**.

Ejercicio

Forma adverbios de modo a partir de los siguientes adjetivos:

a) ágil _______________

b) desafortunado _______________

c) estupendo _______________

d) fácil _______________

e) tímido _______________

f) implícito _______________

ATENCIÓN

Cuando el adjetivo lleva tilde, el adverbio terminado en **-mente** lo mantiene: f**á**cil → f**á**cilmente.

COMUNICACIÓN

OBSERVA

Para expresar intenciones
Quiero + infinitivo.
Tengo toda la intención de + infinitivo.

Para expresar planes o intenciones
Voy a + infinitivo.
Pienso + infinitivo.
Ya decidí.

Para compartir experiencias
Si me quieres acompañar...
Claro que te acompaño.

Para pedir permiso
¿Me deja + infinitivo?
¿Me da permiso para + infinitivo?

18 Escucha el diálogo y responde las siguientes cuestiones.

1 Según el diálogo, Pablo:

a) [ ] quiere ir a Barcelona pero no sabe cuándo podrá ir.
b) [ ] decidió que va a Barcelona el siguiente fin de semana largo solo o con Manolo.
c) [ ] solamente va a Barcelona el siguiente fin de semana largo si Manolo lo acompaña.

2 En relación a los edificios de Gaudí:

a) [ ] Pablo quiere conocer los más altos de la ciudad.
b) [ ] Manolo no sabe si se pueden visitar todos.
c) [ ] si no se pueden visitar, Manolo va a tratar de hablar con los porteros.

Pablo, un estudiante argentino, se ha ido a vivir a España por un año. En la escuela se hizo amigo de Manolo. Los dos piensan hacer puente el próximo feriado.

Pablo Che, Manolo, quiero ir a Barcelona. Me gustaría ir el próximo fin de semana largo, si me querés acompañar. Dale che, vamos.

Manolo Hombre, claro que te acompaño. ¿Y qué piensas ver en Barcelona?

Pablo Ya lo tengo calculado. Voy a ver el mar y el Puerto Olímpico. Sé que ahí están los edificios más altos de la ciudad. También quiero ver esos edificios muy originales que hizo Gaudí.

Manolo Ya está hablando el arquitecto...

Pablo Bueno, sabés que tengo ganas de seguir arquitectura.

Manolo Vale. Pero no sé si se pueden visitar por dentro todos los edificios de Gaudí.

Pablo Si no se puede, voy y le digo al portero: Señor, yo voy a ser otro Gaudí. Por favor, ¿me deja conocer el edificio por dentro? ¿Me permite entrar un cachito?

Manolo Si le dices "un cachito", el tío no te va a entender. Tienes que decirle "un ratito, nada más". Tienes que hablarle en español, no como un porteño.

Pablo ¡Bah! Vos de nuevo, te ponés a corregirme.

Vocabulario
El tío *(en España)* **= el tipo** *(en Argentina)***:** "o cara".

PRODUCCIÓN ORAL

Utiliza las expresiones que figuran en el diálogo anterior (y en el **Observa**) y conversa con tu compañero sobre la posibilidad de viajar juntos.

AMPLIACIÓN DEL VOCABULARIO

Los medios de transporte

avión

automóvil / coche / carro

teleférico

tuc tuc/torito (usado como taxi en el Sudeste asiático y en Guatemala, respectivamente)

autobús

jangada

patines

carro de bueyes

coche a caballo/carruaje

bicicleta/bici

TOMA NOTA

Observa los nombres locales que el **autobús** recibe en algunos países:
Argentina: colectivo, micro, ómnibus
España: bus, autobús (urbano), autocar (interurbano)
México: camión/camioneta
Perú: bus, ómnibus
Región del Caribe: guagua
Venezuela y Colombia: bus

OBSERVA

El nombre **tuc tuc** viene del ruido que hace el motor de ese vehículo al encenderlo.

PRODUCCIÓN ESCRITA

Elige una región de Brasil e investiga qué medio de transporte suele usar la población local. Analiza si este es el medio ideal y cuál sería la solución para mejorar las condiciones de transporte en esa región.

LECCIÓN 15

NUESTRAS EXPECTATIVAS

LECTURA

PRECALENTAMIENTO En el año 2000, jefes de Estado y de Gobierno de 189 países reunidos en la ONU firmaron un compromiso con los Objetivos de Desarrollo del Milenio, listados a continuación.

En grupos, miren las imágenes y relaciónenlas con los consejos propuestos. Nosotros podemos:

[ ] reducir la mortalidad infantil.
[ ] combatir el HIV/SIDA, el paludismo y otras enfermedades.
[ ] promover la igualdad entre los géneros y la autonomía de la mujer.
[ ] fomentar una asociación mundial para el desarrollo.
[ ] erradicar la pobreza extrema y el hambre.
[ ] mejorar la salud materna.
[ ] lograr la enseñanza primaria universal.
[ ] garantizar la sostenibilidad del medio ambiente.

http://www.sinexcusas2015.org/ (Adaptado)

Vocabulario

Paludismo: enfermedad caracterizada por fiebres altas e intermitentes, transmitidas por la picadura del mosquito anofeles hembra; malaria.

En grupos, discutan las siguientes cuestiones:

1 ¿Cuál de los objetivos consideran el de mayor importancia? ¿Por qué?

2 ¿Cuáles de los objetivos están más consolidados en Brasil? Justifiquen su respuesta.

3 ¿Cuál de los consejos se aplica a los representantes de los países que no encaran de manera general los problemas de la deuda de los países en desarrollo?

4 ¿En su opinión, qué acciones pueden tomar los países desarrollados para cumplir la mayoría de los Objetivos de Desarrollo del Milenio?

5 Anoten y presenten oralmente las respuestas del grupo a los demás compañeros.

De 2005 a 2015 dos viajeros y un equipo de apoyo viajan alrededor del planeta en vehículos a pedales en un proyecto denominado *Acercando el Mundo* a fin de divulgar los objetivos de la ONU. En Brasil se encontraron con Pedro Zöhrer, un joven ingeniero brasileño que fabrica una bicicleta tándem reclinada, entre otros objetos, preocupado por la cuestión ambiental. Lee la **entrevista** a Pedro Zöhrer.

¿Cuál es tu profesión?

Estudié ingeniería mecánica y soy diseñador de productos, especializado en ecodiseño, en productos ecológicos.

Bicicleta tándem reclinada.

¿Qué características tienen estos productos?

Intento que no causen impacto ambiental, que estén relacionados con el reciclaje, con el reaprovechamiento de materias primas y con el consumo mínimo de energía durante el proceso de producción. Intento crear productos pensando también en todo el proceso de recirculación de los recursos de la naturaleza y en los renovables.

¿Podrías hablarnos de estos productos?

Recibí un premio en Alemania por haber creado una nueva materia prima hecha de papel reciclado. El material sustituye la madera: con él se pueden producir muebles, casas prefabricadas y diferentes productos para la industria como aislantes acústicos y térmicos. Algunas resinas que desarrollé para formar ese compuesto se utilizan para prevenir y combatir el fuego, incluso en reservas forestales. También está la bicicleta reclinada: ha demostrado ser bastante segura y provocar menos daños en caso de accidente.

¿Cómo está el mercado para este tipo de producto?

Vivimos un conflicto entre industria y ecología. La producción solo considera los costes del lado humano sin considerar los ambientales. Ten en cuenta que el sistema económico tiene un ritmo de producción y consumo a la máxima velocidad, pero la naturaleza sigue su propio ritmo por lo que no puedes exigir que un producto ecológico que utiliza materias renovables siga el ritmo de la industria. Mira, hay una nueva carrera llamada eco-economía, que considera la ecología en el proceso productivo. Observa que así se encara el sistema como un todo.

Veamos el caso del petróleo. Una simple bolsa plástica económicamente es muy barata, pero para fabricarla utilizamos un material que a la Tierra le costó millones de años y kilowatts de energía solar. En realidad es un material ecológicamente caro y lo vendemos muy barato porque no le pagamos a la naturaleza lo que le costó. [...]

http://www.acercandoelmundo.com (Adaptado)

COMPRENSIÓN E INTERPRETACIÓN

Según lo leído, contesta las cuestiones.

1 Pedro Zöhrer al crear sus productos considera:

a) [ ] el coste total de las materias primas y el gran impacto ambiental.
b) [ ] el ahorro energético durante todo el proceso productivo y el reciclaje.
c) [ ] la circulación de energía y la creación de nuevas materias primas a partir de los recursos naturales.
d) [ ] la reutilización de materiales y la utilización de tecnología de punta.

2 Fue premiado en Alemania por:

a) [ ] desarrollar una madera ecológica.
b) [ ] crear un nuevo tipo de tela aislante acústica.
c) [ ] desarrollar un producto reutilizando materiales existentes.
d) [ ] crear una materia prima a partir de muebles y casas prefabricadas.

3 Todas son características del material creado por Pedro, excepto:

a) [ ] ductilidad
b) [ ] resistencia
c) [ ] rigidez
d) [ ] durabilidad

4 El mercado actual:

a) [ ] considera el coste humano y el ambiental.
b) [ ] desconsidera que la mayoría de las materias primas son no renovables.
c) [ ] sigue el mismo ritmo acelerado de la producción y de la naturaleza.
d) [ ] utiliza recursos no renovables y produce en larga escala productos reutilizables.

5 ¿Por qué Pedro Zöhrer piensa que la bolsa plástica es un producto caro?

6 ¿Cuál es el enfoque de la carrera de eco-economía?

7 ¿Qué ventajas aporta la utilización del producto creado por Pedro en términos ambientales?

8 ¿Qué informaciones tenemos al respecto de la bicicleta reclinada?

9 ¿Qué es un ecodiseñador?

VOCABULARIO

1 Une las palabras a su significado.

a) impacto ambiental
b) materia prima
c) reciclado o reciclamiento
d) reciclar
e) reciclable
f) renovable

1 [ ] Que se puede reponer, sea por la naturaleza, sea por la acción humana.
2 [ ] Acción y efecto de reciclar.
3 [ ] Conjunto de posibles efectos negativos sobre el medio ambiente como consecuencia de una modificación del entorno natural (obras u otras actividades).
4 [ ] Someter un material usado a un proceso para que se pueda volver a utilizar.
5 [ ] Que se puede reciclar.
6 [ ] La que una industria o fabricación necesita para sus labores, aunque provenga, como sucede frecuentemente, de otras operaciones industriales.

2 Completa las frases usando las palabras que figuran en el recuadro.

Relleno sanitario en Atenas, Grecia.

relleno
basural
césped
sanitarios
agujeros

tóxico
contenedor
aplanadora
bolsa
arcilla

Aunque tengas que sacarla por las noches, lo más probable es que lleves la ________________ hasta el ________________..., la tires... y olvides de ella para siempre. Pero si se juntara toda la basura del mundo formaría una hilera de camiones que llegaría hasta la Luna.

La mayor parte de ella acaba en un ________________. En el pasado eran grandes ________________ en el suelo que cuando estaban llenos se tapaban con tierra para mantener alejadas a las ratas y las moscas. Los modernos se llaman rellenos ________________, aunque no siempre lo son. Se siguen excavando en el suelo, solo que ahora algunos están revestidos de plástico o ________________ para que la basura no entre en contacto con el fondo y los costados. Cuando los camiones echan su contenido en pequeñas secciones del relleno sanitario, la basura es aplastada por una ________________ y después se la tapa con tierra. Cuando un ________________ está lleno, se cierra y se planta ________________ encima. De esta forma puede convertirse en un parque. Pero un nuevo gran espacio tendrá que utilizarse para dejar la basura. Además de este inconveniente, cuando llueve se forma un caldo ________________ (mezcla de agua y basura) que puede filtrarse en la tierra y hasta penetrar el agua que tomamos.

50 cosas que los niños pueden hacer para reciclar. Buenos Aires: Emecé, 1996. (Adaptado)

3 Saca del texto anterior un sinónimo de:

a) Recipiente de plástico, abierto por arriba: ________________.
b) Poner fuera: ________________.
c) Lanzar: ________________.
d) Que no está cerca: ________________.

4 Completa los espacios con los nombres de las profesiones del recuadro.

técnico(a) en sistemas solares ecoeconomista genetista zootécnico paisajista educador(a) ambiental meteorólogo ecodiseñador

a) Creo productos. En mi proceso de creación y producción el respeto al medio ambiente está presente en diversas fases, es decir, en todo el ciclo de vida del producto. Soy un ________________.

b) A la hora de tomar decisiones y establecer políticas económicas, de producción y manejo de los recursos naturales, considero no solo los aspectos estrictamente económicos, sino que también les doy vital importancia a tareas como proteger los espejos de agua potable, conservar los bosques, los suelos y la biodiversidad. Soy ________________.

c) Trabajo mucho. Diseño y desarrollo campañas de comunicación ambiental y concienciación ecológica, además de organizar jornadas ambientales en municipios, centros escolares y asociaciones. Soy ________________.

d) Trabajo en un zoo. Tengo algunos colegas que trabajan en parques y otros en reservas naturales. Fomentamos la reproducción de animales en cautiverio. Somos ________________.

e) De las variadas funciones y tareas que puedo asumir, las que más me gustan son: elaboración de estudios de viabilidad y rentabilidad de instalaciones y electrificación de viviendas e instalaciones aisladas. Soy ________________.

f) Con mi formación, entre variadas tareas, puedo llevar a cabo la de hacer la previsión, cálculo y presupuesto de los trabajos de ejecución de un proyecto para un espacio verde. Soy ________________.

g) Soy un profesional que intenta comprender, explicar, observar o predecir los fenómenos atmosféricos —precipitaciones, temperatura, vientos, radiaciones— que obedecen a leyes físicas y también químicas, y estudiar el modo en que evolucionan, cambian y afectan la vida sobre el planeta. Soy ________________.

OBSERVA

El léxico del lenguaje técnico-científico se caracteriza por ser siempre monosémico, esto es, tiene un solo significado fijo. La terminología es muy específica, de ahí el abundante uso de **tecnicismos**, es decir, de palabras especializadas propias del ámbito de una disciplina. Estos se crean mediante diferentes procesos de formación de palabras. Pueden ser **préstamos**, especialmente del latín (latinismos), del griego (helenismos) o de otras lenguas (extranjerismos), como sucede con: *virus, higiene, cloro, chip, software* o *átomo*, por ejemplo. También son frecuentes los términos nuevos que se forman por **derivación** (creación de palabras a partir de prefijos y sufijos) y **composición** (a partir de bases léxicas de la lengua común). Ejemplos: *hidrato, aeropuerto, fibroma, microscopio, telepatía*, etc.
http://www.kalipedia.com/

5 Identifica cuál es el ámbito profesional que utiliza los tecnicismos identificados en negrita. El primero está puesto como ejemplo.

a) Se sometió a una **angioplastia** y ahora está muy bien. Medicina.

b) En la **fotosíntesis** observamos este fenómeno de la fotofosforilación.

c) La **entropía** de los sólidos cristalinos puros puede considerarse cero bajo temperaturas iguales al cero absoluto.

d) Señora: usted presenta **disfonía**, de modo que tendrá que buscar un profesional adecuado.

e) Tengo mucha dificultad con los **algoritmos**.

f) Son cuatro los **arquetipos** fundamentales para Jung: el personaje, el anima/el *animus*, la sombra y el yo.

g) Hay una gran oferta de **medios de producción** que les permite avanzar en la producción de bienes de consumo habitual.

Vocabulario

Algoritmo: conjunto ordenado y finito de operaciones que permite hallar la solución de un problema.
Angioplastia: desobstrucción quirúrgica de un vaso sanguíneo mediante un catéter.
Arquetipo: imágenes o esquemas congénitos con valor simbólico que forman parte del inconsciente colectivo.
Disfonía: trastorno cualitativo o cuantitativo de la fonación por causas orgánicas o funcionales.
Entropía: magnitud termodinámica que mide la parte no utilizable de la energía contenida en un sistema.
Fotofosforilación: producción de ATP (tritostato de adenosina) en la fotosíntesis.
Diccionario de la Real Academia on line.

GRAMÁTICA

Verbos en modo imperativo (I): en enunciados afirmativos

Observa estas frases entresacadas de la entrevista a Pedro Zöhrer:

Usos del imperativo	Ejemplos
Aconsejar	**Coma** verduras: son buenas para la salud.
Hacer pedidos	Por favor, **escriban** con letra legible.
Dar instrucciones	**Pulse** el botón y **saque** tu tarjeta.
Dar órdenes	¡**Hablad** más bajo!

Pedro Zöhrer.
Ecodiseñador brasileño.

Formación

La segunda persona del singular se forma a partir del presente de indicativo, quitándole la **-s**. En los verbos regulares es igual a la tercera persona del singular del presente de indicativo.

Las terceras personas del singular y plural (usted y ustedes) y la primera persona del plural (nosotros) corresponden a la conjugación que poseen en el presente de subjuntivo.

La segunda persona del plural (vosotros) se hace retirando la **-r** final del infinitivo y cambiándola por una **-d**.

Así se conjugan:

Verbos regulares			Verbos irregulares			
trabajar	**comer**	**partir**	**ser**	**oír**	**tener**	
trabaj**a**	com**e**	part**e**	sé	oye	ten	(tú)
trabaj**e**	com**a**	part**a**	sea	oiga	tenga	(usted)
trabaj**emos**	com**amos**	part**amos**	seamos	oigamos	tengamos	(nosotros)
trabaj**ad**	com**ed**	part**id**	sed	oíd	tened	(vosotros)
trabaj**en**	com**an**	part**an**	sean	oigan	tengan	(ustedes)

Otros verbos irregulares						
salir	**ir**	**poner**	**venir**	**hacer**	**decir**	
sal	ve	pon	ven	haz	di	(tú)
salga	vaya	ponga	venga	haga	diga	(usted)
salgamos	vayamos	pongamos	vengamos	hagamos	digamos	(nosotros)
salid	id	poned	venid	haced	decid	(vosotros)
salgan	vayan	pongan	vengan	hagan	digan	(ustedes)

Ejercicios

1 Completa los espacios con los verbos que están entre paréntesis en imperativo.

a) Señor Hernández, ________ (hacer) ejercicios físicos regularmente y ________ (asegurar) una alimentación rica y variada.

b) Vuestra presentación será fenomenal: ________ (mantener) la calma y ________ (cantar) alto.

c) Ya es tarde. ________ (Salir) rápido de este restaurante y ________ (ir) directo a nuestras casas.

d) María, ________ (escoger) tu profesión con cuidado: ________ (pensar) en lo que te gusta, ________ (buscar) información sobre varias carreras, ________ (conocer) el mercado e ________ (intentar) unir todo esto con tu personalidad.

e) Señores viajeros: ________ (tener) sus billetes a mano, ________ (facturar) su equipaje y ________ (permanecer) unidos a su grupo.

2 Completa el siguiente texto con la forma correcta en el modo imperativo de los verbos que figuran en el recuadro.

poner
cerrar
verificar
conectar
colocar
sacar
encender
salir

Señora Rosa Martínez

Hoy llegaré tarde de viaje y me gustaría hacerle algunos pedidos. Por favor, antes de salir, ____________ si hay agua suficiente para el pájaro. ____________ el perro a pasear. ____________ la ropa planchada encima de la cama. ____________ las ventanas, las cortinas y la puerta del salón. ____________ la luz del comedor y ____________ la alarma. ____________ por la puerta de la cocina y ____________ las llaves debajo de la alfombra verde.

3 Completa los espacios con la forma propia del imperativo y tendrás algunos consejos importantes para el momento de la entrevista profesional. Emplea el tratamiento informal.

a) ____________ (Cuidar) la apariencia. ____________ (Evitar) ropas llamativas, cortas, informales y deportivas.
b) ____________ (Ser) puntual.
c) ____________ (Mantener) una cierta distancia del entrevistador.
d) ____________ (Pensar) antes de contestar las preguntas.
e) ____________ (Responder) claramente. ____________ (Decir) siempre la verdad.
f) ____________ (Utilizar) un vocabulario apropiado: formal, sin jergas ni frases hechas.
g) ____________ (Demostrar) interés por la actividad que buscas desempeñar y por la empresa.
h) ____________ (Hacer) preguntas sobre el puesto de trabajo.

4 Pasa todos los consejos de la cuestión anterior a **ustedes**.

a) ____
b) ____
c) ____
d) ____
e) ____
f) ____
g) ____
h) ____

5 Tenemos que hacer nuestra parte por el planeta. Pon en imperativo los verbos que están entre paréntesis. Usa el tratamiento formal **usted**.

a) ____________ (Llevar) su propia bolsa al mercado: evitará traer más bolsas plásticas a casa.
b) ____________ (Buscar) envases y empaques reciclables o retornables.
c) ____________ (Usar) papeles reciclados. ____________ (Aprovechar) los papeles de los cuadernos que ya no utilice. ____________ (Emplear) los papeles de anuncios publicitarios para tomar notas y dejar recados.
d) ____________ (Conducir) menos y ____________ (andar) más.
e) ____________ (Evitar) el despilfarro de energía eléctrica, agua y energías no renovables.
f) ____________ (Apostar) en los alimentos orgánicos.
g) ____________ (Escoger) los envases de cristal, seguidos de los de lata: son más fáciles de reciclar.
h) ____________ (Pensar) bien si necesita realmente comprar determinados artículos y productos.
i) Al tener ganas de comprar algo ____________ (verificar) su necesidad y utilidad. ____________ (Estar) siempre por encima de la moda.

Adverbios de cantidad

Observa la palabra en negrita de esta frase entresacada de la entrevista.

"También hay la bicicleta reclinada: ha demostrado ser **bastante** segura".

Con esta frase Pedro Zöhrer quiere decir que la bicicleta tandem tiene un **alto grado** de seguridad.

Verifica la gradación de los adverbios de cantidad.

> **•RECUERDA**
> Los adverbios son palabras invariables que califican un verbo, un adjetivo, otro adverbio o un pronombre.

			Ejemplos
+ ↑	Demasiado	Excesivamente	No sé, pero parece que este color está **demasiado** llamativo. No me gustaría llevar un pelo tan rojo como el tono de tu blusa.
	Bastante	Suficiente; sin sobra ni falta	Si quieres adelgazar, debes comer **bastante** y hacer algún tipo de ejercicio físico.
	Medio	No enteramente, no por completo.	Creo que el trabajo está **medio** listo.
–	Apenas	Escasamente, solo	No me siento bien. **Apenas** tomé un vaso de leche.

Ejercicio

Completa los espacios con un adverbio de cantidad que dé sentido al texto.

Objetivo 3: Promover la igualdad entre los géneros y la autonomía de la mujer

"Es crucial lograr la paridad en la educación (en la educación primaria y niveles siguientes) para que las mujeres participen plenamente en la sociedad y en la economía mundial. Sin embargo, en ________________ países las niñas quedan rezagadas. Entre los numerosos beneficios de una educación de buena calidad se cuenta la seguridad que entraña un empleo remunerado, pero con ________________ frecuencia las mujeres son relegadas a puestos mal pagados y que no brindan seguridad. Aunque ha aumentado el porcentaje de mujeres que ocupan empleos remunerados en los sectores no agrícolas, en muchas regiones siguen representando una pequeña minoría de los trabajadores asalariados, con una representación excesiva en el sector informal".

http://www.un.org/

"El progreso medido por otros indicadores en relación con el objetivo 3 se ha rezagado. Los índices de empleo remunerado de la mujer ________________ se han modificado en algunas regiones desde 1990, y están muy por debajo de los del hombre en todas las regiones menos América Latina y el Caribe, donde el 43% de los asalariados son mujeres, y en Asia oriental, donde representan el 40%".

http://spanish.millenniumcampaign.org/

"Las niñas son especialmente vulnerables, sobre todo cuando no van a la escuela. También sufren abusos que puede que sean permitidos por la sociedad, pero que vulneran gravemente sus derechos: son víctimas de la violencia en el hogar, se les impide asistir a la escuela, se les obliga a casarse ________________pronto, o a someterse a la mutilación genital".

http://www.unicef.org/

"Todo esto configura un panorama ________________ desolador. Es una fantasía que la igualdad entre hombres y mujeres está ya conseguida y que la lucha feminista ya no tiene sentido".

Juan José Millás, in entrevista a *La voz de Astúrias.*

COMUNICACIÓN

19 Escucha el diálogo y contesta las preguntas.

a) ¿Qué se enseña a los niños?
b) ¿A qué se dedica Lucía?
c) ¿Qué materiales emplean en la confección del material?
d) ¿Cuántos días tarda en secarse y poder utilizar el material que fabrican?
e) ¿Qué hace Lucía con este material?

Lee y verifica cuánto has acertado.

Lucía Vamos a repasar lo que aprendimos sobre el preparo del papel reciclado.
Carla Es muy fácil. Corta todo un diario en trocitos y colócalos en una licuadora.
Jorge ¡Sí! Pero añádele agua —unas cinco tazas— y conectá la licuadora.
Lucía El papel tiene que convertirse en una pulpa, ¿cierto? Sigamos...
Maite En una fuente cuadrada vierte unos dos centímetros de agua y pon un mosquitero de plástico dentro.
Jorge Sí, pero ya lo habíamos cortado antes del tamaño de la fuente...
Carla Entonces, vuelca la pulpa en la fuente, sobre el mosquitero.
Lucía Chicos, extiendan la pulpa uniformemente en el agua con los dedos. Y a continuación...
Luis Se levanta el tejido del mosquitero y se escurre el agua.
Maite Ahora colocamos el mosquitero con la pulpa en un diario abierto por la mitad y lo cerramos.
Jorge Ahora, ¡ojo! Hay que dar la vuelta al diario para que el mosquitero quede por encima de la pulpa.
Carla Coloca una tabla de madera sobre el periódico y apriétala para eliminar el exceso de agua. Abre y quita el mosquitero...
Carla Hay que dejarlo abierto unos dos días para que seque...
Luis Cuando seque la pulpa, retírala con cuidado del diario. ¿Ya puedes usar el papel para escribir?
Lucía Sí. Como soy artista plástica uso la imaginación. Hago tarjetas diversas, bloc para recados, máscaras, bisuterías y muchas cosas más. Las vendo todas. Fácil, ¿no?

Basado en: *50 cosas que los niños pueden hacer para reciclar*. Buenos Aires: Emecé, 1996.

PRODUCCIÓN ORAL

En grupos, elaboren un diálogo en que enseñen a sus compañeros de clase a reutilizar un material que seguramente iría para un descarte. Piensen en las cajas de papel, los cartones de leche, los envases PET... Sean creativos y preséntenlo a la clase.

AMPLIACIÓN DEL VOCABULARIO

Nuevas carreras

Observa algunas carreras, su campo ocupacional y habilidades necesarias para desempeñarlas.

Carreras	Campo ocupacional	Habilidades
Artes electrónicas 	Canales de televisión, productoras audiovisuales, sitios de Internet, productoras de cine y todos los medios y/o empresas que requieran un creativo que maneje las herramientas de producción digital.	Profesionales capaces de diseñar y producir proyectos audiovisuales y multimediales, entrenados en la programación y realización de espectáculos desde el punto de vista visual, sonoro y musical.
Composición con medios electroacústicos 	Conciertos y recitales, cinematografía, multimedia, video, radio, teatro y televisión.	Profesionales capaces de producir música y multimedia, desarrollar, analizar y procesar sonido y música.
Terapeuta ocupacional 	Áreas de salud, trabajo, seguridad social, educación especial y en el ámbito de la comunidad.	Profesionales capacitados para desarrollar acciones de promoción, prevención y recuperación de la salud a través del análisis y aplicación de las ocupaciones de automantenimiento, productividad, juego y tiempo libre como integrantes de equipos inter y multidisciplinarios.
Webmaster 	Originalmente, el *webmaster* es el profesional responsable de poner y mantener las páginas *web*. Él idealiza la *web*, administra el contenido y trata de que sea el más eficiente para la actividad de la empresa.	Profesionales con conocimiento técnico, creatividad y visión estratégica del negocio. Es necesario entender un poco de programación, diseño o tecnología, para saber cuáles son las soluciones más indicadas para hacer la mejor página *web*.
Técnico(a) en paisajismo 	Trabajos en equipo multiprofesional incluyendo: arquitectos, ingenieros agrónomos, biólogos y diseñadores de interiores en empresas de ejecución de proyectos, implantación y manutención de jardines. Otra oportunidad es la prestación de servicios en establecimientos que venden accesorios paisajísticos y mobiliarios para exteriores.	Profesionales con conocimiento de dibujo técnico y arquitectónico, informática aplicada al paisajismo, técnicas agronómicas, botánica y topografía, capaces de cuidar de la implantación, ejecución y gestión de proyectos paisajísticos y de dar soporte en departamentos de conservación de paisajes residenciales y urbanos.

PRODUCCIÓN ESCRITA

Entrevista a un(a) colega sobre sus expectativas para su vida dentro de 10 años. Luego, escribe un texto corto en el que expongas tus propias expectativas y compara las tuyas con las de él(ella). Piensa, por ejemplo, en la carrera profesional, los gustos, la vida personal, las relaciones afectivas y las de amistades, hábitos y aficiones.

LECCIÓN 16

NUESTROS DERECHOS, LEYES Y DEBERES

LECTURA

PRECALENTAMIENTO

1 Forma un grupo con algunos compañeros, lean los siguientes pares de palabras, cambien ideas y respondan a las preguntas que siguen.

Monarquía – Democracia
Constitución – Leyes
Derechos – Deberes
Ciudadanía – Justicia
Ética – Medioambiente

a) ¿Qué función desempeñan estos conceptos en la organización de la sociedad?

b) ¿Con cuáles de las fotos de esta página puedes relacionar cada uno de los conceptos mencionados?

c) ¿Qué función cumple la justicia en una organización política?

2 También en grupo, relacionen los pares de palabras de arriba con la realidad actual de Brasil y otros países de América hispánica.

a) ¿Cómo era la situación en los años sesenta y setenta?

b) ¿Qué sucede en otros países vecinos como, por ejemplo, Argentina?

c) ¿Sabes cómo era la situación política de Argentina en los años sesenta y setenta?

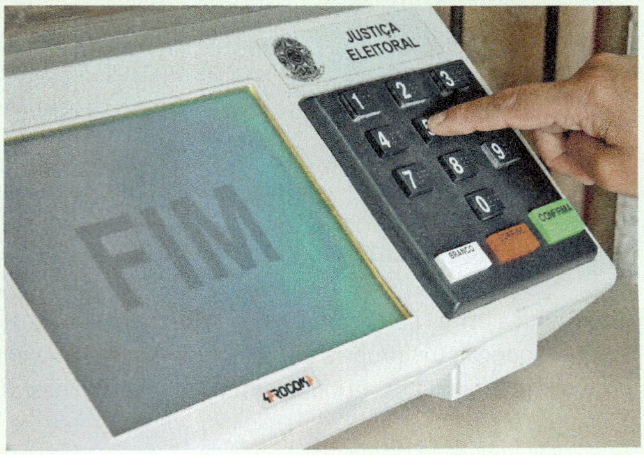

Mafalda es una niña muy inteligente de una típica familia de clase media de Buenos Aires, cuyas historias transcurren entre mediados de los años sesenta y comienzo de los setenta, época en que Argentina vive alternativamente entre la democracia y los golpes de Estado; ninguno de los presidentes electos por el pueblo consiguió terminar su mandato: fueron todos derrocados por golpes militares.

www.wikipedia.org

Lee las siguientes **tiras cómicas** de Mafalda, creadas por Quino.

Tira cómica n.º 1

www.lolete.es/.../2007/05/mafalda_elecciones.jpg

Tira cómica n.º 2

http://www.historieteca.com.ar/Mafalda/mafalda.htm

Tira cómica n.º 3

http://mafalda.dreamers.com/

TOMA NOTA

Las **tiras cómicas** o **historietas** forman parte de los géneros de opinión que tienen la finalidad de criticar alguna situación de la actualidad, sea política, social, familiar, personal, etc. Las historias deben ser cortas, pobladas con personajes fáciles de reconocer y con los cuales el lector se pueda asociar.

COMPRENSIÓN E INTERPRETACIÓN

1 Tira cómica n.º 1. Viendo el cambio de expresión en la semblante de Mafalda a lo largo de la historia, y las diferencias entre las sucesivas frases que dice y el tono con que las dice, describe los diferentes sentimientos y estados de ánimo por los que pasa el personaje.

a) Cuadros 1, 2 y 3: ______

b) Cuadros 5 y 6: ______

c) Cuadro 8: ______

d) Cuadro 9: ______

2 Observa la expresión de Libertad, ¿presenta algún cambio de expresión a lo largo de la historia? ¿Qué sentimientos denota?

3 Compara el comportamiento, los sentimientos, las reacciones y las frases que dicen los dos personajes y selecciona del recuadro siguiente los adjetivos que mejor califican a Mafalda y a Libertad.

Libertad	Mafalda

Infantil	Inteligente
Adulta	Curiosa
Juguetona	Optimista
Paciente	Pesimista
Impaciente	

4 ¿Con qué cara crees que anda el papá de Libertad?

5 ¿Puedes darle a Mafalda una explicación de por qué el papá de Libertad anda siempre con esa cara?

6 Tira cómica n.º 2. ¿Por qué crees que Mafalda se ríe de lo que leyó en el diccionario?

7 Tira cómica n.º 3. ¿Cómo responde Mafalda a la pregunta que ella misma se formula? ¿Por qué?

8 ¿Te parece que Mafalda tiene razón? Fundamenta tu respuesta.

9 ¿Qué tienen en común las tres tiras cómicas? ¿De qué tratan las tres?

10 En tu opinión ¿qué papel desempeñan esas historietas en materia política?

11 Contesta las siguientes preguntas según tus conocimientos. Puedes ayudarte buscando información en una enciclopedia impresa en papel o en versión *online*.

a) En Argentina dos mujeres han accedido a la Presidencia de la Nación. ¿Sabes quiénes son? ¿Qué semejanza y qué diferencia hay entre la manera como ambas llegaron al cargo?

b) Brasil ha tenido mujeres candidatas a Presidenta de la República. ¿Recuerdas el nombre de alguna de ellas? ¿Alguna mujer fue electa?

VOCABULARIO

1 Completa con los términos del recuadro (las palabras pueden aparecer más de una vez en el texto).

monarquía medioambiente leyes derechos justicia
ética democracia Constitución deberes ciudadanía

a) Ambas son formas de gobierno. En la primera, la ________________, gobierna con carácter vitalicio un rey, que no elige el pueblo, mientras que en la segunda, la ________________, el pueblo elige a sus representantes que gobiernan siempre por un período de tiempo determinado.

b) Las dos son normas que rigen el Estado y la convivencia de los ciudadanos pero no tienen la misma jerarquía. La primera, la ________________, establece los principios más importantes de la organización política de la sociedad. Las segundas, las ________________, establecen las normas que rigen la convivencia, siempre de acuerdo con los principios de la ________________.

c) ________________ – Justicia: El estatus de ciudadano no solo genera ________________ y ________________ legales. También es necesario que esos ________________ iguales para todos sean respetados y esos ________________ sean cumplidos. Para eso está la ________________.

d) ________________ – Medioambiente: Las personas en su comportamiento no solo deben observar las normas legales; también deben respetar las normas de ________________. El respeto a la naturaleza/al ________________ que nos rodea nace fundamentalmente de las normas éticas, aunque hoy en día ya exista legislación que lo protege.

2 Lee las cuatro frases siguientes y completa en cada figura lo que dice cada personaje de acuerdo con la expresión de su rostro y con la situación.

a) ¡Mamá, mamá! ¡Pablito y Carlos me están fastidiando!

b) ¡Cómo no se me ocurrió antes!

c) ¡No sé para qué cuernos hoy salí de casa!

d) ¡No joroben a su hermano!

3 Lee el texto y complétalo con los términos del recuadro. Haz los ajustes necesarios.

sociedad · incorporar · conflictos · generación en generación · competir · imponerse · fijar reglas · tolerancia · comunidad · país · límites · más ventajas · actuar · normas sociales · costumbre · ponerse de acuerdo · convivencia · solidaridad · grupos sociales · justicia

Sin reglas... sería un caos

Los seres humanos vivimos en ______________________, pero no siempre es sencillo tener una ______________________ armoniosa. En la vida cotidiana es común que surjan ______________________. A veces porque las personas no pueden ______________________ o porque ______________________ por algo que desean varios, y otras, porque hay algunos más fuertes que pretenden ______________________ y obtener ______________________. Estos problemas ocurren en nuestros ______________________ más cercanos (la familia, los compañeros, los vecinos del barrio) y también en esa gran ______________________ a la que pertenecemos, que es la sociedad de nuestro ______________________.

¿Cómo es posible poner ciertos ______________________ y evitar que el conflicto sea permanente? Una de las maneras es ______________________ que nos indiquen cómo es correcto o más conveniente ______________________. A esas pautas de comportamiento las llamamos ______________________. Una innumerable cantidad de normas es producto de la ______________________ y se va transmitiendo de ______________________. Nosotros las aprendemos ya desde pequeños, y las vamos ______________________ en el transcurso de nuestra vida.

Para construir una buena convivencia, las acciones de las personas —y, por lo tanto, las normas que las guían— deben estar de acuerdo con principios tales como la ______________________, la ______________________ y la ______________________.

M. ACHA, Patricia y otras. *Ciencias sociales 7*. Buenos Aires: Ediciones Santillana, 2002. p. 176.

4 En grupo con algunos(as) colegas discutan: ¿Qué ejemplos de normas se te ocurren que contradicen los valores de solidaridad, justicia y tolerancia en tu escuela?

Verbos en modo imperativo (II): empleo de las formas pronominales

Relee el primer cuadro de la conversa entre Mafalda y Libertad y observa el verbo destacado.

Se trata de la forma pronominal del verbo **callarse** en modo **imperativo**. Cuando los verbos son pronominales, en Imperativo tenemos que usar también los pronombres:

Relajarse	**Echarse**	**Tumbarse**	**Acostarse**	**Ponerse**	
Relájate	Échate	Túmbate	Acuéstate	Ponte	Tú
Relajate	Echate	Tumbate	Acostate	Ponete	Vos
Relájese	Échese	Túmbese	Acuéstese	Póngase	Usted
Relajémonos	Echémonos	Tumbémonos	Acostémonos	Pongámonos	Nosotros(as)
Relajaos	Echaos	Tumbaos	Acostaos	Poneos	Vosotros(as)
Relájense	Échense	Túmbense	Acuéstense	Pónganse	Ustedes

El **imperativo** de los verbos pronominales se forma siguiendo las reglas generales de este modo y agregando el pronombre reflexivo que se junta al verbo, formando una sola palabra. Las formas verbales llevan acento gráfico según las reglas generales de acentuación.

OBSERVA

En español, en el imperativo utilizado en enunciados afirmativos:

- El pronombre NUNCA se antepone al verbo.
- NUNCA se coloca guion, a diferencia del portugués.
- La forma correspondiente a "nosotros" pierde la "s" de la terminación verbal antes del pronombre "nos". Por ejemplo: "tumbé**mo**nos", "escapé**mo**nos" y "pongá**mo**nos".
- La forma correspondiente a "vosotros" pierde la "d" de la terminación verbal antes del pronombre "os". Por ejemplo: lava**os**, fija**os**, vestí**os**. **Excepción**: el verbo **ir** NO pierde la "d" de la terminación verbal, se añade a ella el pronombre "os": "id**os**".

Ejercicios

1 Lee los siguientes textos y observa los verbos destacados:

a) HOTEL
RODEADO DE NATURALEZA

Escápate y relájate en plena naturaleza virgen
Podrás disfrutar de fantásticas vistas, de numerosos rincones naturales vírgenes y realizar gran cantidad de actividades como piragüismo, senderismo, actividades acuáticas y parque infantil.

http://www.cvtrip.com/ofertas/

b) Contacto

Póngase en contacto con nosotros si desea conocer más detalles acerca de las actividades de Ecología y Desarrollo.

Ecología y Desarrollo
Plaza San Bruno 9, Oficina 1
50001 Zaragoza, España

c) Caminad descalzos sobre tierra y acostaos en el pasto frío en la noche mirando las estrellas, sintonizando conscientemente el latido del corazón con el de la Madre Tierra.

2 Completa las siguientes frases colocando el verbo entre paréntesis en modo imperativo. Agrega el pronombre reflexivo de cada persona verbal solamente en los casos en que el verbo sea pronominal. ¡Ojo con la persona verbal!

a) Hoy es un lindo día de sol. ________________ (aprovechar), ________________ (tomar) una reposera y ________________ (tumbarse) un poco en tu jardín.

b) Últimamente estamos trabajando mucho. ________________ (relajarse) y ________________ (viajar) el próximo fin de semana.

c) Algunos consejos para cuidar su columna: ________________ (evitar) los zapatos con plataforma y ________________ (echarse) un rato en el suelo, siempre que pueda.

d) Niños, ________________ (acostarse) temprano que mañana tenéis que ir a la escuela.

e) A la entrada del templo hay un cartel que dice a los visitantes: Ustedes están en un lugar sagrado. ________________ (entrar) y ________________ (ponerse) cómodos.

3 Relaciona los verbos de la columna de la izquierda con la idea de la columna de la derecha que completa adecuadamente el sentido del verbo. Luego redacta los consejos que se pueden dar, utilizando los verbos de la lista conjugados en imperativo según el ejemplo.

Ejemplo: *Maquillarse – poco para sacar fotografías con luz natural.*
Maquíllate poco para sacar fotografías con luz natural.

a) Peinarse	1 con ropa de playa.
b) Vestirse	2 en el centro de la pasarela.
c) Pararse	3 el abrigo para mostrar el vestido.
d) Ponerse	4 frente al espejo.
e) Sacarse	5 los zapatos que combinan con la ropa.

Verbos en modo imperativo (III): en enunciados negativos

Lee los siguientes ejemplos y observa los diferentes usos de los verbos destacados en estos textos:

1 El conjunto chileno Los Pettinellis lanzó una canción llamada "*No hables tanto*". Un fragmento de la letra dice así:

No hables tanto puedes
quemarte antes de tiempo
puedes pasar del verano al infierno
no tienes ninguna respuesta que darnos
tus preguntas siempre fueron en vano.

http://www.sitiodeletras.com/

2 En Eco Portal Net apareció este informe relativo al problema ambiental en Guatemala:

Recursos naturales de Guatemala

¡No importan las leyes cuando se trata del mercado para exportación!

Si usted viaja a Cobán, se podrá dar cuenta del deterioro del ambiente brumoso, al que nos tenía acostumbrado dicha zona. **No digamos** de la contaminación visual del paisaje, en lugar de ver los bosques y la niebla sobre ellos, ahora verá manchas negras que cubren plantas con las que empresas megaeficientes acumulan capital mediante su exportación y seguramente reciben estímulos fiscales sin mayores regulaciones por nuestro estado...

http://www.ecoportal.net/ (Adaptado)

Formamos el Imperativo en enunciados negativos:

	Hablar	Hacer	Decir	Ir	Dormir	Jugar
No / nunca +	hables	hagas	digas	vayas	duermas	juegues
	hablés	hagás	digás	vayás	durmás	jugués
	hable	haga	diga	vaya	duerma	juegue
	hablemos	hagamos	digamos	vayamos	durmamos	juguemos
	habléis	hagáis	digáis	vayáis	durmáis	juguéis
	hablen	hagan	digan	vayan	duerman	jueguen

OBSERVA

1 Para dar órdenes o instrucciones y hacer sugerencias o pedidos negativos empleamos las formas del presente de subjuntivo en todas las personas.

2 En español, en los enunciados negativos en Imperativo:

- el verbo no tiene formas propias como sucede en el imperativo afirmativo con la segunda persona singular y plural (tú – vosotros).
- el pronombre SIEMPRE se antepone al verbo. (Ej.: No te vayas / No me digás / No se duerma / No nos hagamos los tontos.)

Ejercicios

1 Completa las siguientes frases con el verbo entre paréntesis conjugado en el imperativo y, cuando corresponda, agrega la forma pronominal apropiada.

a) No _______________ (jugar) en el jardín, pues te vas a ensuciar la ropa nueva.

b) No _______________ (dormirse) en el ómnibus porque pueden perder la parada donde deben bajarse.

c) No _______________ (volver) nunca más a ese restaurante porque fuimos muy mal atendidos.

d) No _______________ (decir) mentiras, pues, como le sucedió a Pinocho, te va a crecer la nariz.

e) Nunca _______________ (poner, vosotros) la ropa de color al sol porque se va a desteñir.

2 Aquí tienes varios enunciados negativos en imperativo con la forma de tratamiento informal (tú). Pásalos a la forma de tratamiento formal (usted).

Ejemplo: *No vayas más a ese cine. No vaya más a ese cine.*

a) No contribuyas a la contaminación del aire.

b) No permanezcas mucho tiempo al sol, pues hace daño.

c) No tires papeles al suelo.

d) No compres animales cuya procedencia no conoces.

COMUNICACIÓN

OBSERVA

Para prohibir

Informal España (vosotros)	Formal España (ustedes)	Formal e informal (España y América Latina) (ustedes)
No podéis + infinitivo		**No pueden** + infinitivo
No debéis + infinitivo		**No deben** + infinitivo

Está prohibido + infinitivo / **No hay que** + infinitivo

No se puede + infinitivo + sustantivo singular / **No se pueden** + infinitivo + sustantivo plural

Fíjate que en la expresión "no se puede(n)" el verbo **poder** siempre concuerda con el sustantivo que viene después del infinitivo.

20 Escucha el diálogo y responde a las siguientes cuestiones:

a) ¿A qué se refieren las normas que el respectivo encargado informa en el diálogo?

b) ¿Qué deciden los visitantes?

Juan José (uruguayo) y Miguel Ángel (mexicano), están recorriendo España en auto y llegan a un campamento en la provincia de Aragón. Luego de llegar conversan con el encargado que les explica las normas del parque.

Encargado Chavales, aquí tenemos normas que debéis cumplir.

Juan José ¿Qué no podemos hacer?

Encargado Pues, que no podéis circular con el vehículo dentro del *camping* a más de 10 km/h; no debéis circular con vehículos en el *camping* de medianoche a las 7 horas del día siguiente. En tales casos hay que utilizar el *parking* que está a la entrada.

Miguel Ángel Cuate, si volvemos tarde, no podremos entrar con el carro...

Encargado Está prohibido tener aparatos de radio y televisores encendidos entre las 24 y las 8 del día siguiente. No hay que molestar a los vecinos.

Miguel Ángel Ya no me está gustando nada quedarnos aquí...

Juan José Bueno, pero por lo menos podremos hacer una fogata...

Encargado No se pueden hacer fogatas en el piso. Solo se puede prender fuego con carbón vegetal y sobre una barbacoa.

Juan José ¿Qué es eso?

Miguel Ángel Sirve para preparar la carne al aire libre.

Juan José ¡Ah! ¡Una parrilla para hacer asado!

Encargado ¿Os vais a quedar?

Juan José y Miguel Ángel ¡No!

PRODUCCIÓN ORAL

En grupos, discutan las normas que deben regir un campamento. Cada grupo debe enunciarlas oralmente para los demás compañeros.

AMPLIACIÓN DEL VOCABULARIO

Recurso	Uso
Viñeta	Cada cuadro previsto para contener una escena.
Globo de pensamiento	Contiene el pensamiento de cada personaje en forma de nube.
Onomatopeya	Imita un sonido o ruido.
Cartucho	Presenta las circunstancias en que transcurre la historia.
Globo con texto en mayúsculas o en negrita	Representa que el personaje grita o habla muy alto.
Globo de diálogo	Contiene lo que dice cada personaje.

PRODUCCIÓN ESCRITA

Lee algunas de las normas de convivencia que se aplican en los Centros Educativos de la Comunidad Valenciana.

Normas para la convivencia

Derechos	Deberes		
	Consigo mismo	*Con los demás*	*Respecto a la escuela*
1. A recibir una educación y una enseñanza dignas y de calidad, que desarrollen sus capacidades como persona autónoma. 2. A conocer los objetivos de su educación y formación, así como los criterios y tiempos en que se va a evaluar.	1. Asistir diariamente a clase y respetar los horarios. 2. Acudir a la escuela, limpios y aseados. 3. Seguir las orientaciones del profesorado respecto a su aprendizaje.	1. Mantener una actitud respetuosa y solidaria en la relación entre compañeros(as). 2. Respetar a los(as) maestros(as), dialogando con ellos para solucionar los problemas.	1. Respetar el edificio, las instalaciones, el mobiliario y el material de la escuela. 2. Informar del deterioro que pudiera haber en alguna dependencia. 3. Evitar actividades violentas.

Adaptado de: intercentres.cult.gva.es/

En grupos, busquen en la Constitución Federal de Brasil los derechos y deberes del estudiante brasileño. Comparen en qué se parecen a los de la Comunidad Valenciana y escriban algunas normas que a ustedes les parece que hacen falta. Pueden optar por hacerlas en forma de historieta.

LECCIÓN 9 Hemos conocido maravillas...

"Vestibular"

Texto 1 (FACISA)

A Com base no texto 1, responda às questões 1 a 4.

Las Fallas de Valencia

Todos los años, las Fallas y la primavera llegan juntas a la ciudad de Valencia. Esa fiesta tiene su origen en una costumbre de los carpinteros que, en el siglo XIII, necesitaban quemar los materiales inservibles acumulados en el taller durante el invierno. La semana fallera comienza el 12 y termina el 19 de marzo de cada año y transforma Valencia en una ciudad peatonal porque las personas viven la fiesta en plena calle. Los elementos fundamentales de las Fallas son los fuegos artificiales y las hogueras. El fuego representa la pasión de los valencianos. Reunidos en gremios, trabajan durante todo el año en la confección de unas figuras enormes que representan a personalidades de la sociedad o temas del momento. Ese gusto por el fuego crea en Valencia numerosos puestos de trabajo. Hay un barrio entero, donde artistas, diseñadores, carpinteros, escultores y pintores realizan con paciencia sus obras maestras.

Con esas figuras, colocadas en las plazas más típicas de la ciudad, el pueblo se divierte y critica a personajes públicos famosos y los problemas de la sociedad actual.

La fiesta culmina con la quema de esas figuras en hogueras inmensas. Antes, un tribunal compuesto por autoridades de Valencia evalúa todos los trabajos y concede premios a los autores de los mejores.

Guia de estudo espanhol MEC/FUNDESCOLA - 2001.

1 El texto trata sobre todo de una:

a) [ ] cultura en extinción.
b) [ ] invitación para las Fallas de Valencia.
c) [ ] crítica a los problemas sociales.
d) [ ] manifestación popular y cultural.
e) [ ] fiesta de hogueras religiosas.

2 Hay en el texto situaciones que se asemejan a nuestro Carnaval en:

I. la presencia de figuras enormes que representan personalidades de la sociedad.
II. la presencia de hogueras por las calles de la ciudad.
III. la quema de las figuras y la distribución de premios.

Está(n) correcta(s):

a) [ ] I.
b) [ ] II.
c) [ ] III.
d) [ ] II y III.
e) [ ] I, II y III.

3 La expresión "una ciudad peatonal" puede ser sustituida por:

a) [ ] un espacio para pendones.
b) [ ] un espacio para peatones.
c) [ ] un espacio para pendencieros.
d) [ ] un espacio para chicos.
e) [ ] un espacio para peones.

4 Marque V (Verdadero) o F (Falso), de acuerdo con el texto:

[ ] En los días actuales las Fallas tienen el mismo objetivo de su origen.
[ ] Los gremios sirven como taller para artistas, diseñadores, escultores y pintores.
[ ] Las hogueras representan un tribunal.

Señale la alternativa correcta:

a) [ ] V F F.
b) [ ] F V F.
c) [ ] V V F.
d) [ ] F F F.
e) [ ] V V V.

Texto 2

B Com base no texto 2, responda às questões 5 a 8.

Fiestas en Hispanoamérica

En toda Hispanoamérica se celebra como fiesta más importante el Día de la Independencia, que varía según los distintos países. En Argentina, se celebra como los cumpleaños, a la antigua usanza: con chocolate y pasteles. El otro día común a todos es el día 12 de octubre, en el que se conmemora el encuentro de los distintos pueblos y culturas, por lo que recibe diversos nombres, como Día de la Hispanidad o de Colón.

Las fiestas religiosas tienen enorme popularidad, tal y como sucede en España. Además, en el día 23 de abril, el Día de Cervantes, se celebra el Día del Idioma.

El toreo en Hispanoamérica goza de mucha popularidad, aunque no tanta como en España. En Colombia hay, no **obstante**, temporadas en las grandes ciudades y, por supuesto, en las ferias.

En México se mantiene el culto mesoamericano a la muerte, entendida como el paso ineludible para renacer a una nueva vida. Los ritos del Día de los Muertos coinciden con las fechas de las cosechas: el maíz, símbolo de la divinidad, nace de la semilla enterrada.

Sueña 4, 2002.

5 Según el texto, en Hispanoamérica:

I. El Día de la Hispanidad es la fiesta más importante.
II. El 12 de octubre es el Día de Colón.
III. El Día de la Independencia se celebra en todos los países en la misma fecha.

Está correcta solo la opción:

a) [ ] I.
b) [ ] II.
c) [ ] III.
d) [ ] II y III.
e) [ ] I, II y III.

6 Marque V (Verdadero) o F (Falso), de acuerdo con el texto.

[ ] Las corridas de toros son tan populares en Hispanoamérica como en España.

[ ] En Hispanoamérica se conmemora el Día de la Lengua Española.

[ ] Las fiestas religiosas se celebran de la misma manera en España y en Hispanoamérica.

Señale la alternativa correcta:

a) [ ] V F F.
b) [ ] F V F.
c) [ ] V V F.
d) [ ] F F F.
e) [ ] V V V.

7 La expresión "no obstante", que aparece en el texto, puede ser sustituida por:

a) [ ] aunque.
b) [ ] sino.
c) [ ] sin embargo.
d) [ ] pero.
e) [ ] si no.

8 La palabra "maíz" que aparece en el texto se refiere a:

a) [ ] una fruta.
b) [ ] una legumbre.
c) [ ] un embutido.
d) [ ] una hortaliza.
e) [ ] un grano.

Texto 3

C Com base no texto 3, responda às questões 9 e 10.

La feria de abril

Esa feria es famosa en todo el mundo y no tiene una fecha fija; se celebra en el mes de abril en la ciudad de Sevilla y dura seis días. Existe desde el siglo XIX.

Durante la fiesta, los sevillanos construyen una especie de ciudad de lona con casetas decoradas con flores y luces de colores.

La gente lleva sus trajes tradicionales, pasea a caballo, va a los toros a la Plaza de la Maestranza y, por la noche, todos se reúnen en las casetas, cantan, beben y bailan hasta altas horas de la madrugada.

Guia de estudo espanhol MEC/FUNDESCOLA

9 De acuerdo con el texto se puede afirmar que:

a) [ ] en todo el mundo la feria de abril se celebra en la misma fecha.

b) [ ] en Sevilla la feria ocurre en una ciudad desmontable.

c) [ ] la feria es una costumbre popular que empezó en este siglo.

d) [ ] las personas en sus trajes tradicionales van a la Iglesia de Maestranza.

e) [ ] por la noche, todos se reúnen en gremios y hacen oraciones hasta la madrugada.

10 Según el texto, la palabra "caseta" puede tener el mismo sentido de:

a) [ ] cueva.
b) [ ] tienda.
c) [ ] ropero.
d) [ ] vestuario.
e) [ ] casillero.

http://www.facisa.edu.br/

Ejercicios de consolidación gramatical

1 Conjuga el verbo que está entre paréntesis en pretérito perfecto.

a) Esta tarde Sergio y Ana ________________ (llegar) de México.

b) Mi prima y yo ________________ (vender) nuestro piso en la playa este mes.

c) El cartero ________________ (entregar) las tarjetas postales hace un ratito.

d) ¿Vosotros ________________ (sufrir) mucho con el paro del Aeropuerto de Buenos Aires?

e) Aún no ________________ (encontrar, yo) un buen hotel.

2 Señala la opción correcta.

A ¿Nos escucha, o hablamos más fuerte?

B Sí, sí, ________________ escucho claramente. Sigan, por favor.

a) [ ] al
b) [ ] le
c) [ ] la
d) [ ] les
e) [ ] los

3 Completa las frases con pronombres complementos.

a) ¿Cómo el guía ha enseñado la ciudad a los turistas?
Él ________________ ha enseñado con mucha alegría.

b) ¿Qué regalo ha comprado Paula para su suegra?
Ella ________________ ha comprado unos lindos zapatos de tacón.

c) ¿Para qué Carmen y José te han pedido dinero?
Ellos ________________ han pedido para comprarse helados.

d) ¿Después que te casaste, ves a tu mamá todos los días?
No, solo ________________ veo dos veces por semana.

e) ¿Le has comprado aquellas blusas a Lola?
Sí, ________________ he comprado hoy por la mañana.

4 Lee la frase y señala la alternativa en la que se utilizan de manera correcta los pronombres complementos.
El director hablaba **a Pepe y a Uribe** de las nuevas reglas que van a imponer **a nosotros** a partir del próximo semestre.

a) [ ] El director hablábales de las nuevas reglas que van a imponernos a partir del próximo semestre.
b) [ ] El director les hablaba de las nuevas reglas que van a imponernos a partir del próximo semestre.
c) [ ] El director les hablaba de las nuevas reglas que nos van a imponer a partir del próximo semestre.
d) [ ] El director hablábales de las nuevas reglas que nos van a imponer a partir del próximo semestre.
e) [ ] Todas las alternativas están correctas.

5 Completa los huecos del texto a continuación con el verbo que está entre paréntesis en pretérito perfecto.

Entrevista a Ronaldinho Gaúcho

Dagoberto Escorcia / Felip Vivanco

E: Se ________________ (pasar) mucho tiempo sin conceder entrevistas. ¿Por qué?
R: No me gusta hablar, solo cuando es necesario. Para mí, lo importante es hablar dentro del vestuario y estar con mis compañeros y que ellos sepan que estoy ahí, que estoy bien, pero nunca me ________________ (gustar) hablar. Es mi forma de ser.
E: Usted siempre ________________ (atravesar) etapas difíciles, al dejar Grêmio, en París... ¿Cómo califica su año?
R: Yo no hablo solo de mí, sino del Barça. Participamos en muchas competiciones, llegamos bien hasta el final y perdimos. No ________________ (conquistar) objetivos. Eso es la parte más dura hasta ahora.
E: Físicamente, ¿cuánto ________________ (sufrir)?
R: ________________ (sufrir, yo) todo el año por falta de una buena preparación. ________________ (tratar, yo) de estar bien, pero si no empiezas como los demás en la pretemporada, siempre estás detrás del resto. Tienes vacaciones pero en realidad no tienes vacaciones porque no puedes salir de casa. Te dicen: “Pero si ________________ (tener, tú) tiempo para descansar”. En realidad, no es así.
E: En este año, ¿qué ________________ (echar) de menos?
R: Los títulos. Lo demás está muy bien. Marco goles, doy asistencias, pero para seguir haciendo historia son necesarios los títulos. Y sin ellos uno siente decepción.
E: ¿Hasta qué punto es importante que siga Rijkaard en este proyecto?
R: Para mí es 100% importante. Él ________________ (empezar) este trabajo y con su excelente trabajo es clave tener un técnico tan bueno como él.
E: Así como Romário, ¿también ya ________________ (empezar) a contar los goles que ________________ (hacer) en estos primeros diez años de su carrera?
R: Sí, empecé a contarlos, pero solo desde que soy profesional, no como él, que cuenta incluso los que hizo cuando era infantil. Llevo unos doscientos y pico... para uno que no mete goles no está mal ¿no? ja, ja, ja.

http://traslospasosdemarti.blogspot.com/ (Adaptado)

6 Lee las frases y señala si está correcto o no el empleo de las expresiones.

I. Desde luego he reconocido y sabido que un día Machu Picchu sería una de las Maravillas del Mundo.
II. Así que no he participado de La Tomatina, he comprado muchos tomates.

III. Si estás de vacaciones en Porto Seguro, solo tienes que ir a tu aire.
IV. Aunque les he aconsejado varias veces, todavía han cometido el error.
V. No lo he encontrado en Navidad, así que no le he entregado su regalo.
VI. El Carnaval de Brasil de hecho es el mejor del mundo.
VII. Después de sus vacaciones no ha venido a trabajar, aunque no ha recibido su sueldo.

a) [ ] I, III, V, VI y VII correctas; II y IV incorrectas.
b) [ ] I, II, IV, VI y VII correctas; III y V incorrectas.
c) [ ] I, III, IV, V y VI correctas; II y VII incorrectas.
d) [ ] I, II, V, VI y VII correctas; III y IV incorrectas.
e) [ ] Todas están correctas.

LECCIÓN 10 Contando en el pasado

"Vestibular"

Texto 1 (UFPB)

A Basado en el texto, contesta las preguntas 1 a 4.

América Latina no era un horizonte vacío ni un espacio por poblar, sino que fue básicamente tierra de encuentros. Una tierra donde vinieron a encontrarse sectores históricos que venían, como Eneas, con todo su pasado cargado sobre las espaldas y que se encontraron los unos con los otros en un difícil proceso de acomodamiento. Ni los españoles, que pensaban que venían a establecer una Nueva España o una Nueva Castilla, lo lograron hacer nunca, ni los indios pudieron regresar al esplendor de **sus viejas civilizaciones** y más tarde el negro que hubo de aparecer ya desde el siglo XVI pudo trasladar exactamente su vida africana y el sentido de sus tradiciones y **sus mitos**. Lo que hubo fue un acomodamiento, un encuentro y ese contacto profundo ha hecho la riqueza, la originalidad y la dificultad de la América Latina y le da el carácter a **su civilización**.

Arturo Uslar Pietri

1 Después de una atenta lectura, se concluye que el MEJOR título para el texto podría ser:

a) [ ] Un espacio por poblar.
b) [ ] Historia de Eneas.
c) [ ] Tierra de encuentros.
d) [ ] Un pasado cargado.
e) [ ] Nueva España.

2 Según el texto, América Latina era una tierra donde:

a) [ ] ya no había ningún sitio por poblar.
b) [ ] los españoles establecieron una Nueva España.
c) [ ] los indios mantuvieron su tradición original.
d) [ ] se procesó una adaptación cultural.
e) [ ] se encontró una infinidad de tesoros.

3 Las expresiones señaladas en el texto, **sus viejas civilizaciones**, **sus mitos**, **su civilización**, se refieren, respectivamente, a:

a) [ ] Nueva España, la vida africana, un encuentro.
b) [ ] los indios, las tradiciones, ese contacto.
c) [ ] los españoles, el negro, América Latina.
d) [ ] las tradiciones, el negro, un encuentro.
e) [ ] los indios, el negro, América Latina.

4 Según el texto, **ni** / **sino que** expresan, respectivamente:

a) [ ] alternancia / condición.
b) [ ] negación / indecisión entre afirmación y negación.
c) [ ] ausencia / opción entre varias posibilidades.
d) [ ] adición / duda.
e) [ ] unión de elementos negativos / oposición de una cosa a otra.

Texto 2 (UNISC)

B Lea el texto para responder a las cuestiones 5 a 9.

Desde que perdí el empleo en el banco me defiendo con el taller de relojería. Por simple gusto aprendí el oficio, como algunos aprenden radio, ______.

No puedo quejarme de falta de trabajo. Como dice don Martín, con tal de no viajar al centro, la gente se arriesga con el relojero del barrio.

Le cuento las cosas como fueron. Durante la huelga de los empleados del banco, Diana se dejó dominar por los nervios y por su tendencia al descontento general. En los primeros días, delante de la familia y, también, de vecinos y extraños, me reprochaba una supuesta ______, pero cuando me encerraron, un día y una noche que me parecieron un año, en la comisaría, y sobre todo cuando me echaron del banco, se puso a decir que para sacar las castañas del fuego los cabecillas contaron siempre con los bobos. Pasó la pobre por un mal momento; no creo que hubiera entonces manera de calmarla. Cuando le anuncié que me defendería con los relojes, quiso que trabajara en un gran salón de venta de automóviles usados, en plena avenida Lacarra. Me acompañó a conversar con el gerente, un señor que parecía cansado, y con unos muchachitos, a ojos vistas los que mandaban ahí. Diana se enojó de veras porque me negué a trabajar con esas personas. En casa la discusión duró una semana, hasta que la policía allanó el local de Lacarra y en los diarios aparecieron las fotografías del gerente y de los muchachos, que resultaron una famosa banda.

De todos modos mi señora ______ firme oposición a la relojería. Vale más que no calce la lupa delante de ella, porque ese gesto inexplicablemente la irrita.

Fragmento de *Dormir al sol*, de Adolfo Bioy Casares

5 Marque la alternativa que completa, correcta y respectivamente, los huecos del texto:

a) [ ] fotografia u otro desporte – falta de corage y de solidariedade – mantievo su

b) [ ] fotografía u otro desporte – falta de corajen y de solidariedade – manteve su

c) [ ] fotografía o otro deporte – falta de corage y de solidaridad – mantieve suya

d) [ ] fotografia o otro desporte – falta de coragen y de solidariedad – manteve suya

e) [ ] fotografía u otro deporte – falta de coraje y de solidaridad – mantuvo su

6 Conforme el texto:

I. Diana nunca quiso que su marido participara de la huelga.

II. Diana considera su esposo un cabecilla.

III. El relojero participó de la huelga desde el inicio.

Están correctas las afirmaciones:

a) [ ] I y II.
b) [ ] II y III.
c) [ ] I y III.
d) [ ] Todas.
e) [ ] Ninguna.

7 Marque la alternativa correcta para las traducciones al portugués de las palabras **taller** (línea 2), **la gente** (línea 5) y **se enojó** (línea 23), respectivamente:

a) [ ] atelier – a gente – enojou-se.

b) [ ] escritório – a gente – se enojou.

c) [ ] oficina – as pessoas – embrabeceu.

d) [ ] escritório – as pessoas – se embrabeceu.

e) [ ] oficina – a gente – enojou-se.

8 Marque la alternativa que presenta todas las conjugaciones en el mismo tiempo verbal.

a) [ ] puedo (línea 4) – dice (línea 4) – cuento (línea 7) – puso (línea 14).

b) [ ] defiendo (línea 1) – aprenden (línea 3) – dice (línea 4) – irrita (línea 30).

c) [ ] hubiera (línea 17) – defendería (línea 18) – trabajara (línea 19) – parecía (línea 21).

d) [ ] perdí (línea 1) – dejó (línea 8) – reprochaba (línea 11) – negué (línea 23).

e) [ ] aprenden (línea 3) – fueron (línea 7) – encerraron (línea 12) – mandaban (línea 22).

9 (Adaptada) Si el narrador estuviera en plural y toda la frase en pretérito indefinido, la primera frase del texto sería:

a) [ ] Desde que perdemos los empleos en el banco nos defendemos con el taller de relojería.

b) [ ] Desde que perdemos los empleos en el banco nos defiendemos con el taller de relojería.

c) [ ] Desde que perdiemos los empleos en el banco nos defendiemos con el taller de relojería.

d) [ ] Desde que perdimos los empleos en el banco nos defendemos con el taller de relojería.

e) [ ] Desde que perdimos los empleos en el banco nos defendimos con el taller de relojería.

10 Traduciendo las frases al español, marque la alternativa donde aparecerá una única contracción entre preposición y artículo.

a) [ ] A amiga da vizinha está passeando pelo parque.

b) [ ] Aqui ao lado, na farmácia do meu primo, há uma balança.

c) [ ] O livro do meu primo está no armário da biblioteca.

d) [ ] Os sapatos do funcionário estão no armário ao lado da janela.

e) [ ] Ela foi ao cinema na manhã do último domingo.

(UNISC)

11 Marque la alternativa en que todos los verbos estén en pretérito y en la misma persona:

a) [ ] recibí – trastornó – vengo.

b) [ ] hace – he tenido – hubo.

c) [ ] recibí – tendré – pensé.

d) [ ] hace – vengo – intentamos.

e) [ ] recibí – he tenido – pensé.

12 (Adaptada) Si la frase "**Anoche recibí dos llamadas**" tuviera el sujeto en plural, la construcción correcta sería:

a) [ ] Anoche recibiemos dos llamadas.

b) [ ] Anoche recibiremos dos llamadas.

c) [ ] Anoche recibimos dos llamadas.

d) [ ] Anoche recebemos dos llamadas.

e) [ ] Anoche recibemos dos llamadas.

Ejercicios de consolidación gramatical

1 Observa en las frases los verbos conjugados en pretérito indefinido y relaciona cada uno de esos verbos con su infinitivo.

a) La semana pasada pusieron un aviso en el diario. ( ) poder
b) Mis hermanos no pudieron venir. ( ) ir
c) El profesor dijo que estaba enfermo. ( ) ser
d) Fui al cine el domingo. ( ) decir
e) Carlos fue un excelente alumno. ( ) poner

2 Completa el primer párrafo del libro *Eva Luna,* de Isabel Allende, con los verbos entre paréntesis conjugados en pretérito indefinido.

"Me llamo Eva, que quiere decir vida, según un libro que mi madre ________________ (consultar) para escoger mi nombre. ________________ (nacer) en el último cuarto de una casa sombría y ________________ (crecer) entre muebles antiguos, libros en latín y momias humanas, pero eso no ________________ (lograr) hacerme melancólica, porque ________________ (venir) al mundo con un soplo de selva en la memoria. Mi padre, un indio de ojos amarillos, provenía del lugar donde se juntan cien ríos, olía a bosque y nunca miraba al cielo de frente, porque se había criado bajo la cúpula de los árboles y la luz le parecía indecente. Consuelo, mi madre, ________________ (pasar) la infancia en una región encantada, donde por siglos los aventureros han buscado la ciudad de oro puro que ________________ (ver) los conquistadores cuando ________________ (asomarse) a los abismos de su propia ambición. ________________ (quedar) marcada por el paisaje y de algún modo se las ________________ (arreglar) para traspasarme esa huella".

Allende, Isabel. *Eva Luna.* Buenos Aires: Editorial Sudamericana, 1995.

Vocabulario
Huella: *marca, impressão.*

3 Arma frases utilizando un elemento de cada columna y conjugando los verbos en pretérito indefinido.

Sujeto	**Verbo**	**Complemento**
Mario y Juan	decir	al dentista.
Jorge	ir	una mentira.
Mis amigas	saber	la mesa para la cena.
Yo	hacer	todas las respuestas de la prueba.
Usted	poner	una buena acción.

a) ________________________________
b) ________________________________
c) ________________________________
d) ________________________________
e) ________________________________

4 Haz un círculo para los verbos en pretérito perfecto y subraya los que están en pretérito indefinido.

a) Vosotros habéis podido llegar a tiempo a esta cita.
b) Los perros han ladrado toda la noche.
c) La directora ha venido esta mañana a visitar nuestra clase.
d) Mi mejor amigo tuvo una idea brillante ayer en la clase de Matemáticas.
e) Mis padres han pedido esta noche el plato más caro del restaurante.
f) Tú has andado muy triste estos días.
g) Su hijo vivió en España hace unos años.
h) Pasé por tu casa anoche.

5 Lee las siguientes oraciones y complétalas con el verbo entre paréntesis en pretérito perfecto o en pretérito indefinido según corresponda.

a) Esta mañana ________________ (estar) en la facultad para hacer nuestro trámite de inscripción.

b) Ayer Pedro y yo ________________ (andar) por el centro de la ciudad. ________________ (caminar) muchísimo. Yo nunca en mi vida ________________ (caminar) tanto como ayer.

c) El verano pasado mi familia y yo ________________ (estar) en Punta del Este. ________________ (conocer) el casino y Casapueblo.

d) Esta noche todos los trabajadores ________________ (ir) a la cena de aniversario de la empresa. La velada ________________ (ser) muy agradable.

e) La semana pasada los alumnos de la clase ________________ (ir) a visitar el Museo de Arte. La visita ________________ (ser) muy interesante.

6 Llena los huecos con los monosílabos y coloca la tilde en los que deban llevarlo.

a) Tu coche se ha descompuesto camino al mecánico.
________________ no has podido llegar al mecánico pues el coche se ha descompuesto a mitad del camino.

b) Estoy preocupada. Es tarde y mi hija ________________ no ha llegado de la facultad.
Vinieron todos mis compañeros a mi fiesta, aun los que tenían que quedarse después de hora.

c) ________________ ha dicho que está atrasado porque está en una reunión.
El director está dando una charla para los padres.

d) Se vistió con su mejor ropa.
________________ que la prueba va a ser difícil.

7 Escribe unas líneas contando lo que hiciste anoche y lo que has hecho hoy. Presta atención a los tiempos de verbo que debes usar en cada uno de los momentos.

____

____

____

____

LECCIÓN 11 ¿Cómo era antes?

"Vestibular"

Texto (UNIPEL)

Lee el texto atentamente y a continuación selecciona la alternativa adecuada para cada una de las cuestiones que siguen.

La infancia que trabaja

Sobrecoge hasta el ánimo más templado enterarse de que en nuestro país alrededor de un millón y medio de menores de 15 años trabaja y que, en muchos de esos casos, lo hace en ocupaciones fronterizas con la mendicidad. Se trata de criaturas que en la flor de la edad deben resignar condiciones de vida propias de la infancia y la primera adolescencia para ingresar –de manera por cierto abrupta– en un mundo adulto y hostil, dentro del cual tienen que competir duramente para ganarse el sustento.

En 1998 eran 250 000; ahora se han sextuplicado. La ciudad de Buenos Aires alberga en sus calles a alrededor de 3500, de entre 10 y 15 años, casi todos provenientes del conurbano bonaerense y dedicados a mendigar, limpiar parabrisas de autos, hacer juegos malabares en los semáforos, dedicarse a la venta ambulante o hacer de cartoneros, en algunas oportunidades acompañando a sus padres y en otras solos. En su mayor parte han dejado el colegio y no pocos de ellos añoran sus épocas de escolares. De ellas sacan fuerzas, tal vez, para eludir los peligros que los acechan a la vuelta de cada esquina, como el consumo de drogas, la explotación descarada o riesgos aún más temibles.

Definitivamente, el trabajo infantil no es ilegal, salvo que medie explotación o reducción a la servidumbre. Pero salta a la vista que incluso en condiciones moderadas no es sensato que los niños deban desgajarse de la clase de vida que, con sus más y sus menos, es afín a su edad e insertarse, de manera muy próxima a lo compulsivo, en medios extraños y poco adecuados para su formación integral.

Al margen de que esa realidad concurre a subrayar con trazo grueso la precariedad de la situación económica que deben afrontar muchísimos argentinos, pone de relieve, asimismo, la inexistencia de políticas sistematizadas y eficientes en materia de protección de la niñez obligada a trabajar, casi siempre porque, justamente, proviene de hogares ubicados en los diversos niveles de la pobreza.

En esta cuestión, al igual que en tantas otras, es evidente que falla la imprescindible intervención del Estado, al cual le correspondería movilizarse con cuanto recurso tuviese a su alcance para rescatar a esa infancia desvalida y para corregir los erróneos criterios de ciertos padres que ven natural y razonable que sus hijos aporten para el sustento familiar. En cambio, comprobaciones fehacientes y autorizadas demuestran que las criaturas "trabajadoras" padecen importantes daños físicos y morales, como los derivados del distanciamiento vital y espiritual que, llegado a cierto punto, suele ser irremediable.

Hay esfuerzos en sentido reparador, sin duda, pero por el momento sus resultados dan la impresión de no ser muy alentadores. Así y todo, existen –por mencionar algunas entidades– la Comisión Nacional para la Erradicación del Trabajo Infantil, el Programa para la Erradicación del Trabajo Infantil, que funciona bajo la órbita del Consejo de Niñas, Niños y Adolescentes porteño, y el programa de atención integral a los chicos en situación de calle, iniciado hace un mes por la Secretaría de Desarrollo Social del gobierno de la ciudad de Buenos Aires.

Cae de su peso que la existencia de un millón y medio de chicos trabajadores no puede ser mirada con indiferencia por la sociedad, a menos que esta se haya tornado insensible y haya olvidado el significado del término solidaridad. Este fenómeno, acerca del cual se podrían formular decenas de explicaciones, pero ningún justificativo, es como una infección que corroe la entraña misma de nuestro futuro. Por ahora, y a pesar de los esfuerzos que se pudiesen haber hecho en contrario, sigue pendiente de solución. Atenderla en forma urgente e integral evitará que en la conciencia de los adultos pese para siempre la ingrata sensación de tener que reprocharse su desinterés por el porvenir de un millón y medio de niños.

http://www.lanacion.com.ar/

1 "... lo hace en ocupaciones **fronterizas con la mendicidad**". La expresión destacada significa:

- **a)** [ ] trabajo en la frontera.
- **b)** [ ] acción de mendigar.
- **c)** [ ] trabajo propio para los niños.
- **d)** [ ] trabajo para los mendigos.

2 Busca en la segunda columna la explicación de la primera y responde la alternativa correcta.

- **I.** templado
- **II.** hogar
- **III.** temprana
- **IV.** alentador
- **V.** porvenir

[ ] Sitio donde vive una persona.
[ ] Que ocurre o aparece antes del tiempo oportuno.
[ ] Moderado, que no comete excesos.
[ ] Hecho o tiempo futuro.
[ ] Estimulante, animador.

- **a)** [ ] V – I – IV – III – II.
- **b)** [ ] III – IV – I – II – V.
- **c)** [ ] II – I – III – V – IV.
- **d)** [ ] II – III – I – V – IV.

3 "En su mayor parte han dejado el colegio y no pocos de ellos añoran sus épocas de escolares". El verbo añorar solo **no** significa:

- **a)** [ ] olvidar.
- **b)** [ ] extrañar.
- **c)** [ ] recordar con pena.
- **d)** [ ] sentir la falta.

4 Todas las afirmaciones con respecto a los chicos trabajadores están de acuerdo con el texto, **menos**:

- **a)** [ ] Hoy en Argentina hay cerca de 1 500 000 niños de la calle.
- **b)** [ ] Los niños renuncian a condiciones de vida propias de la infancia.
- **c)** [ ] La mayoría de los niños, realmente, no trabaja en los sectores informales.
- **d)** [ ] Muchos chicos intentan librarse de los peligros de la calle.

5 Según el texto, el trabajo infantil:

- **a)** [ ] y la pobreza tienen un vínculo común, ya que la gran mayoría de los niños trabajadores provienen de los grupos más pobres.
- **b)** [ ] es considerado muy a menudo como una oportunidad para que el niño obtenga experiencia.
- **c)** [ ] es legal siempre que el niño sufra explotación.
- **d)** [ ] es un problema sencillo para el gobierno. Hay que emprender programas para eliminarlo, contando con la participación activa de la sociedad.

6 Los términos subrayados en las frases siguientes pertenecen a la misma categoría gramatical, **excepto** el de la alternativa:

a) [ ] ... evitará que en la conciencia de **los** adultos pese para siempre...

b) [ ] Sobrecoge hasta **el** ánimo más templado...

c) [ ] **La** ciudad de Buenos Aires alberga en sus calles...

d) [ ] ... para eludir los peligros que **los** acechan a la vuelta de cada esquina, ...

7 En el trozo "En esta cuestión, al igual que en tantas otras, es evidente que falta la imprescindible intervención del Estado, al cual **le** correspondería movilizarse con cuanto recurso tuviese..."

La partícula destacada se refiere a(l)/(la):

a) [ ] imprescindible.

b) [ ] intervención.

c) [ ] cuestión.

d) [ ] estado.

http://www.unipel.edu.br/

Ejercicios de consolidación gramatical

1 Subraya en el texto los verbos en pretérito imperfecto.

Artículo principal: Música en el Imperio Inca

Los incas contaron con varios instrumentos musicales de viento y percusión. La música desempeñaba un papel importante en distintas ocasiones. Se sabe que había música amorosa, guerrera, fúnebre y agrícola. La música inca se componía de cinco notas musicales.

Los instrumentos musicales empleados en las manifestaciones corporales eran diversos según las danzas a interpretar, los integrantes, las regiones o los motivos de las celebraciones.

Las flautas eran uno de los instrumentos más populares. Las *quenas,* por lo general, eran confeccionadas con huesos humanos mientras que otras flautas eran de arcilla, plata o, las más comunes, de carrizos.

En cuanto a las trompetas halladas en las tumbas de la costa, pertenecían a uno de los tributos de los señores yungas.

Un instrumento musical básico fue el tambor. Este podía ser de diversos tamaños y sonidos, y se utilizaba para marcar el ritmo en las danzas y bailes colectivos. Los había de pequeños, que eran tocados por mujeres; grandes, que eran confeccionados con piel de puma u otorongo y llamados *poma tinya* y finalmente, los *runa tinya*, confeccionados con piel humana.

El compás se marcaba también con cascabeles de plata o racimos de semillas que se ataban a las piernas de los danzantes.

Entre los grupos campesinos y en ciertas festividades o celebraciones soplaban en las cabezas secas de venados como si fuesen flautas y marcaban con ellas los pasos de los danzantes.

http://es.wikipedia.org/

2 Ahora, sin repetirlos, escribe los verbos subrayados en la tabla y completa con lo que se te pide.

Pretérito imperfecto	Indica el pronombre sujeto que corresponde a ese verbo	Infinitivo

3 Completa los huecos con verbos en pretérito imperfecto.

a) ¿________________ (conocer, tú) bien el jardín de tu abuelo cuando ________________ (ser) niña?

b) Roberta y yo ________________ (estudiar) mucho aunque ________________ (preferir) jugar cuando ________________ (ser) adolescentes.

c) Antes de la invención de la tele, ¿con qué ________________ (divertirse) nuestros abuelos y qué ________________ (hacer)?

d) ¿________________ (estar, vosotros) muy cansados después del maratón de entrevistas?

e) Cuando mi tía, en mi cumpleaños, ________________ (visitar, a nosotros) ________________ (traer) muchos regalos.

4 Subraya las apócopes de los dos fragmentos siguientes:

Los instrumentos en la música son el vehículo entre el compositor, los intérpretes y el público auditor. Existe una gran cantidad de instrumentos, de diferentes procedencias y tipos, que nos ocuparía muchas páginas describirlos. Sin embargo, dentro de los tipos y estilos musicales que conocemos hay varios interesantes de destacar.

http://www.latercera.cl/

DECLARACIÓN
El Parlamentario firmante,
CONVENCIDO QUE:

El primer derecho humano es el derecho a la vida, sin ningún tipo de discriminación por sexo, edad, raza, credo, situación socioeconómica, estado de salud, origen o circunstancia en que la vida se hubiere concebido o cualquier otra condición. [...]

http://granjoshua.blogspot.com/

5 Completa las observaciones utilizando el superlativo.

a) El vaso chino era muy raro, o sea, era ________________.

b) La profesora insistía con los alumnos que la tarea era extremadamente sencilla, era una tarea ________________.

c) Hoy no basta tener un amigo fiel, él tiene que ser ________________ y ________________.

d) Aquel periódico publicaba noticias breves, para ser más exacto ellas eran ________________.

e) Las casas eran pequeñas y miserables y la gente no tenía qué comer; aquel era un pueblo ________________.

6 En las siguientes comparaciones, señala las que están incorrectas, corrigiéndolas enseguida.

a) [ ] José es más joven que Ana, por eso puedo decir que Ana es menor que José.

____

b) [ ] Tanto el jefe como los empleados salieron satisfechos de la reunión.

____

c) [ ] Esta habitación es más amplia que la de mis padres, pero es más pobre.

____

d) [ ] Tus ropas eran tan viejas cuanto las de nuestras tías.

____

e) [ ] Aún que era amarilla, la cocina nos parecía más oscura do que la sala rosa.

____

LECCIÓN 12 Me han dicho que...

"Vestibular"

Texto (UECE)

Basado en el texto, contesta las preguntas:

En el piso bajo de la izquierda de una humilde pero graciosa y limpia casa de la calle de Preciados, calle muy estrecha y retorcida en aquel entonces, vivían solas tres buenas y piadosas mujeres, que mucho se diferenciaban entre sí en cuanto al ser físico y estado social, puesto que éranse que se eran una señora mayor, viuda, de aspecto grave y distinguido; una hija suya, joven, soltera, natural de Madrid y bastante guapa, aunque de tipo diferente al de la madre (lo cual daba a entender que había salido en todo a su padre); y una doméstica, imposible de describir, sin edad, figura ni sexo determinables, bautizada, hasta cierto punto, en Modeño, y a la cual ya hemos hecho demasiado favor (como también se lo hizo aquel señor cura) con reconocer que pertenecía a la especie humana.

La mencionada joven parecía el símbolo o representación, viva y con faldas del sentido común: tal equilibrio había entre su hermosura y su naturalidad, entre su elegancia y sencillez, entre su gracia y modestia. Felicísimo era que pasase inadvertida por la vía pública, sin alborotar a los galanteadores de oficio, pero imposible que nadie dejara de admirarla y prenderse de sus múltiples encantos, luego que fijase en ella la atención. No era, no (o, por mejor decir, no quería ser) una de esas beldades llamativas aparatosas, fulminantes, que atraen todas las miradas no bien se presentan en un salón, teatro o paseo y que comprometen o anulan al pobrete que las acompaña, sea novio, sea marido, sea padre... Era un conjunto sabio y armónico, de perfecciones físicas y morales, cuya prodigiosa regularidad no entusiasmaba al pronto, como no entusiasman la paz ni el orden; o como acontece con los monumentos bien proporcionados, donde nada nos choca ni maravilla hasta que formamos juicio de que, si todo resulta llano, fácil y natural, consiste en que todo es igualmente bello. Dijérase que aquella diosa honrada de la clase media había estudiado su modo de vestirse, de peinarse, de mirar, de moverse, de conllevar, en fin, los tesoros de su espléndida juventud en tal forma y manera, que no se la creyese pagada de sí misma, ni presuntuosa ni incitante, sino muy diferente de las deidades por casar que hacen feria de sus hechizos...

ALARCÓN, Pedro Antonio. *El capitán Veneno*. Madrid: Alianza, 1997. (Adaptado)

1 El texto se refiere a una casa:

a) [ ] ubicada en una calle muy ancha.
b) [ ] que sobresalía por su desaseo.
c) [ ] sencilla y sin suciedad.

2 Las tres mujeres que habitaban la casa:

a) [ ] tenían la misma edad, a pesar de su diferencia física.
b) [ ] vivían sin la compañía de otras personas.
c) [ ] eran bien parecidas unas con otras, física y espiritualmente.

3 La hija se destacaba por:

a) [ ] su belleza invulgar.
b) [ ] su elegancia afectada.
c) [ ] su hermosura artificial.

4 El autor nos cuenta que la joven:

a) [ ] tenía el hábito de exhibir vanidosamente sus encantos en la vía pública.
b) [ ] pasaba totalmente inadvertida por las calles, sin que nadie le echase piropos.
c) [ ] No dejaba de llamar la atención, a despecho de su sencillez.

5 El texto nos muestra que las personas:

a) [ ] eran cautivadas por el hechizo de su beldad.
b) [ ] se alborotaban ante su conducta voluble.
c) [ ] eran víctimas de un falso encantamiento.

6 El autor añade, en su narración, que la joven:

a) [ ] aburría a los que la acompañaban.
b) [ ] no tenía ganas de ser una mujer llamativa.
c) [ ] era una presencia fulminante en los teatros.

7 Es correcto afirmar sobre dicha muchacha que:

a) [ ] además de bella, era sabia y culta.
b) [ ] era pródiga con su familia y amigos.
c) [ ] se caracterizaba por la armonía de sus cualidades.

8 Deja bien claro el texto que la muchacha:

a) [ ] chocaba a las personas por su falta de calor humano.
b) [ ] pagaba a un estilista para enseñarle a caminar.
c) [ ] parecía haber estudiado la forma apropiada de andar y vestirse.

9 Concluye el autor, en su descripción de la graciosa señorita, que ella:

a) [ ] guardaba celosamente la fortuna dejada por su madre.
b) [ ] solía hacer feria de sus hechizos.
c) [ ] llevaba consigo la fortuna de ser bella.

10 Su clasificación gramatical está CORRECTA:

a) [ ] pero (línea 1) – preposición.

b) [ ] aunque (línea 8) – conjunción.

c) [ ] nadie (línea 22) – adjetivo indefinido.

11 "... mucho se diferenciaban..." (línea 4).

Identifique la opción en que **mucho** se emplea **de modo inadecuado**, diversamente de la oración arriba transcrita.

a) [ ] La joven es, sin duda, mucho más guapa que su madre.

b) [ ] La doméstica, a pesar de alborotada, dormía mucho.

c) [ ] Mucho deprisa, ellas decidieron vivir todas en Madrid.

12 Las voces *había salido* (líneas 9 - 10) y *hemos hecho* (línea 13) son, respectivamente, de los tiempos compuestos referidos a continuación:

a) [ ] pretérito pluscuamperfecto de indicativo; pretérito perfecto de indicativo.

b) [ ] pretérito perfecto de indicativo; potencial perfecto.

c) [ ] pretérito anterior; pretérito pluscuamperfecto de indicativo.

13 "... como también se lo **hizo** aquel señor cura..." (líneas 13 - 14).

Además de *hacer*, conjugado arriba en pretérito, también es de irregularidad propia:

a) [ ] mecer.

b) [ ] querer.

c) [ ] cocer.

14 El verbo **decir** (línea 24), conjugado en futuro imperfecto de subjuntivo, en la tercera persona del plural, es:

a) [ ] dijeran.

b) [ ] dijesen.

c) [ ] dijeren.

Ejercicios de consolidación gramatical

Estilo directo e indirecto

1 Lee la breve sinopsis de la película y luego convierte los decires de los personajes al estilo indirecto.

Y tu mamá también (México, 2000, Dir. Alfonso Cuarón) presenta las vidas de Julio (Gael García Bernal) y de Tenoch (Diego Luna), dos jóvenes mexicanos de diecisiete años, que están regidas por sus hormonas, su amistad, y por su deseo de alcanzar la madurez. Durante una festiva tarde, conocen a Luisa (Maribel Verdú), una atractiva mujer española de veintiocho años de edad, con la que coquetean con todo el estilo y gracia característicos de los jóvenes de su edad. Entre bromas, la invitan a que los acompañe en un viaje a una playa imaginaria a la que llaman Boca del Cielo. Luisa no les hace mucho caso, los ignora amablemente. Toman rumbos distintos y todo parece quedar en el olvido. Sin embargo, Luisa recibe unas noticias devastadoras, y ante la necesidad de un cambio en su vida, localiza a los muchachos y acepta su oferta. Los tres emprenden un viaje que resultará determinante en sus vidas, donde la inocencia, la sexualidad y la amistad entran en conflicto.

En la boda de la hija de un político, donde conocen a Luisa, al enterarse de la gran cantidad de guardias, Julio le dice a Tenoch: "Hay más *guaruras* que invitados".

Relato en presente: En la fiesta, Julio dice que ______________________________

Relato en pasado: En la fiesta, Julio dijo que ______________________________

Vocabulario

En México, "guarura" es la forma coloquial para guardia. En España, "guardia" en forma coloquial y vulgar, se diría madero. En Guatemala, "chonte", en Argentina, "taquería", etc. Cada país tiene formas distintas de referirse a los policías, en tono generalmente despectivo.

a) — **Me llamo Luisa. Soy española.**
Relato en presente: ____________________
Relato en pasado: ____________________

b) — **Hemos ido a viajar con Luisa.**
Relato en presente: ____________________
Relato en pasado: ____________________

2 Pasa las frases al discurso indirecto. Los relatos deben estar en pasado.

a) Miguel dijo: "Tengo que salir después del almuerzo".
____

b) Lola dijo: "Voy a la peluquería a teñirme el pelo".
____

c) Carmen dijo: "Estoy en la casa de mis padres".
____

d) Mario dijo: "No entiendo muy bien los cálculos de matemáticas".
____

e) Carlos dijo: "Estoy aún peor porque no tengo dinero".
____

3 Lee la breve sinopsis que presentamos y luego completa el relato con el pretérito pluscuamperfecto de los verbos indicados.

UNA CASA DE LOCOS

(España/Francia, 2002, Cédric Klapisch)

Dejando París y las expectativas de su novia (Audrey Tautou) y su familia, Xavier (Romain Duris), a los 25 años de edad, pasa un año de la carrera en España, como parte del programa de intercambio académico. En Barcelona, Xavier se pone a buscar piso y finalmente encuentra un apartamento en el centro que compartirá con otras personas. Se sumerge en una hirviente mezcla cultural cuando se traslada a un piso lleno de estudiantes internacionales, tan únicos, como los idiomas que hablan. Todos se encuentran en la misma situación, todos están estudiando en Barcelona por intermedio de los programas de intercambio universitario europeo.

Xavier en una experiencia intercultural

Cuando empezó a estudiar Economía, Xavier (Romain Duris) ____________ (olvidar) su sueño de ser escritor. Al terminar la carrera de Economía se marchó a España para conocer un poco de la lengua, cultura y economía de aquel país. Tomó esa decisión porque ____________ (hablar) con el señor Jean-Charles Perrin, un viejo amigo de su padre, que le ____________ (prometer) una oportunidad de trabajo en el caso de que conociera el mercado financiero español.

En Barcelona, Xavier se fue a vivir en un piso con otros cinco estudiantes que, a excepción de Soledad, que era española, ____________ (dejar) sus países para quedarse un tiempo en España: Alessandro era italiano; Tobias, alemán; Lars, danés y Wendy era inglesa.

Al volver a Francia, tras un año en Barcelona, Xavier ____________ (tener) contacto con mucha gente y se dio cuenta de que sus sueños ____________ (cambiar): abandonó la oportunidad de trabajo y se fue a ser escritor.

LECCIÓN 13 Nuestras ideas y suposiciones

"Vestibular"

Texto (UFPEL)

Leia atentamente o texto abaixo para responder às questões de 1 a 7.

Casas inteligentes: propuestas prácticas para hogares reales

La imagen de la casa del futuro que dejó parte de la ciencia ficción del siglo XX en nuestra mente colectiva incluye casas que combinan un diseño arquitectónico ultramoderno con perillas, botones y luces: es una automatización visible. En la actualidad se apela más a la sutileza: las casas automatizadas incluyen todo el confort que puede ofrecer la tecnología, pero sin resignar la estética. Es decir, se puede tener una casa inteligente con cualquier estilo.

Eso es la domótica: controlar, en una casa, casi todo lo que use energía eléctrica o tenga un motor. Esto incluye manejar las luces de la casa, prenderlas o reducir su intensidad, subir persianas, correr cortinas, controlar la calefacción o la refrigeración de los ambientes, el ventilador de techo, o activar el filtro de la pileta.

Además, definir la música ambiental para toda la casa o variarla según las habitaciones, bajar una pantalla para una proyección de películas, o esconder un televisor de plasma detrás de un cuadro que se desliza. También es posible, tocando un par de botones, abrir la puerta de entrada, desactivar la alarma y cosas por el estilo.

Las opciones más sofisticadas involucran sensores de presencia que hacen que las luces de un pasillo se vayan prendiendo a medida que alguien lo recorre, o que se apaguen en una habitación vacía. También, que los regadores del jardín se activen según el clima: si llovió, no riegan; si hace mucho calor, riegan más.

Una función atractiva para quienes planean dejar su casa sola por un tiempo es la simulación de presencia: las luces se encienden solas a la noche por unas horas, luego se apagan, funciona el televisor, la radio, etcétera.

Todo esto lo maneja una computadora en la casa, que se controla con una pantalla sensible al tacto donde se despliega un plano de la casa y las opciones de control para cada habitación. También es posible controlar los dispositivos desde una PC, corriendo un *software* que emula al control central.

Si la casa tiene banda ancha, se puede activar cualquier función en forma remota: prender el aire acondicionado, bajar las persianas, encender las luces de la entrada, por ejemplo.

Si se instalan cámaras IP –capaces de transmitir video por medio de Internet–, estas podrán ser controladas desde cualquier PC, tanto si detectan movimiento y envían en forma automática un mensaje al celular o a un *e-mail* como si se quiere ver cómo juegan los chicos en su cuarto.

Incluso es posible activar escenarios desde el teléfono celular. Un escenario es el disparo de hasta una treintena de acciones coordinadas, una manera de configurar toda la casa, o un sector específico, con un solo botón. [...]

Lo ideal es diseñar una casa desde el principio pensando en automatizarla, porque eso permite instalar funciones (puertas, ventanas y persianas motorizadas) que de otra manera sería muy complicado controlar, usando un cableado 27 propio y exclusivo.

Para las casas ya construidas, la cosa cambia. La opción más común es la que aprovecha el estándar X10, que permite controlar dispositivos en forma inalámbrica o usando el cableado eléctrico existente. [...]

Aquí se usa un controlador central que está compuesto de tres módulos, cada uno del tamaño de un libro grande, que manejan los artefactos. Por supuesto, las funciones manuales, como prender la luz con un interruptor de pared, siguen funcionando. [...]

Qué podrá ser controlado depende de cada familia; todo se puede configurar, evitando en la mayoría de los casos tener que romper paredes para poner caños. Por ejemplo, hay motores tubulares para las cajas de las persianas, o cables de interconexión planos que se asemejan a un zócalo.

[...] Eso mantiene bajos los costos; por ejemplo, el precio de motorizar una persiana es de $ 680; controlar tres luces, $ 800; programar el encendido de las luces para simular presencia, $ 750; controlar la calefacción por teléfono, $ 1100. Por US$ 2000 se puede controlar las luces de la casa, subir persianas, generar perfiles para horarios determinados, y bastante más. Cada usuario define qué quiere controlar.

[...] Ya hay principios de automatización en muchas casas: desde el control remoto al temporizador del aire acondicionado, pasando por los regadores del jardín, el filtro de la pileta o un simple tomacorriente con *timer*. Con estas nuevas instalaciones, las luces se apagan cuando nadie está en la habitación y la calefacción se enciende solo cuando es necesario.

SAMETBAN, Ricardo. In: http://www.lanacion.com.ar/

1 Marque a alternativa que contém um subtítulo possível para o texto, de acordo com as informações dadas pelo autor.

a) [ ] En la actualidad ya es posible ordenar todas las funciones en el hogar mediante un control remoto.

b) [ ] En los días de hoy ya se puede refaccionar por control remoto cualquier ambiente, sea la casa o el trabajo.

c) [ ] Hoy es posible controlar gran número de funciones en el domicilio o en la oficina sin tener que pensar en una gran refacción.

d) [ ] Actualmente existe la posibilidad de administrar cualquier hogar a distancia, con tal que exista alguna oficina relacionada.

e) [ ] Hoy en día la tecnología permite que la oficina sea controlada si la casa lo es también.

2 Segundo o texto, como é possível controlar as funções dos lares inteligentes?

I. Pelo telefone celular.
II. Pela conexão da Internet.
III. Pelo disco rígido do computador doméstico.
IV. Através de mensagens enviadas por *e-mail*.
V. Por um teclado de telefone convencional.

Estão corretas as afirmativas:

a) [ ] I, II, V
b) [ ] II, III, IV.
c) [ ] I, II, IV.
d) [ ] III, IV, V.
e) [ ] I, III, V.

3 Aponte a alternativa que NÃO está presente no texto como sendo uma possibilidade para a domótica.

a) [ ] As aparelhagens de calefação e de refrigeração podem ser ligadas a distância.

b) [ ] A iluminação doméstica pode ser ligada conforme a presença de pessoas no local.

c) [ ] As aberturas da casa podem ser controladas de acordo com a luz solar externa.

d) [ ] As plantas do lar podem ser molhadas de acordo com a temperatura do ambiente.

e) [ ] O filtro da piscina pode ser ativado segundo a necessidade do usuário.

4 Que informação está de acordo com o texto?

a) [ ] O conceito de domótica evoluiu no tempo.

b) [ ] Hoje em dia não se deseja sutileza nas inovações técnicas, mas que essas inovações sejam ostensivas.

c) [ ] A casa inteligente precisa ter um estilo arquitetônico planejado.

d) [ ] As imagens da casa futurista e da casa real com inovações tecnológicas não correspondem.

e) [ ] A automatização nem sempre visa ao conforto do usuário.

5 O que Sametband afirma a respeito da domótica no texto?

a) [ ] A domótica é uma inovação tecnológica surgida no século XXI.

b) [ ] Não há ainda possibilidades de ludibriar ladrões usando a domótica.

c) [ ] A família não tem opção de privilegiar o uso de determinadas tecnologias em seu lar.

d) [ ] Com a instalação da domótica, automaticamente funções manuais deixam de existir.

e) [ ] Muitos lares já possuem automatização em alguns aparelhos que facilitam as funções cotidianas.

6 Indique a frase que resume as ideias que o texto apresenta da linha 53 à linha 72 e que deverá estar escrita no retângulo da linha 73.

a) [ ] La casa inteligente debe ser diseñada desde el principio.

b) [ ] La domótica exige un tipo de construcción estándar.

c) [ ] La automatización se adapta más que nada a dispositivos inalámbricos.

d) [ ] La instalación siempre exige obras importantes en el hogar.

e) [ ] La vivienda no cambia de forma: agrega funciones.

7 Aponte a frase do texto que poderia melhor encerrá-lo, preenchendo o retângulo final na linha 89.

a) [ ] La gente piensa en la domótica como un lujo, pero también es un ahorro.

b) [ ] La domótica es la mejor forma de control social.

c) [ ] Muchos creen que la solución para los problemas humanos del siglo XXI reside en la automatización.

d) [ ] Para mucha gente, la innovación tecnológica supone demasiados gastos financieros y sociales.

e) [ ] Las casas inteligentes no presentan una buena estética.

Ejercicios de consolidación gramatical

1 Completa el texto con los verbos entre paréntesis en futuro, después elige cinco de ellos y escribe frases con sentido futuro. Ej.: En menos de 2 años habrá nuevas profesiones.

Las profesiones del futuro

Profesiones que hoy no existen ________________ (ser), en un futuro no muy lejano, algunas de las más solicitadas. Así lo afirman distintas consultorías y empresas especializadas en selección de personal. Estos nuevos empleos se ________________ (unir) a otros que actualmente ya están en auge. Seguramente, una de estas nuevas profesiones que llaman la atención es la de mayordomos hipercualificados. Estas personas ________________ (trabajar) en residencias y centros de vacaciones y ocio de lujo, siendo los responsables de que todo funcione debidamente. Otra de las nuevas profesiones ________________ (ser) la del director de continuidad de negocio. Este ________________ (ser) el encargado en una empresa de crear planes e infraestructuras útiles en caso de emergencia y velar por su correcto funcionamiento. Se quiere evitar, de esta manera, que desastres naturales o epidemias perjudiquen el funcionamiento de la empresa. Por otro lado, los psicólogos son un ejemplo de profesionales que actualmente están cada vez más solicitados por empresas de cualquier ámbito. Según los pronósticos, esa profesión se ________________ (ver) reforzada en el futuro, ya que cada vez más empresas tienden a reservar un puesto de trabajo a estos profesionales.

De acuerdo con estudios recientes, dentro de veinte años, al menos una cuarta parte de la población mundial ________________ (estar) empleada en oficios que todavía no existen.

Y según connotados futurólogos, la tendencia ________________ (ir) en aumento y al llegar a mediados de siglo, ________________ (haber) desaparecido la mayoría de los 5000 oficios y profesiones que existen hoy en día. Pero no hay que alarmarse demasiado. Todavía no. Porque con la velocidad que avanza el mundo, en particular el mundo industrializado, 50 años es un futuro distante, muy distante.

MERINO, Juan Fernando. *Las profesiones del futuro*. In: http://www.surconsult.com.py/ (Adaptado)

a) ________________

b) ________________

c) ________________

d) ________________

e) ________________

2 Reescribe las siguientes frases sustituyendo la forma subrayada por la del presente de subjuntivo.

a) Somos muy felices en nuestro matrimonio.
Probablemente ________________

b) Tengo dinero para comprar dos departamentos en Recoleta.
Ojalá ________________

c) Estás enferma de los pulmones.
No es posible que ________________

d) Los Rodríguez son personas bondadosas.
Quizá ________________

e) Viajo mañana por la tarde.
Tal vez ________________

3 Organiza las frases correctamente.

a) pastelería mañana sobrinos vendré a esta con mis hijos y
____
____

b) la verdad está maldita no querrá cuando sepa esta casa,
____
____

c) de los resultados presidencial tendremos la elección pasado mañana
____
____

d) la pena viajar mis primos si valdrá este año con no sé

____

____

e) dificultades día nuestros pondrán en cualquier hijos nos

____

____

4 Señala la alternativa que mejor completa las frases.

I. Estos cubrecamas son ____________ que las que teníamos antes.
II. Ella vive ____________ aquí en Barcelona.
III. Estas fundas son ____________ que las nuestras.
IV. Este gobierno es ____________ que el de antes.
V. He dormido ____________ esta noche.
VI. Esta pareja baila ____________ que aquella.

a) [ ] peor / bien / mejores / peores / mal / mejor
b) [ ] peores / bien / mejor / peor / mal / mejores
c) [ ] peores / bien / mejores / peor / mal / mejores
d) [ ] peores / bien / mejores / peor / mal / mejor
e) [ ] peores / bien / mal / mejores / peor / mejor

5 Completa el crucigrama usando el presente de subjuntivo.

a) Probablemente ____________ (recordar, ustedes) los consejos de papá.
b) Quizás Juan ____________ (oír) a la profesora.
c) Que Teresa ____________ (agradecer) el regalo.
d) Ojalá ____________ (poner, tú) la harina, despacio.
e) Que Pepe ____________ (tener) cuidado, porque está entre envidiosos.
f) Espero que ____________ (saber, él) cuánto cuesta para ganar el dinero.
g) ¡Que ____________ (salir, vosotras) ahora es una tontería!
h) Es conveniente que ____________ (mover, tú) los muebles de tu piso.
i) Quizá nuestra tía ____________ (defender) a nuestro primo.
j) No creo que ____________ (pertenecer, nosotros) a este equipo.
k) Ojalá ____________ (ir, ustedes) a China la próxima semana.

LECCIÓN 14 Nuestros planes

"Vestibular"

Texto (UFPE)

Las lenguas cambian de continuo, y lo hacen de modo especial en su componente léxico. Por ello los diccionarios nunca están terminados: son una obra viva que se esfuerza en reflejar la evolución registrando nuevas formas y atendiendo a las mutaciones de significado.

Especial cuidado ha de poner en ello el Diccionario académico al que se otorga un valor normativo en todo el mundo de habla española. La Real Academia Española y las veintiuna Academias que con ella integran la Asociación de Academias de la Lengua española trabajan mancomunadamente al servicio de la unidad del idioma tratando de mejorar y actualizar un diccionario de carácter panhispánico. Cuanto aparece en el *DRAE* es fruto de ese estudio y de la aprobación colegiada.

Hasta hace poco tiempo la edición en forma de libro constituía la única posibilidad de fijación y transmisión. Los recursos electrónicos de que hoy disponemos hacen posible un modo diferente de actuación. El Diccionario académico es actualmente una base informática de datos, lo que permite un mejor control de su contenido, proporciona mayor facilidad de revisión y, sobre todo, hace compatibles diferentes fases del trabajo sin las servidumbres exigidas por la edición impresa. De ahí el compromiso adquirido de ir haciendo públicas con periodicidad semestral las adiciones, supresiones y enmiendas que la Real Academia Española y sus Academias asociadas vayan aprobando.

De este modo los hispanohablantes que accedan a nuestra página electrónica podrán disponer del documento que contiene el texto de la última edición en papel –en este caso, la vigésima segunda, de 2001– y, al tiempo, el conjunto de modificaciones aprobadas. Por ello, entre los varios modelos posibles de organización se ha elegido el que mantiene con toda claridad la separación entre los dos documentos. Los consultantes acceden inicialmente a la vigésima segunda edición y, en los casos en que se añada un nuevo registro o un artículo haya sido modificado, verán en la pantalla un aviso que les permitirá contemplar la nueva versión.

Lo que a partir de abril de 2005 ofrece la Real Academia Española es el conjunto de más de 12 000 modificaciones aprobadas desde el cierre de la edición anterior hasta junio de 2004. Han sido ya estudiadas por la Española otras que irán siendo aprobadas por todas las Academias e incorporadas cada seis meses a esta página. De este modo se podrá disponer de una información actualizada del trabajo académico y se facilitará el conocimiento de la evolución del español.

www.rae.es

1 Podemos afirmar que el objetivo principal de este texto consiste en:

- **a)** [ ] servir de presentación para la página electrónica del *Diccionario de la Real Academia*.
- **b)** [ ] enumerar las modificaciones incorporadas a esta edición del *Diccionario de la Real Academia*.
- **c)** [ ] indicar las formas correctas de usar la lengua española.
- **d)** [ ] establecer los elementos lingüísticos comunes que unen a los países de habla hispana.
- **e)** [ ] comparar el *Diccionario de la Real Academia* con otros diccionarios de la lengua.

2 Según el texto, la lengua española:

- **a)** [ ] debe ser fijada y transmitida por la Asociación de Academias de la lengua española.
- **b)** [ ] ha visto reconocida su importancia a partir de la última versión del *Diccionario de la Real Academia*.
- **c)** [ ] está amenazada por un mundo en constante transformación.
- **d)** [ ] presenta una diversidad que pretende ser reflejada en el *Diccionario de la Real Academia*.
- **e)** [ ] presenta varios modelos posibles de organización.

3 En el primer párrafo, la presencia de los dos puntos "Por ello los diccionarios nunca están terminados: son una obra viva que se esfuerza en reflejar la evolución registrando nuevas formas y atendiendo a las mutaciones de significado" se justifica porque:

- **a)** [ ] evitan la repetición de un elemento nombrado anteriormente.
- **b)** [ ] anuncian que habrá de seguir una explicación de lo que antecede.
- **c)** [ ] aparecen en un documento oficial de la Academia.
- **d)** [ ] son empleados para enfatizar una contraposición de ideas.
- **e)** [ ] es común que separen, como en este caso, un participio y un verbo en el tiempo presente.

4 En la frase "De ahí el compromiso adquirido de ir haciendo públicas con periodicidad semestral las adiciones, supresiones y enmiendas que la Real Academia Española y sus Academias asociadas vayan aprobando", la expresión "públicas" concuerda en género y número con:

- **a)** [ ] adiciones.
- **b)** [ ] adiciones, supresiones y enmiendas.

c) [ ] periodicidad semestral.
d) [ ] supresiones y enmiendas.
e) [ ] la Real Academia Española y sus Academias asociadas.

5 En la frase "De ahí el compromiso adquirido de ir haciendo públicas con periodicidad semestral las adiciones, supresiones y enmiendas que la Real Academia Española y sus Academias asociadas vayan aprobando", la justificación que se ofrece en el texto al establecimiento de tal compromiso se refiere a:

a) [ ] la organización diversificada del material que compone el diccionario.
b) [ ] la intención de incorporar nuevos contenidos cada seis meses.
c) [ ] la constante evolución de la lengua española.
d) [ ] la importancia de haber creado una versión electrónica del diccionario.
e) [ ] la promesa de mantener disponibles en la página las 22 ediciones del diccionario.

6 "Lo que a partir de abril de 2005 ofrece la Real Academia Española es el conjunto de más de 12 000 modificaciones aprobadas desde el cierre de la edición anterior hasta junio de 2004". La expresión aquí utilizada, "lo que", muy frecuente en español:

a) [ ] otorga un sentido hipotético a la frase.
b) [ ] tiene un valor anafórico, esto es, se refiere a otros elementos incluidos anteriormente en otro pasaje del texto.
c) [ ] es una expresión que solo se utiliza en el lenguaje coloquial.
d) [ ] es una cláusula temporal que se refiere a "abril de 2005".
e) [ ] se refiere a un contenido que aparece expresado a continuación en la misma frase.

Ejercicios de consolidación gramatical

1 Completa las siguientes oraciones con las palabras que están en el recuadro.

cortésmente lentamente despacio mejor rápidamente bien así como

a) Tenemos que hablar ________________, pues Julia es extranjera y hace pocos días que llegó a nuestro país.
b) Seguiré tus consejos ________________ como me los recomendaste.
c) Salieron ________________ porque tenían prisa de llegar al aeropuerto.
d) Hicimos un viaje excelente. Lo ________________ de todo fue la hospitalidad de la gente.
e) Pablo me recibió ________________ ________________ siempre lo hizo.
f) El enfermo caminaba ________________ en el pasillo del hospital.
g) En estos últimos días estuve muy ________________ humorada.

2 Completa las siguientes frases colocando el verbo entre paréntesis en futuro perfecto del indicativo:

a) Preciso tiempo. A fin de año ya ________________ (decidir) qué carrera universitaria voy a seguir.
b) No tenemos que preocuparnos tanto. En unos días ________________ (solucionar) el problema y ________________ (olvidarse) de él.
c) Mis amigos salieron del club temprano y todavía no han llegado a su casa. ¿________________ (ir) a otro lado?
d) El avión que venía de Lima está atrasado. ¿Todavía no ________________ (recibir) orden de aterrizar?
e) El metro no está funcionando. ¿Los operadores ________________ (declarar) huelga?

3 Lee las siguientes frases y reescríbelas usando la perífrasis verbal "ir + a + infinitivo" en lugar de los verbos señalados en negrita, según el ejemplo.

La Real Academia Española y las veintiuna Academias que con ella integran la Asociación de Academias de la Lengua española **trabajan** mancomunadamente al servicio de la unidad del idioma.

La Real Academia Española y las veintiuna Academias que con ella integran la Asociación de Academias de la Lengua española **van a trabajar** mancomunadamente al servicio de la unidad del idioma.

a) El Diccionario académico **coloca** a disposición una base informática de datos, lo que **permite** un mejor control de su contenido, **proporciona** mayor facilidad de revisión y, sobre todo, **hace** compatibles diferentes fases del trabajo sin las servidumbres exigidas por la edición impresa.

b) La Real Academia Española y las Academias asociadas **hacen** públicas con periodicidad semestral las adiciones, supresiones aprobadas.

c) De este modo los hispanohablantes que accedan a nuestra página electrónica **podrán** disponer del documento que contiene el texto de la última edición en papel –en este caso, la vigésima segunda, de 2001– y, al tiempo, el conjunto de modificaciones aprobadas.

d) Los consultantes acceden inicialmente a la vigésima segunda edición y, en los casos en que se añada un nuevo registro o un artículo haya sido modificado, **verán** en la pantalla un aviso que les **permitirá** contemplar la nueva versión.

e) **Se podrá disponer** de una información actualizada del trabajo académico y **se facilitará** el conocimiento de la evolución del español.

4 Transforma las siguientes oraciones según el ejemplo:

La prueba está muy difícil.
No sabes lo difícil que está la prueba.

a) El libro que nos indicaron es realmente complejo; tiene muchas palabras nuevas.

b) Ese auto es muy caro; es importado.

c) El vestido que llevaba la novia era muy sofisticado; era de una modista famosa.

d) El trabajo de traducción me llevó mucho tiempo; era complicado y arduo.

e) El viaje en tren fue muy largo pero también muy interesante.

LECCIÓN 15 Nuestras expectativas

"Vestibular"

Texto (CEFETBA)

El agua como derecho humano

Joaquín Estefanía

Al recurso del agua ha dedicado su estudio el tradicional informe del Programa de Naciones Unidas para el Desarrollo (PNUD), correspondiente al año de 2006, titulado intencionalmente *Más allá de la escasez: poder, pobreza y crisis mundial del agua*.

Muchos de estos trabajos devienen en insustituibles para los científicos sociales que abordan la escasez y su reparto. Al mismo asunto se refiere también el último informe del Dossier Vanguardia (*Agua: el desafío del siglo XXI*), más humilde que el primero, pero no menos interesante.

Según el PNUD, para el año 2025 –es decir, mañana– 3000 millones de personas pueden sufrir el problema de falta de agua y aunque el 90% de la población mundial reside hoy en zonas que comparten sus fuentes hídricas de abastecimiento (la cooperación está más generalizada que el conflicto: se han negociado más de 200 tratados sobre el asunto), en el último medio siglo ya ha habido 30 casos de conflictos violentos entre Estados a causa del agua, de los cuales docenas tuvieron lugar en Oriente Próximo.

[...]

El agua es la representación más natural de la globalización: cruza las fronteras sin pasaportes ni documentación: 145 países comparten cuencas hidrográficas transfronterizas, en las que se encuentran los lagos y las aguas subterráneas poco profundas...

[...]

El informe del PNUD plantea la consideración del agua como un derecho humano y la necesidad de su gobernanza: no existen instituciones en el planeta para resolver las diferencias. El número de personas que se debe alimentar sigue en aumento y cuanto mayor es el poder adquisitivo de la población, más "sedienta" se vuelve: la carne y el azúcar, por ejemplo, requieren un riego más intensivo para su producción que el trigo o el arroz.

El gasto actual en agua; su financiación pública más allá de que el suministrador sea público o privado; la crisis mundial de saneamiento, que provoca millones de muertes evitables y que se debe en gran medida a la contaminación causada por las aguas residuales domésticas, etcétera, son algunos de los aspectos que debe regular la gobernanza de esta materia prima tan singular.

www.elpais.com

1 Se puede afirmar, tras la lectura atenta del texto, que:

a) [ ] sobre el problema del agua poco se ha negociado entre las fronteras de fuentes hídricas.

b) [ ] los 30 conflictos a causa del agua en los últimos 50 años fueron violentos.

c) [ ] para la producción del azúcar y del arroz hace falta una gran cantidad de agua.

d) [ ] se considera el agua un producto de la globalización, por eso es un derecho humano.

e) [ ] el PNUD reconoce que es urgente un plan de acción mundial para reglamentar la gobernanza del agua en el Oriente Próximo.

2 "Según el PNUD, para el año 2025 –**es decir,** mañana– ..." (línea 12). Al cambiarse la expresión subrayada por otra equivalente, hay que elegir el ítem:

a) [ ] esto es.

b) [ ] al contrario.

c) [ ] a pesar de.

d) [ ] en primer lugar.

e) [ ] al principio.

3 *Las expresiones de transición* son palabras o expresiones que marcan la relación entre las ideas. Se suelen colocar al principio o cerca del principio de la oración para indicar su conexión con la anterior. Sirven para indicar diferentes tipos de relación entre las oraciones que componen el párrafo. En "... y **aunque** el 90% de la población mundial reside hoy..." (líneas 14 y 15), la palabra en detalle traduce una idea de:

a) [ ] tiempo.

b) [ ] alternancia.

c) [ ] duda.

d) [ ] causa.

e) [ ] contradicción.

4 En la redacción de un texto hay varios recursos lingüísticos. Uno de ellos son las llamadas *referencias directivas*. Ellas se constituyen de palabras o expresiones que remiten al lector a lo que se ha nombrado anteriormente para expresarlo con mayor claridad y articulación. Las referencias directivas más usadas son los pronombres, la repetición de palabras o expresiones y el empleo de sinónimos. En el fragmento "... **que** provoca millones de muertes evitables..." (líneas 38 y 39), el articulador destacado se refiere:

a) [ ] al gasto actual en agua.

b) [ ] a la contaminación del agua.

c) [ ] al suministrador público.

d) [ ] a la crisis mundial de saneamiento.

e) [ ] a la financiación pública.

5 A que reporte al vocablo AGUA, marque el ítem abajo que no presenta ninguna palabra que se le asocia, por lo menos, semánticamente.

a) [ ] Los médicos han descubierto que la dieta mediterránea es muy saludable. Cocinar con aceite de oliva los alimentos es muy sano.

b) [ ] Haz un zumo con las frutas pasándolas por la licuadora y viértelo en un vaso o una copa, añade cubitos de hielo.

c) [ ] Algunas frutas y verduras se llaman de formas diferentes en español de España y en español de Hispanoamérica, por ejemplo, en casi toda España se llaman patatas a lo que los hispanoamericanos llaman papas.

d) [ ] Los bailes caribeños proceden de las islas del Caribe. Tienen mucho éxito en los países europeos.

e) [ ] Para luchar contra el calor del verano, os proponemos unos sencillos refrescos, llenos de vitaminas, deliciosos y sin una gota de alcohol.

Ejercicios de consolidación gramatical

1 Busca en esta sopa de letras 14 formas irregulares del imperativo y escríbelas junto al infinitivo correspondiente.

S	C	D	G	V	V	A	R	I	X	M	H	D	T	Z	E
D	O	E	J	I	B	D	J	N	P	A	C	E	O	T	I
T	Q	B	R	V	Y	O	D	S	B	Z	O	P	S	U	V
X	E	A	H	E	T	R	E	I	A	F	M	R	V	B	R
P	S	N	C	L	Q	N	O	S	D	S	E	I	B	E	J
C	A	N	T	A	S	E	V	T	F	I	R	M	Y	B	D
A	C	F	G	S	V	B	R	A	X	S	H	A	T	E	E
D	N	S	R	E	C	B	A	I	L	A	C	M	Q	I	O
F	Q	I	R	L	Y	E	D	B	A	G	T	O	S	U	V
X	I	A	T	R	É	M	O	R	A	T	E	S	A	C	F
V	O	A	C	K	Q	I	P	R	E	S	U	M	E	N	S
P	A	R	T	E	S	U	V	T	K	S	U	V	N	Q	I
R	E	G	U	L	E	N	E	T	E	M	H	O	T	Z	E
T	K	S	U	V	F	Q	I	P	S	E	X	C	E	D	E

a) cantar ____________
b) beber ____________
c) partir ____________
d) vivir ____________
e) comer ____________
f) bailar ____________
g) presumir ____________
h) deber ____________
i) insistir ____________
j) regular ____________
k) morar ____________
l) deprimir ____________
m) adornar ____________
n) exceder ____________

2 Ahora escribe los verbos encontrados en la sopa de letras en 2.ª persona de plural.

a) ____________
b) ____________
c) ____________
d) ____________
e) ____________
f) ____________
g) ____________
h) ____________
i) ____________
j) ____________
k) ____________
l) ____________
m) ____________
n) ____________

3 Elige la opción correcta para las frases.

I. ____________ (anotar, nosotros) todos los problemas comentados en esta reunión.
II. Chicos, ____________ (comprar) pocos dulces de chocolate.
III. ____________ (meter, tú) todos los materiales en la mochila.
IV. Niñas, ____________ (persistir, vosotros) todas en vuestros objetivos.

a) [ ] anoten / comprad / metan / persiste
b) [ ] anotad / compre / meter / persistan
c) [ ] anotemos / compren / mete / persistid
d) [ ] anotamos / compras / meted / persista
e) [ ] Todas están correctas

4 Observa los adverbios de cantidad en las siguientes frases y señala la alternativa correcta:

I. ¿Te apetece otro bocadillo? No, gracias. Comí bastante.
II. ¿Cómo fue la fiesta? Más o menos, apenas comí un sándwich.

a) [ ] Las frases son equivalentes, porque significan que se comió hasta quedarse morado.
b) [ ] Las frases no son equivalentes, porque la primera significa que comió suficiente.
c) [ ] Las frases no son equivalentes, porque la segunda significa que comió suficiente.
d) [ ] Las frases son equivalentes, porque la dos significan que no comió suficiente.
e) [ ] Las frases no son equivalentes, porque la primera significa que comió hasta quedarse morado.

5 Observa las frases y señala las traducciones correctas.

I. Apenas hablan francés.
II. Apenas nos vio, se puso a reír.
III. A la reunión acudieron apenas tres personas.

a) [ ]
I. Somente falam francês.
II. Assim que nos viu, começou a rir.
III. À reunião compareceram tão-somente três pessoas.

b) [ ]
I. Mal falam francês.
II. Assim que nos viu, começou a rir.
III. A reunião acolheu tão-somente três pessoas.

c) [ ]
I. Só falam francês.
II. Assim que nos viu, começou a rir.
III. À reunião compareceram tão-somente três pessoas.

d) [ ]
I. Mal falam francês.
II. Assim que nos viu, começou a rir.
III. À reunião compareceram tão-somente três pessoas.

e) [ ]
I. Mal falam francês.
II. Porque nos viu, começou a rir.
III. À reunião compareceram tão-somente três pessoas.

LECCIÓN 16 Nuestros derechos, leyes y deberes

"Vestibular"

Texto 1 (UFMG)

Nadador panameño centra preparación en Juegos Panamericanos

El nadador panameño Edgar Crespo, multimedallista en los Juegos de la Alternativa Bolivariana para las Américas (ALBA), centrará desde hoy su preparación en los Panamericanos de Río de Janeiro, según el diario *La Prensa*.

Crespo, ganador de cuatro preseas en la lid del ALBA, dos de ellas de oro, solo piensa en los Juegos de Río, en los cuales sueña con al menos un galardón.

"Me siento muy contento de haber traído cuatro medallas para el país y creo que puedo mejorar aún más mis tiempos, pero estoy satisfecho con las marcas que obtuve", destacó Crespo, poco después de regresar a Panamá.

http://www.prensalatina.com.mx/. Acceso: 12 mayo 2007. (Adaptado)

A partir de esas informaciones, RESPONDA a las siguientes preguntas, con sus propias palabras:

1 ¿Qué decisión tomó el nadador y cómo sabemos de eso?

2 ¿Cuántas medallas de oro lleva ganadas Edgar Crespo y cómo se siente con respecto a sus triunfos?

3 ¿Qué piensa Crespo de su futuro?

Texto 2

El oro en los Panamericanos, objetivo de la yudoca mexicana Vanessa Zambotti

Dos días después de haber conquistado el primer lugar de la Copa del Mundo que se efectuó en Belo Horizonte, Brasil, donde ganó sus tres combates en los 78 kilogramos, la yudoca Vanessa Zambotti afirmó que es una de las cartas más fuertes para obtener la medalla de oro en los próximos Juegos Panamericanos.

Sin embargo, la atleta pidió no adelantar vísperas "porque nadie puede garantizar nada".

"Primero hay que viajar a Montreal, al Panamericano, que es el torneo clasificatorio para los Juegos de Río y, una vez con el boleto, ya podré pensar en otras cosas", señaló.

http://www.proceso.com.mx/. Acceso: 12 mayo 2007. (Adaptado)

A partir de esas informaciones, RESPONDA a las siguientes preguntas, con sus propias palabras:

4 ¿Cuál es la afirmación que hace la atleta?

5 ¿Cuál es el pedido que hace la yudoca?

6 ¿Cuáles son los hechos a que se refiere Vanessa Zambotti?

7 Imagínese que está usted en la cocina enseñando a un amigo suyo a hacer una crema de lentejas. Tendrá usted que darle las instrucciones necesarias ESCRIBIENDO en el hueco el verbo entre paréntesis en la forma de **imperativo** según corresponda.

Bueno, primero ________________ (lavarse) las manos, que las tienes hechas un desastre. Muy bien. ________________ (coger) y ________________ (cortar) las acelgas.

Ahora, ________________ (pelar) una cabeza de ajo y los tomates. ________________ (poner) a cocer las lentejas con el ajo, el laurel y los tomates. No ________________ (cortar) los tomates tan pequeños. Así está mejor.

Bueno, ________________ (añadir) las acelgas, las zanahorias y la sal. Cuidado, no ________________ (echar) tanta sal y no ________________ (exagerar) con el aceite.

Aparte, ________________ (hacer) un sofrito de cebolla con una pizca de pimentón y ________________ (echar) un poco del caldo de las lentejas. ¿Ya está todo? ________________ (verificar) que no falte nada. Pues, para que quede una crema fina ________________ (pasar) todo por la batidora. ________________ (dejar) en el fuego un poco más y mientras tanto ________________ (preparar) la mesa.

________________ (pensar) en todos los detalles pero no ________________ (ponerse) nervioso. ________________ (irse) a comprar el pan y unas botellas de vino. No ________________ (protestar) y ________________ (arreglarse) que la gente ya está llegando.

Ejercicios de consolidación gramatical

1 Observa las dos columnas: en una de ellas hay frases en imperativo y en la otra, personas verbales. Asocia cada frase con la persona que corresponde.

a) **Ponte** el sombrero.	[ ] usted
b) **Córranse** hacia el costado.	[ ] vosotros
c) **Lavémonos** las manos.	[ ] nosotros
d) **Hágase** un análisis de sangre.	[ ] tú
e) **Peinaos** con raya al medio.	[ ] ustedes

2 Transforma las siguientes oraciones pasando al negativo las que están en forma afirmativa y viceversa. Presta atención si debes hacer alguna adaptación en función del sentido de la frase al pasarla de una forma a otra.

a) Haz los deberes al llegar a casa.

____

b) Ten en cuenta lo que te aconsejan tus amigos.

____

c) No vayas a estudiar a casa de tu compañero.

____

d) Use el dinero para hacer un curso en el exterior.

____

e) No salgamos tarde hoy.

____

f) Vean esa película, que vale la pena.

____

g) No lleguen a la escuela después de las 8.

____

h) Piensa en las consecuencias de tus actos.

____

3 ¿Cómo deben portarse los alumnos en la escuela? Escribe qué pueden hacer y qué no. Para ello, utiliza el imperativo y las formas de prohibir aprendidas en el diálogo de esta lección.

LECCIÓN

17 ¿CÓMO NOS CUIDAMOS?

LECTURA

PRECALENTAMIENTO

1 ¿Qué haces a diario para garantizar tu salud?

2 ¿Cómo cuidas tu cuerpo? ¿Y tu mente?

3 ¿Qué son terapias alternativas complementarias?

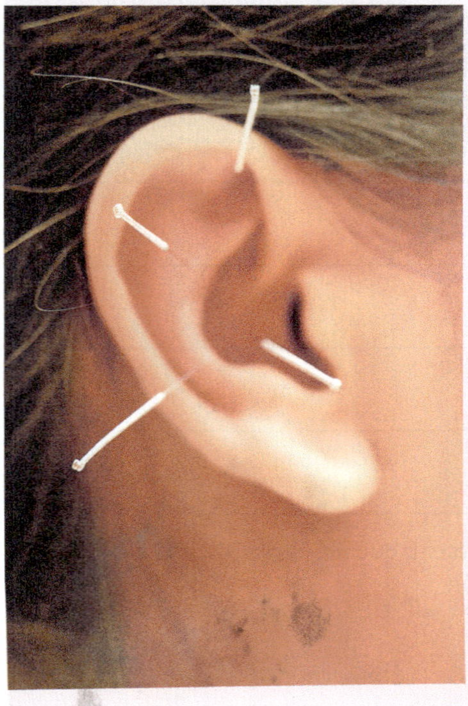

Lee lo que consta en este **texto enciclopédico**.

ARMAS DE LA MEDICINA
La mejor forma de combatir las enfermedades es la prevención, que incluye la adquisición de hábitos saludables, la vacunación y otras medidas.

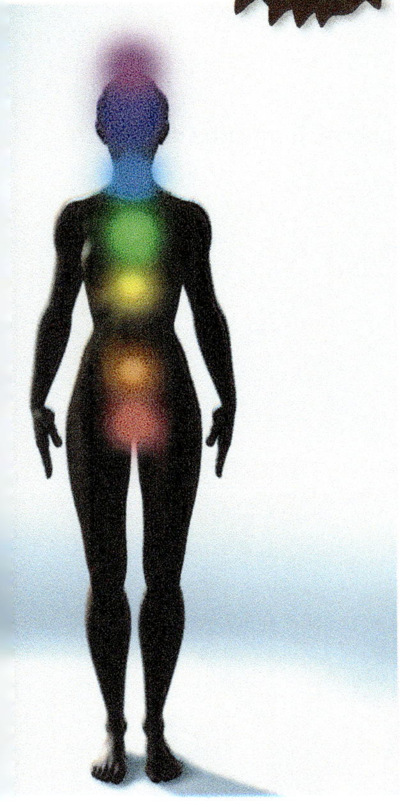

Hábitos saludables para prevenir las enfermedades infecciosas

Los **hábitos saludables para prevenir las enfermedades infecciosas** tienen como principal objetivo evitar en lo posible el encuentro con los gérmenes patógenos.

- Atender detalladamente a la higiene personal. En determinadas zonas de la piel es relativamente común que se desarrollen microorganismos si la higiene no es correcta. En el interior de la boca también existen bacterias que pueden poner en peligro la dentadura si no se realiza la oportuna higiene bucal.
- Atender a la higiene ambiental, lavando y limpiando el medio y los enseres con productos apropiados y con regularidad.
- Lavar las heridas superficiales con agua y jabón, y utilizar un antiséptico. Las heridas de gravedad las debe tratar un profesional sanitario.
- Procesar (lavar, conservar y manipular) adecuadamente los alimentos susceptibles de ser vías de contagio.
- Vigilar la higiene y las condiciones de salud de los animales domésticos.
- Cuidar la exposición a focos de infección como aguas residuales, contenedores de basuras, etc.
- Evitar que los medicamentos sobrantes tras un tratamiento médico vayan a parar al medioambiente. Tirar los antibióticos a la basura, además de no ser una buena práctica ambiental, solo sirve para que las bacterias presentes en el medio ambiente puedan desarrollar resistencia ante ellos. Si esto sucede, el antibiótico dejará de ser eficaz para el tratamiento de las enfermedades.

Tomado de *La enciclopedia del estudiante*. Ciencias de la vida. Madrid: Santillana/El País, 2005. v. 9, p. 234.

TOMA NOTA

El **texto enciclopédico** es un género discursivo que presenta, de manera organizada y sistemática, las informaciones básicas sobre determinado contenido del conocimiento humano. La finalidad de ese género discursivo es registrar y difundir el conocimiento acumulado, por medio de la creación de una obra de referencia –**la enciclopedia**– que cualquier persona puede consultar.

COMPRENSIÓN E INTERPRETACIÓN

1 ¿Cuál de los siguientes refranes expresa mejor la idea del texto *Armas de la medicina*?

a) [ ] Quién tiene dolencia, abra la bolsa y tenga paciencia.
b) [ ] Si quieres vivir sano, hazte viejo temprano.
c) [ ] Más mató la cena que sanó Avicena.
d) [ ] Échate a enfermar, verás quién te quiere bien o quién te quiere mal.

2 Anota tres vías de contagio de las enfermedades infecciosas.

3 ¿Por qué es importante mantener una buena higiene bucal?

4 *Armas de la medicina* trata la necesidad de prevenir las enfermedades como si fuera una guerra. Transcribe dos fragmentos que justifiquen esa afirmación.

5 De acuerdo con el texto, ¿qué cuidado con el medioambiente resulta saludable al hombre?

6 ¿Qué maleficios pueden causar los antibióticos tirados a la basura?

7 Ahora lee lo que relatan en un reportaje de una revista de belleza.

MOMENTOS ZEN

A falta de espacio en nuestras casas podemos tener un jardín oriental minimalista en cualquier habitación. Su éxito se debe al efecto relajante que producen las formas onduladas y concéntricas que invitan a la meditación. Regálate momentos de relax para que puedas eliminar el estrés acumulado durante el día.

- Viste tu ambiente con una decoración sosegada. Procura lo limpio y moderno, huye de las sobrecargas de adornos y descubre tu propio lenguaje de color.
- Pon un acuario en el salón. Observar el movimiento de los peces, al menos 15 minutos al día, es la mejor cura para la hiperactividad.
- Aprecia la música. No importa si es en el salón o sentado(a) en un parque con tu *iPod*; intenta escuchar lo que oyes. No la pongas solo para tapar un hueco de silencio, y escoge bien las canciones al momento o la circunstancia.
- Lee más y mira menos la tele. Mientras la lectura relaja, la televisión puede destruir nuestros nervios y volvernos más agresivos o intolerantes.
- Haz de tu descanso nocturno un ritual. Pon en tu almohada esencias florales, escoge un pijama con textura suave, péinate y pásate un *serum* perfumado por las puntas, y corona el rito limpiando e hidratando tu piel.

NAZRA, Jorge. In: *Belleza Woman*. Barcelona: Grupo Zeta, octubre 2007. p. 65.

8 ¿Cuál es el tema del reportaje?

9 Destaca del texto *Momentos Zen* la frase con la que, en tu opinión, el autor induciría al lector a aceptar sus consejos.

10 Compara los tiempos verbales empleados en los dos textos y responde: ¿presentan diferencias significativas en cuanto al tono empleado?

VOCABULARIO

1 Relaciona cada palabra o expresión a su definición.

a) Vigilar: intr.
b) Concéntrico: adj. *Mat.*
c) *Serum*: m.
d) Gérmenes patógenos: m. *Med.*
e) Minimalista: adj. *Arte*
f) Bacterias: f. *Biol.*
g) Enseres: m. pl.

[ ] Microorganismos que pueden causar o propagar enfermedades.
[ ] Microorganismos unicelulares procarionte[1], cuyas diversas especies causan las fermentaciones, enfermedades o putrefacción en los seres vivos o en las materias orgánicas.
[ ] Utensilios, muebles, instrumentos necesarios o convenientes en una casa o para el ejercicio de una profesión.
[ ] Velar sobre alguien o algo, o atender exacta y cuidadosamente a él o a ello.
[ ] El que tiende a emplear los elementos mínimos y más básicos.
[ ] Que tiene el mismo centro que otro.
[ ] Tipo de gel que restaura el cabello.

Vocabulario

Procarionte: (Del ingl. *procaryote*). 1. adj. *Biol.* Dicho de un organismo cuyo ácido desoxirribonucleico no está confinado en el interior de un núcleo, sino extendido en el citoplasma.

2 "Los alimentos susceptibles de ser vías de contagio" son:

a) [ ] los alimentos que pueden contaminarse.
b) [ ] los alimentos que pueden contaminar a las personas.
c) [ ] los alimentos que contaminan a las personas.

3 "Haz de tu descanso nocturno un ritual" significa:

a) [ ] haz de tu descanso nocturno una ceremonia.
b) [ ] haz de tu descanso nocturno un conjunto de reglas a ser respetadas.
c) [ ] haz de tu descanso nocturno un sacrificio ritual.

4 Escribe para cada sustantivo el adjetivo que le corresponde.

a) Agobio: ____________
b) Alegría: ____________
c) Alivio: ____________
d) Ansiedad: ____________
e) Asombro: ____________
f) Aburrimiento: ____________
g) Cansancio: ____________
h) Celos: ____________
i) Confusión: ____________
j) Enfado: ____________
k) Esperanza: ____________
l) Miedo: ____________
m) Nerviosismo: ____________
n) Perplejidad: ____________
ñ) Placer: ____________
o) Rabia: ____________
p) Satisfacción: ____________
q) Serenidad: ____________
r) Temor: ____________
s) Ternura: ____________
t) Tranquilidad: ____________
u) Tristeza: ____________
v) Violencia: ____________

GRAMÁTICA

Formas no personales del verbo

Observa la frase entresacada del texto de la página 215.

Este y todos los verbos del texto están en infinitivo, forma no personal del verbo, e indirectamente les dan un orden indirecta al lector, es decir, sustituyen, en este caso, al imperativo.

Atender detalladamente a la higiene personal.

Las formas no personales (o inflexivas) del verbo son invariables y por sí solas no expresan la persona gramatical, el modo o el tiempo de la acción. Son las siguientes: el infinitivo, el gerundio y el participio.

Formas simples de infinitivo

El **infinitivo** desempeña la función que suele desempeñar el nombre.

Infinitivo (formas)	Usos	Ejemplos
Cantar	Sujeto	**Practicar** deporte es saludable.
Beber	Complemento de verbo	No quiere **salir**.
Vivir	Complemento de sustantivo	Hay que **cultivar** el arte de **cuidarse**.
	Complemento de adjetivo	La infancia es una época difícil de **olvidar**.
	Complemento de adverbio	La discusión está lejos de **resolverse**.
	Puede reemplazar el imperativo.	No **estacionar** ni **detenerse**.
	Puede aparecer con preposición.	Estaba bien **al salir** de aquí. No tenía mucho trabajo **por hacer**.

Ejercicios

1 Apunta cuál es el uso del infinitivo en las siguientes estructuras en negrita:

a) **Por temer** las enfermedades transmitidas por el consumo de carne animal, mis padres se hicieron veganos.

b) Albert Einstein también se manifestó sobre los **beneficios de vivir** como vegetariano.

c) Como vegetariano, te doy un consejo: **sustituir** la carne por granos de soja.

d) **Seguir** una alimentación saludable y equilibrada beneficia la salud y previene enfermedades como la diabetes y el colesterol alto.

e) **Atender** a la higiene ambiental, lavando y limpiando el medio y los enseres con productos apropiados y con regularidad.

2 Elige uno de los verbos del recuadro para completar los huecos del texto a continuación.

Vivir más despacio

Recurre a las técnicas de meditación para __________ tu relajación. Para __________ en estados profundos y duraderos de felicidad, paz y placer es mejor __________ por las noches, cuando estamos en casa y disponemos del tiempo y espacio para hacerlo sin interrupciones. Entre las muchas ventajas podemos __________ que elimina el estrés, mejora el carácter, aumenta las defensas del organismo, retrasa el proceso de oxidación orgánica [...], cuida el corazón y aumenta la paciencia. Puedes __________ recostado(a) en una silla o sofá cómodos. Lo único permitido puede __________ una música instrumental relajante. Mente en blanco no significa no __________ en nada, sino __________ conciencia de tu propia realidad. __________ imágenes agradables y positivas. Al final descubrirás que este tipo de normas te ayudan a __________ buenas decisiones.

NAZRA, Jorge. In: *Belleza Woman*. Barcelona: Grupo Zeta, octubre 2007. p. 65.

mejorar
visualizar
hacerlo(2)
decir
pensar
ser
tomar(2)
entrar

Formas simples regulares e irregulares de gerundio

El **gerundio** presenta valores propios del verbo y, especialmente, del adverbio.

Gerundio (formas)	Usos	Ejemplos
Regulares Cantar → Cantando Beber → Bebiendo Vivir → Viviendo	Complemento de verbo Complemento de sustantivo	Salió **reclamando** del retraso de su hermano. Nunca he oído esas palabras **saliendo** de su boca.
Irregulares Algunos verbos de la tercera conjugación (-ir) cambian las vocales **e** u **o** de la raíz por **i** y **u**, respectivamente.	Puede referirse al sujeto y llevar complementos.	Ana, **caminando** por el parque, mantiene el cuerpo en forma.
Pedir → Pidiendo Sentir → Sintiendo Decir → Diciendo Dormir → Durmiendo Morir → Muriendo	Puede tener sujeto propio. Solo admite la preposición "en" que indica una acción que sucede enseguida, inmediatamente.	**Siendo** yo tu amigo, te digo que debes cuidarte. En **llegando** enero, saldremos de vacaciones.

OBSERVA

1 Por las reglas de ortografía, en el caso del triptongo, la **i** átona se transforma en **y**.
Ejemplos: Leer – leyendo
Ir – yendo

2 El pronombre complemento se junta al verbo en infinitivo o gerundio, formando una sola palabra.
Ejemplos: ¿Cómo **decirle** la verdad a Ana?
Andrés se sintió más tranquilo, **contándole** todo a su amigo.

LECCIÓN **17**

Ejercicios

1 Conjuga los verbos del recuadro en gerundio y luego completa el texto.

La *Enciclopedia Libre Universal en Español* es un proyecto para desarrollar a través de Internet una enciclopedia libre y gratuita en español en la que todos pueden colaborar ______________ nuevos artículos o ______________ los existentes, también ______________ en las muchas actividades que tiene preparadas.

participar
elaborar
ampliar

2 Reescribe las frases con la forma correcta del verbo.

a) Aun (tenga / tener / teniendo) tiempo, no fue al cine.
b) (Se mudó / Mudarse / Mudándose) de país no es fácil, depende de muchos aspectos.
c) Dime qué debo (hago / hacer / haciendo) con esas fotografías.
d) Lo encontré (hablé / hablar / hablando) con los amigos en el supermercado.
e) (Gastas / Gastar / Gastando) tanto dinero no conseguirás comprarte el apartamento que quieres.

Leísmo, laísmo y loísmo

Leísmo	Se llama el leísmo al fenómeno que consiste en emplear los pronombres **le** y **les** en función de objeto directo de persona y masculino, es decir, sustituyendo a los pronombres **lo** y **los**, respectivamente. Ejemplos: Ayer vi **a Juan** en el gimnasio. Ayer **lo** vi en el gimnasio. (regla general) Ayer **le** vi en el gimnasio. (leísmo)
Laísmo	El laísmo consiste en usar los pronombres **la** y **las** como complemento indirecto femenino, en lugar de **le** y **les**. Ejemplos: Dijo **a ella** la verdad más de una vez. **Le** dijo la verdad más de una vez. (regla general) **La** dijo la verdad más de una vez. (laísmo)
Loísmo	El loísmo consiste en usar los pronombres **lo** y **los** como complemento indirecto masculino, en lugar de **le** y **les**. Ejemplos: Cuenta **a él** una historia todos los días. **Le** cuenta una historia todos los días. (regla general) **Lo** cuenta una historia todos los días. (loísmo)

OBSERVA

La RAE solo acepta el leísmo masculino de persona en singular (**le** por **lo**) y rechaza los demás usos.

Ejercicio

En las oraciones a seguir, subraya el pronombre que caracteriza el uso del leísmo, laísmo y loísmo e informa de qué caso se trata.

a) A tu padre, no le dije nada sobre lo que me comentaste. No hay.

b) Ayer, le vi en el gimnasio. Leísmo.

c) No sabía qué hacer para dejarla los libros sobre dieta para deportistas. Laísmo.

d) No lo dieron los datos que necesitaba para hacer el informe sobre salud. Loísmo.

e) ¿Le hiciste una fotografía al niño? No hay.

f) Si los encuentras, cuéntalos de pronto el motivo de tu tristeza. Loísmo.

Interjecciones

Las interjecciones constituyen una clase de palabras que solemos emplear para expresar sentimientos y emociones. Además de eso, las interjecciones pueden describir acciones al imitar el sonido de objetos, animales, ruidos y podemos emplearlas como fórmulas de saludo y de cortesía. Generalmente, se destacan en la oración por medio de una pausa y por aparecer entre signos de admiración.

Describen acciones	Interjecciones
Imitativas:	¡Zas!, ¡Pumba!, ¡Plaf!
De incredulidad:	¡Venga, venga!, ¡Anda, anda!, ¡Venga, hombre!, ¡Vamos!
De inseguridad:	¡Yo qué sé!, ¡Qué sé yo!, ¡Ni idea!, ¡Ya veremos!
De indiferencia:	¡Qué más da!, ¿Y a mí qué?, Yo paso. Ni fu ni fa.
De sorpresa:	¡No me digas!, ¿Qué me dices?, ¿Qué?, ¿De verdad?, ¡Caramba!, ¡Caray!
Para dar ánimo:	¡Ánimo!, ¡Ea!, ¡Andando!, ¡Vamos!, ¡Venga, venga!
Expresiones de distintos valores:	¡Ay!, Pues..., ¡Oye!, ¡Oiga!, ¡Hummm!, ¡Ojalá!, ¡Dios mío!, ¡Por Dios!, ¡Mira!, ¡Por favor!, ¡Basta ya!, ¡Guay!

Ejercicio

Rellena el hueco con la expresión adecuada.

a) ____________________ Estoy segura que te recuperarás pronto.

b) ____________________, señor, ¿podría darme una información?

c) ____________________, hace buen tiempo. ¿Vamos a la playa para relajarnos?

d) ____________________, te rompiste la pierna al caerte de la bici.

COMUNICACIÓN

21 Rosa es española y viajó a Argentina a visitar a su novio, Rafael, y festejar con él su cumpleaños. Escucha lo que les pasó.

Mujer ¡Hola!
Rosa ¡Qué se ponga Rafa!
Mujer Un momento.
Rosa Gracias.
...
Rafael ¡Sí!
Rosa Rafa, ¿cómo has podido dejarme esperándote por una hora el día de mi cumple?
Rafael Rosa, disculpame, pero estuve...
Rosa ¡No me digas nada! No quiero oír mentiras. Pero tú, sí, tienes que oír un montón de cosas.
Rafael Rosa, cariño, esperá...
Rosa ¡Qué va!, ¿aún tienes la caradura de intentar argumentar?
Rafael No se trata de...
Rosa Por Dios, hombre, hace 60 minutos, 3600 segundos, que te estoy esperando a la puerta de esta pastelería y ¡nada! La gente entra (y me mira), sale (y me mira), y yo aquí, ¡como una estatua!
Rafael Che, Rosa,...
Rosa Yo he pensado que me quisieras, que tuvieras respeto por mí. Claro, ya no te pido un regalo por mi cumple, pero tampoco un castigo. Y fue exactamente eso lo que me has dado: ¡un castigo!
Rafael No te pongás nerviosa...
Rosa ¿Nerviosa, yo? ¡Estás loco! Mira, se acabó, a partir de hoy ya no eres mi novio.
Rafael Mirá,...
Rosa ¿Qué?
Rafael Por favor, mujer, dame una oportunidad.
Rosa Vamos a tus últimas palabras...
Rafael Che, Rosa, no fui a la cita porque te estaba preparando una fiesta sorpresa. Si venís a mi casa ahora, encontrarás aquí a unos veinte amigos míos que te quieren conocer. ¿Y sabés por qué te quedaste tanto tiempo esperándome? ¡Porque estuviste usando el móvil todo ese tiempo! Estaba siempre comunicando. ¿Qué querías que hiciera? Además, estás muy cerca de mi casa, así, vení hasta aquí o festejaremos tu cumple sin ti.
Rosa ¡Ay, Rafa! ¿De veras?...

Contesta a las cuestiones oralmente.

a) ¿Por qué está Rosa irritada con Rafa?
b) ¿Dónde lo estuvo esperando?
c) ¿Qué argumento usa Rafa para tranquilizar a Rosa?

PRODUCCIÓN ORAL

Como te diste cuenta, Rosa está muy nerviosa y, si no se calma, podrá tener un ataque al corazón. Para cuidar su salud, ¿qué podría hacer Rosa? Reúnete con tus compañeros y elaboren un diálogo, dándole a Rosa consejos que se relacionen con el aspecto social y mental. Usen el infinitivo con valor de imperativo. Luego presentenlo a los demás grupos y discutan cada consejo de modo que, al final, haya un solo diálogo, elaborado colectivamente.

AMPLIACIÓN DEL VOCABULARIO

1 Relaciona las fotos a los nombres de los objetos.

[ ] El peine
[ ] El cepillo de pelo
[ ] El cepillo de dientes
[ ] La maquinilla
[ ] La brocha
[ ] La lámina de afeitar
[ ] La crema de afeitar
[ ] La sombra de ojos
[ ] El pañuelo de papel
[ ] El hilo dental
[ ] El perfume
[ ] El gel
[ ] El esmalte de uñas
[ ] El preservativo/El condón
[ ] El jabón
[ ] El champú
[ ] El espejo
[ ] Los hisopos/ Los palillos
[ ] El dentífrico / La pasta de dientes
[ ] El pintalabios/ La barra de labios
[ ] El papel higiénico
[ ] El protector solar
[ ] El desodorante

2 ¿Cuáles de esos llevas en tu mochila a diario?

PRODUCCIÓN ESCRITA

Elabora algunas normas para el uso de los artículos de higiene personal. Escribe en forma de texto enciclopédico las informaciones básicas con respecto a la frecuencia de uso, el modo de guardarlos y préstamos. ¿Qué usar? ¿Cómo usarlo? ¿Para qué? ¿Qué se puede compartir?

HEMOS DESCUBIERTO SABORES DIVERSOS...

LECTURA

PRECALENTAMIENTO Conversa con tus compañeros y responde a las cuestiones propuestas.

Pescado asado.

1 Señala las comidas típicas de tu región o ciudad.

a) [ ] "Tacacá no tucupi".
b) [ ] "Pato no tucupi".
c) [ ] "Barreado".
d) [ ] "Vatapá".
e) [ ] Gallina en salsa gris ("galinha ao molho pardo").
f) [ ] "Arroz com suã".
g) [ ] "Xinxim de galinha".
h) [ ] "Feijoada".
i) [ ] "Moqueca".
j) [ ] "Munguzá".
k) [ ] "Roupa-velha".

2 ¿A base de qué está(n) hecho(s) ese(os) platos?

3 En tu opinión, ¿cuál ingrediente sería dispensable?

4 ¿Qué les parece más importante a los turistas a la hora de comer en tu ciudad o región: el placer que la comida les proporciona o la nutrición que les aporta?

5 ¿Sueles preocuparte por tu alimentación? ¿Qué cuidados tienes con lo que comes?

6 En tu opinión ¿cuál debe ser nuestra relación con la alimentación? ¿Por qué?

"Acarajé".

"Pão de queijo".

Arroz y frijoles.

"Vatapá".

"Churrasco".

"Cocada".

"Quindim".

EL LOCO Y EL CURANTO

EL LOCO - ¡Un *loco* mayooo...! No se alarme, lector, que ningún loco anda suelto. Sencillamente, el garzón pide una orden de *locos* con mayonesa. Pero ¿cómo es eso? No se confunda. Los *locos* son unos sabrosos mariscos de carne apretada, blanca y suave al gusto.

El *loco mayo* es una entrada a base de papas cocidas, hojas de lechuga, mayonesa y los riquísimos locos cocidos que vuelven "locos" a quienes los prueban por su exquisita carne y sabor. Muchos famosos han alabado esta delicia del mar.

Estos moluscos viven únicamente en las aguas del sur de Perú y en las costas chilenas. Hoy su captura está vedada por encontrarse en proceso de extinción.

Otros mariscos, como el erizo, las machas, las almejas, las ostras y los picorocos abundan en las aguas del litoral.

La cholga, el choro zapato —mejillón del tamaño de un zapato— y los choritos —mejillones— provienen en su mayoría de los viveros de cultivo del sur y se comen crudos con limón, asados o cocidos al vapor con cebolla fina y perejil picado.

El ostión, marisco casi extinguido por exceso de explotación, viene de los viveros ubicados en el norte del país. Se cocina al horno con un poquito de mantequilla y queso rallado, y se acompaña con un buen vaso de vino blanco.

[...]

EL CURANTO - El curanto es un guiso tradicional de Chiloé. Desde Santiago a Puerto Montt, el curanto chilote se prepara de manera similar a como lo hacen las mujeres en la sureña caleta de Angelmó. Los aderezos se echan en grandes ollas enlozadas y se cocinan a fuego fuerte.

El curanto es un cocimiento de mariscos, carne, embutidos, pescados y verduras colocados sobre hojas de pangue y cocinados en un hoyo hecho en la tierra con piedras calientes en su interior.

Esta comida se acompaña con chapaleles, que es una especie de pan hecho de puré de papas y manteca de cerdo, o con milcao, harina de trigo tostado mezclada con cebolla y disuelta en agua caliente. Los ingredientes del curanto se cubren con alguno de estos tipos de pan.

En los pueblos del Altiplano, en el norte, el curanto es algo diferente, pues lleva carne de vacuno, llamo y guatitas (maíz molido, cocinado y envuelto en hojas de choclo con azúcar y ají).

El loco y el curanto son dos delicias marinas que recorren toda la geografía de norte a sur, en busca de golosos gourmetes.

BELMAR, Cecilia. *Si vas para Chile*. Madrid: Ediciones SM, p. 16-18.

Vocabulario

Aderezo: (De *aderezar*). 3. m. Condimento, conjunto de ingredientes que se usan para sazonar las comidas.
Caleta: 1. f. *Am.* Barco que va tocando, fuera de los puertos mayores, en las calas.
Chiloé es un archipiélago al sur de Chile.
Llamo: m. *Chile, Perú*. Llama, mamífero rumiante.
Pangue: 1. m. *Chile*. Planta acaule, de la familia de las Gunneráceas, con grandes hojas de más de un metro de longitud y cerca de medio de anchura, orbiculares y lobuladas.

COMPRENSIÓN E INTERPRETACIÓN

1 ¿Qué son los *locos* y dónde se encuentran?

2 De acuerdo con las informaciones del texto, ¿crees que será fácil encontrar *loco mayo* para comer si vas para Chile hoy? ¿Por qué?

3 En el fragmento: "y los riquísimos locos cocidos **que vuelven 'locos'** a quienes los prueban", la expresión destacada en negrita quiere decir que:

a) [ ] deja a quienes los prueban discapacitados de razonar.
b) [ ] entusiasma desmesuradamente a quienes los cocinan.
c) [ ] aficiona a quienes los prueban.

4 Según el texto, la carne y el sabor de los locos:

a) [ ] son exóticos.
b) [ ] son diferentes de todo lo que se ha probado.
c) [ ] agradan de manera muy especial.

5 Con la frase "Muchos famosos han alabado esta delicia del mar", la autora del texto quiere decir que:

a) [ ] personas renombradas han elogiado el *loco mayo*.
b) [ ] artistas se han vanagloriado de haber probado el *loco mayo*.
c) [ ] personas famosas han alardeado sobre las delicias del *loco mayo*.

6 Podemos inferir del texto que los chilenos tienen una solución para el problema de la extinción de algunos mariscos por exceso de explotación. ¿Cuál es esa solución?

7 Observa el menú y responde: ¿Dónde incluirías los platos *loco mayo* y *curanto*? Justifica tu respuesta.

MENÚ CHILENO

ENTRADAS

Ravioles verdes
ravioles verdes rellenos con gambas y ricotta en mantequilla de crustáceos ..... $ 7500

Ostiones marinados sobre carpaccio
ostiones marinados sobre carpaccio de pulpo y crema helada de tomate a la pimienta ..... $ 8900

PLATOS PRINCIPALES

Paila marina
sabrosa sopa de camarones, choritos, salmón y calamares cocinados en su jugo ..... $ 7500

Filete de congrio
filete de congrio gratinado con piñones, mantequilla de mariscos y pastelera de choclo ..... $ 8500

Medallones de filete de res
medallones de filete de res en salsa de pimienta verde polenta al champiñón y verduras grilladas ..... $ 8500

POSTRES

Bocado de manjar blanco
bocado de manjar blanco con crema helada de lúcuma y almendras caramelizadas ..... $ 4500

Selección de postres del carrito ..... $ 5000

8 Lee los fragmentos de textos abajo y responde a las preguntas:

"Existe una premisa antropológica que asegura que un pueblo puede definirse conociendo sus hábitos alimenticios. En el caso argentino, fue la herencia de la inmigración la que dejó costumbres variadas que se arrastran hasta hoy".

Viva Bue. La revista del turista. Buenos Aires: Tierranaranja, n.º 41, sep./oct. 2007. p. 79.

Empanadas argentinas.

Tortilla española.

"En realidad, no existe una cocina española, sino un conjunto de cocinas regionales, diversas e independientes, que se practican en el país. Estas cocinas son el reflejo de la historia y de la cultura de los pueblos que forman España".

Guía de usos y costumbres de España. Madrid: Edelsa, 3. reimpresión, 2006. p. 49.

"Originalmente el taco [mexicano] es la tortilla de maíz enrollada que sirve para acompañar la comida. Actualmente los tacos se rellenan de pollo, cerdo o res, estos dos últimos animales de origen europeo, traídos al país por los españoles".

Hispania: revista cultural latinoamericana. São Paulo: Hispania, año 1, n.º 3, nov. 1996. p. 37.

Taco mexicano.

El curanto chileno.

"Mezcla de ingredientes típicos españoles y mapuches: así es la comida chilena".

Hispania: revista cultural latinoamericana. São Paulo: Hispania, año 1, n.º 5, 1997. p. 41.

a) ¿Cuál es la comida tradicional de Brasil? ¿Hay alguna en particular?

b) ¿Cuál es, hoy, nuestro alimento básico? ¿Hay variaciones por regiones?

c) Si hay variaciones, ¿cuáles son los principales motivos?

d) ¿Qué influencias recibimos de la comida española?

VOCABULARIO

1 En la frase: "Sencillamente, el *garzón* pide una orden de locos con mayonesa", según la región en la que uno se encuentre, la palabra *garzón* podría sustituirse por:

a) [ ] mesero.
b) [ ] camarero.
c) [ ] mozo.
d) [ ] todas las opciones anteriores.

2 Marca con una X la única alternativa que no expresa el sentido de la palabra destacada en negrita en la frase: "los picorocos **abundan** en las aguas del litoral".

a) [ ] los picorocos aparecen en gran cantidad en las aguas del litoral.
b) [ ] los picorocos son escasos en las aguas del litoral.
c) [ ] las aguas del litoral son ricas en picorocos.

3 Podemos formar expresiones a partir de términos que integran determinado(s) campo(s) semántico(s), como, por ejemplo, el vocabulario de los alimentos. Lee el diálogo entre dos amigos que se encuentran en la calle y relaciona las expresiones destacadas en negrita a su significado en el contexto.

Jorge ¡Hola, Paco! ¿Cómo estás?
Paco ¡Bien! ¿Y tú?
Jorge Un poco preocupado. ¡Tengo un jefe que me vuelve loco! Me acaba de pedir que vaya al banco, a la papelería, a los Correos y que termine un informe larguísimo. Es lo mismo que **pedirle peras al olmo**...
Paco Ya se nota que **a él le importa un pimiento** si estás sobrecargado o no, ¿verdad?
Jorge Así es. Pero te lo juro, ¡un día voy a **mandarlo a freír espárragos**!
Paco Hombre, paciencia... Ya sabes qué difícil es conseguir trabajo hoy día.
Jorge Sí, sí, lo sé, pero para que te hagas una idea, te cuento lo que me pasó ayer. Tenía que ir al banco, pero llovía a cántaros. ¿Y no es que mi jefe me hace salir, sin importarle nada la lluvia?
Paco Y al final, ¿qué pasó?
Jorge ¿Qué pasó? ¡Que **me puse como una sopa**! Bueno, lo siento, pero tengo que irme, si no, no termino todo lo que tengo que hacer... Adiós.
Paco Bueno, suerte, ¡hasta luego!

a) Pedirle peras al olmo.	[ ] Estar empapado, mojado.
b) A él le importa un pimiento.	[ ] Se usa para apartar a alguien con aspereza.
c) Mandarlo a freír espárragos.	[ ] No interesarle, preocuparle nada a alguien.
d) Me puse como una sopa.	[ ] Se utiliza cuando se pide algo imposible.

Oraciones coordinadas adversativas: conjunciones adversativas

Las oraciones coordinadas son oraciones que funcionan de manera independiente, pues tienen sentido propio; se unen por medio de un nexo, que no forma parte de ninguna de ellas. Uno de los tipos de nexos que une esas oraciones son las **conjunciones adversativas**, las cuales infunden especialmente relaciones de oposición y de negación entre las oraciones, como se puede observar en la tabla abajo.

Conector	Uso	Ejemplos
Pero, mas	**Pero:** Introduce una información que se opone a la que se ha dado anteriormente. **Mas:** de la misma manera que *pero*, contrapone una información a otra; sin embargo, su uso se ha reducido a la lengua escrita.	Sencillamente, el *garzón* pide una orden de *locos* con mayonesa. **Pero** ¿cómo es eso? No se confunda. Los locos son unos sabrosos mariscos de carne apretada, blanca y suave al gusto.
Sino	**Sino:** expresa incompatibilidad entre lo designado en los dos segmentos que conecta. Así, el segundo segmento excluye o corrige lo que se dice en el primero (este, en general, contiene una negación).	Todos tenemos una relación con la comida. La verdad es que el más profundo deleite viene no de la comida en sí, **sino** de cómo uno se relaciona con la comida.
Con todo	Las informaciones conectadas también se oponen. Lo que lo diferencia de las demás conjunciones adversativas es que el primer segmento suele presentar una enumeración de argumentos y, a pesar de ello, la conclusión es diferente de la que apunta el primer segmento.	Ana es una chica paraguaya a quien le gustan las variedades de *chipás* (el pan paraguayo), la sopa paraguaya, un plato reconocido internacionalmente, y el asado, compuesto de carnes asadas a la parrilla. **Con todo**, no le agrada la mandioca, tubérculo que es una de las bases de la cocina de su país.
Sin embargo, no obstante	De la misma manera que *pero*, introducen una información que apunta a una conclusión diferente de la que señala el primer segmento. Suelen aparecer más en la lengua escrita.	La pesca está restringida en ciertas épocas del año. **Sin embargo**, unas 300 000 personas siguen ganándose la vida directamente de la pesca a tiempo completo. Los alimentos ricos en carbohidratos son una importante fuente de nutrientes y tienen que formar parte de la dieta de todas las personas; **no obstante**, es necesario consumirlos con moderación.

Ejercicios

1 Completa las frases con la conjunción adecuada.

a) Tengo hambre, ____________ no voy a comer nada; aquí todo es muy caro.

b) El que desea tener una alimentación sana puede comer hamburguesas, ____________ no todos los días.

c) Camarero, no he pedido un zumo, ________________ un refresco.

d) Jorge no se preocupa por su salud: come grasa, no hace ejercicios, está siempre estresado, trabaja mucho. ________________, tiene una salud de hierro.

e) Según algunos estudios, los beneficios de las actividades físicas son independientes de su intensidad y además, también, hacer un poco de ejercicio es mejor que nada. ________________, un ejercicio de más intensidad contribuye de manera más eficaz a la reducción del colesterol.

f) Los alimentos funcionales por sí solos no proporcionan salud, ________________ que hay que tener una dieta equilibrada y practicar actividades físicas.

Vocabulario

Los **alimentos funcionales** son aquellos que contienen componentes que proporcionan beneficios extras para la salud más allá de los nutrientes básicos para satisfacer las necesidades orgánicas. Por ejemplo, los alimentos con vitamina C actúan como antioxidantes.

2 Lee los fragmentos abajo y complétalos con la conjunción adecuada.

sino no obstante sin embargo pero

a) Un adulto debería comer 25 g de fibra diarios. ______________________, la dieta del mundo moderno occidental contiene un elevado porcentaje de grasas animales y carbohidratos y muchas veces, carece de una cantidad adecuada de fibra.

http://www.juntadeandalucia.es/

b) Una vez recuperada la rutina del trabajo, las obligaciones cotidianas y la falta de tiempo vuelven a plantear, en muchas ocasiones, la necesidad de comer fuera de casa. Se crea así un cambio en los hábitos alimenticios. ______________________ esto no es una razón para no llevar una dieta equilibrada, tanto si se come en la propia oficina como si se almuerza en un restaurante.

http://la-mejor-forma-de-nutricion.blogspot.com/

c) *La dieta mediterránea*

Como vínculo de unión no solo entre las distintas comunidades autónomas de España, ______________________ incluso con otros países vecinos, debemos mencionar un tipo de alimentación cada vez más valorada internacionalmente, nos referimos a la dieta mediterránea.

Guía de usos y costumbres de España. Madrid: Edelsa, 2003. p. 49.

d) *Los mozos*

Si hay algo que caracteriza al mozo de los cafés montevideanos es su memoria y su don de gentes. Es común ver mesas de ocho o diez personas haciendo sus pedidos, cada uno diferente del otro, un sándwich caliente; un chivito, ______________________ que no le pongan lechuga; otro chivito con lechuga ______________________ sin tomate; el tercero completo, sin mayonesa.

BIER RIQUERO, Rodolfo. *Hispania*: revista cultural latinoamericana. São Paulo: Hispania, 1996. p. 45.

Vocabulario

Chivito: m. plato típico uruguayo, emparedado con carne de res.

OBSERVA

Para designar al "garçom", encontrarás, en español, las siguientes acepciones, cada cual con sus particularidades:

Camarero: 1. m. y f. Persona que sirve en los hoteles, bares, cafeterías u otros establecimientos análogos, y también en los barcos de pasajeros.

Mozo: m. Hombre que sirve en las casas o al público en oficios humildes. *Mozo de café, de comedor, de cocina.*

Mesero: 1. m. y f. *Am. Cen., Bol., Chile, Col., Ec.* y *Méx.* Camarero de café o restaurante.

Garzón: 1. m. Joven mancebo, mozo.

Diccionario de la Real Academia Española.

Participio pasado irregular

Lee los párrafos entresacados del texto de la página 225 y observa la forma verbal destacada.

El curanto es un cocimiento de mariscos, carne, embutidos, pescados y verduras colocados sobre hojas de pangue y cocinados en un hoyo ***hecho*** *en la tierra con piedras calientes en su interior.*

[...]

En los pueblos del Altiplano, en el norte, el curanto es algo diferente, pues lleva carne de vacuno, llamo y guatías (maíz molido, cocinado y ***envuelto*** *en hojas de choclo con azúcar y ají).*

Los verbos destacados están en participio pasado y son irregulares. Encontramos el participio con el verbo **haber**, formando tiempos compuestos, y como adjetivo. Si tiene la función de adjetivo, el participio de cualquier verbo concuerda en número y género con la palabra a la que se refiere.

Infinitivo	Participio irregular
Descubrir	Descubierto
Envolver	Envuelto
Escribir	Escrito
Hacer	Hecho
Imprimir	Impreso / Imprimido
Leer	Leído
Poner	Puesto
Resolver	Resuelto

OBSERVA

El participio pasado regular se forma con las terminaciones **-ado** o **-ido**; los irregulares se forman con las terminaciones **-to**, **-so** y **-cho**.

Ejercicio

Destaca de las frases el verbo en participio pasado y apunta su infinitivo.

a) La mona en Cataluña suele ser un bizcocho, generalmente recubierto de chocolate o de crema pastelera adornada con plumas de colores, pollitos amarillos, huevos de chocolate y figuritas de los personajes de moda.

b) Nuevo récord Guinness: un grupo de vecinos de Salamanca han freído más de 3500 huevos, en diez horas.

c) Como ya he dicho son muchas las ediciones de libros de recetas que se han impreso y supongo que con diferentes formatos.

d) ¿Cómo se han resuelto los problemas causados por los cambios en los hábitos alimenticios?

COMUNICACIÓN

En el restaurante

22 Ana y Pablo están casados y viven en Salamanca, España. Han quedado en ir a comer en un restaurante, en el centro de la ciudad, con Victoria, una amiga uruguaya que está de vacaciones en la ciudad.

Ana y Pablo ¡Hola, Victoria! ¿Qué tal?
Victoria ¡Hola, chicos! Tanto tiempo sin vernos, ¿no?
Ana Sí, hace ya más de dos años que estuvimos en Uruguay...
Victoria Sí, es cierto...
Pablo ¿Qué os parece, ya pedimos la comida?
Victoria Sí, ya tengo hambre.
Ana Yo también.
Pablo Pues, pedimos, entonces. Camarero, por favor.
Camarero Sí, señor.
Pablo Nos gustaría ver la carta.
Camarero Aquí la tienen. ¿Qué van a beber?
Pablo Yo, una gaseosa.
Victoria Y yo, un jugo de durazno.
Camarero ¿Cómo?
Ana ¡Ah! Lo que quiere Victoria es un zumo de melocotón.
Victoria ¡Es cierto! Aquí en España no se dice jugo, sino zumo, ni durazno, sino melocotón...
Camarero ¿Y qué van a comer?
Pablo De primero, una ensaladilla rusa. De segundo, trucha a la plancha.
Ana Yo, de primero, una ensalada de lechuga y cebolla, y de segundo, un lenguado con almejas.
Victoria Yo, de primero un gazpacho, y de segundo me quiero probar el famoso hornazo de Salamanca.
(Algunos minutos después, el camarero trae los platos.)
Camarero ¡Que aprovechen!
Victoria ¡Qué rico!
Pablo ¡Qué hambre tengo!
(Algún tiempo después...)
Camarero ¿Desean algo más? ¿Un postre?
Ana Sí, para mí un flan.
Victoria Para mí, un helado de frutilla o, como lo llaman aquí, de fresa.
(Algunos minutos después...)
Ana ¿Pedimos la cuenta?
Victoria Sí, sé que tienen que volver al trabajo.
Pablo La cuenta, por favor.
(El camarero les trae la cuenta.)
Pablo Bueno, Victoria, hoy te invitamos, entonces pagamos nosotros.
Victoria ¡Bueno, muchas gracias!
Pablo Cómo la pagamos: ¿con tarjeta o en efectivo?
Ana Con tarjeta. ¿Le dejamos una propina al camarero?
Pablo Creo que sí.
Ana Camarero, por favor. ¿Aceptan tarjeta?
Camarero Sí, por supuesto.
Ana Bueno, tengo que volver a la oficina. Victoria, ¿por qué no vienes a comer a casa este fin de semana?
Pablo ¡Sí, muy buena idea!
Victoria ¡Me encantaría!
Ana Bueno, llámanos entonces para decirnos qué día te viene mejor, ¿vale?
Victoria De acuerdo, los llamo y quedamos. ¡Chao!
Ana y Pablo ¡Hasta luego!

OBSERVA

Trucha a la plancha, lenguado con almejas y hornazo de Salamanca son platos típicos de Salamanca.

En el diálogo que acabas de leer, Victoria nota que la variante de la lengua española que ella usa presenta diferencias con respecto a la variante de los dos españoles. ¿Qué palabras (de las que se mencionan en el diálogo) son diferentes en Uruguay y en España?

PRODUCCIÓN ORAL

Supón que vas a celebrar el cumpleaños de un amigo llevándolo a un restaurante. Con dos compañeros, simula un diálogo en el que uno de ustedes es el camarero y los otros dos son los clientes (tu amigo y tú). Hagan el pedido al camarero de lo que van a comer y beber, pidan la cuenta, decidan si le dan propina al camarero, etc.

AMPLIACIÓN DEL VOCABULARIO

Curiosidades de algunos desayunos

En España, en el desayuno tradicional se pueden tomar **churros** o bollos.

En Argentina se desayuna mate cocido, té o café con leche, con algo dulce, sobre todo las **medialunas** (que, dulces o saladas, son parecidas a los *croissants* franceses).

En el desayuno chileno, además de tostadas con mantequilla, pueden ponerse **huevo revuelto**, **palta** (aguacate), queso o jamón.

En Colombia, con el café negro o "tinto" 100% colombiano, se pueden comer **arepa rellena** (especie de pan de molde circular, hecho con maíz, o con harina de maíz precocida), también común en Venezuela, donde casi siempre se abre por la mitad horizontalmente, y se unta margarina o mantequilla en ambas tapas, se rellena con queso blanco rallado, o con cualquier otro alimento.

En Panamá el desayuno típico, originario de la campiña, incluye café negro al cual se le añade leche al gusto, **tortilla de maíz** y carne frita o guisada con cebolla.

Churros con chocolate.

Medialunas.

Tortilla de maíz.

PRODUCCIÓN ESCRITA

¿Qué recetas brasileñas y/o propias de la región en que vives guardan estrecha relación con nuestra historia, con nuestro pueblo y nuestras costumbres? Busca informaciones en tus libros de Historia, en enciclopedias, en Internet, etc., y escribe un pequeño texto sobre el tema.

TODO SE TRANSFORMA

LECTURA

PRECALENTAMIENTO En grupo con tus compañeros, lean las preguntas que siguen, intercambien ideas y luego respóndanlas.

1. ¿Cuáles son los cinco idiomas más hablados en el mundo, considerando solamente a los hablantes nativos?
2. ¿En qué países se hablan? Para ayudarte, tienes al pie un mapamundi para marcar los países en que se habla cada idioma.
3. Los idiomas, ¿se prestan palabras unos a otros?
4. ¿Qué sucede cuando las palabras de un idioma trascienden las fronteras del país en que se habla?

Observa el siguiente **mapa del tiempo** correspondiente al día 31 de enero en España, lee el pronóstico del tiempo para ese mismo día y contesta las cuestiones que se plantean a continuación. Puedes ayudarte buscando información en una enciclopedia o en Internet.

No habrá precipitaciones destacables el jueves. Apenas caerá alguna tímida precipitación por la mañana en el Cantábrico o en el Pirineo, en forma de nieve en cotas entre los 1200 y los 1600 metros. Las nubes que el miércoles ocuparán la mitad norte peninsular se retirarán el jueves y los cielos volverán a quedar poco nubosos o despejados. En el resto de la Península y en Baleares predominará el ambiente soleado todo el día. Habrá nubes medias y altas en el archipiélago canario. Las temperaturas en esta jornada descenderán en todas las regiones. Poco a poco las temperaturas tan suaves de días anteriores se retirarán de nuestro país y el fin de semana se prevé un descenso térmico más acusado que traerá temperaturas más invernales a todas las comunidades.

www.elpais.es

Vocabulario

Cota de nieve: altitud de la montaña en la que se producen las nevadas.
Precipitación: lluvia

COMPRENSIÓN E INTERPRETACIÓN

1 Compara el pronóstico del tiempo en España y en América del Sur para el día 31 de enero.

Pronósticos de temperaturas máximas

Este mapa muestra las temperaturas máximas y las condiciones meteorológicas generales previstas.

http://espanol.weather.com

2 ¿En qué estación del año está España el día 31 de enero? ¿Es la misma de América del Sur o es diferente? Explica tu respuesta.

3 Investiga en Internet cómo es el clima en España y qué temperatura media hace allí a comienzos de enero y en la estación opuesta.

4 Compara las temperaturas medias en España, en enero, que has encontrado en la respuesta a la cuestión 3, con las que hacen en Brasil en las mismas épocas del año.

VOCABULARIO

1 Lee el texto y responde a las cuestiones propuestas.

Diferencias entre clima y tiempo

Muchas veces se confunde el **tiempo** atmosférico con el **clima**. Ambos términos se utilizan como sinónimos, sin embargo, no lo son.

El tiempo atmosférico es el estado de la atmósfera en un lugar y en un momento determinado; cambia diariamente e inclusive a lo largo del mismo día. Por ejemplo, puede estar despejado y fresco por la mañana y lluvioso por la noche. En cambio, el clima de un lugar no varía en tan corto lapso.

El clima nos indica el tiempo habitual que hace en ese lugar por varios meses. Para conocer el clima de un lugar se hacen observaciones que llevan más de veinte años.

Terra 1: ciencia, tecnología y ambiente. Lima: Santillana, 2001. p. 92.

a) ¿Qué constituyen tiempo y clima?

b) ¿Cuál es la diferencia entre uno y otro?

2 Relaciona cada una de las fotos con los pronósticos meteorológicos correspondientes.

A

B

C

D

E

[ ] Se espera que el número de ciclones tropicales de la próxima temporada en el Golfo de México y el Mar del Caribe supere la media histórica.

[ ] Presencia de neblina y vientos moderados por la mañana. En las playas la temperatura del agua del mar es de 16 °C.

[ ] Lluvias abundantes y fuertes vientos del oeste. La borrasca continúa activa, lo que significa un empeoramiento de las condiciones en todo el oeste del país y en el centro de España.

[ ] En gran parte del país dejará de llover pero persistirán los cielos nubosos.

[ ] Cielo nublado por la mañana y despejado por la tarde. Tiempo cálido al mediodía. Brillo solar la mayor parte del día. Temperatura del agua del mar en la playa 20 °C.

3 Lee el siguiente texto y contesta las preguntas propuestas.

Extranjerismos

Un extranjerismo es aquel vocablo o frase que un idioma toma de otro, generalmente para llenar un vacío de designación. Puede mantener su grafía y pronunciación originales o puede adaptarlas a las de la lengua. Cuando las instituciones preceptivas de una lengua aceptan un extranjerismo —en el caso del español, las academias de la lengua de cada uno de los países hispanohablantes—, se convierte en préstamo lingüístico.

Calcos semánticos: se "calcan" palabras de origen extranjero con el léxico de nuestra propia lengua. Algunos ejemplos en español son jardín de infancia, que es un calco del alemán *kindergarten*; hora feliz, calco de *happy hour*; asesino en serie, calco de *serial killer*.

Uso "crudo" por ejemplo: *pizza*. (Voz italiana.). f. Especie de masa comestible.

Clasificación por su origen

Al préstamo tomado del francés, se le denomina galicismo; al del inglés, anglicismo; al del alemán, germanismo; al del griego, helenismo; al del italiano, italianismo; al del árabe, arabismo; al del neerlandés, neerlandismo; al del portugués, lusitanismo; al del catalán, catalanismo, al del gallego, galleguismo.

ABANTO QUEVEDO, José Orlando. http://jorlandoabantoquevedo.blogspot.com/ (Adaptado)

a) ¿Qué es un extranjerismo?

b) ¿Qué sucede en la lengua española con los extranjerismos?

4 ¿Qué palabras de otros idiomas usas cotidianamente en tu idioma nativo?

5 ¿Qué pasa con esas palabras que acabas de mencionar? ¿Permanecen como en el idioma de origen o están adaptadas?

6 Clasifica los extranjerismos según su origen. Para ello, investiga en Internet o ayúdate con un diccionario. En los casos en que exista una castellanización, escribe la forma correspondiente.

Extranjerismo	Lengua madre	Castellanización
garage		
suite		
baseball		
boom		
knockout		
basketball		
stress		
spaghetti		
leader		
carnet		

Oraciones subordinadas condicionales

Presta atención en las siguientes frases a la forma en que se expresa un hecho que depende de una **condición**:

Hecho real

Para referirnos a un **hecho real** o posible presente o futuro que condiciona otro hecho tenemos dos estructuras. Observa:

Si + presente de indicativo + presente de indicativo

Si + presente de indicativo + futuro imperfecto de indicativo

Hecho hipotético

Para referirnos a un **hecho hipotético** o poco posible presente o futuro que condiciona otro hecho usamos la siguiente estructura. Observa:

Si + pretérito imperfecto de subjuntivo + condicional simple.

Formación del pretérito imperfecto de subjuntivo

Verbos regulares

3.ª persona del plural del Pretérito indefinido de indicativo →	Pretérito imperfecto de subjuntivo
Cantaron →	Cantara o Cantase
Bebieron →	Bebiera o Bebiese
Partieron →	Partiera o Partiese

Toma la raíz de la forma verbal de la tercera persona del plural del pretérito indefinido y cambia la desinencia de esta según el cuadro, adoptando dos formas posibles para cada persona.

	Cantar	Beber	Partir
Yo	cantara o cantase	bebiera o bebiese	partiera o partiese
Tú	cantaras o cantases	bebieras o bebieses	partieras o partieses
Él/ella/usted	cantara o cantase	bebiera o bebiese	partiera o partiese
Nosotros(as)	cantáramos o cantásemos	bebiéramos o bebiésemos	partiéramos o partiésemos
Vosotros(as)	cantarais o cantaseis	bebierais o bebieseis	partierais o partieseis
Ellos/ellas/ustedes	cantaran o cantasen	bebieran o bebiesen	partieran o partiesen

Verbos irregulares

3.ª persona del plural del Pretérito indefinido de indicativo →	Pretérito imperfecto de subjuntivo
Estuvieron →	Estuviera o Estuviese
Fueron →	Fuera o Fuese
Pidieron →	Pidiera o Pidiese

OBSERVA

No debes confundir las formas del imperfecto de subjuntivo del español que contienen "-ara" en su terminación con las formas del *pretérito-mais-que-perfeito* del portugués. Aquel, por ser un tiempo del subjuntivo, indica hechos hipotéticos y ese, por ser un tiempo del indicativo, se refiere a hechos reales pasados, anteriores a otros hechos pasados.

La regla de formación del **pretérito imperfecto de subjuntivo** adquiere especial importancia en el caso de los verbos irregulares, pues los que lo son en la tercera persona del plural del pretérito indefinido lo son también en todas las personas del imperfecto de subjuntivo.

	Estar	Ser	Pedir
Yo	estuviera o estuviese	fuera o fuese	pidiera o pidiese
Tú	estuvieras o estuvieses	fueras o fueses	pidieras o pidieses
Él/ella/usted	estuviera o estuviese	fuera o fuese	pidiera o pidiese
Nosotros(as)	estuviéramos o estuviésemos	fuéramos o fuésemos	pidiéramos o pidiésemos
Vosotros(as)	estuvierais o estuvieseis	fuerais o fueseis	pidierais o pidieseis
Ellos/ellas/ustedes	estuvieran o estuviesen	fueran o fuesen	pidieran o pidiesen

Formación del condicional simple

La raíz es igual al infinitivo del verbo (al igual que en el futuro imperfecto de indicativo) y se le agregan las desinencias —siempre con tilde— que muestra el siguiente cuadro:

	Cantar	**Beber**	**Partir**
Yo	cantar**ía**	beber**ía**	partir**ía**
Tú	cantar**ías**	beber**ías**	partir**ías**
Él/ella/usted	cantar**ía**	beber**ía**	partir**ía**
Nosotros(as)	cantar**íamos**	beber**íamos**	partir**íamos**
Vosotros(as)	cantar**íais**	beber**íais**	partir**íais**
Ellos/ellas/ustedes	cantar**ían**	beber**ían**	partir**ían**

Ejercicio

1 Completa las siguientes oraciones, conjugando el verbo en el tiempo correspondiente:

a) Si mañana ______________ (llover), no podremos ir a la playa.

b) Si los aeropuertos no estuvieran tan llenos, no ______________ (tener) que llegar tan temprano para hacer el *check-in*.

c) Si las medidas de seguridad en los aeropuertos ______________ (ser) menores, el embarque sería más rápido.

d) Si las compañías aéreas no cortaran tantos costos, el servicio ______________ (ser) mejor.

e) Si al llegar al destino ______________ (reconfirmar) el vuelo de vuelta, no vamos a tener problemas de *overbooking*.

f) Si el tiempo lo ______________ (permitir), podríamos visitar la gruta en lo alto de la montaña.

g) Si ______________ (ir) al Caribe en julio, corremos el riesgo de que pase un ciclón.

h) Si ______________ (reservar) el hotel antes de partir, no tendría que buscar alojamiento al llegar.

i) Si esta noche ______________ (nevar), mañana yo ______________ (esquiar) en la nueva pista.

j) Si el cielo ______________ (estar) despejado, la visibilidad ______________ (ser) mejor.

k) Si la temperatura del mar ______________ (subir), las personas ______________ (bañarse).

COMUNICACIÓN

En Argentina es una tradición que los estudiantes, al terminar el colegio, viajen a la ciudad de Bariloche. Escucha el diálogo y responde a las siguientes cuestiones:

1 En cuanto a los preparativos para el viaje de egresadas:

a) [ ] las tres amigas están de acuerdo en que ya es hora de comenzar a hacerlos.
b) [ ] una de las amigas piensa que es demasiado temprano para comenzar a hacerlos.
c) [ ] dos de las amigas piensan que ya es tarde para empezar los preparativos.

2 ¿Cuándo planean hacer el viaje?

a) [ ] En otoño.
b) [ ] En invierno o primavera.
c) [ ] En pleno verano.

3 Sería más barato viajar en noviembre, porque...

a) [ ] el flujo de turistas es menor.
b) [ ] el flujo de turistas es mayor.
c) [ ] es plena temporada de esquí.

23 Graciela, Marcela y Carolina hablan de su viaje de egresadas:

Graciela Este año terminamos el colegio y ya es hora de planear nuestro viaje de egresadas.

Marcela Pero, che, ¿sabés cuánto falta todavía para el viaje?

Graciela Marcela, sé que falta poco menos de un año. Pero me parece que si empezáramos a planear todo ahora con tiempo, no correríamos a último momento con los preparativos.

Carolina Bueno, ya que estamos hablando del tema, ¿adónde podríamos ir?

Graciela y Marcela ¡A Bariloche! ¿A qué otro lugar iríamos?

Carolina Bueno, está bien. Si yo tuviera que decidir sola, también preferiría Bariloche. Pero, ¿cuándo sería el viaje? ¿Cuántas chicas irían? ¿Cuánto costaría? ¿Cómo viajaríamos: en avión o en micro?

Graciela Bueno, vamos por partes. Podríamos ir en julio o agosto, así encontraríamos nieve en la montaña.

Marcela Sí, pero si fuéramos en noviembre, nos saldría más barato porque es la temporada baja.

Carolina ¿Qué diferencia de costo tendríamos si fuéramos en noviembre?

Graciela Tendríamos que ir a una agencia de viajes a averiguar.

Carolina Bueno, entonces lo primero sería ir a una agencia de viajes para averiguar los precios según el mes del año. Yo creo que el costo va a ser menor siempre que vayamos en colectivo.

Graciela Si no sacamos pronto los pasajes, nos vamos a quedar sin lugar.

Marcela Sería mejor obtener primero toda la información y luego hablamos con las demás compañeras.

Graciela Entonces mañana mismo vamos a una agencia de viajes a preguntar.

Carolina ¡Bárbaro!

Marcela Pero, che, ¿saben cuánto falta todavía para el viaje?

PRODUCCIÓN ORAL

En grupos, discutan las posibilidades que tienen de hacer un viaje de egresados: adónde irían, cuándo lo harían, cuánto costaría, qué tendrían que hacer para preparar el viaje.

AMPLIACIÓN DEL VOCABULARIO

Las estaciones del año

En primavera llueve.

En verano hace calor.

En otoño vienta.

En invierno hace frío.

Inicio	Hemisferio norte	Hemisferio sur	Duración en días	Inclinación del eje terrestre
20-21 marzo	primavera	otoño	92,9	0º
21-22 junio	verano	invierno	93,7	23,5º Norte
22-23 septiembre	otoño	primavera	89,6	0º
21-22 diciembre	invierno	verano	89,0	23,5º Sur

http://www.astronomía.com/

Bruma Niebla de poca densidad, que se forma principalmente sobre el mar.

Chubasco Lluvia momentánea más o menos fuerte, generalmente acompañada de mucho viento.

Despejado Que no tiene nubes.

Granizo Precipitación en forma de pequeños trozos de hielo.

Humedad Cantidad de vapor de agua que hay en el aire.

Llovizna Lluvia muy fina que cae de forma suave.

Lluvia Precipitación en forma de gotas de agua que caen de las nubes.

Muy nuboso Que tiene muchas nubes.

Nuboso Que tiene nubes.

Niebla Nube blanca o grisácea, en contacto con el suelo, formada por gotas de agua muy pequeñas.

Parcialmente nuboso En parte con niebla.

Soleado Que tiene mucho sol.

Tormenta Perturbación atmosférica que se caracteriza fundamentalmente por fuertes vientos, lluvias y truenos.

Trueno Entrueno o gran ruido asociado a un rayo, que se produce en las nubes por la expansión del aire que sigue a la descarga eléctrica.

Viento Corriente de aire producida en la atmósfera por una diferencia de presión entre distintas áreas.

Diccionario Salamanca de la lengua española. Madrid: Santillana/Universidad de Salamanca, 1996.

PRODUCCIÓN ESCRITA

Tomando como base los datos que investigaste para responder a las preguntas de comprensión e interpretación de los mapas meteorológicos, haz dos mapas del tiempo de tu región (invierno y verano) describiendo qué ocurre normalmente en cada estación.

ASÍ NOS ENTERAMOS DE TODO

LECTURA

PRECALENTAMIENTO Discute en grupo con tus compañeros:

1 ¿Cómo te enteras de lo que ocurre en Brasil y en el mundo?

2 ¿Alguna vez has leído el periódico por Internet?

3 ¿Qué programas de inclusión conoces?

4 ¿Hay algunos de ellos en tu región?

5 ¿De qué sirve llevar computadoras a zonas desfavorecidas?

Lee un **editorial** del periódico argentino *La Nación*.

CIBERCAFÉS PARA CHICOS DE LA CALLE

Tras una feliz iniciativa del gobierno porteño, se decidió la creación de originales espacios para chicos de la calle, que combinan el cibercafé y la lectura con el albergue.

El primero de ellos funciona en una vieja casona reciclada del barrio de Boedo, que tiene dos plantas. En la baja hay 15 computadoras conectadas en red y un salón de lectura; en el piso superior se encuentran dos habitaciones con ocho camas, un comedor, cocina y tres salas donde psicólogos, asistentes sociales y antropólogos trabajan con los menores.

Está prevista la instalación de otros lugares, con las mismas características, en diferentes lugares de la ciudad, comenzando con uno que se quiere crear cerca del Obelisco, en una zona donde suelen deambular estos niños. Los chicos tienen la posibilidad de chatear, conectarse con Internet y usar los programas educativos que están disponibles en la Red.

Estos lugares están reservados para niños de entre 12 y 18 años, atendidos por los técnicos sociales que dependen de la Dirección de Niñez y Adolescencia del gobierno de la ciudad. Unos 380 adolescentes podrán usar estos servicios y se rotarán para emplearlos.

La novedosa idea partió, en parte, de la comprobación de que los chicos de la calle gastan buena parte de los ingresos que obtienen por diferentes medios, como la limosna o la venta callejera, en los cibercafés, en los cuales se pueden conectar con mundos que están a años luz de los propios. Cada una de estas criaturas puede contar, por lo común, historias personales terribles, con padres ausentes o abusadores, por lo cual no es fácil conseguir que logren recomponer su vida dignamente. Los testimonios obtenidos por este diario muestran diferentes grados de deterioro en sus vidas, que incluyen, entre varios aspectos lamentables, el consumo de drogas o la iniciación precoz en la delincuencia. Muchos de ellos no vacilan en decir que el cibercafé y sus múltiples posibilidades fueron capaces de modificar su vida.

Esas explicaciones pueden llegar a la sorprendente afirmación de que disponer de una dirección de correo electrónico resultó una manera de compensar una falta de domicilio que los diferencia de los chicos cuyo gran privilegio es vivir en sus casas y con sus familias, expresión que, por su patetismo, apenas merece ser comentada.

Son varios los reparos que se pueden hacer con respecto al empleo de la red informática, válidos no solamente para estos chicos sino para todos en general. Se sabe que muchos sitios de la Red no son recomendables y que los videojuegos disponibles suelen caracterizarse por una violencia frecuentemente exacerbada. Puede pensarse que esos juegos no son buenos para ningún niño en general y mucho menos para quienes vienen de la violencia viva y directa. Es válido pensar que los especialistas y docentes que están a cargo de estas criaturas sabrán obrar en la forma recomendable para que los efectos sean solamente los que cabe esperar de algo que debe ser, al mismo tiempo, contención afectiva y acción educadora.

En esta columna hemos sostenido reiteradamente que todas las formas de inserción social y de prevención de las conductas no deseables son siempre superiores a los intentos de resolver los problemas por otras vías mucho menos convenientes, como la represión, el castigo o la disminución de las edades de imputabilidad. Estos niños desamparados merecen ser escuchados y atendidos antes de que sea demasiado tarde, para ellos y para la sociedad entera.

Hay que señalar entonces la singularidad de esta propuesta, capaz de estimular ideas renovadoras en todo cuanto se relaciona con la educación de los chicos marginales y hasta de generar casi impensables efectos en la educación escolar corriente. Estamos viviendo en un mundo nuevo, que la gente joven se ha encargado de descubrir y hacer propio. Sería un error imperdonable ignorar estos hechos y dejar a un lado los nuevos desafíos que la vida moderna nos plantea.

«… SE PUEDEN CONECTAR CON MUNDOS QUE ESTÁN A AÑOS LUZ DE LOS PROPIOS.

La Nación, Buenos Aires, 13/10/2006, Editorial II.

TOMA NOTA

El **editorial** es la opinión de los editores de un periódico y del dueño de la empresa periodística sobre un determinado tema. Generalmente se encuentra en la segunda página.

COMPRENSIÓN E INTERPRETACIÓN

1 Clasifica las siguientes informaciones por orden de aparición en el texto.

a) [ ] Se relaciona el tema de los chicos de la calle, Internet y educación.
b) [ ] Se exponen argumentos críticos en contra del uso de Internet por los jóvenes.
c) [ ] Se presenta a quienes se favorecen con el programa del gobierno, y los motivos de la iniciativa.
d) [ ] Se presenta la acción del gobierno para enfrentar la exclusión digital y social.
e) [ ] Se describe el ambiente que recibe a los chicos de la calle.
f) [ ] Se celebra el desarrollo de políticas públicas de inclusión social contrarias a las políticas de castigo.

2 Anota dos argumentos que aparecen en el texto a favor y dos en contra del uso de Internet.

A favor del uso de Internet	En contra del uso de Internet

3 Señala la alternativa en que hay una afirmación que no está de acuerdo con lo que plantea el texto sobre Internet.

a) [ ] Los chicos y el autor están de acuerdo en que estos espacios son un lugar en el que se puede habitar.
b) [ ] Hace referencia a nuevas maneras de relacionarse.
c) [ ] Por sus características, se desestabiliza la identidad de clase social.
d) [ ] Hay referencia a la red como medio de agregación y socialización.

4 Relaciona inclusión digital y social, de acuerdo con las ideas del autor presentes en el texto.

5 ¿Conoces la realidad de los chicos de la calle de Brasil? Relee el 5.º párrafo y compara las condiciones. ¿Por qué, en Brasil, los chicos van a la calle?

6 ¿Hay en alguna ciudad de Brasil una iniciativa parecida a esa de Buenos Aires? Busca informaciones en archivos de periódicos de Internet.

VOCABULARIO

1 Completa las frases a continuación con expresiones encontradas en el texto.

a) Es siempre una ______________________ desarrollar programas de calidad para la televisión. (1.er párrafo)
b) Hay televidentes que ______________________ mucho tiempo por diferentes canales sin fijarse en ninguno a causa de la mala calidad de la programación. (3.er párrafo)
c) La ______________________ del gobierno porteño, de instalar cibercafés para niños de la calle, podría ser seguida por gobiernos de otros países. (5.º párrafo)
d) ______________________, hay que llamar la atención de la sociedad acerca del uso de la televisión como niñera electrónica. (8.º párrafo)
e) No siempre la prensa ______________________ las informaciones, dándoles el tratamiento adecuado. (9.º párrafo)

2 Encuentra en la sopa de letras 6 palabras relacionadas con Internet.

A	C	R	W	N	T	O	Y	LL	C	A
N	A	V	E	G	A	R	Ñ	H	D	D
Ñ	I	I	D	D	J	F	A	B	B	U
P	I	L	Y	E	A	T	P	G	R	C
S	H	E	N	S	E	R	I	R	J	H
C	H	A	M	A	U	A	L	A	I	A
D	E	S	R	A	T	C	E	N	O	C
W	A	B	Q	J	G	I	E	I	I	R
G	R	LL	F	O	V	L	U	LL	O	S
A	C	I	B	E	R	C	A	F	E	R

3 Clasifica las siguientes palabras en la categoría que le corresponda.

noticia defensor del lector correo electrónico videoclip gacetilla locutor de telediario sala de *chat* frecuencia modulada (FM) internauta telefilme oyente contraseña seriales radiofónicos tabloide tele por cable

Periódico	Radio	Televisión	Internet

4 Relaciona las palabras y expresiones de la primera columna con su correspondiente de la segunda.

a) Estreno [ ] Sensacionalista, enfatiza el lado melodramático de los sucesos.
b) Culebrón [ ] Trae historias privadas de personas famosas.
c) Prensa amarilla [ ] Se refiere a aquel que ve las imágenes de la televisión.
d) Revista del corazón [ ] Telenovela con varios episodios y de carácter melodramático.
e) Televidente [ ] Primera presentación de un concierto, espectáculo o película.

5 Escribe frases usando el vocabulario de la primera columna.

LECCIÓN
20 GRAMÁTICA

Voz pasiva

Lee los siguientes ejemplos y observa las formas destacadas en negrita que constituyen ejemplos de voz pasiva.

*¿Sabía que el teléfono **fue inventado** por Bell?*

*Tras una feliz iniciativa del gobierno porteño, **se decidió** la creación de originales espacios para chicos de la calle, que combinan el cibercafé y la lectura con el albergue.*

Formamos la pasiva de dos modos:

Voz pasiva	Forma	Ejemplos
Normal o perifrástica	Verbo **ser** o **estar** + participio pasado El sujeto agente (que realiza la acción) va precedido por la preposición **por**.	El programa **es escuchado** por muchos oyentes. Las telenovelas brasileñas **son compradas por** empresas de distintos países.
Refleja o pronominal	Pronombre reflexivo **se** + verbo en forma activa El verbo en tercera persona concuerda con el sujeto singular o plural.	**Se han festejado** mucho las victorias de Brasil en el campeonato de fútbol. **Se vende** una computadora.

OBSERVA

Una forma de impersonalidad, o sea, de no mencionar el sujeto agente, se da con el uso del pronombre reflexivo **se** y el verbo en forma activa en tercera persona del singular.

Ejemplo: **Se lee** tranquilamente delante del mar.

Ejercicios

1 Coloca **P** si se trata de la pasiva perifrástica, **R** de la refleja e **I** de la impersonal.

a) [ ] Ya se ha hablado mucho de la invención de la imprenta y las contribuciones de Gutenberg.
b) [ ] No se inaugura la producción de libros con los aportes de Gutenberg.
c) [ ] El impacto del trabajo de Gutenberg fue sentido inmediatamente.
d) [ ] Se revolucionó la cultura con los aportes de Gutenberg.

2 Rellena los huecos con el pronombre **se** + **el verbo** que está entre paréntesis, conjugándolo en presente de indicativo.

Una buena gacetilla

En una buena gacetilla, ________________ (presentar) las informaciones importantes ya al inicio del texto, ________________ (escribir) los contenidos de modo claro y objetivo, y ________________ (prohibir) el autoelogio. Además, estamos hablando de un texto breve.

3 Completa el hueco con la pasiva perifrástica. Utiliza el verbo que está entre paréntesis en imperfecto de indicativo.

El "Premio Limón" y el "Premio Naranja"

Los premios "Limón" y "Naranja" ________________ (otorgar) por los periodistas a las personalidades del medio social por su relación con la prensa. ________________ (conceder) el premio "Limón" a las que tenían una mala relación con los medios, mientras ________________ (entregar) el premio "Naranja" a las que se llevaban muy bien con ella.

4 Transforma las oraciones en pasiva refleja.

a) Algunos programas de televisión no **son recomendados** para menores de 13 años.
b) La primera transmisión de radio de la historia **fue realizada** hace más de 100 años.
c) Los espectadores de la película **fueron invitados** por el director a la videoconferencia.

Otros valores del SE

Valor del SE	Forma	Ejemplos
SE como variante de le/les	Los pronombres complemento indirecto **le** y **les** se convierten en **se** delante de los pronombres complemento directo **lo, los, la, las**.	— ¿Cuándo vas a enviarle el mensaje? — Pero si **se** lo envié ayer. (**se** en lugar de **le** + lo)
SE reflexivo	Desempeña funciones de complemento directo o indirecto y la acción recae sobre quien la realiza.	Carmen **se** prepara para la entrevista. Los actores **se** maquillan delante del público.
SE recíproco	Necesita más de un sujeto para realizarse, por lo tanto, el verbo se presenta en tercera persona del plural.	Los niños **se** miran hace mucho tiempo.
SE de involuntariedad	SE + pronombre complemento indirecto + verbo que concuerda con la cosa afectada. Expresa que una acción se ha realizado sin la voluntariedad del sujeto.	**Se** le ha olvidado la información. **Se** me perdieron las notas de la entrevista con el presidente de la empresa.
Se enfático	También llamado "dativo de interés", señala la intensa participación del sujeto en el evento.	**Se** leyó la noticia varias veces y no la podía creer.

Ejercicios

1 Analiza las oraciones a continuación y marca de qué valor del SE se trata (complemento indirecto, reflexivo, recíproco, de involuntariedad o enfático).

a) Lucía y Juan nunca **se** dan las manos en público.
b) **Se** lo entregó para que pudiera terminar el guion de la entrevista.
c) A Pepe **se** le ha roto el coche antes de llegar al periódico.
d) Ella ya **se** ha desperdiciado toda la energía reclamando sus derechos de televidente.
e) Jaime y Ana **se** enamoraron en el serial radiofónico.
f) La vecina **se** baña antes de salir a trabajar.

2 Completa los huecos con la partícula SE, cuando sea necesario.

Hollywood, al borde del colapso

Los guionistas ________ declaran en huelga y amenazan con paralizar la industria.

Los peores presagios para la industria de Hollywood ________ confirmaron ayer por la noche. Como ________ temían los grandes estudios de cine y televisión, los guionistas –es decir, los 12 000 miembros del sindicato que surte de contenidos a la industria del entretenimiento estadounidense y de medio planeta– convocaron un paro indefinido que arrancará el lunes. "________ buscan capitanes y jefes para organizar piquetes", clamó ayer durante todo el día su página *web*, antes de que la decisión fuese ratificada por el comité directivo del sindicato. La amenaza ________ había formulado un día antes en el Centro de Convenciones de Los Ángeles, donde ________ celebró la mayor asamblea de la historia de la organización, con 3000 asistentes.

CELIS, Barbara. Hollywood, al borde del colapso. In: *El País*, Vida & Artes, Cultura, 3/11/2007, p. 35.

Perífrasis verbales

Observa los siguientes diálogos.

Diálogo 1

A El mensaje acaba de llegar.

B Ya voy.

Diálogo 2

C Tengo leídas todas estas páginas.

D Es que tecleas muy rápido...

Diálogo 3

A Mis hijos andan hablando mucho por teléfono.

En el diálogo 1, tenemos una perífrasis verbal de infinitivo y expresa que la acción es inmediatamente anterior al momento del habla. Ya en el diálogo 2, aparece una perífrasis de participio que señala que la acción ha sido realizada efectivamente. El diálogo 3 trae un ejemplo de perífrasis de gerundio y expresa el estado durativo de la acción.

Perífrasis verbales

Infinitivo

Verbo auxiliar + verbo en infinitivo	Valor	Ejemplos
Acabar de	Acción acabada antes de otra o inmediatamente al momento en que se habla.	La información **acaba de llegar**.
Deber de	Expresa suposición.	**Debe de ser** este el tebeo que quieres.
Dejar de	Expresa supresión o interrupción de la acción.	Me **ha dejado de** funcionar la conexión a la red.
Echar(se) a	Caracteriza el comienzo de una acción repentina.	**Se echó a** reír locamente.
Empezar a	Expresa el comienzo de la acción.	Los espectadores **empezaron a** llegar al teatro a las 21h00.
Llegar a	Indica la consecuencia de una acción.	Nunca **ha llegado a** comprender el suceso.
Ponerse a	Marca el comienzo intencional de la acción.	Como tenía tiempo, **me puse a** ver una película.
Volver a	Indica la reiteración de la acción.	**He vuelto a** leer la revista.

Gerundio

Las perífrasis de gerundio apuntan para acciones que están en desarrollo.

Verbo auxiliar + verbo en gerundio	Valor	Ejemplos
Acabar	Indica el fin de un proceso.	**Acabó perdiendo** la paciencia.
Andar	Acción reiterada.	Te **andan buscando**.
Estar	Se refiere a una acción que está en curso.	**Estás charlando** desde hace mucho tiempo.
Ir	Expresa que una acción está en desarrollo y se realiza poco a poco.	Poco a poco **voy haciendo** mis trabajos.
Llevar	Marca el carácter durativo de la acción.	El chico **lleva** 1 hora **escuchando** la misma canción.
Quedarse	Expresa la continuidad de una acción.	**Se quedó esperándola** dos horas delante del cine.
Seguir	Indica continuidad de la acción.	Ana **sigue trabajando** en el mismo sitio.
Venir	Marca la repetición de una acción.	**Viene diciendo** que se puede cambiar la realidad.

Participio

Las perífrasis de participio señalan que ya se han realizado las acciones.

Verbo auxiliar + verbo en participio	Valor	Ejemplos
Andar	Indica el estado en que se encuentra el sujeto.	**Anda ocupado** con las cosas de su hermana.
Dar (por)	Se considera la acción terminada.	**Damos por decididas** esas cuestiones.
Ir	Se refiere al estado del sujeto.	La programación del canal 5 **va atrasada** media hora.
Quedar	Expresa que la acción ha terminado.	En poco tiempo, **quedó resuelto** el problema.
Tener	Expresa valor de repetición de la acción o valor acumulativo.	El escritor **tiene publicados** dos libros de memorias.

Ejercicios

1 Busca en los cuatro primeros párrafos del texto *Cibercafés para chicos de la calle* ejemplos de perífrasis verbales e indica si se trata de perífrasis de infinitivo, gerundio o participio.

2 Reescribe las frases sustituyendo el verbo por la perífrasis de gerundio con el verbo "estar".

a) El festival de teatro cierra su programación.
b) Me gustan las películas del festival de cine de este año.
c) La compañía de teatro del barrio busca a actores para sus nuevos montajes.
d) En Santiago, se celebran concursos de teatro para grupos *amateurs*.

COMUNICACIÓN

24 Escucha la entrevista de una presentadora argentina a un premiado locutor mexicano.

Narrador A las 10 de la mañana nos llega **Gente que hace historia**.

Gloria Hoy tenemos el gustazo de recibir en nuestro estudio al locutor mexicano Rafael Castro, que ganó por quinta vez el premio Bolivariano de mejor locutor de noticieros del año. Rafael vino directamente de México D.F. para hablar con nosotros. Hola, Rafael, muy buenos días.

Rafael Muy buenos días, Gloria, ¿cómo estás?

Gloria ¿Cómo es eso de recibir un premio tan destacado en tu país?

Rafael Pues, es siempre muy bueno que el trabajo de uno sea reconocido por los compañeros periodistas, que fueron los que me brindaron el premio.

Gloria La verdad, Rafael, es que tenés la voz que se identifica con la lucha por la libertad de expresión en tu país.

Rafael Es cierto, Gloria, aunque no sea este mi objetivo. Te explico que mi compromiso es antes que nada que se defiendan los valores éticos del periodismo y los valores colectivos.

Gloria Bueno, ¿y cómo te pasó eso de transformarte en una referencia continental?

Rafael Tal vez tenga que ver con el hecho de que he transitado todos esos 20 años por el mismo canal y por los mismos temas. Es decir, desde hace muchos años me ocupa el tema de la libertad de expresión y lo tengo perseguido, pese a los riesgos que conlleva.

Gloria Rafael, vamos a hacer ahora una pausa y enseguida volvemos para que nos contés sobre tales riesgos.

Ejercicios

1 ¿Qué premio ha ganado Rafael Castro y por qué?

2 ¿Desde hace cuántos años se dedica Rafael Castro al trabajo en la radio?

3 ¿A cuáles temas se dedica Rafael Castro en su trabajo?

PRODUCCIÓN ORAL

El Ministerio de la Salud va a divulgar por medio de un único vehículo de difusión de mensajes su campaña para incrementar la donación de sangre. Los alumnos deben dividirse en grupo y a cada grupo le tocará defender la idea de que determinado vehículo satisface mejor los objetivos del Ministerio. Algunas sugerencias son: la tele, la radio, las revistas, los periódicos, los carteles, el cine, el *telemarketing* y el embalaje de productos.

AMPLIACIÓN DEL VOCABULARIO

La portada o primera plana, primera página de un periódico:

Portada del periódico impreso *El País*

EL PAÍS

www.elpais.com

EL PERIÓDICO GLOBAL EN ESPAÑOL

JUEVES 27 DE MARZO DE 2008 | Año XXXIII | Número 11.244 | EDICIÓN INTERNACIONAL

Furor por el mandarín — El interés por la lengua china se dispara. PÁGINAS 30 Y 31

Homenaje a Martí Riquer — Biografía del filólogo de las letras hispanas. PÁGINA 36

Sospechoso en el 'caso Mari Luz' — Detenido en Cuenca un vecino de la niña asesinada. PÁGINA 16

Las alertas de crisis se disparan en el sector inmobiliario y la banca

- La venta de pisos desciende más del 40% en varias comunidades
- Caja Madrid cree que "da miedo" el peso del ladrillo en bancos y cajas

I. BARRÓN / L. DONCEL, Madrid

El presidente de Caja Madrid, Miguel Blesa, se ha atrevido a decir en voz alta lo que muchos banqueros reconocen en privado. La crisis golpeará más de lo previsto a bancos y cajas españoles. "Da miedo la parte del balance de algunas entidades soportada por el ladrillo", sentencia Blesa. La frase adquiere resonancia especial en un día en el que se estrenaba una estadística inmobiliaria oficial según la cual la venta de viviendas se ha desplomado un 27% en el arranque del año. El parón es más brusco en los pisos usados, con descensos de más del 40% en varias comunidades. Los datos se difunden cuando se multiplican las crisis empresariales en el sector. El presidente del Banco Central Europeo, Jean-Claude Trichet, contribuyó al pesimismo al asegurar que lo peor de la crisis financiera no ha pasado. Crisis financiera e inmobiliaria se retroalimentan, con un contagio cada vez más evidente para la economía real. PÁGINAS 21 A 23

El campo se alza contra la presidenta de Argentina

La mayor protesta social desde 2001

Argentina atraviesa por momentos de crisis que recuerdan el pasado reciente: tras 14 días de huelga del sector agropecuario, que rechaza el alza en las retenciones a la exportación, las tiendas comienzan a acusar el desabastecimiento y las cacerolas vuelven a sonar en las calles. Se trata de la mayor protesta social desde la catástrofe económica de 2001, cuando el país conoció cinco presidentes en una semana. Paradójicamente, el detonante de la protesta actual fue un duro discurso de la presidenta, Cristina Fernández, contra la postura del campo argentino. La airada reacción popular sorprendió a propios y extraños. PÁGINA 7

Bruni marca la cumbre de Windsor

La primera visita de Estado del presidente francés, Nicolas Sarkozy, al Reino Unido estuvo marcada ayer por el interés que suscitó su nueva esposa, Carla Bruni, en el castillo de Windsor, donde ambos fueron recibidos por la reina Isabel II. Sarkozy proclamó más tarde ante el Parlamento de Westminster que la relación franco-británica es vital para el futuro de Europa. PÁGINAS 2 Y 3

El primer europeo vivió en Atapuerca hace un millón de años

Un trozo de mandíbula hallado en Atapuerca (Burgos) puede obligar a revisar las teorías más extendidas sobre cómo fue la evolución humana y la llegada de la especie a Europa. El hombre más antiguo conocido en el continente vivió en la sierra burgalesa hace 1,2 millones de años, lo que significa que hay vida humana en territorio europeo mucho antes de lo que estimaban los investigadores. Y ello implicaría, además, que, en contra de lo que se creía, el hombre no evolucionó exclusivamente en suelo africano. "Nadie esperaba hallar restos tan antiguos en Europa", confesó el investigador Juan Luis Arsuaga. PÁGINA 32

Nace en Brasil la Nueva Bolsa, el tercer mercado del mundo

Bovespa Holding y Bolsas de Mercados y Futuros (BM&F), ambas de la ciudad brasileña de São Paulo, anunciaron ayer el inicio de un proceso de integración para crear la Nueva Bolsa, que se convertirá en el tercer mayor mercado de acciones y contratos del mundo y el segundo de América. La Nueva Bolsa sólo estará precedida por la Deutsche Borse de Francfort (Alemania) y la Bolsa Mercantil de Chicago (EE UU). PÁGINA 25

Clinton sufre los peores tropiezos en su carrera a la Casa Blanca PÁGINA 5

PRECIOS DE 'EL PAÍS' EN AMÉRICA

Argentina	$ 2,50
Rec. Envío al Int.	$ 0,30
México DF	$ 10
Cancún Riviera Maya	$ 15
Resto México	$ 11
Brasil	6,00 R $
Costa Rica	3,75 USD
Chile	2,50 USD

Observa la portada del periódico *El País* y contesta:

1 Anota un titular de *El País* que forme parte de las siguientes secciones:

a) Internacional.
b) Política.

2 Anota en qué sección encontrarías:

a) Consejos para comprar una computadora.
b) El resultado de un partido de fútbol.
c) Las cartas de los lectores.
d) El horóscopo.

PRODUCCIÓN ESCRITA

Escribe una carta a la sección "Cartas de Lectores" del periódico argentino *La Nación* y comenta el editorial *Cibercafés para niños de la calle*, comparando la información que encuentras allí con lo que pasa en Brasil. Empieza la carta con la expresión "Señor Director".

LECCIÓN

21 PARADOS

LECTURA

PRECALENTAMIENTO

1 ¿Cómo empezar a buscar empleo? ¿Qué medios consultar?

2 ¿Cómo redactar una carta de presentación?

3 ¿Ya participaste de una entrevista laboral?

4 ¿La apariencia física puede ayudar en una entrevista laboral? ¿De qué manera?

5 ¿Qué valoras más en el trabajo?

6 ¿Qué crees ser necesario para ascender en una empresa?

7 Observa los anuncios abajo. ¿Qué se ofrece en ellos?

8 Entre los anuncios leídos, ¿te animarías a presentarte a algún puesto? ¿Por qué?

CHICO SERIO

Busco empleo como asistente o auxiliar de oficina, conocimientos en informática, presupuesto, inventarios, en todo lo relacionado con oficina, buen trato con público... PAPELES EN TRÁMITE.

Disponibilidad inmediata.
TELÉFONO
seis diecisiete seis siete uno nueve veinte. MARTÍN

Empresa: Victor & Gamble
Industria: Consumo masivo
Área funcional: Jóvenes Profesionales/Pasantías
Lugar de trabajo: GBA Norte
Tipo de trabajo: *Full-time*

Busca estudiante próximo a graduarse o egresado de carreras afines a RR.HH. y Administración de Empresas preferentemente residente en zona Norte para trabajar en su planta situada en Pilar en roles administrativos del área de RR.HH.

http://www.empleos.clarin.com/

Chica con ganas de trabajar

Soy una chica de 17 años, ***no tengo*** *experiencia pero, sí, muchas ganas de trabajar. Estoy disponible para incorporación inmediata y para toda la temporada de verano. Me ofrezco como dependienta, camarera o recepcionista. Tengo buena presencia y don de gentes. Si a alguien le interesa que me contacte por e-mail.*

¡¡Gracias!! Isabel.

¡BIENVENIDO!

Acabas de entrar en la **Feria Virtual Universia**. Navega por los *stands* para dejar tu CV y saber más sobre las entidades participantes. Recuerda que para poder beneficiarte de todos los servicios de la Feria, deberás estar registrado.

¿AÚN NO ESTÁS REGISTRADO?

1 regístrate
2 visita nuestra demo guiada
3 navega por los *stands*

¿YA ESTÁS REGISTRADO?

Accede a tu cuenta
Navega por los *stands*
http:www.feriauniversia.es

Restaurante

ubicado en el centro requiere siete ayudantes de camarero

REQUISITOS

- Excelente presentación personal.
- Edad entre 18 y 23 años.
- Don de gentes.
- Experiencia mínima de un año de trabajo en sala.
- Conocimientos de inglés aplicado a la hostelería.
- Tener disponibilidad inmediata.

SE OFRECE

- Dos días de descanso seguidos a la semana.
- 30 días de vacaciones al año.
- Incorporación inmediata.
- Turno partido de 12h30 a 17 horas y de 20 a cierre.
- Trabajo estable.
- Sueldo: por convenir.

Buscando trabajo: carta de presentación

Lee atentamente la **carta de presentación** que sigue, pon atención en cada una de las partes que constituyen el texto.

A { Catalina Mendes
C/ D. Luis, 45, 3.er izda. – 1.er
Tlf.: 9346.43.00
28023 Lima – Perú

INSTITUTO DE COMUNICACIONES G.GALDÓS
C/ de los Almirantes, 307, 7.° B
Depto. Recursos Humanos
28015 – Lima – Perú } B

Lima, 20 de noviembre de 2007. } C

D { Ref.: *Solicitud como Analista de RR.HH. Senior*

E { Estimados Señores,

F { En referencia al aviso publicado el último día 18 en la página *web* del diario *La República*, solicitando un(a) *Analista de RR.HH. Senior*, les presento mi candidatura al puesto.

G { Estoy muy interesada en trabajar en el ámbito de Recursos Humanos y con mi formación académica y mi experiencia laboral creo reunir todos los requisitos específicos para el desempeño de la función. Acabo de recibir un Máster en *la Escuela de Recursos Humanos de Lima* y mi espíritu de superación y mis aptitudes se adecuan perfectamente a las características personales solicitadas.

H { Por esta razón adjunto mi currículo y les agradecería la oportunidad de participar del proceso de selección. En una entrevista personal con mucho gusto ampliaré los aspectos que sobre mi currículo deseen.

I { Esperando sus noticias me despido, muy atentamente

Catalina Mendes } J

COMPRENSIÓN E INTERPRETACIÓN

1 Relaciona cada fragmento de la carta leída a su contenido.

a) [ ] Referencia.
b) [ ] Se hace alusión al aviso leído (sitio, fecha).
c) [ ] Firma.
d) [ ] Dirección del remitente.
e) [ ] Lugar y fecha.
f) [ ] Se justifica por que se cumplen los requisitos y el interés en ocupar el puesto.
g) [ ] Dirección del destinatario.
h) [ ] Despedida.
i) [ ] Solicitud de una entrevista.
j) [ ] Saludo.

2 Marca con una X la(s) opción(opciones) que se debe(n) tener en cuenta al redactar y enviar una carta de solicitud.

a) [ ] Es recomendable que utilices papel de color blanco, o color crema muy clarito; evita los colorines e imprime con tinta negra o azul oscura.
b) [ ] Cuidado con las faltas de ortografía.
c) [ ] Puedes escribir 10 o 12 párrafos.
d) [ ] Utiliza un tono jovial y bastante coloquial, para que la empresa entienda que te sentirás a gusto trabajando allí.
e) [ ] Si la empresa pide la carta o el CV escritos a mano, cuida tu caligrafía, porque normalmente será para hacer un estudio grafológico.
f) [ ] Recuerda que una carta de presentación es un resumen de tu CV.
g) [ ] Cuando lea tu carta el seleccionador tiene que deducir que conoces el puesto, que reúnes el perfil y que puedes ser un buen candidato..
h) [ ] Es interesante que describas en la carta toda tu formación académica en detalle, para que el entrevistador no tenga que chequearla en tu CV.

3 Ahora lee con atención los consejos dados por un experto en Recursos Humanos y chequea las respuestas dadas al ejercicio anterior.

En cuanto a la imagen de la carta

- La carta debe presentarse en un folio (sin rayado ni cuadriculado), escrita a ordenador (salvo indicación contraria) y por una sola cara.
- El papel debe ser de buena calidad, a ser posible igual que el del currículo.
- No uses un sobre que desmerezca de la carta.
- Envía siempre originales (aunque te quedes con fotocopias).
- Usa un procesador de textos y una impresora de alta definición.
- Es conveniente dirigir la carta a una persona concreta, para favorecer que llegue a su destino. En caso de no conocerla se dirige al Departamento de Personal.

En cuanto al contenido y la redacción de la carta

- Usa un lenguaje claro y conciso. No emplees frases rebuscadas.
- No tutees a un desconocido.
- Sé cordial y respetuoso.
- Sé positivo, hablando de lo que puedes hacer. Describe tus aptitudes y logros sin pedantería.
- No repitas todo lo que ya aparece en el currículo, más bien remarca aquellos aspectos que consideres más destacables.
- Evita un tono demasiado efusivo y coloquial y evita lastimarte por lo que no sabes.
- Redacta párrafos cortos y separados.

http://www.oficinaempleo.com/

4 ¿Qué quiere decir el experto con "la carta debe presentarse escrita **por una sola cara**"?

5 Completa la frase:

Con **no tutees a un desconocido** quiere decir que mi carta debe ser ____________________, o sea, debo emplear el verbo en ____________________ al dirigirme a la persona que la leerá y/o me entrevistará.

6 Ahora entérate de la entrevista. Luego, responde a las preguntas propuestas.

En cuanto a la entrevista

- Vigila tu imagen y adécuala al estilo de la empresa. **Sé pulcro y limpio**.
- No llegues demasiado pronto y por supuesto JAMÁS TARDE (corres el riesgo de que no te reciban y si lo hicieran tu imagen está por los suelos), si te ves inmerso en una situación difícil que te va a impedir llegar a la hora, por ejemplo un atasco, llama a la empresa y comunícalo.
- Prepárate una lista mental de toda aquella información que necesites saber del puesto de trabajo.
- Es importante recordar el nombre de la persona que te va a entrevistar, y mírale a los ojos durante la entrevista de una forma normal, no se trata de **taladrar** a nadie con la mirada.
- No toques ningún objeto de la mesa de tu seleccionador y si tienes que depositar algo encima de la misma, pide permiso.
- Adopta una postura cómoda y relajada, no te sientes nunca al borde de la silla, eso denota inseguridad y nerviosismo.
- NO INTERPRETES NINGÚN PAPEL, SÉ TU MISMO. Muéstrate relajado y cordial.
- Adáptate al ritmo de tu interlocutor, escucha bien las preguntas que te haga el entrevistador y da respuestas claras y concisas, no divagues ni titubees.
- No hagas preguntas que estén fuera de contexto, cada cosa tiene su tiempo, y los tiempos de la entrevista los marca el seleccionador. No te pongas tú mismo trabas innecesarias, esa función le corresponde al entrevistador.
- Ten en cuenta que es muy importante lo que digas con tu comunicación oral, pero que la actitud se mide con la comunicación gestual, estate alerta de cómo reaccionas y cómo te mueves en la silla ante preguntas poco cómodas o habituales.
- Al finalizar la entrevista, da las gracias, despídete por el nombre del seleccionador y da la mano de una forma firme pero sin apretar demasiado.

http://www.consultorescomerciales.com/

7 ¿Qué significan las expresiones: "Sé pulcro y limpio" y "taladrar con la mirada"?

8 Escoge y comenta dos de las recomendaciones que te parezcan más importantes para una entrevista de trabajo.

VOCABULARIO

1 En las frases "con mucho gusto ampliaré los aspectos que **sobre** mi currículo deseen" y "No uses un **sobre** que desmerezca de la carta" la palabra destacada en negrita significa, respectivamente:

a) [ ] Encima de; carpeta.
b) [ ] Hacia; portada.
c) [ ] Acerca de; cubierta de papel.

2 Una **entrevista personal** es:

a) [ ] una dinámica de grupo con los demás candidatos.
b) [ ] una entrevista con el conjunto de personas que trabajan en la empresa en la que se ofrece el empleo.
c) [ ] una entrevista, en persona, con la parte contratante.

3 Relaciona las frases con el significado correcto de la palabra **dirección**.

a) A un año de terminar los estudios, Montserrat todavía no sabe qué **dirección** profesional tomar.	[ ] Cargo directivo.
b) Dentro de cinco años, Javier se ve ocupando la **dirección** de la empresa.	[ ] Domicilio.
c) A Andrés, se le ha olvidado poner la **dirección** del hotel al que se dirige su carta.	[ ] Oficina del director.
d) La entrevista se llevó a cabo en la **dirección**.	[ ] A qué se va a dedicar.

4 Relaciona las columnas para encontrar el contexto de las expresiones idiomáticas.

a) Cerrar filas.	[ ] Llegar antes del adversario.
b) Dar la lata a alguien.	[ ] Ser muy fácil de hacer.
c) Echar su cuarto a espaldas.	[ ] Estar agotado.
d) Ser pan comido.	[ ] Ser sospechoso. (algo)
e) Estar como un fideo.	[ ] Meterse en la conversación.
f) Estar hecho polvo.	[ ] Estar muy flaco, delgado.
g) Ganar por la mano.	[ ] Ser gran lector.
h) Haber gato encerrado.	[ ] Ayudar durante un período difícil.
i) No mover un dedo.	[ ] No hacer nada para ayudar.
j) Ser ratón de biblioteca.	[ ] Molestar mucho a alguien.

5 Completa los huecos con las expresiones idiomáticas del ejercicio anterior. Haz los ajustes necesarios.

a) Mi hermano nunca ____________ para arreglar su habitación... Así que tengo que hacerlo todo solo.
b) Hoy no tengo ganas de ir a ninguna parte... ¡Después de un largo día de trabajo, ____________!
c) Ramón siempre fue un ____________. No podría haber elegido una profesión mejor que la de editor.
d) Con las pistas que me dio mi tío Olavo, que es consultor de Recursos Humanos, ¡preparar mi currículo ____________!

Verbos de cambio

Presta atención a los verbos destacados en los siguientes titulares:

EUSEBIO DEL CID: EL PEDIATRA GUATEMALTECO QUE **LLEGÓ A SER** MINISTRO DOS VECES.

MARCIAL DESCRIBE PASO POR PASO CÓMO **CONVERTIRSE EN** ALCALDE DEL PUEBLO.

*HAMILTON **SE QUEDÓ** "IMPACTADO" POR EL ACCIDENTE DE KOVALAINEN...*

Los verbos destacados son los llamados **verbos de cambio**, muy utilizados.

Verbo	Definición
Convertirse en	Se refiere a **cambios radicales** en la naturaleza del sujeto. Suele ir acompañado de sustantivo. Ejemplo: *En la disco se dedicó a hacer relaciones públicas, aprovechando que siempre le gustó socializar y más tarde **se convirtió** en gerente del lugar.*
Hacerse	**Cambio voluntario** que presupone esfuerzo. Es una elección del hablante o un cambio natural. Puede funcionar con sustantivos y con adjetivos. Ejemplo: ***Se hizo** médico.*
Llegar a ser	Indica el final de un largo proceso que normalmente lleva implícito el significado de "esfuerzo" o "aspiración". Es algo decidido por el hablante. Suele ir seguido de un sustantivo (a veces se puede omitir "ser"). Ejemplo: ***Llegó** a director de la empresa.*
Pasar a ser / estar	**Cambio de clase, estado o cualidad**, en relación a la situación anterior, sobre todo en el ámbito de la jerarquía en el trabajo. Ejemplo: *Empezó como pasante pero tras demostrar sus habilidades con la informática, **pasó a ser** analista financiero.*
Ponerse	**Cambio momentáneo.** Normalmente va seguido de un adjetivo. Ejemplo: *Nosotros **nos pusimos** furiosos.*
Quedar(se)	Hace referencia a un **cambio duradero o permanente**, que es resultado de una situación anterior. Va acompañado de adjetivo. Ejemplo: *Cuando supe el resultado de la entrevista, **me quedé** más tranquila.*
Resultar	Salir o venir a ser algo. Ejemplo: *Él **resultó** vencedor.*
Volverse	Cambio rápido, más duradero (a veces definitivo); normalmente va seguido de adjetivo. Ejemplo: ***Se volvió** pobre.* ***Se volvió** monja.*

Ejercicios

1 Completa utilizando uno de los verbos de cambio del recuadro. Haz los cambios necesarios (puedes usar el presente o el pretérito indefinido).

hacerse · volverse · quedarse · ponerse · llegar a ser · pasar a ser / estar · convertirse en · resultar

a) Él ______________ rico con la lotería.
b) Cuando su equipo gana el campeonato ______________ insoportable.
c) Los animales domésticos pueden ______________ un peligro para la salud de los niños.
d) Tras trabajar de secretario ______________ ayudante de dirección.
e) Cuando la policía le pidió la documentación ______________ pálido.
f) Al terminar los estudios, la chica ______________ ama de casa.
g) Sufrió un accidente muy grave, no ______________ paralítico de milagro.
h) Hice la salsa como tú me dijiste y ______________ riquísima.
i) Tranquilízate, no ______________ nervioso.

2 Escribe frases usando verbos de cambios de acuerdo con las imágenes.

a) ______________________________
____

c) ______________________________
____

b) ______________________________
____

d) ______________________________
____

Oraciones concesivas

Las oraciones concesivas expresan una objeción o dificultad frente a lo dicho en la oración principal, sin que ello impida su cumplimiento.

Ejemplo: Es necesario estudiar más horas, **aunque** sea haciendo un esfuerzo.

Las principales conjunciones y locuciones concesivas son:

Conjunción / Locución	Uso con verbo en indicativo	Uso con verbo en subjuntivo	Ejemplos
Aunque	X	X	*Aunque se prepara*, no gana las competiciones. *Aunque busque* trabajo toda la semana, Alonso sigue parado.
A pesar de (que)	X	X	*A pesar de* la incertidumbre económica, Javier *cobra un buen sueldo*. *A pesar de que* los calificados *hayan* disminuido, no será difícil encontrar empleo.
Aun cuando	X	X	*Aun cuando no supero* una entrevista, estoy confiante. *Aun cuando me reciba* de médico, seguiré estudiando.
Pese a (que)	X	X	Jorge *se mantiene* optimista *pese a* la presión que sufrió ayer. *Pese a que haya* renunciado, el juez no dejará de trabajar.
Si bien	X		*Si bien es* cierto que todos tenemos que trabajar aquí, podemos compartir momentos agradables.
Por muy / más / mucho que		X	*Por más que estudie* no escribe bien.
Mal que		X	*Mal que me pese*, tengo que cambiar mi horario de estudio.
Y eso que	X		Ahora está trabajando en la tele, *y eso que decía* que no le gustaban los telediarios.

Ejercicio

Completa las frases con conjunciones o locuciones concesivas y conjuga el verbo en el modo y tiempo que correspondan.

a) ____________ (prometer) mucho, no creo que cumpla sus promesas.
b) ____________ (querer) parecer sereno e indiferente, se estremecía al mirarla.
c) La multa –____________ (pesar)– está bien puesta.
d) Yo apenas le entendí, ____________ lo ____________ (explicar) con todo detalle.
e) ____________ las ____________ (conocer), nunca llegas a entenderlas del todo.
f) ____________ siempre ____________ (estar) sola nunca tiene miedo.
g) No me contestó ____________ le ____________ (enviar) varios mensajes.

COMUNICACIÓN

Una entrevista laboral

25

Entrevistador Buenas tardes, ¿cómo estás? Siéntate, por favor.

Candidata Muchas gracias.

Entrevistador Hemos hecho una selección previa analizando tus tests y tu currículo. Ahora queremos conocerte personalmente para saber si el puesto de trabajo te va a ti y si te ajustas a lo esperado. Necesitamos confirmar tus datos personales.

Candidata Soy Renata Monte, brasileña, soltera, tengo 25 años y vivo en Salvador, Bahía.

Entrevistador Debes saber que somos una empresa multinacional, con negocios en varios países de Europa. ¿Qué idiomas conoces y en qué nivel?

Candidata Bien... Además del portugués, que es mi lengua materna, tengo excelentes conocimientos de español. En inglés y francés alcanzo un nivel intermedio.

Entrevistador ¿Podrías contarme brevemente cómo han sido tus estudios, tu formación académica?

Candidata Me recibí en Ciencias de la Información y soy especializada en Programación de Multimedia.

Entrevistador ¿Realizaste trabajos de estudiante (clases, fines de semana, vacaciones, prácticas, etc.)?

Candidata A lo largo de todo mi curso hice varias prácticas en empresas de informática.

Entrevistador ¿Qué prefieres en tu trabajo? ¿Actividades que puedas realizar tú sola o en un equipo? ¿Y por qué?

Candidata Prefiero trabajar en equipo, porque podemos cambiar experiencias e informaciones con los demás. Es mucho más interesante.

Entrevistador ¿Qué meta te has fijado en el ámbito profesional? ¿Cómo piensas alcanzarla?

Candidata Me gustaría especializarme cada vez más en multimedia y trabajar en diversos ramos de esa área.

Entrevistador ¿Cómo te definirías a ti misma? ¿Cuáles son tus valores? Justifícalo.

Candidata Soy muy sincera y honesta, responsable... y, principalmente, creativa e innovadora.

Entrevistador ¿Por qué piensas que puedes hacer bien este trabajo?

Candidata Bueno, por lo que vi en el anuncio en Internet, tengo la calificación que necesitan para el puesto. Me encuadro perfectamente.

Entrevistador Bien, esto ha sido todo. ¿Tienes alguna pregunta que hacerme?

Candidata No.

Entrevistador ¿Aceptarías condicionar tu retribución a los progresos de tu formación?

Candidata Sí, me parece muy bien.

Entrevistador Te llamaremos en cuanto tengamos el resultado de las entrevistas. Muchas gracias por haber venido.

Candidata Adiós y muchas gracias.

Responde según el diálogo escuchado:

1 ¿Qué etapas de selección superó Renata antes de la entrevista?

2 ¿Por qué es importante que el candidato o candidata sepa otros idiomas?

3 ¿Qué piensa la candidata del trabajo en equipo?

PRODUCCIÓN ORAL

En parejas, elijan uno de los avisos a las páginas 254 y 255. Luego, preparen una entrevista laboral con cinco cuestiones y respuestas. Uno será el entrevistado y el otro, el entrevistador. Presenten su producción a todo el grupo.

AMPLIACIÓN DEL VOCABULARIO

Curriculum Vitae

Elaborar el primer currículo no siempre es una tarea sencilla. Básicamente, debe contener las siguientes informaciones:

Curriculum Vitae

DATOS PERSONALES

- Nombre y apellidos.
- Fecha de nacimiento.
- Dirección (calle, n.º, código postal, ciudad y país).
- Teléfono y *e-mail*. Si corresponde, también la página *web*.

FORMACIÓN ACADÉMICA

- Estudios realizados, titulación obtenida, institución y fechas.

FORMACIÓN COMPLEMENTARIA

- Otros cursos de interés (cursos profesionales), pasantías, participación en congresos y seminarios (desde que el tema se relacione al puesto solicitado).

EXPERIENCIA LABORAL

- Empresa, puesto ocupado y período de trabajo.

INFORMÁTICA

- Indicar los programas que conoce/maneja.

IDIOMAS

- Indicar el(los) idioma(s) y el nivel de conocimiento (básico, intermedio, avanzado).

OTROS DATOS DE INTERÉS

- Indicar si ha realizado trabajos de estudiantes, voluntariado, si es miembro de asociaciones profesionales o deportivas.

Pistas importantes:

- Tu currículo debe ser objetivo y tener una o dos páginas.
- Todas las informaciones deben ser verdaderas y tendrás que poder comprobarlas, si te lo solicitan más adelante. ¡Sé claro, pon en relieve tus cualidades pero no inventes!
- Revisa el texto antes de remitirlo. Faltas de ortografía son imperdonables.

PRODUCCIÓN ESCRITA

Redacta tu currículo y una carta de presentación para el puesto ofrecido en este aviso. (Si quieres, usa como modelo el texto de la página 255).

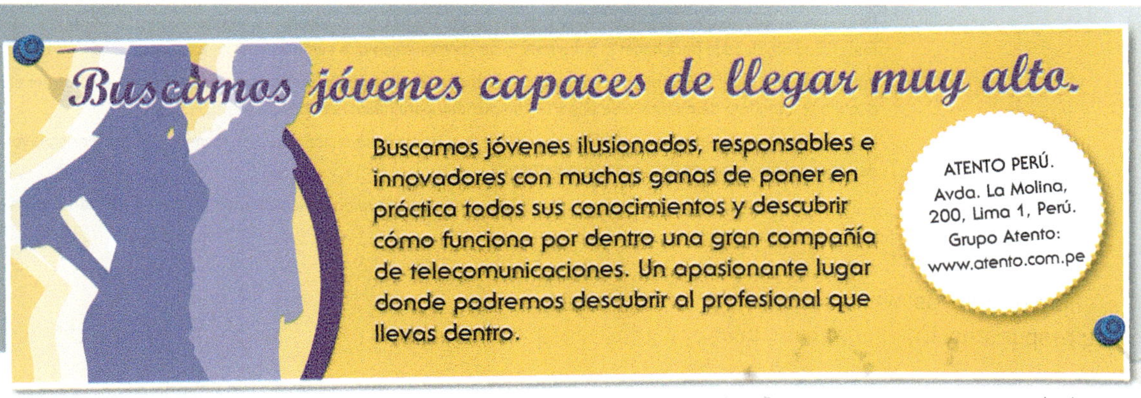

LECCIÓN 22

EL MUNDO DE LAS PALABRAS Y LETRAS

LECTURA

PRECALENTAMIENTO

1 ¿Sueles comprar productos motivado por anuncios publicitarios?

2 Lee con atención este cómic y luego contesta:

Condorito, año 34, edición 176. Rev. Editada y publicada en Chile por Empresa Editora Pincel Ltda. En convenio con Pepo. Sin fecha.

3 ¿Qué estrategia Condorito utiliza para atraer la atención de una posible compradora?

4 ¿La señora demostró interés en la oferta de él? ¿Cómo lo sabes?

5 ¿El argumento de Condorito le agrada a la señora?

6 ¿La oferta de Condorito te parece lícita? ¿Por qué?

7 ¿Y tú? ¿Te sientes influenciado por la propaganda a la hora de comprar?

Antes de leer el texto, observa con mucha atención las definiciones sacadas del *Diccionario del Estudiante de la Real Academia Española*:

Propaganda: f. **1.** Hecho de dar a conocer algo con el fin de atraer seguidores o compradores. **2.** Conjunto de medios o materiales empleados para hacer propaganda, o de los mensajes que se difunden.

Publicidad: f. **1.** Cualidad de público o conocido por todos. **2.** Divulgación de noticias o de anuncios para atraer el interés público. **3.** Conjunto de medios o de soportes empleados para hacer la publicidad.

Mercadotecnia: f. Conjunto de prácticas o técnicas que, basándose en los estudios de mercado, pretenden favorecer y estimular el comercio, especialmente la demanda.

Diccionario del estudiante. Real Academia Española. Madrid: Santillana, 2005.

¿Qué es la publicidad?

La publicidad, técnica comercial

La publicidad forma parte del *marketing* o mercadotecnia. Se diferencia de otras técnicas comerciales —por ejemplo, la promoción de ventas por bonos o regalos— por la difusión de sus mensajes a través de los *medios de comunicación social*.

Estos medios o canales son de *sentido unidireccional*; es decir, el mensaje va del emisor al receptor sin que este último pueda responder en el acto. La única "respuesta" que buscan los anuncios es la compra de un producto o servicio por parte del público al que se dirigen.

Esta finalidad mercantil distingue la *publicidad comercial* de la llamada *publicidad institucional* (por ejemplo, las campañas realizadas por las autoridades para prevenir accidentes de tráfico o para evitar incendios forestales). Asimismo, conviene separar la publicidad de las "relaciones públicas" de instituciones de toda índole (comercial, científica, social, benéfica, etc.).

La publicidad, industria cultural

Como los demás mensajes canalizados a través de los medios de comunicación social, también los publicitarios contribuyen a la denominada *cultura de masas*. Esta es el resultado de la acción de esos poderosísimos medios de difusión: gracias a ellos, los mensajes llegan a un público muy amplio, heterogéneo y disperso, y producen en él una nivelación homogeneizadora.

De esta suerte, en la mentalidad del hombre contemporáneo también se integran los *estereotipos o imágenes de marca* promovidos por la publicidad. Consisten en la serie de representaciones con que se quiere individualizar y dar personalidad propia a los bienes anunciados.

Con este fin, la publicidad se apoya, más que en los valores de uso objetivos, en valores de carácter simbólico asociados de forma estable a los productos: estos se convierten así en signos sociales de distinción, éxito, juventud, modernidad, atracción erótica, etc. En este sentido, puede decirse que la publicidad no solo difunde sino que también conforma los valores sociales de la ideología y la "mitología" de nuestro tiempo.

En muchas ocasiones, lo que realmente quiere adquirir el comprador son esos valores asociados o connotativos más que el objeto en sí. Esto explica el fenómeno actual de que las marcas ya no señalen o identifiquen únicamente los productos sino también a sus consumidores, que pasan a formar parte de un grupo connotado, con unas determinadas cualidades (modernidad, juventud, lujo, etc.).

Publicidad y propaganda

Una y otra emplean las mismas técnicas de persuasión y se valen de los medios de comunicación social, pero los fines de la propaganda —por ejemplo, electoral— no son comerciales, sino ideológicos.

No obstante, esta distinción no es absoluta. Acabamos de ver que los mensajes publicitarios promueven valores sociales y formas de comportamiento. Esto significa que sus efectos van más allá del terreno comercial. [...] Los creadores de anuncios publicitarios, al exaltar un mundo perfecto, feliz y optimista, no solo fomentan la venta de productos y servicios, sino que, además, ejercen una función social e ideológica, amén de contribuir al sostén de los intereses económicos imperantes.

FERRAZ MARTÍNEZ, Antonio. *El lenguaje de la publicidad*. Cuadernos de lengua española. Madrid: Arco Libros, 1996, p. 9-11.

COMPRENSIÓN E INTERPRETACIÓN

1 Según el texto leído, podemos afirmar que:

a) [ ] los anuncios publicitarios venden exclusivamente productos.

b) [ ] el público al que van dirigidos los anuncios publicitarios es siempre específico.

c) [ ] la publicidad y la promoción de ventas por regalos o bonos, es una de las técnicas comerciales que busca vender productos o servicios al público.

2 De estas alternativas abajo, están correctas:

I. La publicidad institucional no tiene fines mercantiles directos.

II. La cultura de masas es el resultado de la difusión de mensajes publicitarios en los medios televisivos.

III. La venta de un producto se apoya en la difusión de sus valores objetivos (qué es el producto, para qué sirve, etc.) y en valores subjetivos que se asocian a un determinado producto o más bien a su marca.

IV. Cuando efectúa una compra, el consumidor busca siempre un objeto o servicio que tenga una utilidad práctica para él.

Señala una única opción:

a) [ ] Están correctas las alternativas I y II.

b) [ ] Están correctas las alternativas II y IV.

c) [ ] Están correctas las alternativas I, III.

d) [ ] Están correctas las alternativas II y III.

e) [ ] Están correctas las alternativas III y IV.

3 ¿Por qué los publicitarios contribuyen a la cultura de masas?

4 El texto afirma que, muchas veces, el comprador está más interesado en los valores asociados a una determinada marca o producto que en el producto mismo. ¿Qué tipo de valores suele difundir la publicidad?

5 ¿Hay alguna marca específica con la cual te identificas? Explica por qué.

6 ¿Para qué sirven los anuncios?

7 Los anuncios ¿dicen siempre la verdad?

8 ¿Qué tipo de anuncios conoces?

9 Lee los anuncios a continuación y clasifícalos como propaganda (1), publicidad comercial (2) o publicidad institucional (3).

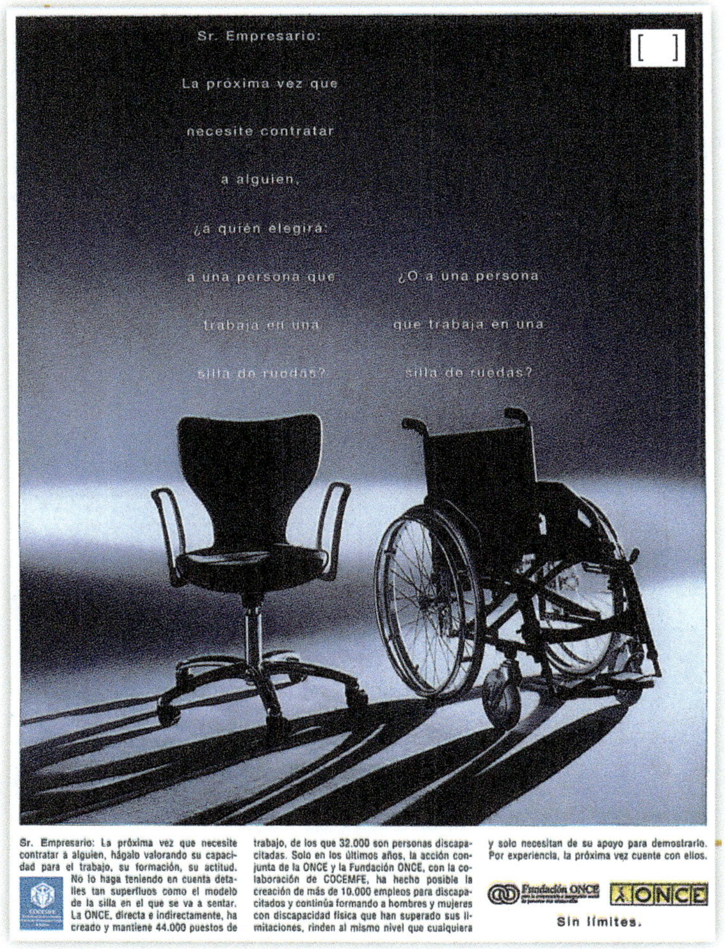

VOCABULARIO

1 Relaciona las definiciones al concepto correspondiente y conocerás algunos de los elementos que, normalmente, componen un anuncio publicitario.

Definición	Concepto
a) Símbolo formado por letras o dibujos que sirve como emblema de una empresa o entidad, de una marca o de un producto.	[ ] Cuña.
b) Frase o fórmula breve y original, utilizada en publicidad o en la propaganda política.	[ ] Media.
c) En radio o televisión, espacio publicitario breve.	[ ] Logotipo.
d) Conjunto de medios de comunicación (radio, prensa, televisión).	[ ] Cartel.
e) Lámina que contiene un texto o ilustraciones y se exhibe con fines informativos o publicitarios.	[ ] Eslogan.

2 Completa las frases con las siguientes palabras extraídas del texto *¿Qué es la publicidad?*

bonos   catapultas   escrúpulo   estereotipos   fomentan   ganga   índole

a) Los precios de esta tienda están buenísimos: son una verdadera ________________.

b) Cuando estaba delante del juez, el acusado no tuvo ningún ________________ en decir que era inocente.

c) En esta campaña, los clientes reciben ________________ que pueden canjear por otros productos, en una compra futura.

d) Los publicitarios tienen una ________________ creativa extraordinaria.

e) Hay algunos ________________ muy difíciles de combatir; por ejemplo, eso de que la publicidad es una trampa no siempre es verdad.

f) Hoy día los gobiernos de casi todos los países ________________ el uso racional de los recursos energéticos naturales.

3 Busca en el texto *¿Qué es la publicidad?* las palabras que completan el crucigrama.

1 Sinónimo de también.
2 Forma de pensar de alguien.
3 Diferente, diverso.
4 Quien compra productos o utiliza servicios.
5 Posesiones materiales, patrimonio.
6 Conjunto de personas.
7 Algo que predomina en un lugar o época.
8 Realzar el mérito de algo.
9 Que sigue una determinada línea de pensamiento.
10 El que juzga o ve las cosas de una manera favorable.

GRAMÁTICA

Repaso del subjuntivo

Ya habrás escuchado algo sobre la publicidad digital, ¿no? Lee el fragmento de una noticia que trata del tema y observa los verbos en negrita:

> El tema de la publicidad se ha convertido en el caballo de batalla de los grandes de Internet. Lo confirmó el presidente ejecutivo de Microsoft, Steve Ballmer, cuando el pasado 12 de octubre entonó el grito de guerra: "En el mundo de la publicidad en Internet, Google es el líder y nosotros un aspirante". Ballmer quiere que Microsoft **siga** siendo el mayor fabricante de *software* del mundo pero además que **se convierta** en una "gran empresa de publicidad". Por eso, siempre que puede, jalea a sus directivos: "Publicidad, publicidad y publicidad". "Todo marketing será digital en los próximos 10 años".

http://www.elpais.com/

Los verbos señalados —**siga, se convierta**— no se refieren a hechos reales: más bien expresan el deseo o la intención del presidente de la empresa en cuanto al futuro de la publicidad en Internet. Estos verbos están, pues, en el modo subjuntivo.

Presente de subjuntivo	Trabaj**ar**	Vend**er**	Part**ir**
Yo	trabaj**e**	vend**a**	part**a**
Tú	trabaj**es**	vend**as**	part**as**
Él/ella/Ud.	trabaj**e**	vend**a**	part**a**
Nosotros(as)	trabaj**emos**	vend**amos**	part**amos**
Vosotros(as)	trabaj**éis**	vend**áis**	part**áis**
Ellos/ellas/Uds.	trabaj**en**	vend**an**	part**an**

RECUERDA

- El modo subjuntivo expresa deseos, inseguridad, posibilidades, hipótesis...
- Generalmente, los verbos en este modo aparecen en oraciones subordinadas.
- En cuanto al tiempo, los verbos en subjuntivo pueden estar en presente o en pretérito (el futuro del subjuntivo es una forma arcaica, que raramente se usa).
- El subjuntivo se forma a partir de la raíz del verbo, con desinencias específicas de ese tiempo. La 2.ª y la 3.ª conjugaciones tienen las mismas desinencias.

Irregularidades

Las mismas irregularidades vocálicas del presente de indicativo ocurren también en presente de subjuntivo.

Ejemplo: *Él no qu**ie**re ninguno de estos productos.*
*Es posible que él no qu**ie**ra ninguno de estos productos.*

Las irregularidades específicas de 1.ª persona en presente de indicativo aparecen en todas las personas del presente de subjuntivo.

Ejemplo: *Nunca ven**g**o a esta tienda.*
*Ojalá ellos ven**g**an a esta tienda algún día.*

El presente de subjuntivo se usa también con la idea de futuro:

Ejemplo: *Te llamaré cuando **empiece** la campaña para conocer los resultados.*

Pretérito imperfecto del subjuntivo

Se forma a partir de la raíz del verbo, con desinencias específicas de ese tiempo. Son dos las formas de esas desinencias:

Trabaj**ar**: trabaj**ara** o trabaj**ase**

Vend**er**: vend**iera** o vend**iese**

Part**ir**: part**iera** o part**iese**

Irregularidades

Son las mismas del pretérito indefinido (o pretérito perfecto simple) del modo indicativo.

Ejemplo: *No **sup**e qué hacer ante tantos problemas.*
*Me encantaría que **sup**ieras qué hacer ante tantos problemas.*

Ejercicios

1 Busca en la sopa de letras a continuación los verbos que figuran en el recuadro. Ten en cuenta que están en presente o pretérito del subjuntivo.

tener (tú) venir (ellos) ser (él) hacer (ellos) poner (él) encontrar (ellos)
salir (nosotros) fabricar (ellos) llegar (él) comprar (él)

A	K	M	L	L	A	M	A	S	T	L	I	T	O	N
L	W	T	U	V	I	E	R	A	S	B	E	J	A	P
C	O	M	I	E	R	N	C	A	M	I	F	A	S	A
H	O	Y	E	N	A	C	O	M	P	R	A	R	A	D
E	S	S	V	G	H	U	J	I	F	N	B	A	L	I
G	F	I	A	A	N	E	N	E	O	A	R	S	G	F
A	U	E	P	N	G	N	A	R	S	O	I	E	A	O
S	E	S	A	G	V	T	Z	I	E	I	Q	S	M	Q
H	R	E	R	L	I	R	C	P	O	G	U	G	O	Y
H	A	Z	E	L	L	E	G	U	E	A	E	L	S	G
V	O	G	C	K	A	N	L	L	A	M	N	I	S	Q
R	I	S	A	Z	K	I	O	E	N	C	U	E	N	T
E	F	I	Z	N	P	O	N	G	A	G	O	R	F	S
I	E	R	A	S	A	C	E	S	C	R	I	B	I	E

2 Utiliza los verbos que encontraste en la sopa de letras para completar estas frases:

a) ¡Me encantaría que ______________ más tiempo para salir a pasear conmigo!

b) Todos esperan que ______________ una salida para esta crisis.

c) Ojalá ______________ productos cada vez mejores.

d) Mi novia esperaba que le ______________ algo más sencillo, pero quise sorprenderla.

e) Cuando ______________ el período de las rebajas, voy de compras.

f) Mañana, cuando ______________ del trabajo, pasaremos por la casa de Rosario.

g) Es posible que ______________ muchos interesados a esta feria de productos importados.

h) No me imaginaba que él ______________ tan pesimista.

i) ¿Te molesta que ______________ mis cosas en esta mesa?

j) Es necesario que ______________ todo el trabajo dentro del plazo estipulado.

Repaso del imperativo

Observa las siguientes frases:

Vota *Jorge Juan.*

Disfruta *de viajar con el sentido del gusto, en un solo espacio.*

Los verbos señalados están en imperativo.

Ejercicios

1 En las frases a seguir indica (S) si el verbo está en subjuntivo e (I) si está en imperativo:

a) [ ] Niños, *arreglen* todo eso ahora mismo.

b) [ ] No *lleguen* tarde mañana, pues tendremos mucho trabajo.

c) [ ] Es preferible que *encarguen* esta campaña a otra agencia.

d) [ ] La película es increíble. No te la *pierdas*.

e) [ ] Es posible que no *viajemos* en vacaciones...

f) [ ] Es poco probable que *puedan* ayudar en algo.

RECUERDA

- Es el modo que empleamos para expresar órdenes y pedidos.
- No se conjuga en la 1.ª persona del singular.
- El imperativo, en enunciados afirmativos, se forma a partir de la 2.ª persona del presente de indicativo, quitando la **-s** de su desinencia.
  Ejemplo: Tú disfrutas > disfruta tú
- En el caso de frases negativas, usamos las formas del presente de subjuntivo.
  Ejemplo: *No **compres** nada muy caro.*
  *¡No **hagas** eso!*

2 Observa los anuncios y rodea los verbos en imperativo. Observa que en algunos anuncios se usa el voseo.

26 Escucha la noticia y contesta lo que se te pide.

Brasil lanza marca
para promover turismo y comercio exterior

El Gobierno brasileño presentó la "Marca Brasil", un logotipo que identificará al país en el exterior y se usará para promocionar el turismo y los productos locales. La "Marca Brasil", una superposición de formas sinuosas de varios colores, con el nombre del país en el centro, ha sido presentada a la prensa y a empresarios de São Paulo por los ministros de Turismo, Walfrido Mares Guía, y del Desarrollo, Industria y Comercio, Luiz Fernando Furlan.

Las formas del logotipo se basan en el sinuoso "jardín acuarela", diseñado en 1938 por el paisajista brasileño Roberto Burle Marx para el Palacio Capanema de Río de Janeiro, y reflejan tanto el patrimonio natural como la alegría del pueblo brasileño, explicó el director de Mercadotecnia, Édson Campos, de la oficial Empresa Brasileña de Turismo (Embratur).

La "Marca Brasil", escogida por medio de concurso público, reúne el color verde, que representa la selva brasileña, el amarillo (playa, luz y calor), el azul (aguas y cielo), el blanco (de las manifestaciones religiosas como las del Estado de Bahía), el rojo y el naranja (que reflejan las fiestas populares del país).

"No se trata de una marca limitada al turismo, ni será de un único gobierno, sino que será una referencia nacional", dijo el ministro Furlan, quien destacó la necesidad de mostrar en el exterior que Brasil ofrece muchas cosas más, además de "samba, café y Pelé".

El logotipo se usará en todas las campañas de promoción turística de Brasil y en los próximos días, se va a formar un grupo de trabajo que se encargará de reglamentar su uso por parte de las empresas privadas que quieran usarla en sus productos de exportación.

Por su parte, el ministro de Turismo señaló que la "Marca Brasil" resalta la "alegría, la cordialidad y la hospitalidad" del pueblo brasileño.

http://www.exportapymes.com/

1 ¿Qué es la "Marca Brasil" y a qué se destina?

2 ¿En qué se basaron para crear el logotipo? ¿Por qué?

3 ¿Qué representan los colores utilizados en la marca?

4 Podemos decir que "Marca Brasil" está limitada al área de turismo? ¿Por qué?

PRODUCCIÓN ORAL

En grupos de 3 o 4 alumnos(as), discutan qué imagen de Brasil se difunde comúnmente en el extranjero y qué aspectos nacionales les gustaría divulgar. Imaginen una posible campaña publicitaria que "venda" los aspectos seleccionados. ¿Qué medios serían los más adecuados? Presenten sus conclusiones a todo el grupo.

AMPLIACIÓN DEL VOCABULARIO

Probablemente ya te has dado cuenta que los anuncios necesitan de algún tipo de soporte mediante el cual se difundan los mensajes. En algunos casos, los anuncios presentan formas especiales como, por ejemplo:

Portadas de libros.

Lonas de fachada.

Servilletas.

Envases.

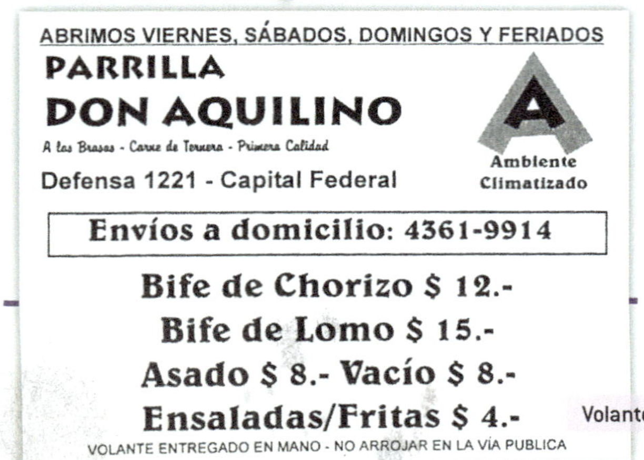

Volantes.

Camisetas.

Vallas.

Rotulación de vehículos.

Avisos.

¿Qué otros soportes pueden recibir anuncios publicitarios impresos?

PRODUCCIÓN ESCRITA

En pequeños grupos (3 o 4 personas) elaboren una campaña publicitaria para un producto o un servicio creado por ustedes. Piensen en el soporte en que serán vehiculados los anuncios y recuerden que hay algunos elementos que deben formar parte de la campaña, obligatoriamente:

Visuales:
- Imagen del producto
- Marca
- Logotipo

Textuales:
- Nombre del producto
- Eslogan

Sonido:
- Cuña

CONÉCTATE: NADIE ES UNA ISLA

LECTURA

PRECALENTAMIENTO

1 ¿Sueles enviar o recibir *e-mails*? ¿De qué tipo? ¿Con qué finalidad?

2 Observa el cómic abajo y conversa con tu compañero(a): ¿crees que el tipo de mensaje puede revelar algo acerca de quien lo escribe?

BURUNDARENA, Maitena. *Curvas peligrosas*. Buenos Aires: Sudamericana, 2004.

Cómo entender el lenguaje de los adolescentes

Por momentos parece que hablan en otro idioma. Pero no. Es castellano, aunque bastante modificado y adaptado a los interlocutores, que suelen no superar la edad adolescente, que, dicho sea de paso, cada vez se extiende más. Sin embargo, a pesar de que está claro que es español, para cualquier persona que tenga más de tres décadas eso que escucha es... chino básico.

Los chicos manejan sus propios códigos en el momento de comunicarse. Y los padres —adultos que, vale recordar, también tuvieron su jerga en la etapa estudiantil— miran la escena horrorizados porque no entienden qué están diciendo sus hijos cuando usan expresiones como "alta onda", o "no limes", por mencionar solo unos pocos ejemplos.

"No es preocupante que haya un lenguaje adolescente, que es algo que existió y existirá siempre porque tiene que ver con un deseo de diferenciarse. Lo que puede ser un problema es que esto provoca una incomunicación entre generaciones, que hace que cada vez las personas se relacionen solo con gente de su misma edad", explica Karina Weisman, abogada que realiza investigaciones sobre el lenguaje, especialmente el que se deriva de las nuevas tecnologías.

Lo que ahora diferencia a las jergas adolescentes de las de antaño es que trascienden el círculo íntimo donde se generan. "Antes solo se quedaban en el grupo de amigos, pero a nadie se le ocurría hablar así frente a un padre o maestro. Hoy, esa jerga es adoptada por los medios audiovisuales y los chicos la toman y se dirigen de la misma manera a un adulto que a un par", cuenta Weisman.

Según la psicóloga Beatriz Goldberg, "los adolescentes quieren un lugar en el mundo. El lenguaje es su identidad. Esto fue siempre así, pero en otras épocas los adultos estaban excluidos. Hoy se oye a los mayores hablando como jóvenes. Hay menos formalidad, la jerga adolescente se usa en distintos ámbitos y en todas las edades".

Además de ser un elemento diferenciador de edades, la jerga adolescente se usa para distinguirse entre pares. Las expresiones cambian de un barrio a otro. Un chico de Palermo no habla igual que uno de Flores.

Rápido, cortado y escrito

Según los propios interlocutores, lo importante del código que manejan no es lo que dicen, sino cómo lo dicen, el tono elegido para pronunciar las palabras. Alan Soria Guadalupe, un chico que cursa 3.er. año del polimodal, lo resume así: "En general, no modulamos, cortamos las palabras y cada dos segundos decimos 'tipo que', 'obvio' o 'na', que es 'nada' abreviado. Además, hay palabras que directamente sacamos", describe con minuciosidad.

Semejante operación de sustracción tiene un porqué: "Lo que queremos es hablar más en menos tiempo. Es algo que tiene que ver con el *chat*, donde para comunicarte rápido tenés que cortar palabras", explica Alan.

Goldberg describe otras características de la jerga juvenil: "A los adolescentes les cuesta encontrar sinónimos, usan menos palabras y un lenguaje directo y resumido. Para ellos los mensajes de texto, el *mail* y el *chat* son la solución porque evitan el debate, el diálogo, y pueden contarle algo a mucha gente al mismo tiempo. Es un lenguaje mediado por la tecnología, menos comprometido".

La influencia del *chat* en el momento de comunicarse cara a cara también es algo comprobado por Weisman. "Entre los chicos hablan poco y se escriben mucho. Esto no está mal, pero el problema que plantea esta forma de comunicación, más escrita que hablada, es que no es buena desde el punto de vista de los vínculos".

Otra característica de ahora es que el lenguaje *teen* se extendió a todas las edades. "Desde preadolescentes hasta adultos, todos incorporan esos términos y modos de hablar", sostiene Weisman. Y no exagera. Lucas Castro, un niño de 12 años que todavía juega a ser grande, habla como lo hace su hermano Esteban, de 18. "Él y sus amigos dicen todo el tiempo 'tipo que', 'cool', 'freak' o 'groso', y a mí también se me pegó", dice.

REINA, Laura. LA NACIÓN: http://www.lanacion.com.ar/ (Adaptado)

COMPRENSIÓN E INTERPRETACIÓN

1 El texto afirma que "los chicos manejan sus propios códigos en el momento de comunicarse". ¿Estás de acuerdo con esa afirmación? ¿Utilizas alguna manera especial de hablar? ¿Cómo es? ¿Por qué la utilizas?

2 Según el texto, señala con una X lo que caracteriza al lenguaje adolescente de hoy. Puede que haya más de una posibilidad de respuesta.

a) [ ] Uso de palabras o expresiones con doble significado.
b) [ ] Uso de palabras abreviadas.
c) [ ] Supresión de palabras en las frases.
d) [ ] Influencia de los medios audiovisuales.
e) [ ] Reiteración de ideas, expresadas con palabras distintas.
f) [ ] Menor compromiso con el debate directo entre interlocutores.

3 Según el texto *Cómo entender el lenguaje de los adolescentes*, están correctas las afirmaciones:

I. La utilización de jergas a la hora de comunicarse es una característica específica de los jóvenes de hoy.
II. La jerga juvenil trasciende los grupos de amigos y se utiliza ampliamente en los medios de comunicación.
III. Las expresiones lingüísticas adoptadas por los jóvenes son, a la vez, elemento diferenciador y de identificación.
IV. Los adolescentes dan más importancia a la forma de decir que al contenido de lo dicho.
V. Hablar más y en menos tiempo es una necesidad por la falta de vocabulario de los jóvenes.

a) [ ] I, II, III.
b) [ ] I, III, IV.
c) [ ] II, III, IV.
d) [ ] I, III, IV.
e) [ ] II, IV, V.

4 En cuanto a la utilización de jergas en el lenguaje de los jóvenes es correcto afirmar:

I. Beatriz Goldberg entiende las jergas como una forma de inclusión de los jóvenes en el mundo.
II. Jergas son palabras poco utilizadas en el lenguaje coloquial.
III. Karina Weisman es una psicóloga que estudia el lenguaje derivado de las nuevas tecnologías.
IV. Escribirse más y hablar menos es una característica del lenguaje de los jóvenes.
V. No hay mucha diferencia entre el lenguaje de un chico de 12 años y el de un joven de 18.

a) [ ] I, IV, V.
b) [ ] II, III, IV.
c) [ ] I, III, IV.
d) [ ] II, IV, V.
e) [ ] I, II, V.

5 En tu opinión, ¿por qué los jóvenes tienen a la vez la necesidad de diferenciarse y de pertenecer a un grupo?

6 ¿Qué problemas puede traer a los adolescentes el hecho de "hablar poco y escribir mucho"?

7 ¿Por qué los jóvenes suelen cortar palabras a la hora de hablar? Explica cómo se da este proceso.

8 En tu opinión, ¿el uso de ordenadores puede influir negativamente en la vida de los jóvenes? ¿Por qué? Justifica tu respuesta.

VOCABULARIO

1 Teniendo en cuenta el contexto, las expresiones señaladas a continuación se pueden reemplazar por:

***Sin embargo**, a pesar de que está claro que es español, para cualquier persona que tenga más de tres décadas eso que escucha **es... chino básico**.*

a) [ ] Sin daño y no lo comprende.
b) [ ] No obstante y no alcanza.
c) [ ] Sin prohibición y no entiende nada.
d) [ ] No obstante y no lo entiende.

2 En la expresión "las jergas *de **antaño***", el término destacado se refiere al tiempo:

a) [ ] de los ancianos.
b) [ ] de los anticuados.
c) [ ] de otras épocas.
d) [ ] de otros países.

3 Vuelve al texto de la página 277 y encuentra las palabras o expresiones cuyo significado en portugués es:

a) de passagem: ____________________
b) no entanto: ____________________
c) pesquisas: ____________________
d) suscitar (um problema, uma dúvida): ____________________

4 ¿Qué palabras o expresiones del ejercicio anterior puedes utilizar en las frases abajo? Complétalas.

a) El profesor explicó la materia nueva y, ____________________, recordó algunos temas del período anterior.
b) Esto está claro, ____________________ creo que debo hacer unos ejercicios más.
c) El curso del próximo semestre podrá ____________________ algunos temas interesantes para discusión.
d) Jimena está terminando las ____________________ para su trabajo de conclusión de curso.

5 Aunque en el lenguaje informático predominen términos del inglés, muchos de ellos tienen su equivalencia en español. Relaciona los términos de la columna de la izquierda con su correspondiente en la de la derecha.

a) buzón personal
b) ciberespacio
c) correo electrónico
d) dirección electrónica
e) dirección URL
f) enlace
g) oteador
h) Internet
i) portada
j) telaraña mundial
k) tertulia cibernética

[ ] Dirección del buzón del usuario que utiliza el correo electrónico.
[ ] Conexión que enlaza diferentes páginas dentro de un documento o diferentes documentos en Internet.
[ ] Red informática mundial, descentralizada, que permite la transferencia casi inmediata de datos entre ordenadores.*
[ ] Lo mismo que WWW (*World Wide Web*). Todos los recursos accesibles a través de un oteador.
[ ] Depósito en el que se almacenan los mensajes transmitidos por correo electrónico.*
[ ] Espacio imaginario en que se establecen las comunicaciones de una red informática, especialmente Internet.*
[ ] Discusiones, en tiempo real, en Internet. Son los llamados *chatrooms*.
[ ] Sistema de transmisión de mensajes por ordenador a través de una red informática.*
[ ] Lo mismo que navegador, hojeador o explorador. Recupera y muestra en la pantalla del ordenador documentos de servidores de la Red.
[ ] Dirección de un sitio en Internet. Lo mismo que localizador.
[ ] Página inicial del documento de un sitio de Internet.

*Definiciones sacadas de: *Diccionario del Estudiante*. Real Academia Española. Barcelona: Santillana, 2005.
CASANOVA, Lourdes. *Internet para profesores de español*. Madrid: Edelsa, 2005.

6 Relaciona las expresiones destacadas en las fotos con sus respectivos significados.

a

b

c

d

[ ] No tengo ganas de hacer nada.

[ ] Buenísima.

[ ] Sos un chico lindo, refuerte.

[ ] No digas tonterías.

OBSERVA

La jerga o argot es un tipo de lenguaje utilizado por grupos cerrados de personas (normalmente profesionales de determinada área). Cuando hablamos de jerga juvenil, hay que tener en cuenta su brevedad. Las palabras o expresiones caen en desuso de la misma manera que se ponen de moda.

Oraciones subordinadas circunstanciales temporales

Lee con atención:

Para algunos, Internet se ha convertido en una adicción completa. ¿Se podrá curar?

Decir que Internet ha cambiado la forma en que nos comunicamos es una descripción insuficiente. Nos dirigimos a nuestras computadoras en busca de información y amigos de correo electrónico, en lugar de levantar el teléfono. Algunos de nosotros compramos en Internet ***mientras*** otros se pasan horas leyendo mensajes en un grupo Usenet, jugando cartas en línea o incluso buscando un romance.

http://healthlibrary.epnet.com/ (Adaptado)

Las expresiones destacadas **mientras** y **en cuanto** introducen oraciones que indican en qué circunstancia temporal sucede alguna acción.

Estas construcciones pueden establecer relaciones de simultaneidad, anterioridad y posterioridad entre las acciones. Observa:

Relaciones entre las acciones	Ejemplos	Nota
Simultaneidad	Unos compran en Internet ***mientras*** otros juegan cartas.	Se utilizan las siguientes conjunciones o locuciones conjuntivas: mientras, cuando, según, a medida que, a la vez que...
Anterioridad	***Tan pronto como*** llegó a casa, se puso delante de la computadora.	Se utilizan las siguientes conjunciones o locuciones conjuntivas: mientras, cuando, tan pronto como, una vez que, apenas, así que, nada más que, no bien, en cuanto...
Posterioridad	***Cuando*** termine este informe, saldré a almorzar.	Una acción que va a ocurrir después de otra.

Los verbos introducidos por las expresiones temporales suelen ir en **indicativo** (cuando nos referimos al presente o pasado) o en **subjuntivo** (cuando nos referimos al futuro). Hay casos en que el verbo aparece en **infinitivo** Ejemplo: Antes de **desconectar** la computadora, chequeó una vez más el correo electrónico.

Ejercicios

1 Rodea la expresión que introduce una idea de posterioridad.

http://www.gaturro.com/

2 Completa las frases con las palabras del recuadro.

mientras · cuando · una vez que · apenas · así que · antes que

a) ________________ salimos de casa, empezó a llover.
b) Mi computadora se desconectó ________________ yo estaba a punto de ganar el juego. ¡Qué rabia!
c) ________________ todos hicieron silencio, el profesor empezó la explicación.
d) Iremos a verla ________________ sea posible.
e) ________________ Carmen prepara la cena, Adolfo arregla la mesa.
f) Es mejor limpiar todo esto ________________ los demás vuelvan.

3 Conecta las frases usando expresiones temporales.

Ejemplo: *Compró una impresora nueva. Preguntó el precio en varias tiendas.*
Antes de comprar una impresora nueva, preguntó el precio en varias tiendas. Compró una impresora nueva después de preguntar el precio en varias tiendas.

a) Alejandro habla con sus amigos por MSN. Escucha música.
b) Siempre bajo archivos de Internet. Chequeo los archivos con algún programa antivirus.
c) Abrí el correo electrónico. Recibí varios mensajes suyos.

Régimen preposicional

Algunos verbos se usan con preposiciones específicas. En algunos casos, este uso es distinto del portugués.

OBSERVA

Todavía **me acuerdo de** unos anuncios que ponían en la tele cuando era niño. (acordarse de)
El anuncio nos **invita a** conocer las bellezas peruanas. (invitar a)
Me alegro de que hayas llegado bien de tu viaje. (alegrarse de)
Él **se asomó a** la ventana a ver quién llegaba. (asomarse a)
Aquel fotógrafo famoso **se encargó de** las imágenes para esa campaña. (encargarse de)

Ejercicios

1 Ordena adecuadamente las palabras para formar frases con sentido. Ojo: haz los cambios necesarios.

a) ocuparse de / (nosotros) / mi prima / cuidar a / siempre / niños / viajar / que
b) fijarse en / ejemplos / ejercicio / (ustedes) / para resolver
c) preocuparse por / entrenador / jugadores / salud
d) prescindir de / explicación / ejemplos / tan clara / ser

2 Relaciona cada titular a su respectiva noticia, observando el régimen preposicional de los verbos subrayados:

I. [ ] *¿Y quién se ocupa de todos?*
II. [ ] El Gobierno italiano pide a los trabajadores que prescindan de la corbata para ahorrar energía.
III. [ ] ¡Fíjate en Iniesta, es buenísimo!
IV. [ ] Las empresas canarias son las que más se preocupan por la seguridad informática.

a) Turco añade que quitarse la corbata reduce en dos o tres grados la temperatura corporal, con un "beneficio para el organismo", y permite "un uso más moderado del aire acondicionado". La compañía petrolera Eni ya se había adelantado a esta recomendación ministerial al pedir a sus empleados que prescindieran de la chaqueta y la corbata durante los meses de verano para favorecer el ahorro energético. (...)

EL PAÍS.com > Sociedad – 17/7/2007

b) El islandés Eidur Gudjohnsen se ha integrado tan rápido en el Barça que a mediados de noviembre, mientras degustaba una butifarra con un periodista barcelonés de su confianza, confesó que nada le había sorprendido tanto desde su llegada al Camp Nou como el talento de Andrés Iniesta, una percepción muy propia de los futbolistas que llevan largo tiempo en el Miniestadi y el Camp Nou.

Edición impresa / EL PAIS / Deportes – 28/12/2006

c) El informe, que se llevó a cabo entre 3000 empresas de 14 países de la Unión Europea y otras 3000 de España, revela que las pymes españolas son las que más se preocupan de la UE por la seguridad informática, detrás de Finlandia, con un 61% de los encuestados, mientras que Austria es la menos interesada, con un 25%. (...)

Última hora / EL PAIS / Internet – 17/6/2007

d) Sin ideologías que se hagan cargo de la sociedad como un todo, los individuos se asocian en torno a causas concretas como el medio ambiente, la mujer, los padres separados, el agua del Ebro o los derechos del consumidor. Aquí se pone de manifiesto hasta qué punto se ha interiorizado el modelo del mercado. Es allí donde se produce el concierto global de los intereses, donde se procede a la integración de las diferentes reivindicaciones.

El País Plus, 13/12/2004

Vocabulario

Butifarra: tipo de embutido a base de carne de cerdo.
Miniestadi y **Camp Nou:** Miniestadio y Campo Nuevo, en catalán.

3 Escribe una frase con cada uno de los verbos presentados en el recuadro de la página anterior (acordarse, invitar, alegrarse, asomarse, encargarse). Ojo al usar de las preposiciones.

COMUNICACIÓN

27 Seguro que habrás oído hablar, y mucho, de Second Life.

Enrique Barreiro Alonso es el Director de la Escuela Superior de Ingeniería Informática de la Universidad de Vigo, y ha accedido amablemente a compartir con nosotros su visión de Second Life y de los mundos sintéticos que han de llegar los próximos años. Escucha aquí la entrevista que hemos realizado con él:

Pregunta ¿Qué es para ti Second Life?

Respuesta Un gran experimento en tres dimensiones, un conjunto enorme de posibilidades por explorar, con importantes aplicaciones potenciales en ámbitos muy diversos. Pero eso sí, hay mucho que trabajar, investigar y fracasar hasta encontrar modelos viables (de negocio, educativos, de ocio,...).

P ¿Qué pueden aportar los metaversos a la sociedad, a la empresa y a la universidad?

R Una forma de interactuar a través de la red más directa, menos impersonal que las actuales herramientas colaborativas, de *e-learning*,... No creo que sustituya a corto ni a medio plazo a ninguno de los medios actuales, pero es probable que puedan convertirse en excelentes complementos.

P ¿Qué aplicaciones pueden ofrecer los mundos sintéticos como Second Life de naturaleza sustancialmente diferente respecto de la *Web*?

R Por un lado, una mayor capacidad de interacción, así como la posibilidad de conocer directamente a otras personas interesadas en un mismo tema. Pongamos un ejemplo: yo puedo visitar una exposición fotográfica virtual a través de la *Web*, pero no puedo compartir esa experiencia con otra persona, como no sea a través de un chat implementado en esa misma *Web*, que me obligaría a mirar la exposición y al mismo tiempo entrar en el *chat* a ver si la visita alguien con quien yo pueda intercambiar opiniones. En un entorno como Second Life la interacción es casi tan inmediata (incluso más fácil) como en una exposición real.

Por otra parte, los desarrollos de los lenguajes propios de estos mundos, sus seguras mejoras, las velocidades de conexión cada vez más elevadas, y la utilización cada vez mayor del sonido, permitirán encontrar más aplicaciones. Por ejemplo, probar hoy un coche en un concesionario de Second Life está bien, pero seguramente será una experiencia mucho más interesante en uno o dos años.

P ¡Gracias, Enrique, por tu tiempo y tu participación!

http://www.secondlifespain.com/

¿Qué ventajas el Second Life presenta con relación a la *Web*?

PRODUCCIÓN ORAL

¿Las relaciones interpersonales en el mundo virtual son sinceras y seguras? ¿Qué experiencias has tenido relativas al tema? Discútanlo en pequeños grupos y presenten las conclusiones del equipo a toda la clase.

AMPLIACIÓN DEL VOCABULARIO

¡Conéctate! El mundo de las nuevas tecnologías.

Completa los anuncios publicitarios con el nombre de los produtos.

Fax/facsímile   móvil/celular   navegador GPS   ordenador portátil   Teléfono inalámbrico   televisor

El nuevo ________________ dispone de una memoria *flash* de 2GB con mapas de países preinstalados. De manera opcional será posible recibir la información del tráfico en el propio dispositivo.

El ________________ Y410 de la serie 3000 está destinado al mercado de consumidores finales.

El nuevo ________________ de 26 pulgadas tiene sintonizador digital integrado (también recibe señal analógica), procesador de vídeo de un chip de alto rendimiento; filtro tipo peine 3D; sonido Virtual Dolby® Surround; tecnología BBE® para un sonido más claro y audio; congelación de imagen PIP para detener escenas importantes al instante; interfaz multimedia de alta definición (HDMI™); entrada para PC, que permite utilizarlo como monitor; diseño compacto y extraplano; recubrimiento antirreflectante.

Un ________________ original para el futuro. De simples llamadas a mensajería multimedia y una cámara fotográfica incorporada, conectividad con PC y reproductor de música... este original aparato es lo que necesitabas.

FAX-T104, velocidad máxima del módem: 9.6 kbps. Método de impresión: termotransferencia. ________________ de papel normal con nuevo diseño, muy apropiado tanto para despacho particular como en el entorno doméstico.

________________ con identificación del abonado que llama. Con correo de voz, pantalla de cristal líquido monocromo, en color plata.

OBSERVA

En Hispanoamérica se dice: la computadora, celular.
En España, el ordenador, teléfono móvil.

PRODUCCIÓN ESCRITA

En pequeños grupos realicen una encuesta sobre los hábitos informáticos de los alumnos de su colegio (por ejemplo, para qué se conectan, cuántas horas al día, etc.), conforme la orientación de su profesor(a). Presenten el resultado de sus investigaciones bajo la forma de redacción.

LECCIÓN 24

ASÍ SOMOS NOSOTROS

LECTURA

PRECALENTAMIENTO

1 ¿Qué sabes del imperio inca?

2 ¿Sabes el nombre de la capital del imperio Inca?

3 ¿Conoces otras civilizaciones que florecieron en América antes de la llegada de Cristóbal Colón?

AMÉRICA:

LOS INCAS Y EL ÁREA ANDINA

Los incas fundaron el imperio más extenso de la América precolombina. Con una férrea organización y un gran sistema de comunicaciones controlaron amplios territorios.

UN IMPERIO DE MONTAÑAS

En el área andina, con precedentes como la cultura nazca y la mochica, nació el imperio incaico de mano de Manco Cápac, el primer inca y fundador del más extenso imperio de la América precolombina.

Hacia el año 1200 dominó a las tribus de Cuzco en Perú y sus sucesores extendieron el dominio incaico hacia el norte y el sur a lo largo de la cordillera de los Andes.

En su época de mayor extensión abarcó los actuales países de Perú, Bolivia, parte de Ecuador, el noroeste de Argentina y el norte de Chile.

El territorio dominado por el imperio inca abarcaba un área de 3500 kilómetros de norte a sur por 800 de este a oeste y dominaba una población, que varía según las fuentes, de 3 a 16 millones de personas.

Cuando los europeos llegaron a América los incas vivían una etapa de gran esplendor, sin embargo, la conquista de Francisco Pizarro supuso el final del imperio y su sometimiento a los españoles.

La enciclopedia del estudiante. Madrid: Santillana Educación, 2005, Historia Universal, v. 07, p. 168.

LOS ANDES

La cordillera de los Andes es la más larga del mundo, con una longitud de casi 7500 km. Se extiende por el oeste de América del Sur, desde Venezuela a la Tierra de Fuego. Es una cordillera joven, que se formó hace unos 65 millones de años y está dividida, en su mayor parte, en varios ramales montañosos paralelos a la costa del Pacífico. Estos ramales están separados por valles y extensas altiplanicies, como sucede en Bolivia. El cerro Aconcagua, con 6959 m, es la montaña más elevada de los Andes y de todo el continente americano. En general, las cimas más elevadas son volcanes: Chimborazo (6267 m) y Cotopaxi (5897 m). Muchas de esas cumbres están cubiertas de hielos y nieves perpetuas.

In: http://www.kalipedia.com/

COMPRENSIÓN E INTERPRETACIÓN

1 Encuentra en el primer texto el nombre de los siguientes hechos históricos o personajes:

a) Conquistador español y primer gobernador del virreinato del Perú.

b) Florecieron en los primeros siglos de la era cristiana y son dos de las culturas más representativas de la región que hoy corresponde al Perú.

c) Fue la capital del imperio inca y se localiza en los Andes. La palabra que le da nombre proviene del quechua y significa "el ombligo del mundo".

d) Primer soberano inca.

2 La única afirmación falsa es:

a) [ ] En la región de la cordillera de los Andes se desarrollaron algunas de las más importantes culturas americanas.

b) [ ] La cordillera de los Andes se extiende por Bolivia y Argentina.

c) [ ] El relieve boliviano está determinado por las altiplanicies.

d) [ ] Los Andes abrigan la montaña más alta del continente americano.

3 Sobre los incas es incorrecto afirmar que:

a) [ ] Controlaron vastos territorios del continente suramericano.

b) [ ] Los españoles contribuyeron al desarrollo de la cultura incaica.

c) [ ] El mundo incaico vivía su esplendor en el siglo XVI.

d) [ ] Controlaron amplios territorios.

4 ¿Qué países actuales abarcó el imperio inca en su época de esplendor?

5 Ahora lee con atención la descripción de una tradición inca. Enseguida relaciona las frases para conocer algunos detalles de la ceremonia.

Inti Raymi

La fiesta del Sol, que se celebra en la ciudad peruana de Cuzco, es la segunda fiesta más grande de Latinoamérica tras el carnaval brasileño de Río de Janeiro. Más de doscientas mil personas acuden en junio a Cuzco para ver este espectáculo, en el que unos quinientos actores hacen revivir el pasado de los incas.

La ceremonia de Inti Raymi estaba dedicada al Sol y la celebraba el pueblo que construyó la ciudad de Machu Picchu. Los incas se consideraban descendientes del Sol, por eso cada año le dedicaban una gran fiesta para agradecerle las buenas cosechas y pedirle que las del año siguiente también fueran buenas. [...]

Antes de la llegada de los españoles, el Inti Raymi se celebraba el día 21 de junio, día del solsticio de invierno en el hemisferio sur. Cuando los españoles conquistaron Cuzco, en 1533, prohibieron la celebración. Pero en 1942 se retomó la tradición gracias a arqueólogos y a historiadores que estudiaron los documentos antiguos. Desde entonces se celebra el día 24 de junio, el día de la fiesta católica dedicada a San Juan Bautista. [...]

a) La ceremonia empieza en la plaza principal de Cuzco,

b) Este personaje habla en quechua,

c) Comienza la procesión hacia las ruinas de Sacsayhuamán,

d) Al ritmo de flautas y tambores los participantes

e) Los actores se dirigen a un extremo de la explanada para representar

[ ] van formando figuras y hacen alabanzas al Sol en quechua.

[ ] la antigua lengua de los incas que todavía se habla en Cuzco y sus alrededores.

[ ] llamada también la Casa Sagrada del Sol.

[ ] el rito principal: el sacrificio de una llama.

[ ] con el discurso del rey inca.

VILLANUEVA, Clara y FERNÁNDEZ, Josefina. *Aires de fiesta latina*: un recorrido por Latinoamérica a través de 12 lecturas. Barcelona: Difusión, 2007. p. 60-61. (Adaptado)

VOCABULARIO

1 Relaciona las palabras y expresiones de la primera columna con su significado.

a) Precolombina
b) Largo
c) A lo largo
d) Abarcar
e) Suponer
f) Someter
g) Altiplanicie
h) Cima
i) Cumbre
j) Cerro

[ ] Distancia tomada en el sentido longitudinal.
[ ] Pico, parte superior de un monte, cima.
[ ] Adjetivo que se refiere a hechos, situaciones o civilizaciones anteriores a la llegada de Cristóbal Colón a América.
[ ] Elevación aislada del terreno de menor altura que una montaña.
[ ] Dominar por medio de la autoridad o fuerza.
[ ] Punto más alto de un terreno.
[ ] Extensa planicie que se localiza en grandes altitudes.
[ ] Contener, incluir.
[ ] Hacer conjeturas o valoraciones.
[ ] Más extenso, que tiene más longitud.

2 Elige del recuadro la opción que se refiere a los términos que figuran a continuación.

Pacífico   Chimborazo   Titicaca   Quito   El Salvador   Aconcagua

a) País: ____________________
b) Océano: ____________________
c) Lago: ____________________
d) Capital: ____________________
e) Montaña: ____________________
f) Volcán: ____________________

3 Lee las siguientes expresiones idiomáticas y úsalas para completar las frases. Haz los ajustes necesarios.

- **Ponerse como agua para chocolate:** furioso. [Se usa en México y Puerto Rico.]
- **Tantear el terreno:** estudiar un asunto, medirlo.
- **Hacer puente:** disfrutar como libre el día entre dos festivos o posterior a uno de ellos.
- **Valer un imperio:** tener mucho valor, ser excelente.
- **No estar alguien para fiestas:** disgustar de algo o no tener ánimo para participar de lo que se propone.
- **De mala muerte:** de poco valor, de mal aspecto, despreciable.

a) Ayer ____________________, por eso no fui al cumpleaños de Ana.
b) Porque el vuelo ha sido suspendido por la cerrada neblina en el aeropuerto de Zacateca, Thalía ____________________.
c) Buscó por dos horas, pero solo encontró pensiones ____________________.
d) Antes de empezar sus estudios en México, Paco pensaba ____________________ con mucho cuidado.
e) Si se ____________________ el próximo viernes, podremos viajar.
f) Para los niños, participar de la Cabalgata de Reyes Magos ____________________.

LECCIÓN 24

GRAMÁTICA

Oraciones circunstanciales de lugar

Observa las oraciones a continuación:

Tras ascender a las montañas que rodean la ciudad, ves la imponente cordillera de los Andes, de hasta 4800 metros, y entre desolados y abiertos llanos ***donde*** *vive el puma, logras ver ríos cruzando valles, campos nevados, la cordillera Blanca, de 5 mil metros de altura.*
Hemos circulado ***por donde*** *se puede comprobar el desarrollo de las técnicas incas de construcción.*

Estas oraciones, a las que llamamos **circunstanciales**, cumplen el papel del adverbio en relación a la oración principal. De modo general, la oración circunstancial de lugar se une a la principal por medio del conector **donde**, precedido o no de preposición.

Se acentúan en frases interrogativas.

Ejemplo: *¿Por* ***dónde*** *anduvieron los incas?*

Con los **verbos de movimiento**, va acompañado de la preposición **a**, como es el caso de **adonde**.

OBSERVA

Se usa el adverbio **adonde** cuando el antecedente está expreso en las frases y **a donde** cuando no está expreso.
Los mochileros llegaron a Cuzco ***adonde*** *iban a pernoctar.*
Siempre iba ***a donde*** *no se permitía el paso.*

Ejercicios

1 Identifica la forma correcta y tacha la incorrecta.

a) También encontraron cerámicas policromadas y accedieron, por primera vez desde que este pueblo prehispánico construyó su fortaleza en el siglo XIV, a la enigmática "barreta", un objeto incrustado en la montaña sagrada o "apu" y **adonde / a donde** no se puede llegar sin cuerdas y técnicas de progresión vertical.

b) El mundo natural de Machu Picchu se inicia, pues, por encima de los 4000 m.s.n.m., **donde / en donde** el viento barre sin cesar las planicies de ichu y **a donde / donde** las rocas se pueblan de líquenes y musgo.

c) Nuestros pasos se animan a recrear aquellas épocas de esplendor, **donde / en donde** todo un pueblo alcanzó un alto desarrollo cultural, científico y religioso.

ATENCIÓN

m.s.n.m. = metros sobre el nivel del mar

2 Completa las frases con las formas del recuadro.

donde · hasta dónde · en donde · desde donde · hacia dónde

a) Pon los mapas ____________ te lo había dicho.

b) Es imprescindible discutir ____________ llegará el desprecio por los restos de las civilizaciones pasadas.

c) En el último día de excursión, conocimos un observatorio maya ____________ pudimos apreciar un paisaje espectacular.

d) Viajó por toda América y se quedó en México ____________ escribió un libro exitoso.

e) Pregúntale al conductor ____________ va este tren.

Los comparativos

Establecen relación de comparación con respecto a un elemento de la oración principal. Esa relación puede ser de igualdad, superioridad o inferioridad.

Comparativas	Formas	Ejemplos
de igualdad	**tan ... como** Tiene como segundo elemento un adjetivo o adverbio.	- En la cordillera hay senderos **tan** estrechos **como** anchos. - Nunca ha sido **tan** difícil caminar por esta región **como** lo es hoy día.
	tanto/a/os/as ... como Tiene como segundo elemento un sustantivo.	- Todavía no se tiene **tanta** información sobre la cultura nazca **como** se debería.
	tanto como Expresión que viene antecedida por un verbo y tiene valor cualitativo.	- Este año, el precio del billete de avión ha subido **tanto como** el año pasado.
	tanto cuanto Tiene como antecedente un verbo y establece relación de cantidad.	- La gente viaja **tanto cuanto** puede.
de superioridad	**más ... que** El segundo elemento puede ser un adjetivo o sustantivo.	- La visita a un sitio arqueológico nos da mucho **más** información **que** lo imaginado.
	más que Esta expresión, la antecede un verbo.	- Hemos caminado **más que** nunca.
de inferioridad	**menos ... que** El segundo elemento puede ser un adjetivo o sustantivo.	- Para algunas personas hay **menos** belleza en la ciudad **que** en el campo.
	menos que Esta expresión, la antecede un verbo.	- Ahora viajo **menos que** antes.
formas irregulares • Algunos adjetivos y adverbios tienen forma específica que se prefieren en lugar de otras.	• de adjetivo: – bueno/a/os/as > mejor/es – malo/a/os/as > peor/es – grande/s > mayor/es – pequeño/s > menor/es • de adverbio – bien > mayor – mal > peor	- Pienso que los viajes programados con anticipación son **mejores** que los improvisados porque se puede ahorrar dinero y elegir el **mejor** itinerario. - El Airbus A380 es el avión comercial **más grande**. - Este año, la dicha de los viajeros ha sido **peor** que el año pasado por el tiempo de espera en los aeropuertos.

OBSERVA

Se prefieren las formas "mayor(es)" y "menor(es)" cuando se trata de cosas abstractas y las formas "más grande(s)" o "más pequeño(a/os/as)" cuando se trata de cosas concretas.

Ejercicios

1 Lee los datos del recuadro sobre los géneros musicales que se escucharon y se bailaron en el carnaval de Barranquilla, Colombia, en 1998, y escribe cinco oraciones con las comparaciones posibles.

Género	Porcentaje
Merengue	70
Salsa	59
Cumbia	59
Vallenato	52
Tropical moderna	52
Caribeña	19
Hip hop	19

In: CANDELA, Mariano. "Difusión de la música bailable costeña en el Carnaval de Barranquilla 1997-1998. (Conflicto entre los actores que intervienen en su difusión)", en *Primer encuentro de investigadores del Carnaval de Barranquilla. Memorias*, Barranquilla: Universidad del Atlántico, 1999. p. 90.

a) Se escuchó y se bailó ______

b) Se escuchó y se bailó ______

c) Se escuchó y se bailó ______

d) Se escuchó y se bailó ______

e) El vallenato se escuchó y se bailó ______

2 Elige el adjetivo del recuadro que completa las frases a continuación.

más grande   menor   mejores   más pequeña   mayor

a) Mi hijo ______ se va a vivir por dos años en Paraguay porque quiere aprender el idioma guaraní. Se va a quedar en casa de su hermana ______.

b) Cuzco es ______ que otras ciudades incas.

c) Las informaciones que hemos conseguido en el Centro de Información Turística son ______ que las que conseguimos en la agencia de viaje.

d) Como somos solo dos, podemos quedarnos en una habitación ______ que esta.

Los superlativos

Se usan los superlativos para expresar el grado más intenso de un adjetivo.

Superlativo	Formas	Ejemplos
1. Absoluto	a) **muy** + adjetivo adjetivo + **ísimo**	El imperio inca fue **muy** distinto al azteca. El imperio inca tuvo un **altísimo** desarrollo agrícola.
2. Relativo	b) **el / la... más** + adjetivo + **de / entre**	La cordillera de los Andes es la **más** larga **de**l mundo.

Ejercicio

Reescribe el texto a seguir, pasando los adjetivos a la forma superlativa, cuando sea posible.

Lima, la tres veces coronada, guarda entre sus calles los secretos ancestrales de la civilización andina y las promesas de la Corona. La incursión europea se plasmó en todas las expresiones culturales, logrando forjarse para la posteridad en la arquitectura y la religión.

Oficina del presidente peruano en Lima, Perú.

Plaza de Armas, en la que se encuentra la Catedral de Lima, Perú.

Las antiguas construcciones, los hermosos templos, las soberbias casonas y los tradicionales balcones convergen en armonía con las huacas y los complejos ceremoniales de herencia precolombina. Sin embargo, Lima es una ciudad cosmopolita que emerge con la luz de las infinitas noches en las calles que nunca duermen.

El centro del espíritu de esta ciudad está inmerso en una fervorosa fe católica, la cual es manifestada en uno de los eventos más trascendentales del calendario festivo: la fiesta del Señor de los Milagros.

Guía de circuitos turísticos Perú viajero. Lima: Unimundo, 2006. p. 17.

COMUNICACIÓN

28 Adriana recibe en su país a Álvaro, que viaja desde España para conocer las líneas de Nazca. Como está enferma, Adriana no puede acompañarlo por el recorrido que habían programado.

Narrador Álvaro conoce las líneas de Nazca.

Álvaro Qué pena que no hayas podido ir conmigo, Adriana.

Adriana Ya pues, qué se va a hacer, no todos pueden ser felices... Pero, cuéntame, ¿qué te gustó más de la visita a Nazca?

Álvaro Bueno, estoy seguro de que ha sido conocer las líneas de Nazca. Aquellas maravillas trazadas en el suelo que, de hecho, forman las figuras que había visto en los folletos turísticos. Era un material muy informativo.

Adriana Efectivamente, pero para nada se compara con la experiencia de visitar las llanuras. Son chéveres, ¿verdad?

Álvaro ¡Fenomenales! Y por eso te digo que lo mejor del paseo ha sido coger la avioneta y mirar las figuras desde lo alto. ¡Es impresionante verlas en su conjunto! El gigantesco calendario...

Adriana Por lo que veo no te equivocaste a la hora de elegir la manera de ver las figuras, ¿eh? ¿Cuántos soles te costó eso?

Álvaro ¡Ni te cuento!, pero es cierto que ya no tengo un duro.

Adriana ¿Y qué piensas hacer mañana?

Álvaro Mañana por la mañana pienso buscar más información sobre esos monumentos y sobre la idea de que serían una tarjeta de bienvenida a los hermanos del espacio.

Adriana Mira, pues tengo unos libros buenazos sobre el tema.

Álvaro ¡Estupendo!

OBSERVA

1 La expresión "ya pues" se usa en Perú y tiene diferentes valores de acuerdo con el contexto. Se puede usarla para animar a alguien a hacer algo, a la hora de introducir un lamento o una resignación, etc.

1 ¿Cuál es la mejor manera de ver las imágenes de las líneas de Nazca?

2 ¿Cuál es el nombre de la moneda de Perú?

3 Anota las expresiones del diálogo equivalentes a:

a) Hablar sobre algo: ______
b) En absoluto: ______
c) Muy bueno(a): ______
d) No tener plata: ______

PRODUCCIÓN ORAL

Formen grupos. A cada uno le tocará investigar y hablar sobre distintos aspectos de la vida del pueblo mapuche o del pueblo inca. Los temas son los siguientes:

- Leyendas relacionadas con la creación del hombre y del pueblo.
- Localización del imperio y aspectos geográficos.
- Organización social y política.
- Expresión cultural y artesanía.
- Legado.

AMPLIACIÓN DEL VOCABULARIO

Las líneas de Nazca

Las líneas de Nazca son figuras geométricas, humanas y de animales, que se supone que forman un gigantesco calendario usado por los astrónomos de las culturas anteriores al imperio inca. Entre los diseños que se perciben allí, figuran: una ballena, un perro con patas y cola largas, diversas aves como la garza, la grulla, el pelícano, la gaviota, el colibrí, el mono, el astronauta, la araña, el caracol y la flor. Identifícalos en el mapa.

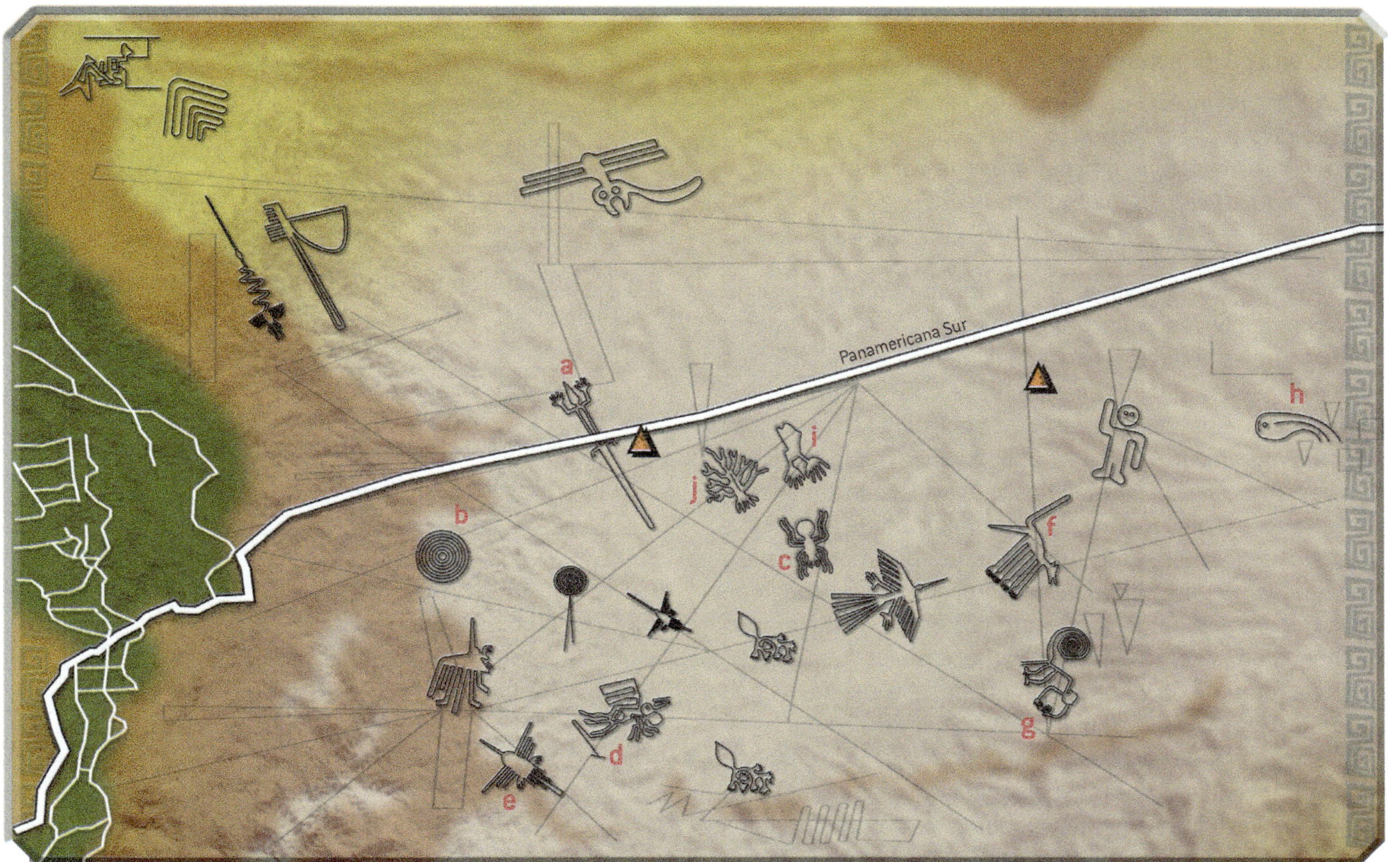

a) ______________________ f) ______________________

b) ______________________ g) ______________________

c) ______________________ h) ______________________

d) ______________________ i) ______________________

e) ______________________ j) ______________________

PRODUCCIÓN ESCRITA

Busca información sobre el legado de la cultura indígena al pueblo brasileño y redacta un informe de tus hallazgos. ¿Qué heredamos de esa cultura? ¿Arte, comida, creencias, vocabulario...?

LECCIÓN 17 ¿Cómo nos cuidamos?

"Vestibular"

Texto 1 (UFRJ)

A Conteste en portugués las cuestiones 1 a 4 y en español la cuestión 5.

Sociedad

Mal de amores, falta de suerte... para cada problema hay una pócima mágica

¿Problemas? No pierda la calma. En República Dominicana, la solución a todos los males está a la vuelta de la esquina y tiene forma de pócima mágica.

Según dicen, todo es cuestión de fe.

conexiones@claringlobal.com.ar

Extracto de garrapata o jalea africana, "Vente conmigo" o "No me olvides", todo vale si es para conseguir amor, y si no que se lo digan a las tiendas de hierbas medicinales dominicanas, donde se comercia con el amor y el desamor... Los vendedores de estas tiendas, conocidas como botánicas y en las que además de hierbas se ofrecen todo tipo de pócimas, negocian con uniones y desuniones, con odios y con pasiones, porque como ellos mismos admiten, "afortunadamente el amor no pasa de moda". Para cada pena tienen un remedio: "Juego de amor", "Atrapa hombres", "Siete potencias" y "Déjame el cheque en la cama" son solo algunos de los nombres de estos románticos y no tan románticos elixires, ya sea en forma de perfumes, cremas o esencias para el baño.

Según los vendedores de las botánicas, en las que se puede encontrar desde manuales para echar las cartas hasta huevos de serpiente, aceite de tiburón o estatuas de santos de tamaño natural, a estas pócimas debe sumarse fe, "mucha fe", porque de lo contrario no hay esencia que valga.

El Mercado Modelo, un popular centro de venta de artesanías en Santo Domingo, reúne dentro y en sus alrededores a más de veinte botánicas, por las que pasan hombres y mujeres de todas las edades, clases sociales y también nacionalidades. La Botánica San Miguel, en un rincón de este singular mercado, lo tiene "todo", o al menos de eso se enorgullece su propietario, Jorge Cepeda, que la regenta desde hace más de 20 años. No es casual que Cepeda tenga esta botánica: su padre era clarividente y curandero, como él mismo confiesa. "Sí, tenía poderes, veía más allá, curaba y adivinaba el futuro de todos los que le pedían ayuda", asegura.

Por herencia, sabe lo que cada quien necesita, aunque también por experiencia, porque él mismo ha usado estas esencias y perfumes. "Por supuesto que han surtido efecto, yo llevo veinte años de casado, la verdad es que a mí me ha ido muy bien", confiesa con una sonrisa pícara.

Las esencias más populares son las que buscan "amarrar al hombre", esto es, que no deje a su mujer y que le sea fiel. Algo nada fácil, como reconocen estos expertos en hierbas y esencias, sobre todo por la naturaleza infiel del hombre dominicano, como ellos mismos apuntan.

Por supuesto, esa es la parte teórica, luego está la pecuniaria. Y es que, sin duda, los vendedores de amor se frotan las manos en estos tiempos en los que los divorcios y las separaciones están a la orden del día.

http://www.clarin.com/ (Adaptado)

1 Presente el argumento de los vendedores para que las botánicas sean un excelente negocio.

____

____

2 Justifique el enunciado "por herencia" referido a Jorge Cepeda.

____

____

3 Especifique la condición necesaria para que los productos surtan efecto.

____

____

4 Especifique la razón por la cual en la República Dominicana un producto en especial es el más vendido.

____

5 Transcriba la expresión metafórica que indica un gesto de satisfacción de los vendedores.

____

Texto 2

B Conteste en portugués la cuestión 6 y en español la cuestión 7.

El juicio final

El periódico argentino *Clarín* reprodujo la opinión de una lectora respecto a noticias de la edición del día anterior.

El juicio final

Analía Pyczil – 19 años – nadadora

Me gustó

"Identifican células especiales que pueden reparar el corazón".

Es un hallazgo grande para la humanidad y la nota está a la altura del hecho. Muy clara y de fácil comprensión.

"La estaban asaltando y se escapó tirándose del balcón".

Está muy bien contada. Muestra que ya ni en nuestra propia casa se puede estar tranquilos.

No me gustó

"Renunció la ejecutiva que llegó más alto en el mundo: Carly Florina".

Me parece una nota de muy poco interés. Creo que está destinada a un grupo ínfimo de gente que la conocía.

"El lenguaje de señas ya tiene fanáticos".

A mi entender no tienen relevancia las materias a las que se inscriben los universitarios en EE.UU.

Clarín, jueves 10 de febrero de 2005.

6 Mencione la reacción de la víctima referida en una de las noticias.

____

7 Transcriba dos enunciados usados para introducir una opinión personal, bajo el título: No me gustó.

____

____

Texto 3

C Conteste en portugués las cuestiones de 8 a 10.

Testimonios

El periódico *Clarín* reprodujo la opinión de tres personas sobre la paralización del servicio de metro de Buenos Aires debido a un conflicto laboral.

Gustavo Palacios – 32 años – profesor

"En un país donde nunca se cumplen las leyes es típico que suceda esto. Está bien por un lado, pero hay otra gente que también trabaja. Tendrían que subirles más el sueldo, y no solo a ellos, sino a todos".

María Domínguez – 33 años – empleada

"Voy a Palermo, a trabajar en un restorán de parrillas. Me parece muy mala idea que protesten así. Viajo dos veces al día y tuve que irme en colectivo. Me demoré media hora más y venía muchísima gente".

Hernán Zenoff – 28 años – estudiante

"El paro me parece un abuso. Tendrían que buscar otra forma de protestar. Tampoco tienen un sueldo muy bajo, tengo entendido que cerca de mil pesos. Si no se conforman con lo que les dan, yo qué sé".

Clarín, viernes 11 de febrero de 2005.

8 Indique un perjuicio sufrido por uno de los entrevistados.

____

____

9 Destaque la razón económica mencionada en el texto para rechazar el paro.

____

____

10 Señale la solución del conflicto presentada por uno de los entrevistados.

____

____

Ejercicios de consolidación gramatical

1 Clasifica los verbos en I (Infinitivo), P (Participio) o G (Gerundio).

a) [ ] partiendo	d) [ ] hablado	g) [ ] barriendo
b) [ ] salir	e) [ ] bebido	h) [ ] vender
c) [ ] comido	f) [ ] bailar	i) [ ] trabajando

2 Completa los huecos del texto a continuación con el verbo que está entre paréntesis en infinitivo, gerundio o participio.

La película "Diarios de motocicleta", dirigida por Walter Salles, cuenta la historia de viaje del estudiante de Medicina Ernesto Guevara por distintos países de Latinoamérica, antes de ______________ (convertirse) en el comandante Che Guevara. ______________ (acompañar) por su amigo Alberto Granado, emprende un recorrido que se inicia en Argentina y termina en Venezuela y que lo lleva a ______________ (conocer) algunos de los graves problemas sociales, económicos y políticos que afectan la región. ______________ (desvelar) el continente sudamericano, la película narra una historia que también es de autodescubrimiento. En este caso, tiene particular importancia una de las escenas finales en la que Guevara cruza el río para ______________ (celebrar) su cumpleaños con los leprosos, tras haberlo ______________ (festejar) con los empleados del leprosario.

3 Completa las frases con el gerundio de los verbos que están entre paréntesis.

a) ________________ (dormir) bien por la noche, se tiene más energía al día siguiente.

b) Juan se rompió el tobillo ________________ (jugar) al fútbol.

c) ________________ (ser) ya tan tarde, nos vamos a acostar.

d) ________________ (decirle) la verdad al médico sobre los hábitos alimenticios, se puede recibir las orientaciones adecuadas para vivir mejor.

e) De acuerdo con el yoga, la respiración debe ser consciente. ________________ (respirar) de modo armonioso, rítmico y consciente, se consigue energía, calma y concentración.

4 Señala la alternativa en la que el infinitivo tiene la función de sujeto.

a) [ ] Juana sabe cuidarse muy bien.

b) [ ] Practicar deporte es bueno para la salud.

c) [ ] En el cartel estaba escrito: "No aparcar, plaza de aparcamiento para ambulancias".

d) [ ] Al salir de casa, le dolía la cabeza.

e) [ ] Los vegetarianos evitan consumir grasa animal.

5 Marca las alternativas en las que hay leísmo.

a) [ ] Lo encontré ayer delante del hospital.

b) [ ] A María la saludé hace poco.

c) [ ] Juan y Manuel llegan muy temprano al gimnasio, pero nunca les he preguntado el porqué.

d) [ ] Nunca les vi tan contentos con su salud como esta vez.

e) [ ] Les dejo los folletos con los horarios de la natación.

f) [ ] A tus primos les encontré en el teatro.

6 Analiza los pronombres en negrita, teniendo en cuenta los casos de leísmo, loísmo, laísmo o regla general, y señala la alternativa correcta.

I. Los estudiantes esperaron al médico y este **los** dio todas las informaciones sobre los factores de riesgo cardiovascular.

II. Estudios indican que los fumadores tienen más riesgo de padecer enfermedades cardiovasculares. Por lo tanto, la sociedad debe alertar**los**, usando distintos medios de comunicación.

III. Mi abuelo sobrevivió a un ataque cardíaco y por eso se cuidaba muy bien. Es común encontrar**le** haciendo caminata o preparando comida saludable.

a) [ ] Leísmo – regla general – laísmo.

b) [ ] Laísmo – laísmo – loísmo.

c) [ ] Loísmo – laísmo – regla general.

d) [ ] Regla general – regla general – leísmo.

e) [ ] Loísmo – regla general – leísmo.

7 En todas las frases a continuación, las dos interjecciones pueden usarse con el mismo valor, excepto en:

a) [ ] **Qué lástima / Vaya**, esta semana no he tenido tiempo para nada.

b) [ ] ¡**Caramba!** / ¡**Por Dios**! Tanta niebla contribuye para aumentar el número de accidentes en las carreteras.

c) [ ] **Adelante / Hombre, pues**, creo que tengo que concertar una cita con el dentista inmediatamente.

d) [ ] ¡**Ánimo!** / ¡**Anda**! Ponte el abrigo o te vas a resfriar.

e) [ ] **Por fin / Uf**, ahora puedo poner música y tratar de relajarme.

LECCIÓN 18 Hemos descubierto sabores diversos...

"Vestibular"

Texto 1 (PUCRJ)

XXVI Conferencia Internacional de la Cruz Roja y de la Media Luna Roja: Mito y realidad

El extraordinario progreso técnico y el galopante crecimiento demográfico que caracterizan nuestro siglo nos obligan a hacer constar: el hombre no ha conseguido gestionar estos fenómenos en beneficio de toda la humanidad y cada vez hay más personas en la miseria, más personas vulnerables o excluidas de la sociedad que necesitan ayuda y compasión.

Así pues, el cometido básico del Movimiento Internacional de la Cruz Roja y de la Media Luna Roja en favor de las personas vulnerables, principalmente en tiempo de conflicto armado, pero también en cualquier otra circunstancia, es hoy esencial.

La principal esperanza suscitada por la Conferencia está estrechamente relacionada con esta situación y con la función básica de la Conferencia: se trata de reanudar o, más bien, de relanzar y potenciar el diálogo entre los Estados y nuestro Movimiento, a fin de examinar cómo pueden coordinar sus esfuerzos de la manera más eficaz para mejorar la suerte que corre la inmensa masa de personas que carecen de lo esencial y cuya vida es, a menudo, un calvario sin esperanza. Podemos y debemos hacer más. Podemos y debemos colaborar mejor. La Conferencia es una ocasión para reflexionar al respecto y para abrir nuevos caminos.

http://www.icrc.org

1 La expresión "a menudo" (l. 20-21) significa:

a) [ ] a veces.
b) [ ] con frecuencia.
c) [ ] sin duda.
d) [ ] siempre.
e) [ ] hipotéticamente.

2 En síntesis, el primer párrafo del texto dice que:

a) [ ] la tecnología se fue democratizando con el crecimiento demográfico.
b) [ ] los avances de la tecnología todavía son para muy pocos.
c) [ ] cada vez más gente en el mundo es adepta de las nuevas tecnologías.
d) [ ] la tecnología genera exclusión porque las máquinas ocupan el lugar del hombre.
e) [ ] cuanto más aumenta la población, más se hace necesario invertir en tecnologías avanzadas.

3 El texto tiene como finalidad:

a) [ ] denunciar las tecnologías que tornan vulnerables a los menos acaudalados.
b) [ ] exponer la contradicción entre la realidad y el mito de las modernas tecnologías.
c) [ ] exhortar al diálogo y a la unión de esfuerzos en pro de objetivos comunes.
d) [ ] contraponer progreso y crecimiento demográfico.
e) [ ] llevar esperanza a los que padecen con las guerras y carecen de lo esencial.

4 En el segundo párrafo, la expresión "es hoy esencial" se refiere a:

a) [ ] desvendar mito y realidad.
b) [ ] todas las demás circunstancias.
c) [ ] terminar el tiempo de guerras.
d) [ ] dar tecnologías a las personas sin medios.
e) [ ] el quehacer del Movimiento Internacional de la Cruz Roja y de la Media Luna Roja.

5 En el último párrafo se lee: "... a fin de examinar cómo pueden <u>coordinar</u> sus esfuerzos de la manera más eficaz...". La palabra que puede sustituir lo subrayado sin cambio de sentido es:

a) [ ] estrechar.
b) [ ] mejorar.
c) [ ] coadunar.
d) [ ] intercalar.
e) [ ] interponer.

Texto 2

Trabajadores hechos humo

Tenemos grandes maestros en llorar las muertes de los trabajadores en el tajo... manteniendo inamovibles, por corrupción o pura irresponsabilidad, las causas que las provocan. Así ahora vemos a políticos que vierten lágrimas de cocodrilo ante la "ruina" que supone a los dueños de los mayores restaurantes y bares el poner un tabique, pero no les hemos oído una palabra en defensa de los empleados que, por trabajar ahí, son las primeras víctimas, como fumadores pasivos. Y no se piense que estamos hablando solo de los políticos opositores oficiales al Gobierno, que quieren sacar tajada hasta de esos muertos, a pesar de haber votado todos unánimemente en el Parlamento la ley antitabaco. ¿Cómo defenderá la salud de esos trabajadores un sindicato cuyo presidente, como Fidalgo de CC.OO., médico por añadidura, no ha tenido el más mínimo empacho este mismo primero de mayo en desfilar ante las cámaras de televisión fumando cigarrillos?

www.profesionalespcm.org

6 En el fragmento "... que las provocan" (líneas 3-4), el elemento subrayado se refiere a:

a) [ ] las causas.
b) [ ] las lágrimas.
c) [ ] las fumadoras.
d) [ ] las víctimas.
e) [ ] las muertes.

7 La expresión que puede sustituir a **inamovibles** (línea 2) sin cambio de sentido es la siguiente:

a) [ ] sin ninguna conmoción.
b) [ ] inadmisibles.
c) [ ] sin posibilidad de cambio.
d) [ ] sin solución ni remedio.
e) [ ] intolerables.

8 El texto tiene como foco principal:

a) [ ] la preocupación de los políticos por la salud de la gente.
b) [ ] la falta de cuidados con los trabajadores que son fumadores pasivos.
c) [ ] la postura de los políticos opositores oficiales al Gobierno.
d) [ ] la importancia de la ley antitabaco para el presidente del sindicato de los trabajadores.
e) [ ] los costes que los dueños de restaurantes y bares tendrán al poner un tabique.

9 En el texto se dice que los políticos:

a) [ ] se ponen de parte de los trabajadores.
b) [ ] son peligrosos como cocodrilos.
c) [ ] son incoherentes porque aprueban las leyes pero luego abren excepciones.
d) [ ] son hipócritas y apenas fingen interesarse por la causa.
e) [ ] se meten con el Gobierno cuando les parece.

10 Señala la idea que **NO** está de acuerdo con el texto.

a) [ ] El título indica la falta de respeto al derecho que tienen los trabajadores en lo que se refiere al tabaco.
b) [ ] El hecho de que un médico fume es contradictorio porque el tabaco hace mal a la salud.
c) [ ] A los trabajadores se les debería garantizar el derecho al trabajo en un ambiente sin tabaco.
d) [ ] Como votaron unánimemente la ley antitabaco, los políticos españoles no fuman.
e) [ ] La ley antitabaco no resuelve los problemas de todos los trabajadores no fumadores.

Ejercicios de consolidación gramatical

1 Relaciona las columnas.

a) Las informaciones conectadas se oponen. El primer segmento suele presentar una enumeración de argumentos diferentes.
b) Expresa incompatibilidad entre lo designado en los dos segmentos que conecta. Así, el segundo segmento excluye o corrige lo que se dice en el primero, que en general, contiene una negación.
c) De la misma manera que **pero**, introduce una información que apunta a una conclusión diferente de la que señala el primer segmento.
d) Introduce una información que se opone a la que se ha dado anteriormente.

[ ] Pero / mas
[ ] Con todo
[ ] Sino
[ ] Sin embargo

2 Completa las oraciones con las conjunciones del recuadro.

con todo   pero / mas (2)   sin embargo / no obstante   sino (2)

a) Las empanadas son pasteles de masa rellenos —en sus muchas variantes— de carne picada, cebolla, pimientos, pasas de uva y huevo duro; picantes o suaves; fritas o al horno. Hay también de verdura, humita e infinidad de otros rellenos. ________________ las más tradicionales son las de carne.
b) En Argentina se ofrecen especialidades de gourmet: no solo platos elaborados ________________ refinados y exóticos.
c) Conserva frutas y verduras ya cortadas dentro del refrigerador, envuélvelas con una bolsa plástica o mételas en un recipiente cerrado. Esto no solo las conserva mejor ________________ evita la contaminación de olores indeseados.

d) En la fiesta de cumpleaños de mi madre hice un lomo con confituras, una de las recetas de los platos que he cocinado en la Sociedad Gastronómica Mayurca. ________________ a algunos de los invitados no les gustó la mezcla de dulce con salado que llevaba la receta.

e) Jorge es un gran jefe de cocina, trabajó en uno de los mejores hoteles de Montevideo, ________________ hace unos meses está desempleado.

f) Para purificar el aire de los olores de comida quemada lo mejor es hervir unas rodajas de limón, ________________ cuando el olor es de grasa, se puede colocar un recipiente con vinagre blanco cerca de la cocina cuando fría alimentos.

3 Pon los verbos que están entre paréntesis en participio pasado.

a) El asado de carne de vaca ________________ (cocinar) a la parrilla es una arraigada costumbre argentina.

b) Generalmente la ingesta comienza con un chorizo y una morcilla, antes de que llegue la carne. También puede ser ________________ (acompañar) con riñones, mollejas, hígado y chinchulines.

c) La salsa criolla es un aderezo de mesa, ________________ (componer) por tomate sin piel, pimiento morrón, cebolla o cebolla de verdeo, aceite, vinagre y sal.

d) La comida tailandesa tradicional se presenta a cada comensal en una bandeja con una serie de platos, algunos ________________ (tapar), otros no.

e) Es ________________ (saber) que los japoneses tienen un récord mundial de longevidad, gracias a la forma que son ________________ (hacer) los alimentos.

f) El *wasabi* es un condimento japonés ________________ (extraer) de una raíz de nombre homónimo, que tiene un sabor extremadamente fuerte.

g) Una ricura Nicaragüense es el *yoltamal*, plato típico de la región, ________________ (hacer) a base de maíz y ________________ (envolver) en tuza, cáscara natural del maíz.

4 Completa el texto con las conjunciones adversativas que le corresponden y subraya los verbos que están en participio pasado.

Ferran Adrià asegura que el futuro de la gastronomía está en Latinoamérica

El cocinero Ferran Adrià, cuyo restaurante El Bulli fue elegido como el mejor del planeta por tercer año consecutivo, opina que el futuro de la gastronomía está en Latinoamérica, aunque a la región le falta aún hacer su revolución de los fogones, según aseguró tras la ceremonia de premios de la revista británica *Restaurant*. ________________, en la lista de las 50 mejores mesas del planeta anunciada el lunes por la noche en un teatro del londinense Covent Garden, la región solo está representada por el restaurante D.O.M., de São Paulo, del chef Alex Atala, que se ubicó en el puesto número 40. "________________ la gastronomía no es solo la parte lúdica, de elite, sino también los productos, la cultura, la manera de ver la vida, las emociones que crea la cocina", explicó Adrià, que ha sido considerado por la crítica como el "Dalí de la cocina española" y al que sus colegas consideran "un genio". Por otra parte, Efe informa desde Oviedo que la asociación Hostelería de Asturias ha anunciado que apoya "con firmeza" la candidatura del cocinero Ferran Adrià al Premio Príncipe de Asturias de Comunicación y Humanidades 2008. El restaurante catalán ha conseguido, según Hostelería de Asturias, que España se convierta en "un referente gastronómico mundial" gracias a "una apuesta permanente por la innovación y la alta calidad en sus productos".

http://www.lasprovincias.es/

5 Completa las frases con el verbo adecuado poniéndolo en participio pasado.

resolver envolver escribir poner hacer cubrir descubrir leer

a) Se ha ________________ que la miel aumenta el poder y la resistencia de atletas en competición.

b) Hay libros de recetas cubanas ________________ por jefes de cocina muy renombrados.

c) El solomillo está ________________ con queso roquefort, nata líquida, pimienta y sal.

d) Muchos admiradores de la comida venezolana han ________________ artículos de cocineros típicos de la región.

e) ________________ el problema, Miguel siguió dando cursos de culinaria.

f) Pachamanca (carnes de res, cordero, cerdo y cuy cocinadas sobre piedras calientes, con habas, papas y humitas, en un hoyo ________________ de hojas y tierra) es un plato típico andino.

g) ________________ en el horno el pastel de chocolate tarda 35 minutos horneando.

h) El pollo cuando horneado ________________ en papel de aluminio debe mantenerse caliente hasta servirse o refrigerarse.

LECCIÓN 19 Todo se transforma

"Vestibular"

Texto (UFSC)

Respetar la naturaleza

A algunos les parecerá extraño que se haga entrar en la moral el respeto a los reinos mineral, vegetal y animal. Pero debe recordarse que estos reinos constituyen la morada humana, el escenario de nuestra vida.

El poeta mexicano Enrique González dice: "... Y quitarás, piadoso, tu sandalia para no herir las piedras del camino". Dante, el gran poeta italiano, supone que, al romper la rama de un árbol, el tronco le reclama y le grita: "¿Por qué me rompes?". Este símbolo nos ayuda a entender cómo el hombre de conciencia moral plenamente cultivada siente horror por las mutilaciones y destrozos.

En verdad, el espíritu de maldad asoma ya cuando enturbiamos una fuente de agua clara, o echamos inmundicias a los ríos o desechos tóxicos al mar; o cuando arrancamos ramas de los árboles por solo ejercitar las fuerzas; o cuando contribuimos a ensuciar el aire que todos necesitamos; o cuando matamos animales fuera de los casos en que nos sirven de alimento; o cuando torturamos por crueldad a los animales domésticos, o bien nos negamos a adoptar prácticas que los alivien un poco en su trabajo.

Este respeto al mundo natural que habitamos, a las cosas de la tierra, va creando en nuestro espíritu una conciencia de la importancia que tiene para nosotros la preservación de la ecología, esto es, la relación que existe entre los organismos vivos y el medio ambiente. Al mismo tiempo, este respeto despierta un hábito de contemplación amorosa que contribuye a nuestra felicidad y que, de paso, desarrolla nuestro espíritu de observación y nuestra inteligencia.

Pero no debemos quedarnos con los ojos fijos en la tierra. También debemos levantarlos a los espacios celestes. Debemos interesarnos por el cielo que nos cubre, su régimen de nubes, lluvias y vientos, sus estrellas nocturnas. Cuando un hombre que tiene un jardín ignora los nombres de sus plantas y sus árboles, sentimos que hay en él algo de salvaje; que no se ha preocupado por labrar la estatua moral que tiene el deber de sacar de sí mismo. Igual diremos del que ignora las estrellas de su cielo y los nombres de sus constelaciones.

El cuidado del ambiente y la preservación del equilibrio ecológico de la naturaleza son indispensables para nuestra supervivencia. Y el amor a la morada humana es una garantía moral, es una prenda de que la persona ha alcanzado un apreciable nivel del bien: aquel en que se confunden el bien y la belleza, la obediencia al mandamiento moral y el deleite en la contemplación estética. Este punto es el más alto que puede alcanzar, en este mundo, el ser humano.

REYES, Alfonso. *Cartilla Moral*. México: Secretaría de Educación Pública, 1992. p. 29-30.

1 Señala la(s) proposición(es) **CORRECTA(S)**, según el texto.

a) [ ] El Planeta Tierra y sus recursos son nuestros. Podemos usarlos y abusar como nos plazca.
b) [ ] Podemos usar los recursos que la Naturaleza nos proporciona, pero sin alterar ni descuidar el equilibrio ecológico.
c) [ ] Todo ser humano debe conocer los nombres de todas las plantas y de todos los astros del universo.
d) [ ] El ser humano con un mínimo de sensibilidad usa los recursos de la Naturaleza y contempla sus bellezas.
e) [ ] El uso de insecticidas es desaconsejado porque causa serios problemas al medio ambiente.

2 De acuerdo con el texto, ¿cómo reacciona el árbol, según Dante, cuando es mutilado?
Señala la(s) proposición(es) **CORRECTA(S)**.

a) [ ] Pregunta el porqué de semejante acción.
b) [ ] La rama pregunta al tronco por qué la abandona.
c) [ ] El árbol que sufre la vejación gratuita se marchita y muere.
d) [ ] El árbol maltratado protesta, apelando a la consciencia moral del agresor.
e) [ ] Reacciona, vengándose del agresor.

3 (Adaptada) Señala la(s) proposición(es) **CORRECTA(S)**.

Teniendo en cuenta la finalidad de reprochar el acto, el reclamo "¿Por qué me rompes?" puede ser sustituido por:

a) [ ] ¡No me rompas!
b) [ ] ¡No rómpeme!
c) [ ] ¡No moleste!
d) [ ] ¡No me mutilará!
e) [ ] ¡A que no me rompes!
f) [ ] ¿Por qué me mutilas?

4 Señala la(s) proposición(es) cuyas expresiones completan **correctamente** la frase.

La gente, ______, contamina el medio ambiente, no por maldad, ______ por ignorancia.

a) [ ] aveces – si no
b) [ ] a veces – sino

c) [ ] muchas vezes – pero
d) [ ] con frecuencia – sino
e) [ ] a las vezes – se no

5 Señala la(s) proposición(es) cuyas expresiones completan **correctamente** la frase.

Cada uno cumple ______ obligaciones: tú cuidas ______ jardín, yo cuido ______ .

a) [ ] suyas – tuyo – lo mío
b) [ ] las suyas – lo tuyo – el mi
c) [ ] sus – tu – el mío
d) [ ] suas – su – del mío

(UFMG)

6 COMPLETE el siguiente fragmento utilizando las formas verbales según corresponda. (El primer ejercicio está puesto como ejemplo.)

Si **fuese** (ser) fácil amar, quizás los seres humanos no ______________ (valorar) tanto los pequeños momentos en que conseguimos sentir ese sentimiento por otra u otras personas. Es una emoción escurridiza que nos ______________ (gustar) atrapar entre nuestros dedos, pero no es posible. Su principal característica es que necesita de libertad para existir. Si ______________ (aceptar) eso ______________ (tener) menos angustia y ______________ (poder) ser más felices.

Ejercicios de consolidación gramatical

1 Completa las siguientes oraciones, conjugando el verbo entre paréntesis en el tiempo y persona correspondientes:

a) Si no ______________ (llover) tanto, tú y yo ______________ (poder) ir a dar una vuelta.
b) Si no ______________ (haber) tanta niebla, el aeropuerto ______________ (estar) abierto.
c) Si el pronóstico del tiempo ______________ (ser) mejor, ______________ (haber) más esquiadores en la montaña.
d) Si el tiempo ______________ (mejorar), ______________ (informar) cuándo llegarán los vuelos atrasados.
e) Si ______________ (ventar) menos, los turistas ______________ (subir) por el teleférico.

2 Reescribe las siguientes oraciones condicionales en las que se utiliza la conjunción "si" usando la conjunción "siempre que", según el ejemplo. Presta atención al tiempo verbal que debes usar al hacer la transformación.

Volvería a mi ciudad natal si allí hubiera trabajo.
Voy a volver a mi ciudad natal siempre que allí haya trabajo.

a) Participaría del evento si no tuviera clase en la facultad.

____

b) Los turistas no se perderían en la montaña si siguieran al guía.

____

c) Cursaría una maestría en el exterior si allá fuera más barato.

____

d) Si el tiempo mejorara, podríamos subir a la cumbre de la montaña.

____

e) No te quemarías en la nieve si usaras protector solar.

____

3 Identifica a qué persona verbal corresponden los verbos de las frases y relaciona las columnas. Presta atención pues en algunos casos la frase se utiliza con más de una persona verbal.

a) **Ponete** el impermeable que llueve.
b) **Corran** que viene el ómnibus.
c) **Hacéis** lo que **queréis**.
d) **Te lavas** las manos con jabón.
e) No **estudiaste** para la prueba.
f) **Sentaos** aquí.
g) **Trabajás** todo el día y el dinero no rinde.
h) **Están** de vacaciones.

[ ] ustedes
[ ] vosotros
[ ] tú
[ ] vos

4 Transforma las siguientes oraciones que están en "vosotros" primero al "vos" y después al "tú", según el modelo:
Vosotros no corréis ningún riesgo.
Vos no corrés ningún riesgo.
Tú no corres ningún riesgo.

a) Salís de casa en unos minutos.

____

____

b) Os levantáis todas las mañanas muy temprano.

____

____

c) Corred que está lloviendo.

____

____

d) Tomad algo caliente que hace frío.

____

____

e) Pasad por casa a la salida del trabajo.

____

____

LECCIÓN 20 Así nos enteramos de todo

"Vestibular"

Texto 1 (UFPE)

A seis dólares la hora de lágrimas, el bar para llorones es un *boom*

¿Quién dijo que llorar no es de hombre? Mentira. El llanto no solo es unisex, sino que incluso hay gente que llega a pagar para que la dejen llorar en paz. Y el precio que pagan no es muy barato que digamos. Según informa la agencia de noticias China News Service, un hombre de negocios del este del país asiático tuvo una idea revolucionaria que, según dicen, es todo un éxito. El tipo abrió un bar donde los clientes pueden llorar con tranquilidad al precio de 50 yuan la hora (cerca de los 18 pesos). El nombre le queda justo: "Cry Bar". A pesar de que en apariencia se trata de un lugar como cualquier otro, un par de mesas, un sofá, nada del otro mundo, la taberna marca la diferencia con algunos detalles que lo hacen único.

Entre sus particularidades se ofrecen pañuelos de papel para que los clientes puedan secar sus lágrimas, música bastante triste e, incluso, cebollas, gotas de mentol y pimienta roja para aquellos que no logran desahogarse y estallar en lágrimas para expulsar parte de la tensión diaria.

La idea fue de su dueño, Luo Jun, quien cuando dirigía una agencia matrimonial descubrió que muchos de sus clientes tenían un inmenso deseo de llorar pero no podían encontrar el momento, ni el lugar adecuados. Ahora el hombre vive gracias a un ejército de bebedores deprimidos que aprovechan cada vez que pueden y se van un rato a ahogar sus penas en una jarra de cerveza bien fría.

Pedro Irigoyen Weblog

1 Luego de leer el texto, podemos decir que el objetivo principal del mismo consiste en:

a) [ ] indicar la localización del llamado "Cry Bar".
b) [ ] presentar una breve biografía del fundador del "Cry Bar".
c) [ ] informar sobre la existencia de un lugar denominado "Cry Bar".
d) [ ] describir cuidadosamente el edificio del "Cry Bar".
e) [ ] enumerar las bebidas que son servidas en el "Cry Bar".

2 La pregunta que abre el texto, "¿Quién dijo que llorar no es de hombre?":

a) [ ] puede considerarse inadecuada en relación al contenido del texto.
b) [ ] remite a un dicho del saber popular.
c) [ ] está formulada de forma incorrecta.
d) [ ] resume fielmente el contenido del texto.
e) [ ] presenta un orden sintáctico poco habitual en español.

3 El texto afirma que el creador del "Cry Bar" tuvo una idea revolucionaria porque:

a) [ ] supo imaginar que habría gente que pagaría para poder llorar en paz.

b) [ ] decidió decorar el local de una forma inusitada y única.

c) [ ] prefirió cobrar barato por un servicio que suele ser caro.

d) [ ] quiso ofrecer el mejor lugar para relajar después de una jornada de trabajo.

e) [ ] es un hombre que se caracteriza por haber tenido varias ideas sorprendentes.

4 En el último párrafo, la expresión "... un ejército de bebedores deprimidos..." se refiere a:

a) [ ] todas las personas tristes de China.

b) [ ] todos los frecuentadores del bar.

c) [ ] todos los que beben cerveza bien fría.

d) [ ] todos los que usan pañuelos para secar sus lágrimas.

e) [ ] todos los clientes de una agencia matrimonial.

Texto 2

Un escritor chino será el primero en publicar su novela vía celular

En la actualidad los celulares se utilizan para sacar fotos, conectarse a Internet, enviar mensajes instantáneos de textos, imágenes y sonidos, como reproductores de MP3 y, por supuesto, también para hablar. Qian Fuchang, un escritor chino, quiere ser el primero en el mundo en publicar una novela en forma de mensajes SMS para ser leída por usuarios de teléfonos móviles. La trama estará dividida en 60 capítulos. Cada uno será enviado a través de un mensaje que constará tan solo de 70 caracteres, informó la agencia de prensa China Nouvelle. *Fuera de la Fortaleza sitiada*, así se titula la obra, narra la historia de un triángulo amoroso y los encuentros y desencuentros que se producen entre sus personajes.

"Esta será una verdadera obra literaria" a pesar de su brevedad, aseguró Xie Wangxin, vicepresidente de la Academia de Literatura Guangdong, en el sur de China.

Con una población de 1300 millones de habitantes, China es el país con más usuarios de celulares del mundo: 300 millones. Los orientales están muy acostumbrados a utilizar los teléfonos móviles de manera multifuncional, así que no será nada raro verlos leyendo, en el trayecto que les toma ir a sus trabajos, un nuevo capítulo de la futura novela... "vía móvil".

Clarín, julio 2004.

5 En la línea 4 encontramos la expresión "por supuesto", que aparece en el texto con el propósito de:

a) [ ] enfatizar que el autor chino Qian Fuchang es un buen escritor.

b) [ ] enfatizar que los teléfonos sirven antes que nada para hablar.

c) [ ] enfatizar que esa será la primera novela escrita en China este año.

d) [ ] enfatizar que esa será la primera novela escrita en teléfonos móviles.

e) [ ] enfatizar que esa será la novela más breve escrita hasta el momento.

6 El texto informa que:

a) [ ] los chinos suelen hacer un gran uso de teléfonos móviles.

b) [ ] las novelas escritas en forma de mensajes suelen constar de 60 capítulos.

c) [ ] la novela *Fuera de la fortaleza sitiada* fue premiada por una Academia de Literatura.

d) [ ] los chinos suelen escribir muchas novelas.

e) [ ] los chinos suelen interesarse por novelas amorosas.

Texto 3

Hoy subastarán en Londres al monstruo de Alien

La maqueta del monstruo de Alien que salía del pecho del personaje de John Hurt y que tantos gritos de espanto provocó en los millones de espectadores que vieron el film será rematado hoy en la casa de subastas Bonhams de Londres, Gran Bretaña. Para desilusión de algunos, el muñeco de látex mide apenas 40 centímetros, pero viene completo. Incluye los controles desde donde maniobrar las quijadas, los brazos, hasta incluso los chorros de saliva. La casa londinense pretende obtener cerca de 18 mil euros por el monstruito. Pero atención, que hay más ofertas aún, ya que el exclusivo bicho es solo uno de los objetos de los cuales Roger Dicken, experto en efectos especiales, decidió desprenderse.

bbc.com.

7 En el texto se dice "Para desilusión de algunos...". Esa frase se justifica porque:

a) [ ] el muñeco no es en realidad el mismo que aparece en el film.

b) [ ] el muñeco es menor de lo que se podría haber imaginado.

c) [ ] el muñeco es más caro de lo que se esperaba.

d) [ ] el muñeco no es el único objeto a ser subastado.

e) [ ] el muñeco está hecho en látex.

8 "El monstruo de Alien" mencionado en el título podría ser substituido por una de las siguientes expresiones que aparecen en el texto:

a) [ ] chorros de saliva.

b) [ ] efectos especiales.

c) [ ] gritos de espanto.

d) [ ] exclusivo bicho.

e) [ ] casa londinense.

Ejercicios de consolidación gramatical

1 Completa la frase con el verbo que está entre paréntesis en participio pasado.

a) Si vamos a cualquier quiosco, encontramos montones de revistas que muestran los productos de belleza que han sido ____________ (descubrir) en los últimos meses.

b) Todavía no he ____________ (leer) nada de ese autor, pero me entero de lo que ha ____________ (escribir) por la prensa y por la tele.

c) ¿Habías ____________ (poner) las informaciones nuevas en tu *blog*?

d) ¿El reportero habrá ____________ (hacer) la entrevista al músico?

e) Los problemas técnicos que impidieron la transmisión de la radio serán ____________ (resolver) dentro de dos días.

2 Lee la frase y contesta las preguntas a continuación:

"No sabemos aún por qué esa especie se extinguió. Pero nos estamos acercando."

I. La perífrasis verbal "nos estamos acercando" se refiere a:

a) [ ] una acción de carácter durativo.

b) [ ] una acción que está en curso.

c) [ ] al fin de una acción.

d) [ ] al estado del sujeto de la acción.

II. Analizando la frase, es cierto que:

a) [ ] no se puede identificar el motivo de la extinción de la especie.

b) [ ] todavía serán necesarias otras búsquedas para descubrir el motivo de la extinción de la especie.

c) [ ] falta mucho para que se llegue a alguna conclusión sobre el motivo de la extinción de la especie.

d) [ ] ya se pueden hacer afirmaciones sobre el motivo de la extinción de la especie.

3 Completa las frases con las perífrasis verbales del recuadro, conjugando el verbo auxiliar en presente de indicativo cuando sea necesario.

seguir buscando　quedarse esperando　acabar saliendo　volver a leer
tener repetido　empezar a proyectar　darlo por terminado

a) La secretaria ____________ el informe antes de ____________.

b) Como trabajan lejos el uno del otro y salen en el mismo horario, Juan ____________ a Ana por una hora.

c) Se ____________ actores cómicos para la telenovela.

d) Los noticieros del Canal 27 ____________ su contenido desde hace algún tiempo.

e) A las 21:00 ____________ el cortometraje ganador del Premio Goya.

f) Como quiere huir de los fotógrafos indiscretos, el actor ____________ por la puerta de atrás del estudio.

4 Elige la alternativa que contiene las terminologías que completan correctamente los huecos de la frase a continuación:

Mejores programas ______ por los canales de televisión si las cuestiones éticas y culturales ______ en cuenta.

a) [ ] son producidos – sean tenidas

b) [ ] son producidos – fueran tenidas

c) [ ] serán producidos – sean tenidas

d) [ ] serán producidos – fueran tenidas

e) [ ] serían producidos – fueran tenidas

5 Transforma las siguientes frases en voz pasiva perifrásica y refleja, según el modelo.

Alexander Graham Bell ***solicitó*** *la patente por la invención del teléfono en 1876.*
La patente por la invención del teléfono ***ha sido solicitada*** *por Alexander Graham Bell en 1876.*
Se solicitó *la patente por la invención del teléfono en 1876.*

a) Mónica **ve** películas de ciencia ficción todos los fines de semana.

b) El cineasta Win Wenders **hizo** un documental sobre la música cubana.

c) Wenders **filmó** la película "Buena Vista Social Club" en Cuba y Estados Unidos.

d) Ojalá todos los espacios mediáticos **divulguen** informaciones veraces y correctas.

6 Analiza el valor del pronombre **se** en las frases a continuación y marca la alternativa correcta:

I. En el mundo comercial, es común que los periódicos **se** evalúen para identificar las brechas y ampliar su espacio de actuación.

II. Al público **se** le olvidó la información aunque haya logrado gran destaque en la prensa hace solo unos pocos meses.

a) [ ] recíproco – involuntariedad
b) [ ] enfático – reflexivo
c) [ ] recíproco – complemento indirecto
d) [ ] reflexivo – enfático
e) [ ] involuntariedad – reflexivo

LECCIÓN 21 Parados

"Vestibular"

Texto 1 (UFPI)

Acción Contra el Hambre denuncia que la lucha contra la desnutrición se ha estancado

Acción Contra el Hambre – ACH ha alertado sobre la actual situación de estancamiento de la lucha contra el hambre, por lo que no se va a cumplir el compromiso internacional de reducir a la mitad el número de personas hambrientas para 2015.

En rueda de prensa, el director general de ACH en España, Olivier Longué, dijo que, entre 1992 y 2002, se redujo el número de personas hambrientas y subnutridas en aproximadamente 2,5 millones al año. "Si esta tendencia se mantiene, el mundo estará muy lejos de alcanzar los objetivos de la Cumbre Mundial de Alimentación para 2015", añadió. En **su** opinión, para acabar con el hambre, "objetivo que es técnicamente posible", hace falta una movilización internacional y compromisos de los Estados y de la sociedad civil y empresarial.

Según la organización, 1 de cada 7 niños nacidos en los países con más **hambruna** morirá antes de cumplir los 5 años. Además, entre 100 y 140 millones de niños tienen carencias esenciales de vitamina A, lo que **les** puede llevar a la ceguera.

www.elmundo.es -24/1/2003. (Adaptado)

1 De acordo com as informações do texto, podemos afirmar que:

a) [ ] a luta contra a fome tem aumentado em todos os países.
b) [ ] a meta para redução de pessoas famintas até 2015 não será cumprida.
c) [ ] o número de pessoas famintas aumentou gradativamente de 1992 a 2002.
d) [ ] a falta de vitamina A provocou casos de cegueira em 140 milhões de crianças.
e) [ ] a luta contra a fome está superando as expectativas previstas pela "Cumbre".

2 Segundo Olivier Longué, "*Si esta tendencia se mantiene, el mundo estará muy lejos de alcanzar los objetivos de la Cumbre Mundial de Alimentación para 2015*". Isso nos mostra que é provável que o mundo ______ estes objetivos.

a) [ ] possa alcançar
b) [ ] jamais alcance
c) [ ] esteja alcançando
d) [ ] esteja mais próximo a alcançar
e) [ ] esteja muito distante de alcançar

3 No texto, os pronomes **su** (linha 12) e **les** (linha 19) se referem, respectivamente:

a) [ ] à imprensa e às crianças famintas.
b) [ ] à sociedade civil e às organizações de combate à fome.
c) [ ] a Olivier Longué e às crianças com carência de vitamina A.
d) [ ] às pessoas famintas e às crianças nascidas em países subdesenvolvidos.
e) [ ] à "*Cumbre Mundial de Alimentación*" e às crianças menores de cinco anos.

4 O autor do texto procura, principalmente:

a) [ ] denunciar o problema da fome no mundo.
b) [ ] propor novas ações de combate à fome no mundo.
c) [ ] informar sobre a atual situação da luta contra a fome no mundo.
d) [ ] discordar dos objetivos da "*Cumbre Mundial de Alimentación*" para 2015.
e) [ ] conclamar a sociedade a reduzir o número de pessoas famintas no mundo.

5 O vocábulo **hambruna** (linha 17) significa, no texto:

a) [ ] crianças desnutridas.
b) [ ] abundância de alimentos.
c) [ ] doenças provocadas pela fome.
d) [ ] problemas sociais relativos à fome.
e) [ ] escassez generalizada de alimentos.

Texto 2

Cada cuatro segundos, una 'muerte' por hambre en Madrid

Uno, dos, tres, cuatro... y una figura de madera de tamaño humano cae en la Plaza del Museo Reina Sofía de Madrid empujada por la mano negra de la violencia, los gobiernos, la comunidad internacional, o la indiferencia, las armas con las que el hambre mata, escritas en las camisetas de los voluntarios de Acción Contra el Hambre–ACH. Cuatro segundos es el tiempo que separa una muerte de otra por la falta de comida en algún lugar del mundo.

"El hambre sigue avanzando, aunque haya mejorado en algunas zonas concretas, en general sigue avanzando. Esta situación no es una fatalidad irremediable, está provocada por el género humano, hay culpables. Es un arma política, no un problema técnico de recursos".

La FAO (Organización de Naciones Unidas para la Agricultura y la Alimentación) estima que en el mundo hay 842 millones de personas que pasan hambre. 10 millones en los países industrializados, 34 en países en transición y 798 en países en desarrollo. Según sus informes el número de personas desnutridas se ha reducido en Asia, el Pacífico, América Latina y el Caribe. **Sin embargo**, ha aumentado en África subsahariana, el Cercano Oriente y África del Norte.

Según la ONG la cifra del hambre ha crecido en 40 millones de afectados, y que este incremento se debe a que la lucha contra el terrorismo ha acaparado la atención internacional, han aparecido nuevas crisis y se han agudizado las viejas, como la de Sudán.

Cada año se cuentan por millones las personas que mueren por no tener que comer, entre ellos seis millones de niños menores de cinco años. La ecuación que, según Acción Contra el Hambre, define hoy más que nunca este problema es: crisis + olvido + abandono internacional = hambre. "La estructura del hambre ha cambiado totalmente, antes iba ligada al subdesarrollo. Ahora, a la violencia", asegura el director de ACH. "Las soluciones existen, **pero** no se trata solo de dar comida, hay que entender su estructura".

Marta San Román. In www.elmundo.es Accedido el 16/10/2004. (Adaptado)

6 Segundo as informações do texto, é correto afirmar que:

a) [ ] a falta de recursos técnicos impede ações políticas eficazes contra a fome.
b) [ ] a violência contra os negros e a indiferença são a maior causa da fome no mundo.
c) [ ] a cada quatro segundos, somente no centro de Madri, a fome mata várias pessoas.
d) [ ] os dados mostram que a fome continua aumentando em todas as partes do mundo.
e) [ ] as mortes por fome são culpa dos governos, da Comunidade Internacional e da violência.

7 Com base nos dados da FAO e da ONG *Acción Contra el Hambre*, podemos afirmar que:

a) [ ] a cada ano surgem, no mundo, mais de 40 milhões de pessoas famintas.
b) [ ] o terrorismo somado às novas crises internacionais mata mais que a fome.
c) [ ] o número de crianças que passam fome no mundo ultrapassa os seis milhões.
d) [ ] há mais desnutrição na África e no Oriente Próximo que na Ásia, América Latina e Caribe.
e) [ ] os dados da FAO apontam que a fome cresceu mais nos países industrializados que nos países em transição.

8 Com base nas ideias expressas no último parágrafo do texto, podemos concluir que:

a) [ ] o subdesenvolvimento é o eixo central do problema da fome no mundo.

b) [ ] a fome é uma causa da atual situação de subdesenvolvimento e de violência no mundo.

c) [ ] o somatório das crises, o esquecimento delas e o abandono internacional geram a fome.

d) [ ] a ONG *Acción Contra el Hambre* acredita que a equação que define o problema da fome é de difícil resolução.

e) [ ] a resolução do problema da fome no mundo depende exclusivamente de uma maior oferta de alimentos.

9 As conjunções **Sin embargo** (linha 21) e **pero** (linha 36) marcam, entre os enunciados que enlaçam, uma relação de:

a) [ ] oposição.

b) [ ] exclusão.

c) [ ] dúvida.

d) [ ] adição.

e) [ ] causa.

10 Segundo o texto, o número de afetados pela fome aumentou porque:

I. Atualmente, o problema do terrorismo tem monopolizado as atenções do mundo.

II. Às antigas crises enfrentadas nos países onde há fome somaram-se outras novas.

III. As crises atuais agravaram antigos problemas enfrentados pelos países onde há fome.

Marque a alternativa correta.

a) [ ] Somente a proposição I é verdadeira.

b) [ ] Somente a proposição II é verdadeira.

c) [ ] Somente a proposição III é verdadeira.

d) [ ] Somente as proposições I e II são verdadeiras.

e) [ ] Somente as proposições II e III são verdadeiras.

Ejercicios de consolidación gramatical

1 Completa las frases con el verbo de cambio que conviene al sentido de la oración.

resultó se volvió llegó a ser se ha convertido se puso

a) Empezó trabajando de recepcionista y ______________ una secretaria bilingüe.

b) Cuando el entrevistador le pidió el nombramiento ______________ pálida.

c) Juanjo ______________ un vago tras terminar sus estudios.

d) Después de su primera exposición ______________ en el pintor más conocido de la región.

e) Hice el *C.V.* como mi papá me dijo y ______________ perfecto.

2 Elige la(as) opción(ones) que completa(n) correctamente las frases.

I. En un año en la compañía ______________ insustituible.

a) [ ] se volvió

b) [ ] se ha convertido

c) [ ] resultó

d) [ ] ha llegado a ser

e) [ ] se ha puesto

II. Cuando ganó el gordo ______________ rico.

a) [ ] se puso

b) [ ] pasó a ser

c) [ ] llegó a ser

d) [ ] se hizo

e) [ ] se volvió

3 Relaciona las columnas dando sentido a las frases.

a) Alejandra a los 27 años
b) Al doctor le entró tal miedo que
c) Después de perder a su marido, Laura
d) Pese a sus buenas intenciones al principio, aquel presidente
e) Después de la entrevista
f) Por fin
g) Cuando la asociación quebró Pablo

[ ] llegaste a ser / te hiciste un actor en Hollywood.
[ ] me quedé sorprendida con la cantidad de preguntas que me hizo.
[ ] pasó a ser paupérrimo.
[ ] se hizo abogada.
[ ] se volvió una persona depresiva y solitaria, se apartó de todos.
[ ] se puso histérico y tuvieron que calmarlo.
[ ] se convirtió en / se volvió un tirano.

4 En qué situaciones debemos usar los siguientes verbos de cambio:

a) Quedarse: ______________________________
____

b) Convertirse en: ______________________________
____

c) Pasar a ser / estar: ______________________________
____

d) Volverse: ______________________________
____

e) Hacerse: ______________________________
____

5 Elige la(s) respuesta(s) correcta(s).

I. ______________ estoy muy cansado, voy a seguir trabajando, si no, no voy a terminar a tiempo este trabajo.

a) [ ] Y eso que
b) [ ] Si bien
c) [ ] Por muy que
d) [ ] Aunque
e) [ ] Mal que

II. Pude llegar a tiempo al trabajo, ______________ perdí el colectivo.

a) [ ] por mucho que
b) [ ] mal que
c) [ ] a pesar de que
d) [ ] si bien
e) [ ] por más que

6 Ordena las frases.

a) pesar – diez años – ya ha ganado – de – premios – a – tiene – varios – solo – que
____

b) que – insista –contrataré – no – por – lo – mucho
____

c) me – más – leyendo – aunque – quedaré – un – sueño – poco – tengo – ya
____

d) apruebo – que – más – no – por – estudio
____

e) no te – pesquisar – diccionarios – que – te – gustaba – cinco – y – comprado – has – eso
____

LECCIÓN 22 En el mundo de las palabras y letras

"Vestibular"

Texto 1 (UFMG)

Lea el fragmento de texto que sigue. A continuación, COMPLETE adecuadamente cada frase, formulando conjeturas, según las informaciones del texto. (El primer ejercicio está puesto como ejemplo.)

Convertidos en jóvenes tiranos

"¡En casa mandan los hijos! —afirma el semanario polaco Wprost—. En la mayoría de los casos, la ropa cara, los cosméticos y los aparatos modernos que compramos son para ellos. En los hogares de clase media y baja se gasta en los adolescentes hasta un 80% de los ingresos familiares."

Basándose en un estudio conducido por Malgorzata Rymkiewicz, de la Universidad para Padres, de Varsovia, el semanario menciona algunos de los síntomas que caracterizan el comportamiento despótico de los hijos. Por ejemplo, en vez de ser agradecidos con sus padres, "exigen más y más, no se contentan con lo que reciben, son agresivos y no tienen ninguna consideración por los demás".

Rymkiewicz sostiene: "Cometemos grandes errores en la crianza de nuestros hijos; dejamos que hasta los más pequeños hagan todo lo que quieran". La Asociación Polaca de Psicólogos concuerda con dicha opinión y señala: "El que el adolescente respete ciertas restricciones dependerá de los límites que se le fijaron cuando tenía de uno a cuatro años de edad. [...] Al ceder ante todas sus protestas y su agresividad, convertimos a nuestros hijos en unos tiranos".

¡Despertad! España, v. 84, n.º 12, 22 jun. 2003. p. 29.

1 Probablemente *los adolescentes mandan en casa porque hoy en día los padres no son tan rígidos como los de antiguamente.*

2 Puede que ______________________

3 A lo mejor ______________________

4 Quizá ______________________

5 Seguro que ______________________

6 Supongo que ______________________

Texto 2 (PUCRJ)

Cuando una escuela se abre, ya está llena

Mientras en Europa se cierran o fusionan escuelas a causa de la baja natalidad, en África no se abren todas las que harían falta para el número de niños en edad escolar. En el norte tienen profesores de sobra y un razonable número de alumnos por aula. Pero el sur tiene una gran escasez de profesores y la Universidad no puede producirlos al ritmo que requiere la demanda. Mientras en los países desarrollados los profesores se jubilan anticipadamente o solicitan la baja laboral a causa de conflictividad en las aulas, en los países en vías de desarrollo los problemas son de otra naturaleza: escasez de instalaciones, demasiados alumnos por aula, que produce la imposibilidad de enseñarles como sería de desear.

A la vista del último informe anual de la UNESCO sobre la enseñanza en África, se observa que se está produciendo una revolución silenciosa. Entre los años 1999 y 2004, se han escolarizado 22 millones de nuevos alumnos, con un aumento del 18%. Es decir que de cada 10 niños, están escolarizados 6.

El motivo de este aumento de escolarización en el continente africano se debe al cambio que produce el "esfuerzo de los padres". Los padres ven ahora que sus hijos tienen las oportunidades de aprender y de salir del círculo de la pobreza que ellos no tuvieron.

Ya hay seis países con educación básica gratuita. Puede parecer poco, pero indica una tendencia y supone un gran salto hacia delante.

El informe de la UNESCO no es muy optimista en cuanto al logro de los objetivos que se han marcado, pero nadie sabe cómo se desarrollarán los acontecimientos. Lo que está claro es que la revolución educativa en África ya ha comenzado, y no solo en la enseñanza primaria. Recientemente, Uganda, con la ayuda del Banco Mundial, comenzó un programa de enseñanza secundaria gratuita en varios cientos de escuelas públicas de bajo coste. Este es el camino. Con una educación de nivel secundaria, ya sea orientada a la enseñanza académica o a la profesional, el alumno tiene una mente mucho más abierta, adquiere mayor motivación y es mucho más probable que pueda conseguir un empleo o abrir su propio negocio.

José María Solanes Miguel (Huesca)
Foros – El País – Cartas al director

7 El título del texto informa sobre la situación escolar
a) [ ] europea.
b) [ ] del norte de África.
c) [ ] del sur de Europa.
d) [ ] del continente africano.
e) [ ] de los países desarrollados.

8 En el texto se alude a algunos aspectos de la realidad europea, EXCEPTO:
a) [ ] la extinción de las escuelas.
b) [ ] la necesidad de unificar escuelas.
c) [ ] la competitividad entre los profesores.
d) [ ] la excesiva cantidad de profesores.
e) [ ] la jubilación precoz de maestros.

9 El escaso crecimiento de las escuelas europeas se produce a causa de:
a) [ ] el cierre de las escuelas.
b) [ ] la fusión de escuelas.
c) [ ] la reducida cantidad de alumnos en las salas de clase.
d) [ ] la baja laboral.
e) [ ] la baja natalidad.

10 El primer párrafo revela una serie de hechos que se oponen y que ocurren simultáneamente en los países europeos y los en vías de desarrollo. Indica el(los) término(s) que revela(n) esta simultaneidad de los hechos:
a) [ ] a causa de.
b) [ ] mientras.
c) [ ] pero.
d) [ ] y.
e) [ ] o.

11 Respecto a la revolución silenciosa a la que se refiere el autor, señala la única opción que NO corresponde a los éxitos presentados.
a) [ ] La obligatoriedad de la educación básica gratuita en todos los países.
b) [ ] La escolarización de millones de alumnos en los últimos años.
c) [ ] El aumento del 18% de escolaridad.
d) [ ] La participación de los padres en la educación de sus hijos.
e) [ ] La ruptura del círculo de pobreza.

12 Los datos que justifican las declaraciones del autor respecto a los cambios que vienen ocurriendo en África se encuentran en:
a) [ ] la última edición de *El País*.
b) [ ] la columna diaria *Opinión*.
c) [ ] un programa del Banco Mundial.
d) [ ] el informe de la UNESCO.
e) [ ] publicaciones africanas y europeas.

13 La baja laboral se produce en los países desarrollados por:
a) [ ] la dificultad de los maestros de acompañar la innovación tecnológica.
b) [ ] el exceso de alumnado.
c) [ ] las conductas problemáticas.
d) [ ] la falta de apoyo para la superación académica.
e) [ ] la facilidad de conseguir una jubilación ventajosa.

14 Al fin y al cabo, tras una lectura atenta del texto, se advierte que su autor presenta una visión:
a) [ ] pesimista.
b) [ ] irrefutable.
c) [ ] indefinida.
d) [ ] irreflexiva.
e) [ ] optimista.

15 La intención del emisor con respecto al contenido del texto es:
a) [ ] divertir a quienes lo lean.
b) [ ] difundir una idea política.
c) [ ] transmitir informaciones que juzga pertinentes.
d) [ ] denunciar un problema grave.
e) [ ] ver su nombre impreso en el periódico.

Ejercicios de consolidación gramatical

1 Relaciona cada verbo con la frase que lo completa.

a) Haz	[ ] en cuenta lo que conversamos.
b) Ten	[ ] a estudiar ya para el examen de ingreso.
c) Mirad	[ ] todo el texto de memoria.
d) Sepa	[ ] TV solamente dos horas por día.
e) Comencemos	[ ] el bien sin mirar a quién.

2 Completa las siguientes frases con los verbos entre paréntesis conjugados en presente de subjuntivo:

a) Los profesores quieren que todos los alumnos ________________ (investigar) los temas de los trabajos en Internet.

b) La dirección de la escuela pone a disposición la sala de informática para que los alumnos ________________ (hacer) la búsqueda en Internet.

c) Para hacer esa investigación es necesario que nosotros ________________ (buscar) información en sitios confiables.

d) Es posible que ________________ (entregar, yo) el trabajo de Geografía antes que el de Historia porque está más adelantado. Espero que el profesor ________________ (prorrogar) el plazo de entrega del de Historia y que me ________________ (ayudar, tú) a terminarlo.

e) El profesor de Historia dijo: "Es importante que ________________ (verificar, vosotros) la confiabilidad de las informaciones que ________________ (obtener) por Internet".

3 Haz frases usando las siguientes expresiones en imperativo. Primero utiliza la forma de tratamiento informal y después la formal, siempre dirigida a una persona según el modelo:

Sacarse el sombrero. Sácate el sombrero. / Sacate el sombrero. / Sáquese el sombrero.

a) Vestirse de blanco. ________________

b) Tomar el desayuno. ________________

c) Lavarse las manos. ________________

d) Estudiar la lección. ________________

e) Hacer los deberes. ________________

4 Pasa las frases en el imperativo del ejercicio anterior de la forma afirmativa a la negativa:

Modelo: *No te saques el sombrero. / No se saque el sombrero.*

a) ________________

b) ________________

c) ________________

d) ________________

e) ________________

5 Agrupa las formas verbales en el cuadro en la línea que corresponde a su infinitivo y en la columna al tiempo verbal. Presta atención a que, en algunos casos, la forma verbal puede ser usada en más de un tiempo.

haz tened comimos salga estudié pon partimos tengas estudiaran
pusimos hiciera partamos estudie salieras comiera hicimos tuve
comáis tuviéramos salimos hagáis pusieras come partiera pongas

INFINITIVO	Pretérito Perfecto Simple de Indicativo	Presente de Subjuntivo	Pretérito Imperfecto de Subjuntivo	Imperativo
Partir				
Estudiar				
Comer				
Salir				
Hacer				
Tener				
Poner				

6 Modifica las siguientes oraciones, pasando el verbo del pretérito perfecto simple del indicativo al pretérito imperfecto del subjuntivo. En cada caso haz las adaptaciones que correspondan para adecuar la frase al nuevo tiempo del verbo, según el modelo:

Su padre fue diplomático; por eso, su familia vivió en otros países.

Si su padre fuera/fuese diplomático, su familia viviría en otros países.

a) Mis padres trabajaron fuera de casa; por eso, tuve que cuidar a mis hermanos.

____

b) Mis tíos fueron médicos; por eso, los ayudé en su consultorio.

____

c) Mis compañeros siempre supieron qué carrera universitaria iban a seguir; por eso, les resultó más fácil el examen de ingreso a la facultad.

____

____

d) Consiguieron trabajo; por eso, pudieron ayudar a sus padres con los gastos de la casa.

____

e) Ganaron más dinero; por eso, se compraron un coche.

____

LECCIÓN 23 Conéctate: nadie es una isla

"Vestibular"

Texto (UERJ)

As questões deverão ser respondidas em língua portuguesa. A língua estrangeira só deverá ser utilizada quando o enunciado o exigir.

Com base no texto abaixo, responda às questões de números 1 a 5.

¿Amor vía fibra óptica?

Las redes informáticas parecen haber surgido casi de la nada, pero es aquí que asistimos a la eclosión de las comunicaciones a través de la computadora. Son ya muchos millones de personas y entidades en el mundo las que se comunican a través de este prodigio, popularizado durante el último lustro.

Con costos aún relativamente pequeños, es posible navegar a través de bibliotecas, museos, grupos de discusión, supermercados, laboratorios, universidades o empresas localizados en cualquier parte del planeta. Las redes informáticas se perfilan ahora como un enorme entramado de autopistas donde poco a poco ganan terreno los espacios comerciales. Pero es sabido que a través de este medio de comunicación se están estableciendo también lazos entre personas que no se conocen en directo. Más, quizá nunca lleguen a verse cara a cara, pero conectan a través de lo que expresan en pantalla.

Se encuentran por afinidades de intereses, de profesiones, de preferencias políticas, o por simple azar. Y se ha sabido que existen ya no solo amistades e intercambios afectuosos con todo tipo de contenidos, sino incluso "matrimonios vía Internet". Es este un fenómeno social digno de ser estudiado. Este "supra-mundo" de relaciones humanas es un modo, único en la historia, de abrirse a horizontes de escala planetaria sin moverse del propio asiento.

En sus inmensas posibilidades, ha facilitado ya avances sin precedentes en la investigación científica; se configura como una herramienta indispensable en la formación académica, y también como un modo interactivo de pasar el tiempo libre, más allá de la pasividad de la televisión.

Pero tampoco faltan personas que utilizan la fibra óptica como un modo más para escapar de su realidad cotidiana. Desean sentir que eligen –de nuevo– a pareja, amistades, compañeros, vistos a distancia mucho más atractivos que los más cercanos. La amistad o el "amor" vía informática parece ofrecer algunas ventajas respecto a la relación directa: da la sensación de compañía sin las molestias del roce diario; los posibles defectos de un amigo-Internet no se conocen ni se sufren.

Sin embargo, tampoco se da la riqueza de la amistad y el amor vivido en directo, gratificante, exigente, pero profundamente humanizador. La relación interpersonal cercana nos interpela de un modo especialísimo, y nos hace crecer en madurez si lo permitimos.

Como en otros tiempos fueron las amistades epistolares, que tanto han dado lugar a novelas y películas, hoy se estrechan lazos a través de los ordenadores. Bienvenido sea este nuevo mundo de relaciones a distancia, pero ojalá no dejen de cultivarse y profundizarse los vínculos de la amistad y el amor vividos cotidiana, cercanamente.

Soledad Nuñez de Cáceres

http://www.ua-ambit.org/fibra.htm

1 A relação entre título e texto é fundamental para a organização argumentativa. Retire do texto, em espanhol:

a) a frase completa do terceiro parágrafo que comprova a relevância do assunto apontado no título.

b) dois fragmentos que poderiam ser transformados em perguntas, guardando o mesmo sentido do título.

2 O texto, de caráter argumentativo, está organizado em quatro blocos, com funções específicas. Identifique as funções dos seguintes blocos:

a) primeiro (parágrafos 1 e 2) e segundo (parágrafo 3).

b) terceiro (parágrafos 4, 5 e 6) e quarto (parágrafo 7).

3 Os termos sublinhados nos dois fragmentos abaixo identificam formas diferentes de interlocução entre autor-leitor. Explique de que maneira as palavras sublinhadas caracterizam:

I. Pero es sabido que a través de este medio de comunicación se están estableciendo también lazos entre personas que no se conocen en directo. (13-16)

II. La relación interpersonal cercana nos interpela de un modo especialísimo, y nos hace crecer en madurez si lo permitimos. (44-46)

a) um afastamento autor-leitor no primeiro fragmento.

b) uma aproximação autor-leitor no segundo fragmento.

4 No trecho destacado, apresentam-se afirmações seguidas de contraposições.

La amistad o el "amor" vía informática parece ofrecer algunas ventajas respecto a la relación directa: da la sensación de compañía sin las molestias del roce diario; los posibles defectos de un amigo-Internet no se conocen ni se sufren.

Sin embargo, tampoco se da la riqueza de la amistad y el amor vivido en directo, gratificante, exigente, pero profundamente humanizador. (37-44)

a) Identifique o sentido estabelecido por cada marcador sublinhado.

b) Deduza, em uma frase completa, a opinião da autora sobre o tema abordado.

5 No último parágrafo, a autora expõe sua percepção sobre o passado-presente-futuro das relações interpessoais.

a) Identifique as formas de expressão da amizade no passado e no presente.

b) Retire do texto duas palavras, em espanhol, que marcam positivamente o desejo da autora no que diz respeito ao presente-futuro das relações interpessoais.

Ejercicios de consolidación gramatical

1 Completa el diálogo entre Fabio y Paco con las conjunciones temporales "mientras" y "cuando".

Fabio ________________ bajo el programa de Internet, explícame lo del nuevo juego.

Paco Para enseñártelo necesitaremos la computadora, con el juego estará muy cargada y el *download* tardará más. ¿Por qué no vemos una película ________________ bajas el *software*?

Fabio Vayámonos a la sala entonces; ________________ el *download* termine, la computadora emitirá un sonido. ¿Qué peli veremos?

Paco Me gustaría ver *Una casa de locos*.

Fabio Ya he visto esta, te la presto para ________________ tengas tiempo, vamos a ver otra.

2 Elige la(s) opción(ones) que mejor completa(n) las frases.

I. ______ llegó a casa salió rápidamente.

a) [ ] Cuando
b) [ ] No bien
c) [ ] Mientras que
d) [ ] Antes que
e) [ ] Después

II. Tenemos que llegar a Madrid ______ anochezca porque tengo miedo de conducir de noche.

a) [ ] mientras
b) [ ] cuando
c) [ ] apenas
d) [ ] así que
e) [ ] antes que

III. ______ tengas tiempo, ve esta película; te va a gustar.

a) [ ] Mientras
b) [ ] Cuando
c) [ ] Apenas
d) [ ] Así que
e) [ ] Antes que

IV. Lo supieron ______ se lo contasen.

a) [ ] antes que
b) [ ] mientras
c) [ ] cuando
d) [ ] apenas
e) [ ] así que

V. ______ existan defenderán sus derechos.

a) [ ] Antes que
b) [ ] Mientras
c) [ ] Cuando
d) [ ] Apenas
e) [ ] Así que

3 Reúne los elementos formando frases. Después escríbelas.

¿Quién	mí que os voy a repetir	tu futuro.
Fíjense en	se preocupan por	los niños?
Tus padres	mientras	solo una vez más.
Va a tener que trabajar mucho	se ocupa de	salga de la Universidad.
Carlos investiga en *google*	después que	baja el programa.

a) *¿Quién se ocupa de los niños?*
b) ________________________________
c) ________________________________
d) ________________________________
e) ________________________________

4 Completa las frases con las conjunciones del recuadro.

hasta que · cuando · no bien · apenas · desde que · antes que · siempre que · mientras · tan pronto como · apenas · después de · en tanto que

a) ______________ salga de casa, tenemos que charlar.
b) ______________ se enteró de los acontecimientos me telefoneó.
c) ______________ voy a Argentina visito a mis amigos.
d) ______________ limpias la casa, hago la comida.
e) Volvió al estudio ______________ haber comido.
f) ______________ lo vi, me enamoré.
g) Vendrá a visitarme ______________ pueda.
h) Hay que retirarla del fuego ______________ hierva.
i) No te visitaré ______________ me invites.
j) ______________ me arregles los grifos puedes hacer lo que quieras.
k) ______________ se levantó, empezó a pelear.
l) No he vuelto a saber nada de Rubén ______________ se casó.

LECCIÓN 24 Así somos nosotros

"Vestibular"

Texto 1 (UFRJ)

A Contesta en español a la cuestión 1, y en portugués a las cuestiones 2 a 4.

Señora que escucha

Al mismo tiempo, miles de leguas al sur, los indios u'wa fueron expulsados a balazos de sus tierras en las montañas de Samoré. Helicópteros y tropas de infantería despejaron el camino a la empresa Occidental Petroleum, y la prensa colombiana difundió palabras de bienvenidas a esta avanzada del progreso en un medio hostil.

Cuando los taladros comenzaron su tarea, los expertos anunciaron que la perforación iba a rendir no menos de mil cuatrocientos millones de barriles de petróleo. Al amanecer y al atardecer de cada día, los indios se juntaban para cantar sus conjuros en las cumbres neblinosas.

Al cabo de un año, la empresa había gastado sesenta millones de dólares y ni una sola gota había aparecido.

Los u'wa comprobaron, una vez más, que la tierra no es sorda. La tierra los había escuchado y había escondido el petróleo, su sangre negra, para que no murieran los árboles, ni secaran los pastos, ni dieran veneo los manantiales.

En su lengua, u'wa significa gente que piensa.

GALEANO, Eduardo. *Bocas del tiempo*. Montevideo: Chanchito, 2004. p. 114.

Vocabulario
Veneo: Veneno.

1 Transcribe la expresión que hace referencia al modo violento del desalojo de los u'wa.

____

2 Identifica a los dos grupos que apoyaron la empresa petrolera.

____

____

3 ¿A quién personifica la expresión "la señora que escucha"?

____

4 Según el mito narrado hubo una acción que tuvo como efecto el fracaso de la extracción de petróleo. ¿Cuál fue esa acción y quiénes la ejecutaron?

____

Texto 2

B Lee al texto 2 y contesta en portugués las cuestiones 5 y 6 y en español, la cuestión 7.

Una nave europea destruye el famoso mito de la "cara de marte"

Por Mariano Ribas

En 1976, una tosca foto en blanco y negro tomada por la nave Viking 1 disparó una de las fantasías pseudocientíficas más famosas de todos los tiempos: la "Cara de Marte". De poco sirvió que, desde entonces, los astrónomos y geólogos planetarios salieran a explicar una y otra vez que el supuesto rostro no era más que una simple formación geológica, favorecida por la perspectiva y el juego de luces y sombras. La otra versión, la de los desinformadores de siempre, era mucho más tentadora y vendible: la "cara", decían, era un enorme monumento construido por marcianos de antaño. Dado que la imagen era bastante pobre, la única manera de definir el pleito de modo categórico era volver al planeta y fotografiar con más cuidado la extraña figura.

Y bien, eso ocurrió en 1998 cuando las impecables vistas de la nave orbitadora de la NASA, *Mars Global Surveyor*, demostraron que, por supuesto, no había ninguna cara. Aun así, y a pesar de estar todo magullado, con muletas y casi sin aliento, el mito siguió arrastrándose hasta nuestros días. Pero se terminó: el pasado 22 de julio, la *Mars Express*, la maravilla europea que está en órbita marciana desde fines de 2003, apuntó sus cañones a la zona de Cydonia. Los "cañones" no son otra cosa que la formidable "Cámara Estéreo de Alta Resolución" (HRSC), una joya óptico electrónica que, por primera vez, permite obtener exquisitas imágenes 3D de la superficie de Marte. Ante esos ojos de película, la "Cara de Marte" se revela de una vez y para siempre en su verdadera naturaleza, ya inevitablemente despojada de todo valor agregado, o inventado. De paso, la misma HRSC de la *Mars Express* también aclaró los tantos sobre las supuestas "pirámides": no son más que montículos probablemente sedimentarios– dispersos y erosionados.

Suplemento "Futuro", 30 de septiembre de 2006.
http://www.pagina12.com.ar/diario

5 Identifica las dos interpretaciones que suscitó la fotografía de 1976 y a sus respectivos defensores.

____
____
____
____
____

6 Respecto al mito explicita la finalidad de la nave que fotografió Marte en 1998.

____
____

7 Transcribe dos caracterizaciones de la situación del mito de la "Cara de Marte" después de la misión de 1998.

____

Texto 3

C Lee al texto 3 y contesta en portugués a las cuestiones de 8 a 10.

Una campaña contra la pobreza, detrás del simulacro de robo del escaño de Zapatero

El vídeo difundido por Internet es obra de un colectivo que pretende publicitar la Campaña del Milenio de la ONU.

Madrid (OTR/PRESS y EFE) – La noticia del día tiene como escenario el Congreso de los Diputados, pero no es de cariz político. El revuelo llegó hoy a la Cámara Baja con la difusión en Internet de un sorprendente vídeo en el que, para denunciar la pobreza en el tercer mundo, cuatro individuos encapuchados penetran en el Hemiciclo y roban la silla azul del escaño del presidente del Gobierno, José Luis Rodríguez Zapatero, no sin antes dejar sobre su pupitre un papel con lemas en favor de su reivindicación.

Pese a que la grabación fue manipulada y la sustracción resultó del todo falsa, la Secretaría General de la Cámara Baja ha abierto un expediente disciplinario a un alto funcionario, que ha reconocido los hechos, por colaborar con los intrusos y remitió el caso al fiscal general del Estado, Cándido Conde-Pumpido.

El montaje es responsabilidad del colectivo 4Gatos. En pie contra la pobreza y con él que dicen querer dar publicidad a la Campaña del Milenio de la ONU que tendrá su auge el 16 de octubre con el movimiento ciudadano "Levántate contra la pobreza" según la *web* levantateZP.blogspot.com.

En el vídeo, cuatro jóvenes encapuchados simulan una infiltración nocturna en el Congreso de los Diputados y su llegada al hemiciclo, donde roban el sillón azul de Zapatero tras dejar una nota: "Zapatero. El 16 de octubre en pie contra la pobreza".

Supuestamente, los intrusos empujan el sillón por los pasillos de la Cámara hasta una ventana, desde donde lo descuelgan hasta la calle y lo introducen en un coche. Sin embargo, el vídeo, que se grabó el pasado jueves, ha resultado ser un montaje según informó el Congreso en un comunicado.

La Cámara Baja asegura que se trata de "una habilidosa manipulación de algunas imágenes reales del interior y exterior del Congreso con otras que han sido grabadas utilizando otros edificios que, en su fachada y piezas interiores, se parecen al Congreso".

Uno de esos edificios es el Palacio de Linares, según informó TVE, cuyos responsables explican que dieron permiso para la grabación de un vídeo contra la pobreza, pero sin conocer su naturaleza.

Así, el Congreso subraya que nadie "ha sustraído ningún material, objeto, enser o mobiliario" del hemiciclo y que las cámaras del mismo captaron a cuatro individuos que, si bien "lograron penetrar" en la Cámara, se limitaron a apartar el sillón de Zapatero unos metros "para devolverlo inmediatamente a su sitio una vez realizada la grabación".

http://www.lavanguardia.es/02/10/2006

8 En el vídeo, los protagonistas roban la silla azul del escaño del presidente. Menciona una acción que sea anterior y otra posterior a este hecho.

____
____
____
____

9 Señala la intención del colectivo 4Gatos al producir el vídeo.

____

____

10 ¿Qué hecho registrado por las cámaras del Congreso demuestra que no hubo verdaderamente un robo?

____

____

Ejercicios de consolidación gramatical

1 Elige entre las formas en negrita la correcta y tacha la otra.

a) Cualquier vehículo puede ser mejorado con ruedas de **más grande** / **mayor** diámetro.

b) Se registró recientemente en los mares de Indonesia la especie de **menor** / **más pequeño** tamaño de hipocampo hallada hasta el momento. La nueva especie, que se suma a las 32 ya conocidas, ha sido bautizada con el nombre de Hipocampo Denise, un tipo de caballito de mar que apenas alcanza los 16 mm.

c) Las informaciones que los científicos recibieron de los habitantes de la floresta Amazónica sobre algunas especies de la región fueron **mejores** / **más buenas** que las que leyeron en algunos de sus libros.

d) Según una Encuesta Nacional sobre Nutrición y Salud, casi el 10 por ciento de los chicos **menores** / **más pequeños** de seis años tienen sobrepeso.

2 Usa las palabras del recuadro para sustituir los extranjerismos destacados en las frases.

vale examinar archivos imagen página

a) Guardaré todas las informaciones que he recogido sobre el relieve ecuatoriano en **files** / ______________ específicos.

b) **Okay** / ______________, podemos salir más temprano y tomar el primer autobús con destino al Centro.

c) Se preocupa tanto por su **look** / ______________ que nos retrasa a todos, ¡eso está muy mal!

d) Hay que **chequear** / ______________ todas las informaciones del folleto sobre los sitios turísticos antes del viaje.

e) En cuanto pueda, voy a crear una **page** / ______________ sobre la cultura Mochila.

3 Lee los datos del recuadro y completa las frases con partículas comparativas. Usa: "mas... que", "menos... que", "tan... como" o "tanto/a/os/as... como".

a) La ciudad de Catamarca es ______________ poblada ______________ la de Río Negro.

b) Formosa es una ciudad ______________ poblada ______________ Chubut.

c) El número de habitantes de Neuquén no es ______________ grande ______________ el de El Chaco.

d) ¿Hay ______________ habitantes en Córdoba ______________ imaginabas?

e) Río Negro es ______________ poblado ______________ Neuquén, pero es ______________ poblado ______________ El Chaco.

Ciudades de Argentina	Población (estimada en 2005)
Catamarca	385 323
El Chaco	1 024 934
Chubut	445 458
Córdoba	3 254 279
Formosa	517 506
Neuquén	521 439
Río Negro	587 430

http://es.encarta.msn.com/

APÉNDICES

LA CASA

Por fuera

1 El aplique
2 La antena
3 El buzón
4 El canalón / la canaleta
5 La cerradura
6 La chimenea
7 El desván
8 El garaje / la cochera
9 El timbre
10 El muro
11 La pared
12 La planta alta
13 La planta baja
14 El portón
15 La puerta
16 La ventana

Por dentro – El salón

1 El acondicionador de aire
2 La alfombra
3 La almohadilla / el cojín
4 El puf
5 La araña
6 La cortina
7 La estantería / la biblioteca
8 La lámpara
9 La mesa
10 La mesita
11 Las sillas
12 El sillón / la butaca
13 El sofá
14 La televisión / el televisor

La cocina

1 La mesada
2 El armario
3 El cajón
4 La cocina
5 El fregadero / la pileta
6 El grifo
7 La heladera (Arg.; Chile; Urug.) / la nevera / el refrigerador / el frigorífico
8 El horno de microondas

El baño

1 La bañera / la bañadera
2 La ducha
3 El enchufe
4 El espejo
5 El grifo
6 El toallero
7 El inodoro / el retrete
8 La jabonera
9 El lavabo / el lavatorio
10 La mampara
11 La válvula

El lavadero

1 La lavadora / el lavarropas
2 El lavadero / la pila / la pileta
3 La tabla de planchar
4 El tendedero

El dormitorio

1 La almohada
2 El armario
3 La cama
4 El colchón
5 El perchero
6 La mesita de noche / la mesa de luz
7 La persiana
8 La lámpara
9 El baúl

LA CIUDAD

1 El ayuntamiento/la municipalidad (Chile)
2 El edificio
3 La tienda
4 La plaza con fuente
5 El letrero
6 La señal de tráfico
7 La estación del metro/subte (Arg.)
8 La calle
9 El teatro
10 El aparcamiento/el estacionamiento/el parqueamiento (Ecu.)
11 La oficina de correo/el Correos
12 La parada de autobús (Esp.)/colectivo (Arg.)/ómnibus (Ur.)/bus (Chile)
13 El basurero
14 La estación de ferrocarril/tren
15 La farola
16 El quiosco/o kiosco
17 El hospital
18 El cine
19 El museo
20 El banco

LOS ESTABLECIMIENTOS COMERCIALES

El hospital

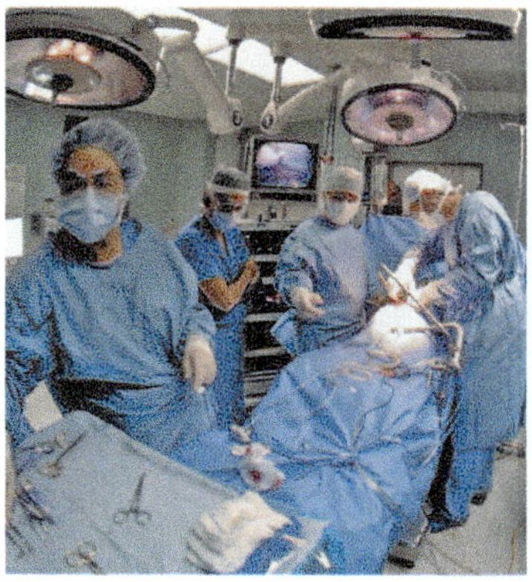

El banco

El cine

La gasolinera
(la estación de servicios)

La escuela

El cibercafé

La farmacia

La juguetería

La confitería

La papelería

La feria

El videoclub

EL CUERPO HUMANO

La cabeza

1 La cara / el rostro
2 El pelo / el cabello
3 La frente
4 La ceja
5 El párpado
6 Los ojos
7 La nariz
8 Los dientes
9 El mentón o la barbilla
10 Las pestañas
11 La lengua
12 La mejilla
13 La oreja
14 La boca
15 Los labios

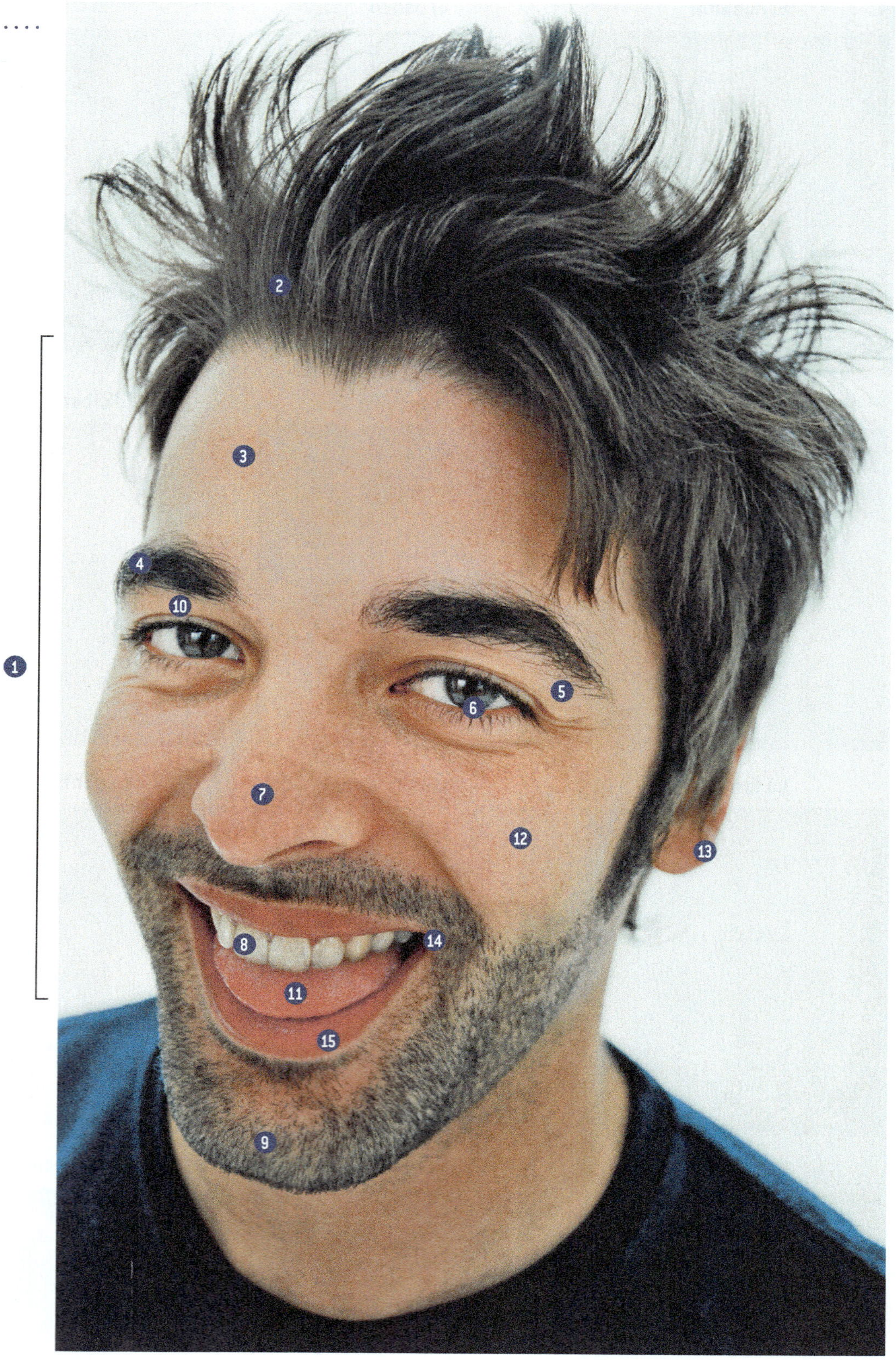

El cuerpo

1 La cabeza
2 La cara / el rostro
3 El cuello
4 El brazo
5 La muñeca
6 La mano
7 El dedo
8 El hombro
9 La axila
10 El codo
11 La espalda
12 La cintura
13 La nalga
14 El pecho
15 La barriga
16 La pierna
17 El muslo
18 La rodilla
19 La planta del pie
20 El pie
21 La pantorrilla
22 El tobillo
23 El talón

LA DESCRIPCIÓN FÍSICA

Piel blanca; pelo liso / lacio y rubio; nariz pequeña y respingona; cara redonda.

Piel negra; nariz chata; ojos negros y grandes; lábios carnosos.

Piel amarilla; pelo negro, liso / lacio; ojos pequeños y rasgados; nariz chata; delgada / flaca.

Piel blanca y pecosa; ojos verdes; nariz fina; pelo castaño oscuro, rizado.

Piel blanca y arrugada; pelo blanco, corto; nariz grande; lábios finos.

Piel negra; ojos negros; pelo canoso; nariz aplastada y grande; barba blanca; robusto.

Ojos castaños, pequeños y rasgados; pelo largo y pelirrojo; cara ovalada; piel blanca.

Pelo corto, ondulado y blanco; cara cuadrada; ojos castaños; labios finos; nariz aguileña; piel blanca.

Pelo castaño, rizado y mediano; ojos pequeños, verdes; labios gruesos; flaca / delgada.

Piel bronceada; pelo negro, teñido; ojos negros; cejas pobladas.

Pelo castaño claro; ojos pequeños; nariz fina.

Pelo liso / lacio, largo y rubio; ojos almendrados; piel blanca.

Piel trigueña; nariz grande y larga; labios carnosos; calvo.

Flaco, delgado / gordito, fuerte.

Bajo; Alto.

LOS ALIMENTOS — las verduras

La acelga

La berenjena

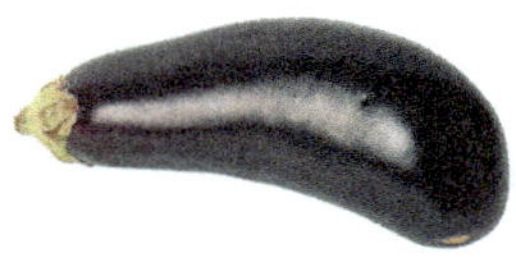

El berro

El calabacín o el zapallito largo

La calabaza o
el zapallo (Amér.)

El chayote o
el güisquil (Amér. Central)

El brécol o el brócoli

La coliflor

La espinaca

La lechuga

La patata o
la papa (Amér.)

El pepino

El pimiento

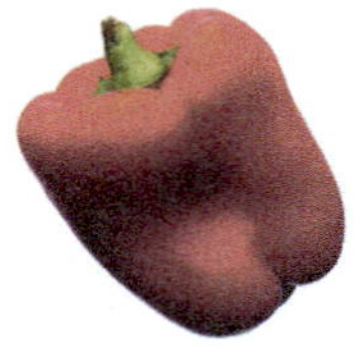

El rábano

La remolacha

El repollo

El tomate

La zanahoria

LOS ALIMENTOS — las frutas

El aguacate o la palta (Amér. del Sur)

El coco

Las cerezas

Las ciruelas

El mango

Las fresas o las frutillas (Amér.)

La guayaba

La carambola

El limón

La papaya

La mandarina

La manzana

El maracuyá

El melocotón o el durazno

El melón

La naranja

Las peras

La piña o el ananá (Amér.)

Los plátanos o las bananas

El kiwi

La sandía

Las uvas

EL DESAYUNO

El azúcar

El café

El cereal

Las galletas

La jalea o la mermelada

El zumo o el jugo (Amér.)

La leche

la mantequilla

El pan

El queso

El requesón

El té

La tostada

El yogur

EL ALMUERZO Y LA CENA

El arroz

El guisante o
la arveja (Amér.)

La carne

La sopa

La ensalada

El huevo

El jamón

La judía o
el poroto (Amér.)

La longaniza

El maíz o
el choclo (Amér.)

La pasta

El pollo

El pescado

La salchicha

BOCADILLOS, TAPAS, PINCHOS Y POSTRES

Las aceitunas o las olivas

El algodón dulce

El bocadillo o el sándwich

El cacahuete o el maní (Amér.)

Los caramelos

El chocolate

El churrasco

El emparedado

La gaseosa

La hamburguesa

El helado

Las palomitas o los pochoclos (Amér.)

El pastel o la torta

Las patatas fritas o las papas fritas

El perro caliente o el pancho (Arg. / Urug.)

La pizza

La torta o la tarta

Vocabulario

Pincho: porción de comida tomada como aperitivo.

Postre: fruta o dulce que se sirven al fin de las comidas.

LOS ADEREZOS O LOS ALIÑOS

El aceite

El ajo

El cátchup o el kétchup

La cebolla

La mayonesa o la mahonesa

La mostaza

El orégano

El perejil

La pimienta o el ají (Amér.)

La sal

El vinagre

LAS PROFESIONES

El actor / la actriz
El (la) comediante

El abogado / la abogada
El (la) jurista

El agricultor/
la agricultora
El labrador / la labradora

El (la) albañil

El arquitecto/
la arquitecta

El bombero/
la bombera

El botones

El cajero / la cajera

El camarero / la camarera/
El mesero / la mesera/
El mozo / la moza

El camionero/
la camionera

El cantante/
la cantante
El cantor / la cantora

El capataz/
la capataza
El encargado / la encargada

El carnicero/
la carnicera

El (la) comerciante/
El mercader / la mercadera

El conductor / la conductora
El (la) chofer o chófer

El (la) dentista

Chofer: se usa en América.
Chófer: se usa en España.

El dependiente/
la dependienta

El (la) deportista

El (la) electricista

El enfermero/
la enfermera

El farmacéutico/
la farmacéutica

El fontanero / la fontanera
El plomero / la plomera
El cañero / la cañera

El fotógrafo/
la fotógrafa

El frutero / la frutera

El (la) guarda de seguridad

El (la) guía de turismo

El ingeniero/ la ingeniera

El jardinero/ la jardinera

El joyero / la joyera

El maletero / la maletera

El cartero / la cartera

El (la) modelo

El modisto / la modista

El niñero/ la niñera
El (la) canguro

El profesor / la profesora
El maestro / la maestra
El (la) docente

El pescador / la pescadora

El (la) periodista

El (la) policía

El (la) recepcionista

El repartidor / la repartidora de comida rápida

El reportero / la reportera

El sastre / la sastra

El secretario / la secretaria

El (la) taxista

El (la) telefonista

El técnico en medioambiente / la técnica en medioambiente

El vendedor / la vendedora

El veterinario / la veterinaria

EL VESTUARIO

El pantalón = los pantalones.
Los vaqueros = los tejanos = el jeans.
La camiseta = la remera.

La falda

La minifalda

El vestido

El short

Las bermudas

Los pantalones

Los vaqueros

La musculosa

La camiseta

La camisa polo o la chomba (Arg., Chile, Par.)

La blusa

El jersey/suéter

La cazadora o la campera (Amér.)

La chaqueta o el saco

El traje

El abrigo o el tapado (Arg., Uruguay, Chile)

La gabardina / el impermeable

El anorak

El entero o el mono

El pijama, piyama

El camisón

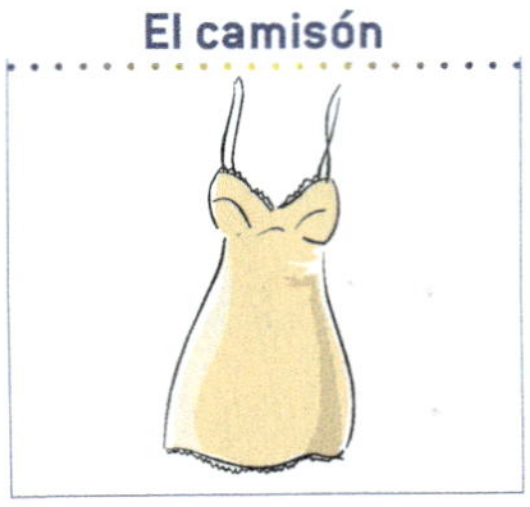

El albornoz

La braga o la bombacha (Arg., Ur.)

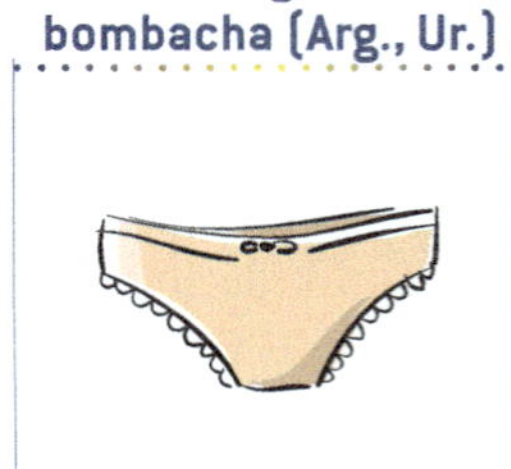

El sujetador, el sostén, o el corpiño (Arg., Ur.)

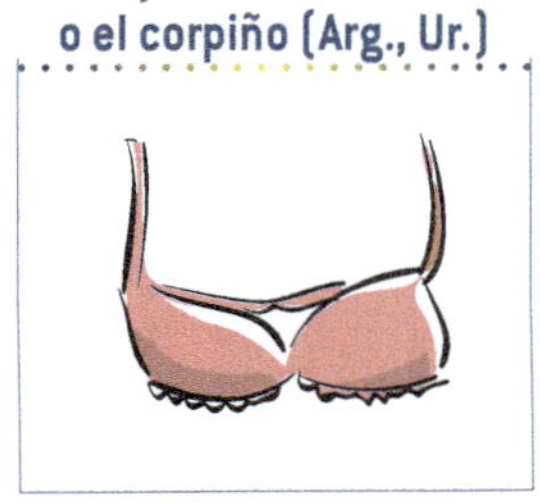

El calzoncillo

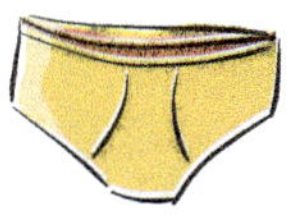

El guardapolvo o el delantal

El bolero

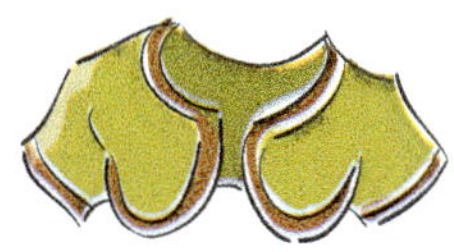

El traje de baño

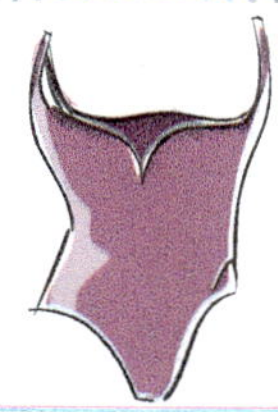

El calzoncillo = los calzoncillos.
El traje de baño = el bañador = la malla.
Las chancletas = las chinelas.

El biquini o bikini

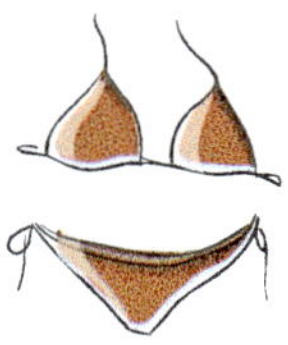

El chaleco

La bufanda

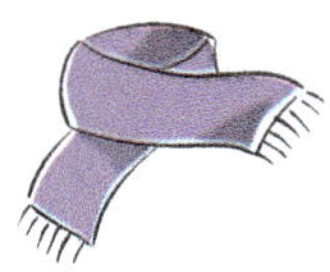

La corbata

Los guantes

Los calcetines

La gorra

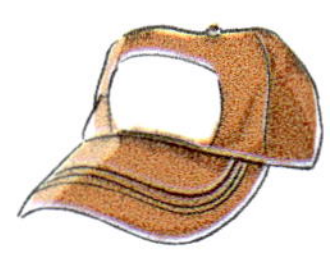

El sombrero

El gorro

El cinturón

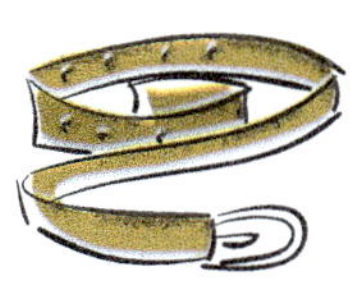

Los zapatos

Las chancletas, las chanclas o las ojotas

Las botas

Las sandalias

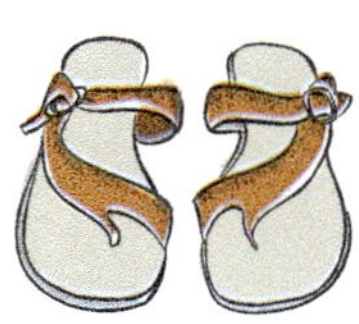

Las zapatillas deportivas o los tenis

Los zapatos de tacón / de taco alto

Las gafas de sol o los anteojos de sol

Los pendientes

El collar

La pulsera

LOS INSTRUMENTOS MUSICALES

La quena

La zampoña

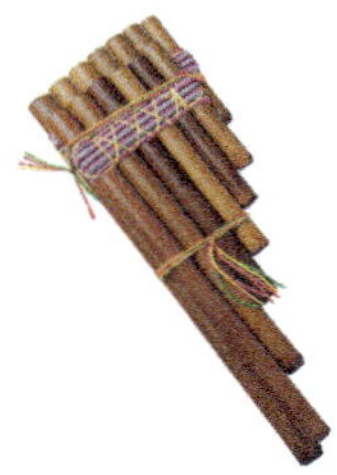

El bandoneón

La guitarra

La tambora

El güiro

El acordeón

El clarinete

El violín

El timbal

La maraca

El banjo

El charango

Las castañuelas

LOS MEDIOS DE COMUNICACIÓN

El periódico / el diario

La carta

El radio

El libro

La revista

El teléfono

Los folletos

El teatro

La Internet

La televisión

Las placas de señalización

El cine

LOS MEDIOS DE TRANSPORTES

El autobús o el colectivo (Amér.)

El taxi

El avión

La moto

El helicóptero

El barco

El coche

El metro o el subte (Arg.)

El globo aerostático

El tren

El camión

La moto de agua

LOS DEPORTES

El baloncesto

El fútbol

La natación

El balonvolea o voleibol

El remo

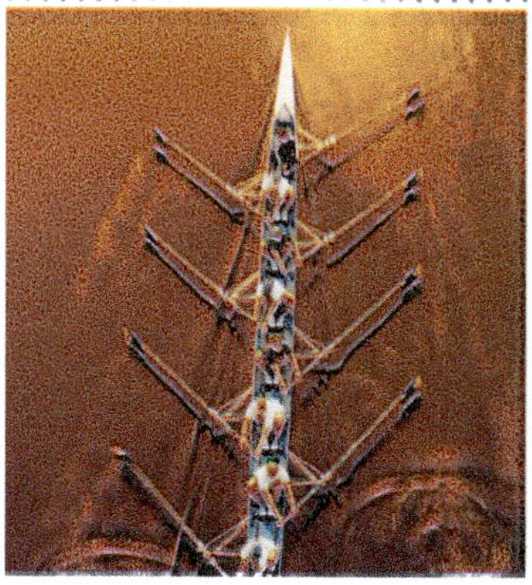

El atletismo

El boxeo

El tenis

El ciclismo

El balonmano

El buceo

La gimnasia rítmica

v. t. = Ver también

A

A lo largo de: ao longo de
A mediados de: em meados de
A menudo: frequentemente
Abajo: embaixo; abaixo
Abanico: leque; variedade
Abarcar: incluir; abranger
Abierto(a): aberto(a)
Abogado(a): advogado(a)
Abonado(a): assinante
Abotonar: abotoar
Abrazar: abraçar
Abrigo: abrigo; agasalho; casaco comprido
Abuelo(a): avô(ó)
Aburrido(a): entediado(a); chateado(a)
Aburrir(se): entendiar(-se)
Acceder: assentir, consentir
Accesorio: acessório
Acción: ação
Aceite: azeite; óleo
Aceituna: azeitona
Acento: sotaque
Aceptación: aceitação
Aceptar: aceitar
Acercar(se): aproximar(-se)
Acero: aço
Acogedor(a): acolhedor(a)
Aconsejable: aconselhável
Aconsejar: aconselhar
Acostar(se): deitar(-se)
Acostumbrado(a): acostumado(a)
Actor: ator
Actriz: atriz
Actual: atual
Actualidad: atualidade
Actualmente: atualmente
Actuar: atuar
Acudir: chegar
Acuerdo: acordo
Adelgazar: emagrecer
Además: além de; ademais (v. t. *amén de*)
Adherir: aderir; associar(-se)
Adorno: enfeite
Adquisición: aquisição
Aeropuerto: aeroporto
Afectado(a): afetado(a)
Afeitar(se): barbear(-se)
Agobio: angústia
Agotado(a): esgotado(a)
Agradable: agradável
Aguacate: abacate (v. t. *palta*)
Aguantar: aguentar
Aguja: agulha
Agujero: buraco
Ahijado(a): afilhado(a)
Ahora: agora
Ahorrar: economizar
Aire: ar
Aire acondicionado: ar-condicionado
Aislado(a): isolado(a)
Aislamiento: isolamento
Aislante: isolante
Ajetreo: agitação
Ají: pimenta vermelha
Ajo: alho
Alabanza: louvação
Alabar: elogiar
Alargado(a): comprido(a)
Alarma: alarme
Albañilería: alvenaria
Albornoz: roupão de banho (v. t. *bata*)
Alcalde: prefeito
Alcanzar: alcançar
Alcohol: álcool
Aleccionar: instruir; ensinar, educar
Alejado(a): afastado(a)
Alejarse: afastar(-se)
Aleta: barbatana; para-lama
Alfombra: tapete
Algodón: algodão
Alguien: alguém
Algún(a): algum(a)
Aliento: fôlego
Almacén: armazém; depósito
Almeja: amêijoa
Almendrado(a): amendoado(a)
Almohada: travesseiro
Almorzar: almoçar
Almuerzo: almoço
Alquilar: alugar
Alrededor: ao redor; em volta
Altiplano: planalto; chapada
Alumno(a): aluno(a)
Ama de casa: dona de casa
Amanecer: amanhecer
Amarillo(a): amarelo(a)
Amén de: além de (v. t. *además*)
Americana: jaqueta para homens
Amplio(a): amplo(a)
Amueblado(a): mobiliado(a)
Añadir: acrescentar; adicionar
Análisis: análise
Ancestro: ancestral
Ancho(a): largo(a)
Anchoa: anchova
Anciano(a): ancião(ã), velho(a)
Andarse por las ramas: divagar(-se)
Anduvo: passado do verbo "andar"
Angosto(a): estreito(a)
Anillo: anel
Animación: animação
Año: ano
Anómalo(a): anormal
Anorak: agasalho impermeável com capuz
Ante: diante de; perante
Anteayer: anteontem
Antelación: antecipação
Anteojo: óculos (v. t. *gafas; lente*)
Anteponer: antepor
Antiguo(a): antigo(a)
Antorcha: tocha
Anzuelo: anzol
Apadrinamiento: apadrinhamento; tutela
Apadrinar: apadrinhar
Aparato: aparelho
Aparcamiento: estacionamento (v. t. *estacionamiento; parking*)
Apartado de correos: caixa postal
Apellido: sobrenome
Apertura: início
Aplanadora: rolo compressor
Aplastar: esmagar; achatar
Apodar: apelidar
Apoyo: apoio
Apretar: oprimir; apertar
Aprobación: aprovação
Apropiado(a): apropriado(a)
Aprovechar: aproveitar
Apuesta: aposta
Apuntar: anotar; apontar
Apunte: anotação
Apurado(a): apressado(a)
Árbol: árvore
Archipiélago: arquipélago
Arcilla: argila
Ardiente: ardente
Arena: areia
Armar: montar
Aro: brinco (v. t. *colgante; pendiente*)
Arquitecto(a): arquiteto(a)
Arquitectura: arquitetura
Arrancar: originar
Arriba: acima

Arriesgado(a): arriscado(a); perigoso(a)
Arrodillar(se): ajoelhar(-se)
Arrojar: lançar, atirar
Artículo: artigo
Asado: churrasco
Ascensor: elevador
Así: assim, desta maneira
Asignatura: matéria; disciplina
Asociación: associação
Asomar(se): mostrar(-se)
Asqueado(a): desgostoso(a)
Asunción: encargo
Atención: atenção
Atiborrar(se): abarrotar; encher; empanturrar(-se)
Atraer: atrair
Aún: ainda (v.t. *todavía*)
Aunque: ainda que, por mais que
Autoabastecimiento: autoabastecimento
Autobús: ônibus (v. t. *ómnibus*)
Automóvil: carro (v. t. *carro; coche*)
Averiguar: verificar
Avioneta: aeroplano
Ayer: ontem
Ayudar: ajudar
Ayuntamiento: prefeitura
Azafrán: açafrão
Azotea: terraço (telhado plano de um edifício sobre o qual se pode andar)
Azúcar: açúcar

B

Bailar: dançar
Bailarín(a): bailarino(a)
Bajo(a): baixo(a)
Balcón: sacada
Ballena: baleia
Baloncesto: basquete
Balonmano: handebol
Baño: banheiro
Barbacoa (España/ México): churrasqueira (v. t. *parrilla*)
Barrio: bairro
Basado(a): fundado(a); baseado(a)
Báscula: balança
Basura: lixo
Basural: aterro sanitário
Bata: roupão de banho (v. t. *albornoz*)
Batalla: batalha
Beige: bege
Belleza: beleza
Bello(a): belo(a)
Berenjena: berinjela
Bici: bicicleta
Bienaventurado(a): bem-aventurado(a)
Bienvenido(a): bem-vindo(a)
Billete: bilhete; passagem; ingresso
Bisabuelo(a): bisavô(ó)
Bisuterías: bijuterias
Blanco(a): branco(a)
Blando(a): macio(a)
Bocadillo: tira-gosto
Boda: casamento, boda
Bolígrafo: caneta
Bolsa: sacola
Bolso: bolsa
Bombacha: calcinha (v. t. *braga*)
Bondadoso(a): bondoso(a)
Borde: borda
Borrasca: tempestade
Bote: pote; lata
Botella: garrafa
Botón: botão
Braga: calcinha (v. t. *bombacha*)
Brasileño(a): brasileiro(a)
Brazalete: bracelete
Brazo: braço
Brécol: brócolis
Brillante: brilhante
Brujo(a): bruxo(a)
Brumoso(a): nublado(a), nebuloso(a)
Buceo: mergulho
Bueno(a): bom (boa)
Bufanda: cachecol
Bungalow: bangalô (espécie de casa de campo)
Burlesco(a): ridículo(a); festivo(a)
Butaca: poltrona
Butifarra: linguiça de porco
Buzo: malha; pulôver
Buzón: caixa de correio

C

Caballero: cavalheiro
Caballo: cavalo
Cabeza: cabeça
Cachito: pouquinho
Cachorro: filhote
Cadena: colar (v. t. *collar*); rede; corrente
Cadera: quadril
Caer: cair
Caja: caixa
Calabacín: abobrinha
Calavera: caveira
Calcetín: meia três quartos (v. t. *medias*)
Calefacción: calefação
Calentar: esquentar
Calidad: qualidade
Cálido(a): morno(a)
Callar(se): calar(-se)
Calle: rua
Caluroso(a): caloroso(a); quente
Calzada: meio-fio; guia
Calzoncillo: cueca
Cámara: câmera
Camarero(a): garçom (garçonete)
Cambiar: trocar; mudar (v. t. *canjear*)
Cambio: mudança; troca; câmbio; troco
Caminar: caminhar
Camino: caminho
Camión: caminhão
Camisón: camisola
Campamento: acampamento
Campaña: campanha
Canción: canção
Candombear: dançar ritmo afro-uruguaio, diferente do candomblé (afro-brasileira)
Candor: inocência
Cañería: encanamento
Canica: bolinha de gude
Canjear: trocar (v. t. *cambiar*)
Canon: modelo; tipo
Cantante: cantor(a)
Cantautor(a): cantor(a); compositor(a)
Cara: cara, expressão, semblante
Carbón: carvão
Carcajada: gargalhada
Cargado(a): carregado(a)
Cariño: carinho; afeição; estima
Cariñoso(a): carinhoso(a)
Carpeta: pasta
Carrera: corrida
Carretera: estrada
Carro: carro (v. t. *automóvil; coche*)
Carta: cardápio
Cartel: cartaz; pôster
Cartelera: painel de avisos; anúncio (de filmes e teatros)

Cartón: papelão
Casco: capacete
Casi: quase
Castañuela: castanhola
Cautividad: cativeiro
Cazadora: jaqueta; blusão de brim
Cebolla: cebola
Ceja: sobrancelha
Celebrar: celebrar, comemorar
Celos: ciúme
Cementerio: cemitério
Cemento: cimento
Cena: jantar
Cenar: jantar
Ceniza: cinza
Cepillar(se): escovar
Cepillo: escova
Cerca: perto
Cercano(a): próximo(a)
Cerdo: porco
Ceremonia: cerimônia
Cereza: cereja
Cero: zero
Cerrado(a): fechado(a)
Cerrar: fechar
Certamen: concurso aberto com prêmios
Cerveza: cerveja
Césped: grama
Cestería: cestaria
Chabola: favela
Chaleco: colete
Chalet: sobrado
Chaqueta: jaqueta
Charlar: falar; conversar (v. t. *hablar*)
Chaval: menino, rapaz
Chequear: checar
Chico(a): menino(a)
Chilmole: molho de pimenta e tomate, ou de pimenta, laranja azeda, sal e cebola
Chirimoya: cherimólia, fruta da família da fruta-do-conde, graviola e atemoia
Choclo: milho
Chorizo: chouriço; linguiça
Ciclón: ciclone
Cielo: céu
Cima: topo
Cine: cinema
Cinta: fita; filme
Cintilla: passamanaria de acabamento
Cinturón: cinto
Cita: encontro
Ciudad: cidade
Ciudadanía: cidadania
Clase: aula
Coche: carro (v. t. *automóvil; carro*)
Coche-cama: vagão-cama
Cocina: cozinha; fogão
Cocinero(a): cozinheiro(a)
Codo: cotovelo
Coger: tomar; pegar; agarrar
Cohete: foguete; rojão
Cojín: almofada
Colchón: colchão
Colchón de aire: colchão de ar
Cole: abreviação de colégio
Colgante: brinco (v. t. *aro; pendiente*)
Colgar: pendurar
Coliflor: couve-flor
Collar: colar (v. t. *cadena*)
Color: cor
Columna: coluna
Comba: pular corda
Combatir: combater
Combustible: combustível
Comedor: sala de jantar
Cometa: pipa (papagaio); cometa
Comillas: aspas
Comisaría: delegacia de polícia
Compartido(a): compartilhado(a)
Compartir: compartilhar
Competición: competição
Competitividad: competitividade
Componer: compor; formar
Compuesto(a): composto(a)
Computadora: computador (v. t. *ordenador*)
Concentración: concentração
Concepto: conceito
Concierto: concerto, *show*
Condimentado(a): temperado(a), condimentado(a)
Conducir: conduzir; levar; dirigir
Conducta: conduta; comportamento
Conductor: motorista
Confederación: confederação
Conformar(se): conformar(-se); confrontar(-se)
Confortable: confortável
Confundido(a): confuso(a)
Conocer: conhecer
Conocido(a): conhecido(a)
Conocimiento: conhecimento
Consejo: conselho
Consonante: consoante
Constitución: constituição
Construcción: construção
Contaminación: contaminação
Contemplar: considerar; contemplar
Contenedor de basura: lixeira
Contener: conter
Contenido: conteúdo
Contento(a): contente
Contestar: responder
Contraer matrimonio: casar(-se)
Contribución: contribuição
Control: controle
Convertir(se): converter(-se); transformar(-se)
Coordinador(a): coordenador(a)
Coqueto(a): vaidoso(a); charmoso(a)
Corazón: coração
Corbata: gravata
Cordón: cordão
Corriente: corrente
Corto(a): curto(a); escasso(a) (v. t. *escaso*)
Cosa: coisa
Cosecha: colheita
Coser: coser, costurar
Costado: lado
Coste: custo
Costumbre: costume
Cotizar: cotar, taxar
Creación: criação
Crear: criar
Creativo(a): criativo(a)
Crema: creme
Crimen: crime
Cromo: cromo (figurinha)
Cruzar: atravessar
Cuaderno: caderno
Cuate (México): amigo, parceiro
Cubiertos: talheres
Cuello: pescoço
Cuenta: conta
Cuerda: corda
Cuernos: expressão coloquialmente utilizada para demonstrar surpresa
Cuerpo: corpo
Cueva: gruta, caverna

Culminación: auge; culminação
Cumbre: cume
Cumpleaños: aniversário
Cumplir: cumprir
Cuna: berço
Cuñado(a): cunhado(a)
Cuota: prestação

D

Dañar: danificar, prejudicar
Danés(a): dinamarquês(esa)
Daño: dano
Danza: dança
Dar(se) cuenta: perceber
Dar(se) prisa: apressar(-se)
Dato: informação, dado
De los(as): dos(as)
Deambular: perambular
Debajo: debaixo
Deber: dever
Débil: fraco(a)
Decir: dizer
Decisión: decisão
Decoración: decoração
Defensa: defesa
Del: do
Delante: diante, em frente
Delante de: na frente de
Delantero: atacante
Deletrear: soletrar
Delgado(a): magro(a)
Dependiente(a): vendedor(a); balconista
Deporte: esporte
Deportista: esportista
Deportivo(a): esportivo(a)
Derecha: direita
Derecho(a): direito(a)
Derrocado(a): destituído(a); derrocado(a)
Derrocar: destituir; derrocar
Desaparición: desaparição
Desarrollado(a): desenvolvido(a)
Desarrollar: desenvolver
Desarrollo: desenvolvimento
Desayunar: tomar o café da manhã
Desayuno: café da manhã
Desbandada: debandada, fuga (v. t. *estampida*)
Descalzo(a): descalço(a)
Descender: baixar
Desconocido(a): desconhecido(a)
Describir: descrever
Descubrimiento: descobrimento
Descuento: desconto
Descuidado(a): descuidado(a)
Desde: desde; a partir de
Desear: desejar
Deseo: desejo
Despacho: escritório
Despejado(a): claro(a)
Despertar(se): acordar; despertar
Despilfarro: desperdício
Despistado(a): distraído(a)
Desplazar(se): deslocar(-se)
Desplegar: demonstrar; desdobrar
Despreciable: desprezível
Desprecio: desprezo
Destapar: descobrir; revelar
Destartalado(a): desmantelado(a), despencado(a)
Desteñir: desbotar
Desvelo: zelo, cuidado; insônia
Desventaja: desvantagem
Detalle: detalhe
Detener(se): deter(-se)
Detrás: atrás
Deuda: dívida
Diablo: diabo
Dibujante: desenhista
Dibujar: desenhar
Dibujo: desenho
Diciembre: dezembro
Dictadura: ditadura
Dictatorial: ditatorial
Diente: dente
Dilatar: estender, alongar
Dinero: dinheiro
Dios: Deus
Dirección: endereço; direção; sentido
Director(a): diretor(a)
Directorio: guia; manual de instrução
Diseñador(a): desenhista
Diseño: desenho
Disfrutar: aproveitar, desfrutar
Disolución: dissolução
Disponer: dispor
Dispuesto(a): disposto(a)
Distinción: distinção
Distinto(a): diferente
Distracción: distração
Diversión: diversão
División: divisão
Divulgación: divulgação; propaganda
Doble: duplo
Doce: doze
Documental: documentário
Dolencia: doença, enfermidade (v. t. *enfermedad*)
Doler: doer
Dolor: dor
Don de gentes: dom para agradar
Dormir: dormir
Dos: dois
Ducha: chuveiro
Duchar(se): tomar banho
Ductilidad: flexibilidade
Duda: dúvida
Dudar: duvidar
Dueño(a): dono(a)
Dulce: doce
Durazno: pêssego (v. t. *melocotón*)

E

Echar(se): lançar
Echar encima: repreender
Echar un vistazo: lançar uma olhada
Edad: idade
Edificación: edificação
Educación: educação
Efecto: efeito
Efecto invernadero: efeito estufa
Ejemplo: exemplo
Ejercicio: exercício
Él: ele
El: o
Electo(a): eleito(a)
Electricidad: eletricidade
Electrónico(a): eletrônico(a)
Elegir: escolher; eleger
Embajador(a): embaixador(a)
Empacar: empacotar
Empeorar: piorar; agravar
Empezar: começar, iniciar
Empleado(a): empregado(a)
Empotrado(a): embutido(a)
Émulo: rival
En cuanto al: quanto ao
En efectivo: em dinheiro
En el: no
En vano: em vão
Encadenado(a): encadeado(a); preso(a)
Encajar(se): encaixar; adequar(-se)
Encargado(a): encarregado(a)

Encender: ligar, acender (v. t. *prender*)
Enchilada: tortilha de milho enrolada ou dobrada, frita e com recheio variado, coberta com molho de pimenta
Encoger de hombro: estar pouco se importando
Encomienda: encomenda
Enemigo(a): inimigo(a)
Enero: janeiro
Enfadado(a): irritado(a); aborrecido(a)
Enfermedad: doença, enfermidade (v. t. *dolencia*)
Enfermo(a): doente
Engreído(a): soberbo(a); presunçoso(a)
Enojar(se): irritar(-se), enfurecer(-se)
Ensalada: salada
Ensanchar: ampliar; aumentar
Ensayo: ensaio
Enseñar: mostrar; ensinar
Enseres: utensílios
Ensuciar: sujar, manchar
Ensueño: sonho
Enterar(se): saber; informar(-se)
Entonces: então
Entrelazado(a): entrelaçado(a)
Entrenar: treinar
Entresacado(a): escolhido(a)
Entretenido(a): divertido(a)
Envidioso(a): invejoso(a)
Equipaje: bagagem
Equipamiento: equipamento
Equipo: equipe
Equivocar(se): enganar(-se); confundir(-se); errar
Escalera: escada
Escalonado(a): escalonado(a); distribuído(a)
Escaso: escasso, insuficiente (v. t. *corto*)
Escena: cena
Escenario: cenário; palco
Escenógrafo(a): cenógrafo(a)
Escondite: esconde-esconde
Escote: decote
Escribir: escrever
Escritorio: mesa de escritório
Escuchar: escutar
Escuela: escola
Escurrir: escorrer
Espacio: espaço
Espacioso(a): espaçoso(a)
Espalda: costas
Espárrago: aspargo
Espectáculo: espetáculo
Espejo: espelho
Esperanzado(a): esperançoso(a)
Esquimal: esquimó
Establecer: estabelecer
Establecido(a): estabelecido(a)
Establecimiento: estabelecimento
Estación: estação
Estacionamiento: estacionamento (v. t. *aparcamiento; parking*)
Estampida: fuga, debandada (v. t. *desbandada*)
Estancia: estadia, estada
Estanco: tabacaria
Estantería: estante
Estar de onda: estar em moda
Estar por las nubes: ser muito caro
Estiramiento: estiramento
Estrecho(a): estreito(a)
Estrella: estrela
Estreno: estreia
Estrofa: estrofe
Estudiante: estudante
Estudiar: estudar
Evaluación: avaliação
Evolucionado(a): evoluído(a)
Exacerbar: exacerbar; agravar
Excavado(a): escavado(a)
Excursión: excursão
Excusa: desculpa; escusa
Exhibición: exibição
Expansión: expansão
Explanada: esplanada
Exponer: expor; explicar; narrar
Exquisito(a): delicioso(a)
Extranjero(a): estrangeiro(a)

F

Facilidad: facilidade
Facturar: registrar
Facultad: faculdade
Falda: saia (v. t. *pollera*)
Fantasear: fantasiar
Fastidiar: incomodar
Fastidio: tédio; repugnância
Febrero: fevereiro
Fecha: data
Femenino: feminino
Feria: feira; exposição
Férreo(a): resistente
Ferrocarril: ferrovia; estrada de ferro
Fiambre: frios
Fiebre: febre
Fiesta: festa
Fijar(se): prestar atenção
Fijo(a): fixo(a)
Film: filme
Financiero(a): financeiro(a)
Firma: assinatura
Firmar: assinar
Flaco(a): magro, fraco
Flexible: flexível, maleável
Flota: frota
Flotar: flutuar
Flujo: fluxo
Fogata: fogueira (v. t. *hoguera*)
Folclor: folclore
Folleto: folheto; impresso
Fomentar: promover
Fondo: fundo
Forestal: florestal
Fragancia: fragrância; aroma, perfume
Fregadero: pia
Frenar: frear
Freno: freio
Frente: testa
Fresa: morango (v. t. *frutilla*)
Fresco(a): fresco(a); arejado(a)
Frivolidad: frivolidade, futilidade
Frugal: frugal; moderado; modesto
Frutilla: morango (v. t. *fresa*)
Fuego: fogo
Fuente: fonte; travessa de comida
Fuera: fora
Fuerte: forte
Fuerza: força
Fusionar: fundir
Fútbol: futebol

G

Gabardina: gabardine
Gafas: óculos (v. t. *anteojo; lente*)
Galardón: prêmio ou recompensa por méritos ou serviços
Galleta: bolacha
Gallinita ciega: cabra-cega (brincadeira)
Gana: vontade
Ganado: gado
Ganar: ganhar
Ganga: pechincha
Garaje: garagem
Garantizado(a): garantido(a)
Garantizar: garantir

Gaseosa: refrigerante
Gasolinera: posto de gasolina
Gaviota: gaivota
Gazpacho: sopa fria de legumes
Gemelo(a): gêmeo(a)
Generación: geração
General: geral; general
Generalmente: geralmente
Generar: gerar
Gimnasia: ginástica
Gitano(a): cigano(a)
Gobierno: governo
Gorro: boné
Grabar: gravar
Gracias: obrigado(a)
Grafista: grafista (especialista em artes gráficas)
Gran: grande
Grasa: gordura
Grifo: torneira
Gris: cinza
Grueso(a): grosso(a)
Grulla: grou (ave)
Guante: luvas
Guapo(a): bonito(a)
Guardería: creche
Guiñar: piscar os olhos
Guion: hífen; roteiro de filme
Guionista: roteirista
Guisante: ervilha
Guitarra: violão
Gustar: gostar

H

Haba: fava
Haber: haver
Habitación: quarto
Habla: fala
Habladuría: falatório, mexerico, boato
Hablar: falar (v. t. *charlar*)
Hacer: fazer
Hacia: em direção a; para
Hambre: fome
Hamburguesa: hambúrguer
Harina: farinha
Hasta: até
Hechicero(a): feiticeiro(a)
Hecho: fato
Heladera: geladeira (v. t. *nevera*)
Helado: sorvete
Hendidura: fenda, rachadura
Heredar: herdar
Herencia: herança
Herida: ferida
Hermano(a): irmão(irmã)
Hermoso(a): formoso(a); belo(a)
Héroe: herói
Herramienta: ferramenta
Hielo: gelo
Higiene: higiene
Higo: figo
Hijito(a): filhinho(a)
Hijo(a): filho(a)
Hilera: fileira
Hilo: fio, linha
Hincha: torcedor; fã
Historieta: história em quadrinhos
Hogar: lar; vivenda
Hogar de paso: abrigo
Hoguera: fogueira (v. t. *fogata*)
Hombre: homem
Homenaje: homenagem
Honor: honra
Hormona: hormônio
Horno: forno
Hospitalario(a): hospitaleiro(a)
Hoy: hoje
Hoyo: escavação
Huaca: tumba
Hucha: cofrinho; cofre
Hueco: oco, vazio
Huelga: greve
Huérfano(a): órfão(órfã)
Huevo: ovo
Huevo revuelto: ovo mexido
Huir: fugir
Humanidad: humanidade
Húmedo(a): úmido(a)
Humo: fumaça
Hundimiento: afundamento

I

Idea: ideia
Identificación: identificação
Iglesia: igreja
Igualdad: igualdade
Imaginación: imaginação
Imbécil: imbecil
Imitación: imitação
Imperdonable: imperdoável
Impermeable: impermeável
Impersonal: impessoal
Imprescindible: indispensável
Imprevisible: imprevisível
Impuesto: imposto
Inaccesible: inacessível
Inagotable: inesgotável
Inalámbrico: sem fio
Inapropiado(a): inadequado(a)
Incertidumbre: incerteza; hesitação
Incluso: inclusive
Increíble: incrível
Incursionar: entrar, introduzir(-se)
Indecisión: indecisão
Independiente: independente
Inesgotable: inesgotável
Inestable: instável
Infección: infecção
Inferir: concluir
Infierno: inferno
Ingeniero(a): engenheiro(a)
Ingesta: ingestão
Ingratitud: ingratidão
Ingresado(a): inscrito(a); associado(a)
Inhalar: inalar
Inmensa: imensa
Inmensidad: imensidão
Inmerso(a): imerso(a)
Inmigración: imigração
Inmóvil: imóvel
Inodoro: vaso sanitário
Insatisfecho(a): insatisfeito(a)
Inseguridad: insegurança
Insensible: insensível
Insoportable: insuportável
Inspiración: inspiração
Institución: instituição
Intención: intenção
Intercambiar: trocar
Interés: interesse; juros
Interfaz: interface
Intermitente: descontínuo, intermitente
Interrumpir: interromper
Introducción: introdução
Introducir: introduzir
Invariable: invariável
Invierno: inverno
Invisible: invisível
Invitar: convidar
Ir a su aire: seguir sua vontade
Ir tirando: ir levando
Ir(se) de punta en blanco: vestir(-se) elegantemente, esmeradamente
Isla: ilha
Izquierda: esquerda

J

Jabón: sabão
Jalear: incitar
Jamón: presunto
Jefe(a): chefe(a)
Jerarquía: hierarquia
Jerga: gíria
Jorobar: importunar, azucrinar
Joven: jovem
Joya: joia
Jubilación: aposentadoria
Juego: jogo
Jueves: quinta-feira
Juez(a): juiz(a)
Jugador(a): jogador(a)
Jugar: jogar
Jugo: suco (v. t. *zumo*)
Juguete: brinquedo
Juguetón(ona): brincalhão(ona)
Julio: julho
Junio: junho
Justicia: justiça

L

Labial: labial
Laboral: trabalho
Ladrillo: tijolo
Lámpara: lâmpada
Lana: lã
Langostino: lagostim
Lanzamiento: lançamento
Lanzar: lançar
Largo(a): comprido(a)
Largometraje: longa-metragem
Latido: batimento
Latinoamérica: América Latina
Latir: pulsar (batimento cardíaco)
Lavaplatos: lava-louça
Lazo: vínculo; laço
Lección: lição
Leche: leite
Lechuga: alface
Leer: ler
Legible: legível
Legislación: legislação
Legumbre: legumes
Lejos: longe
Lengua: língua
Lente: óculos (v. t. *anteojo; gafas*)
Lenteja: lentilha
Leprosería: leprosário (hospital de leprosos)
Ley: lei
Libre: livre
Librería: livraria
Libro: livro
Licuadora: liquidificador
Ligero(a): ligeiro(a); ágil; leve
Lila: lilás
Limón: limão
Limosna: esmola
Limpieza: limpeza
Línea: linha
Liquen: líquen
Listo(a): pronto(a); esperto(a)
Llamar(se): chamar(-se)
Llanto: choro
Llanura: planície
Llave: chave
Llegada: chegada
Lleno(a): cheio(a)
Llevar: levar
Llevar a cabo: levar a cabo
Llevar en cuenta: levar em conta; levar em consideração
Llorar: chorar
Lluvia: chuva
Lluvioso: chuvoso
Locomotora: locomotiva
Lograr: conseguir; obter; lograr
Longaniza: linguiça
Los(as): os(as)
Lucha: luta
Luchar: lutar
Lucir(se): reluzir; brilhar
Luego: logo; a seguir
Lujo: luxo
Lujoso(a): luxuoso(a)
Lunar: bolinha
Lunes: segunda-feira

M

Madre: mãe
Madrina: madrinha
Madurez: maturidade
Maestro(a): professor(a)
Maíz: milho
Maldición: maldição
Maleta: mala
Malla: maiô
Malo(a): mau(má); ruim
Mamá: mamãe
Mañana: amanhã
Mandarina: tangerina
Manejar: dirigir
Manejo: manuseio; manipulação
Manifestación: manifestação
Mano: mão
Mantel: toalha de mesa
Mantener: manter
Mantenimiento: sustento; manutenção; conservação
Mantequilla: manteiga
Manzana: maçã
Maquillador(a): maquiador(a)
Maquillaje: maquiagem
Maquillar(se): maquilar(-se)
Maratón: maratona
Maravilloso(a): maravilhoso(a)
Marchante: cliente
Mármol: mármore
Marrón: marrom
Martes: terça-feira
Marzo: março
Mascota: animal de estimação; mascote
Mayo: maio
Mayor: maior
Mayoría: maioria
Mayorista: representante; comerciante
Mayoritariamente: majoritariamente; na maioria
Media punta: meio-campo
Mediado(a): metade, meio (a)
Medias: meia três quartos (v. t. *calcetín*)
Mediodía: meio-dia
Mejilla: bochecha
Mejillón: mexilhão
Mejor: melhor
Mejorar: melhorar
Melenudo(a): cabeludo(a)
Melocotón: pêssego (v. t. *durazno*)
Melón: melão
Menospreciar: menosprezar
Mentón: queixo
Merienda: merenda, lanche
Mermelada: geleia
Mesón: hospedaria; estalagem
Mesurado(a): moderado(a)
Meter la pata: cometer um erro
Metro: metrô
Mezcla: mistura
Mi: meu; minha
Micrófono: microfone
Miedo: medo
Miembro: membro

Mientras: enquanto
Miércoles: quarta-feira
Migración: migração
Millar: milhar
Minifalda: minissaia
Mío(a): meu, minha
Mirada: olhada
Misión: missão
Mismo(a): mesmo(a)
Mitad: metade
Modal: modos
Mojama: atum seco salgado
Moldeado(a): moldado(a)
Molestar: incomodar
Molido(a): moído(a)
Moneda: moeda
Monedero: porta-moeda
Mono: macaco
Monocromo: monocromático
Montaje: montagem
Montaña: montanha
Montón: montão
Morado(a): roxo(a) (v. t. *púrpura*)
Morir(se): morrer
Mote: apelido (v. t. *sobrenombre*)
Móvil: celular
Mucho(a): muito(a)
Mueble: móvel
Muerto(a): morto(a)
Mujer: mulher
Muñeca: pulso; boneca
Museo: museu
Muslo: coxa
Muy: muito

N

Nacer: nascer
Nación: nação
Nacionalidad: nacionalidade
Nadie: ninguém
Naranja: laranja
Natación: natação
Naturaleza: natureza
Navidad: natal
Negro(a): negro(a)
Nervioso(a): nervoso(a)
Nevera: geladeira (v. t. *heladera*)
Niebla: névoa, neblina
Nieto(a): neto(a)
Nieve: neve
Niñera electrónica: babá eletrônica
Niñez: infância
Niño(a): criança; menino(a)
No: não
Nobleza: nobreza
Noche: noite
Nocturno(a): noturno(a)
Nombrar: nomear
Nombre: nome
Nominado(a): nomeado(a)
Normalidad: normalidade
Noveno(a): nono(a)
Noviembre: novembro
Novio(a): namorado(a); noivo(a)
Nube: nuvem
Nuboso: nublado
Nuera: nora
Nuestro(a): nosso(a)
Nuevo(a): novo(a)

O

O: ou
Obesidad: obesidade
Objetividad: objetividade
Obligación: obrigação
Obrar: agir
Obsesionado(a): obcecado(a); obsessivo(a)
Obtener: obter
Ocasión: ocasião; momento
Ocio: lazer; ócio
Octubre: outubro
Ocurrir: ocorrer; acontecer; passar; suceder; transcorrer (v. t. *pasar; suceder; transcurrir*)
Oficina: escritório
Ofrecer: oferecer
Oído: ouvido
Oír: ouvir
Ojal: casa de botão
Ojo: olho
Olla: panela
Olor: cheiro
Olvidar(se): esquecer
Ombligo: umbigo
Ómnibus: ônibus (v. t. *autobús*)
Ópalo: opala (tipo de pedra)
Opinión: opinião
Opuesto(a): oposto(a)
Ordenado(a): organizado(a); arrumado
Ordenador: computador (v. t. *computadora*)
Oreja: orelha
Órgano: órgão
Orilla: orla; borda
Oro: ouro
Orquesta: orquestra
Ortogar: conceder
Oscuro(a): escuro(a)
Otoño: outono
Otorgar: dar, conceder
Otro(a): outro(a)
Oveja: ovelha

P

Padre: pai
Padrino: padrinho
Pago: pagamento
Paisaje: paisagem
Pájaro: pássaro
Palabra: palavra
Palafito: palafita (construção sobre estacas em um lago)
Palta: abacate (v. t. *aguacate*)
Pan: pão
Pantalla: tela para projeção de imagens
Pantalón: calça
Pañuelo: lenço
Papelería: papelaria
Paquete: pacote
Parador: albergue; pousada
Paraguas: guarda-chuva
Pared: parede
Pareja: casal; parceiro(a)
Pariente(a): parente
Parking (España): estacionamento (v. t. *aparcamiento; estacionamiento*)
Paro: parada; interrupção; desemprego
Párpado: pálpebra
Párrafo: parágrafo
Parrilla (Argentina/ Uruguay): churrasqueira (v. t. *barbacoa*)
Pasador: presilha para cabelo
Pasaje: passagem
Pasantía: estágio
Pasar: passar; ocorrer; acontecer; suceder; transcorrer (v. t. *ocurrir; suceder; transcurrir*)
Pasillo: corredor
Pasión: paixão
Pasta: massa
Pastilla: pílula
Pasto: pastagem
Patata: batata
Patio: quintal; pátio
Patógeno(a): patogênico(a)
Patrón(a): patrono(a); patrão (patroa)
Peaje: pedágio
Peca: sarda
Pecho: peito
Pedrería: pedraria

Pegar: grudar; pregar; colar; bater
Peinar(se): pentear(-se)
Peine: pente
Pelado(a): careca; descascado(a)
Peldaño: degrau
Película: filme
Peligroso(a): perigoso(a)
Pelirrojo(a): ruivo(a)
Pelo: cabelo
Pelota: bola
Peluquería: cabeleireiro
Peluquero(a): cabeleireiro(a)
Pendiente: pendente; brinco (v. t. *aro; colgante*)
Pensión: pensão; renda
Peor: pior
Pepinillo: pepininho
Pequeño(a): pequeno(a)
Percibir: perceber
Percusión: percussão
Pérdida: perda
Perdón: perdão
Perejil: salsinha
Pereza: preguiça
Perfeccionar: aperfeiçoar; melhorar
Perfecto(a): perfeito(a)
Pergamino: pergaminho
Periódico: jornal
Periodista: jornalista
Perjuicio: prejuízo
Perla: pérola
Pero: mas
Persecución: perseguição
Persona: pessoa
Personaje: personagem
Personal: pessoal
Pertenecer: pertencer
Pertenencia: pertences
Pescado: peixe
Pese a: apesar de
Pestaña: cílio
Picante: ardido, picante
Pico: bico
Pie: pé
Piedra: pedra
Piel: pele
Pierna: perna
Pila: pilha
Pilote: estaca; coluna de concreto
Pimiento: pimentão
Piña: abacaxi
Pincho: petisco
Piragüismo: canoagem
Piso: apartamento; andar
Pizarra: lousa
Placentero(a): prazeroso(a)
Placer: prazer
Plan: plano
Planchar: passar roupa
Planear: planejar
Planta: andar; planta
Plantear: propor (v. t. *proponer*)
Plasmar: estampar
Plata: prata
Plátano: banana
Plateado(a): prateado(a)
Plato: prato
Playa: praia
Plaza: praça; posto, emprego
Plazo: prazo
Población: população
Poblador: povoador; colonizador
Poblar: povoar
Policiaca: policial
Pollera: saia (v. t. *falda*)
Pollo: frango
Polvo: pó
Poner en marcha: pôr em andamento
Poner(se): pôr(-se)
Poner(se) las pilas: fazer algo com rapidez
Por lo: pelo
Por si no: por acaso
Porche: átrio; pórtico
Portada: página de rosto; portal; fachada
Portar(se): comportar(-se)
Poseído(a): possuído(a)
Posible: possível
Posición: posição
Postre: sobremesa
Pozo: poço
Practicando: praticando
Practicar: praticar
Precaución: precaução
Precio: preço
Precoz: precoce
Predicción: previsão
Predilecto(a): predileto(a)
Preguntón: perguntador
Prejuicio: preconceito
Prenda: peça de roupa
Prender: ascender; ligar (v. t. *encender*)
Prender fuego: fazer fogo
Prensa: imprensa
Preocupación: preocupação
Prescindir: dispensar
Presentación: apresentação
Presentador(a): apresentador(a); animador(a)
Presentar: apresentar; expor
Prevención: prevenção
Primavera: primavera
Primer(a): primeiro(a)
Prisa: pressa
Producción: produção
Producir: produzir
Profesión: profissão
Profesionalismo: profissionalismo
Profesor(a): professor(a)
Profundizar: aprofundar
Promoción: promoção
Promocionar: promover
Pronombre: pronome
Pronto: rápido
Propicio(a): propício(a), favorável
Propina: gorjeta
Propio(a): próprio(a)
Proponer: propor (v. t. *plantear*)
Propuesto(a): proposto(a)
Protección: proteção
Protegido(a): protegido(a)
Provenir: porvir; vir; proceder; derivar
Proyectado(a): projetado(a)
Proyecto: projeto
Prueba: prova
Publicista: publicitário(a)
Pueblo: povo
Puerta: porta
Puerto: porto
Puesto: posto, emprego
Puesto de trabajo: emprego
Pulgada: polegada
Pulpa: polpa
Pulpo: polvo
Puntada: ponto de costura
Punto: ponto
Puntuación: pontuação
Puntual: pontual
Puntuar: pontuar
Pupitre: carteira escolar
Púrpura: roxo(a) (v. t. *morado(a)*)

Q

Quedar(se): ficar; tornar(-se)
Queso: queijo
Quiosco: banca de jornal
Quirófano: sala de cirurgia
Quitar(se): tirar(-se)
Quizá: talvez

R

Rabanito: rabanete
Rallado(a): ralado(a)
Ramal: ramificação
Raro(a): estranho(a); esquisito(a)
Rata: ratazana
Rato: momento

Raya: listra
Rayuela: pular amarelinha
Razón: razão
Reacción: reação
Reacio(a): resistente; reticente
Rebaja: liquidação
Recelo: medo; receio
Rechazar: rejeitar
Recibidor: saguão
Recibir: receber
Reciclaje: reciclagem
Reciente: recente
Recoger: apanhar alguém ou alguma coisa
Recomendable: recomendável
Reconocido(a): reconhecido(a)
Recordar: recordar, lembrar
Recorrer: conseguir; percorrer
Recorrido: percurso, itinerário
Recto(a): reto(a)
Rector(a): reitor(a)
Recuperación: recuperação
Redactar: redigir
Redactor(a): redator(a)
Reemplazar: substituir
Reflejado(a): refletido(a)
Reflejar: refletir
Reflexión: reflexão
Reforestación: reflorestamento
Regalar: presentear
Regalo: presente
Régimen: regime
Región: região
Regla: regra
Reglamento: regulamento
Reír: rir
Relajar: relaxar
Relieve: relevo
Rellenar: preencher
Relleno: preenchido; recheio
Reloj: relógio
Remontar: remontar
Renovable: renovável
Renovación: renovação
Reparación: reparação
Reportaje: reportagem
Reportar: referir(-se); acarretar
Reportero(a): repórter
Respecto: com respeito a
Respetuoso(a): respeitoso(a)
Responsable: responsável
Restricción: restrição; limitação
Restrictivo(a): restritivo(a)
Resultar: resultar; acabar sendo
Reto : desafio
Retrasado(a): atrasado(a)
Reunión: reunião
Revolcón: dependendo do contexto, pode significar "**derrota**" ou "**queda**" de alguma coisa, pessoa ou situação. No uso coloquial: "**vitória**" – em um enfrentamento ou disputa de um adversário sobre o outro
Riesgo: risco
Rincón: canto; esconderijo ou lugar afastado
Rizado(a): encaracolado(a), ondulado(a)
Roca: rocha
Rodilla: joelho
Rogar: rogar; suplicar
Rojo(a): vermelho(a)
Rollo: confusão
Romper: quebrar; romper
Ropaje: roupagem
Rostro: rosto
Rubio(a): loiro(a)
Rubor: vergonha; rubor
Rueda: roda
Ruta: rota, itinerário
Rutina: rotina; costume, hábito

S

Sábana: lençol
Sacar: tirar
Sacar(se) las ganas: matar a vontade de alguma coisa
Salir: sair
Salón: salão, sala
Salsa: molho
Saltar: saltar; pular
Salud: saúde
Saludable: saudável
Sandía: melancia
Sanidad: saúde
Sano: saudável
Satisfecho(a): satisfeito(a)
Saxofón: saxofone
Sección: seção
Secreto: segredo
Según: segundo; conforme; de acordo
Seguridad: segurança
Semejante: semelhante
Semejanza: semelhança
Semiescotado(a) : semidecotado
Semilla: semente
Señalar: assinar; indicar; apontar
Senderismo: trilha (caminhada por uma trilha)
Sendero: atalho
Señor(a): senhor(a)
Septiembre: setembro
Seta: cogumelo
Sí: sim
Siesta: sesta; descanso
Siglo: século
Signo: sinal; signo
Siguiente: seguinte
Silla: cadeira
Similar: parecido; análogo
Sin embargo: mas, porém
Sino: mas, porém; a não ser; apenas; não só
Síntoma: sintoma
Sitio: lugar
Situación: situação
Soberanía: soberania (poder máximo que não está submetido a outro)
Sobre: envelope
Sobrenombre: apelido (v. t. *mote*)
Sobrino(a): sobrinho(a)
Sociable: sociável
Soga: corda
Solamente: somente, apenas (v. t. *solo*)
Soleado: ensolarado
Soler: costumar; ocorrer com frequência
Solito(a): sozinho(a)
Solo: somente, apenas (v. t. *solamente*)
Solo(a): sozinho; só
Sombrero: chapéu
Soñar: sonhar
Sonar: tocar; parecer
Sonido: som
Sordo(a): surdo(a)
Sorteo: sorteio
Sostenibilidad: sustentabilidade
Su: seu; sua
Subrayar: sublinhar
Suceder: ocorrer, acontecer; passar; suceder; transcorrer (v.t. *ocurrir; pasar; transcurrir*)
Suegro(a): sogro(a)
Sueldo: salário
Suelo: solo; chão; assoalho
Sueño: sonho
Suerte: sorte
Sufrir: sofrer
Sugerencia: sugestão
Sumiso(a): submisso(a)
Supervisión: supervisão
Suponer: supor
Suposición: suposição
Sur: sul
Suyo(a): seu; sua

T

Tabla: tábua
Tachar: riscar; tachar
Tachuela: tachinha, percevejo

Tacón: salto
Talla: entalhe; lapidação; tamanho
Taller: oficina
Talón: calcanhar
Tamal: comida feita de massa de farinha de milho e manteiga, recheada com diferentes ingredientes e envolta em folhas de bananeira ou de espiga de milho, cozida no vapor ou no forno
Tamaño: tamanho
También: também
Tampoco: tampouco
Tapa: tampa; porção
Taquilla: bilheteria
Tarea: tarefa
Tarjeta: cartão
Tarjeta de crédito: cartão de crédito
Tarta: torta; bolo
Tasa: taxa
Tasca: taberna
Taza: xícara
Té: chá
Tebeo: história em quadrinhos
Tejado: telhado
Tejido: tecido
Tela: pano; tela
Tele: televisão (v. t. *televisión*)
Telediario: noticiário televisivo
Teléfono: telefone
Telenovela: novela, telenovela
Televisión: televisão (v. t. *tele*)
Tema: tema, assunto
Temática: tema
Templado(a): moderado(a)
Temporada baja: baixa temporada
Temprano: cedo
Tener: ter
Tener en cuenta: levar em consideração
Tener ganas de: ter vontade de
Terapia: terapia
Tercer: terceiro
Término: termo
Ternera: vitela, novilha
Terraza: terraço
Tesoro: tesouro
Testigo: testemunha
Testimonio: testemunho
Textura: textura; estrutura
Tiempo: tempo
Tienda: loja
Tierno(a): macio(a); meigo(a)
Tío(a): tio(a)
Tipear: digitar
Tira: tira, faixa
Tirante: suspensório
Tirar: atirar; jogar; lançar
Toalla: toalha
Tobillo: tornozelo
Todavía: ainda (v. t. *aún*)
Tono: tom
Tostado(a): torrado(a)
Trabajar: trabalhar
Trabajo: trabalho
Tradición: tradição
Traducir: traduzir
Traer: trazer
Tráfico: tráfego; trânsito; tráfico
Traje: traje; terno
Trampa: armadilha
Tranquilidad: tranquilidade
Transcurrir: transcorrer, passar, ocorrer; acontecer; suceder (v.t. *ocurrir; pasar; suceder*)
Tras: após, depois de; atrás
Trasladar(se): transportar; deslocar(-se)
Traslado: transporte
Trastero(a): quarto de despejo
Trastorno: transtorno; perturbação
Travieso(a): travesso(a)
Trencita: trancinha
Tres: três
Trocito: pedacinho
Trombón: trombone
Trompeta: trompete
Trozo: pedaço
Tu: teu; tua
Tumbar(se): tombar(-se), jogar(-se)
Turrón: torrone

U

Ubicación: localização
Ubicado(a): localizado(a)
Ubicar: localizar
Universidad: universidade
Utilidad: utilidade

V

Vacaciones: férias
Vacío(a): vazio(a)
Vacuna: vacina
Vacunación: vacinação
Vagón: vagão
Valle: vale
Valoración: valorização
Valorado(a): valorizado(a)
Valorar: valorizar
Vanidad: vaidade
Vanidoso(a): vaidoso(a)
Vaquero: calça *jeans*
Variación: variação
Vaso: copo
Vecino(a): vizinho(a)
Venir: vir
Venta: venda
Ventaja: vantagem
Ventana: janela
Veraneo: veraneio
Verano: verão
Vergüenza: vergonha
Vertebrar: estruturar
Verter: despejar
Viable: viável
Viaje: viagem
Viajero(a): viajante
Vibración: vibração
Victoria: vitória
Videojuego: *videogame*
Viejo(a): velho(a)
Viento: vento
Viernes: sexta-feira
Viñeta: vinheta
Vino: vinho
Violín: violino
Vitalidad: vitalidade
Viudo(a): viúvo(a)
Vivienda: moradia
Vivir: viver
Vocal: vogal
Volador(a): voador(a)
Volar: voar
Volcán: vulcão
Volcar(se): derramar; voltar(-se)
Volver: voltar
Votación: votação
Vuelo: voo
Vuelta: volta

Y

Ya: já
Yerno: genro
Yogur: iogurte

Z

Zanahoria: cenoura
Zapatilla: tênis
Zapato: sapato
Zoo: abreviação de zoológico
Zumo: suco (v. t. *jugo*)

A

A não ser: sino
A partir de: desde
Abacate: aguacate, palta
Abacaxi: piña
Abaixo: abajo
Abarrotar: atiborrar(se)
Aberto(a): abierto(a)
Abobrinha: calabacín
Aborrecer(-se): aburrir(se)
Aborrecido(a): aburrido(a); enfadado(a)
Abotoar: abotonar
Abraçar: abrazar
Abranger: abarcar (v. t. *incluir*)
Abreviação de colégio: cole
Abrigo: abrigo; hogar de paso
Acabar sendo: resultar
Açafrão: azafrán
Acampamento: campamento
Ação: acción
Acarretar: reportar
Aceitação: aceptación
Aceitar: aceptar
Acender: prender; encender
Acessório: accesorio
Achatar: aplastar
Acima: arriba
Aço: acero
Acolhedor(a): acogedor(a)
Aconselhar: aconsejar
Aconselhável: aconsejable
Acontecer: suceder; pasar; ocurrir; transcurrir (v. t. *ocorrer; passar; suceder; transcorrer*)
Acordar: despertar(se)
Acordo: acuerdo
Acostumado(a): acostumbrado(a)
Acrescentar: añadir
Açúcar: azúcar
Ademais: además
Adequar(-se): encajar(se)
Aderir: adherir
Adicionar: añadir
Advogado(a): abogado(a)
Aeroplano: avioneta
Aeroporto: aeropuerto
Afastado(a): alejado(a)
Afastar(-se): alejar(se)
Afeição: cariño
Afetado(a): afectado(a)
Afilhado(a): ahijado(a)
Afundamento: hundimiento
Agarrar: coger
Agasalho: abrigo
Agasalho impermeável: anorak
Ágil: ligero(a)
Agir: obrar
Agitação: ajetreo
Agora: ahora
Agradável: agradable
Agravar: empeorar; exacerbar
Aguentar: aguantar
Agulha: aguja
Ainda: aún, todavía
Ainda que: aunque
Ajoelhar(-se): arrodillar(se)
Ajudar: ayudar
Alarme: alarma
Albergue: parador
Alcançar: alcanzar
Álcool: alcohol
Além de: además; amén de
Alface: lechuga
Algodão: algodón
Alguém: alguien
Algum(a): algún(una)
Alho: ajo
Almoçar: almorzar
Almoço: almuerzo
Almofada: cojín
Alongar: dilatar
Alugar: alquilar
Aluno(a): alumno(a)
Alvenaria : albañilería
Amanhã: mañana
Amanhecer: amanecer
Amarelinha(brincadeira): rayuela
Amarelo(a): amarillo(a)
Amêijoa: almeja
Amendoado(a): almendrado(a)
América Latina: Latinoamérica
Ampliar: ensanchar
Amplo(a): amplio(a)
Análise: análisis
Análogo: similar
Ancestral: ancestro
Anchova: anchoa
Ancião(ã): anciano(a)
Andar: piso; planta
Anel: anillo
Angústia: agobio
Animação: animación
Animador(a): presentador(a)
Animal de estimação: mascota
Aniversário: cumpleaños
Ano: año
Anormal: anómalo(a)
Anotação: apunte
Anotar: apuntar
Antecipação: antelación
Anteontem: anteayer
Antepor: anteponer
Antigo(a): antiguo(a)
Anúncio (de filmes e teatros): cartelera
Ao longo de: a lo largo de
Ao redor: alrededor
Apadrinhamento: apadrinamiento
Apadrinhar: apadrinar
Apanhar alguém ou alguma coisa: recoger
Aparelho: aparato
Apartamento: piso
Apelidar: apodar
Apelido: sobrenombre; mote
Apenas: sino; solo; solamente
Aperfeiçoar: perfeccionar
Apertar: apretar
Apesar de: pese a
Apoio: apoyo
Apontar: apuntar; señalar
Após: tras
Aposentadoria: jubilación
Aposta: apuesta
Apresentação: presentación
Apresentador(a): presentador(a)
Apresentar: presentar
Apressado(a): apurado(a)
Apressar(-se): dar(se) prisa
Aprofundar: profundizar
Apropriado(a): apropiado(a)
Aprovação: aprobación
Aproveitar: aprovechar; disfrutar
Aproximar(-se): acercar(se)
Aquisição: adquisición
Ar: aire
Ar-condicionado: aire acondicionado
Ardente: ardiente
Ardido: picante
Areia: arena
Arejado(a): fresco(a)
Argila: arcilla
Armadilha: trampa
Armazém: almacén

Aroma: fragancia
Arquipélago: archipiélago
Arquiteto(a): arquitecto(a)
Arquitetura: arquitectura
Arriscado(a): arriesgado(a)
Arrumado: ordenado(a)
Artigo: artículo
Árvore: árbol
Aspargo: espárrago
Aspas: comillas
Assentir: acceder
Assim: así
Assinante: abonado(a)
Assinar: firmar; señalar
Assinatura: firma
Assoalho: suelo
Associação: asociación
Associado(a): ingresado(a)
Associar(-se): adherir
Assunto: tema
Atacante: delantero
Atalho: sendero
Até: hasta
Atenção: atención
Aterro sanitário: basural
Atirar: arrojar; tirar
Ator: actor
Atrair: atraer
Atrás: detrás; tras
Atrasado(a): retrasado(a)
Atravessar: cruzar
Átrio: porche
Atriz: actriz
Atual: actual
Atualidade: actualidad
Atualmente: actualmente
Atuar: actuar
Atum seco salgado: mojama
Auge: culminación
Aula: clase
Aumentar: ensanchar
Autoabastecimento: autoabastecimiento
Avaliação: evaluación
Avô(ó): abuelo(a)
Azeite: aceite
Azeitona: aceituna
Azucrinar: jorobar (v. t. *importunar*)

B

Bagagem: equipaje
Bailarino(a): bailarín(ina)
Bairro: barrio
Baixa temporada: temporada baja
Baixar: descender
Baixo(a): bajo(a)
Balança: báscula
Balconista: dependiente(a)
Baleia: ballena
Banana: plátano
Banca de jornal: quiosco
Bangalô (espécie de casa de campo): bungalow
Banheiro: baño
Barbatana: aleta
Barbear(-se): afeitar(se)
Baseado(a): basado(a)
Basquete: baloncesto
Batalha: batalla
Batata: patata
Bater: pegar
Batimento cardíaco: latido
Bege: beige
Beleza: belleza
Belo(a): bello(a); hermoso(a)
Bem-aventurado(a): bienaventurado(a)
Bem-vindo(a): bienvenido(a)
Berço: cuna
Berinjela: berenjena
Bicicleta: bici
Bico: pico
Bijuterias: bisuterías
Bilhete: billete
Bilheteria: taquilla
Bisavô(ó): bisabuelo(a)
Boato: habladuría
Bochecha: mejilla
Bola: pelota
Bolacha: galleta
Bolinha: lunar
Bolinha de gude: canica
Bolo: tarta
Bolsa: bolso
Bom(boa): bueno(a)
Bondoso(a): bondadoso(a)
Boné: gorro
Boneca: muñeca
Bonito(a): guapo(a)
Borda: borde
Botão: botón
Bracelete: brazalete
Braço: brazo
Branco(a): blanco(a)
Brasileiro(a): brasileño(a)
Brilhante: brillante
Brilhar: lucir(se)
Brincalhão(ona): juguetón(ona)
Brincar de cabra-cega: jugar a gallinita ciega
Brinco: pendiente
Brinquedo: juguete
Brócolis: brécol
Bruxo(a): brujo(a)
Buraco: agujero

C

Cabeça: cabeza
Cabeleireiro (salão): peluquería
Cabeleireiro(a): peluquero(a)
Cabelo: pelo
Cabeludo(a): melenudo(a)
Cachecol: bufanda
Cadeira: silla
Caderno: cuaderno
Café da manhã: desayuno
Cair: caer
Caixa: caja
Caixa de correio: buzón
Caixa postal: apartado de correos
Calar(-se): callar(se)
Calça: pantalón
Calça *jeans*: vaquero
Calcanhar: talón
Calcinha: bombacha, braga
Calefação: calefacción
Caloroso(a): caluroso(a)
Câmbio: cambio (v. t. *mudança; troca; troco*)
Câmera: cámara
Caminhão: camión
Caminhar: caminar
Caminho: camino
Camisola: camisón
Campanha: campaña
Canção: canción
Caneta: bolígrafo
Canoagem: piragüismo
Canto: rincón (v. t. *esconderijo*)
Cantor(a): cantante, cantautor(a)
Capacete: casco
Cardápio: carta
Careca: pelado(a)
Carinho: cariño
Carinhoso(a): cariñoso(a)
Carregado(a): cargado(a)

Carro: coche, carro, automóvil
Cartão: tarjeta
Cartão de crédito: tarjeta de crédito
Cartaz: cartel
Carteira escolar: pupitre
Carvão: carbón
Casa de botão: ojal
Casaco comprido: abrigo
Casal: pareja
Casamento: boda
Casar(-se): contraer matrimonio
Castanhola: castañuela
Cativeiro: cautividad
Cavalheiro: caballero
Cavalo: caballo
Caveira: calavera
Caverna: cueva
Cebola: cebolla
Cedo: temprano
Celebrar: celebrar, conmemorar
Celular: móvil
Cemitério: cementerio
Cena: escena
Cenário: escenario
Cenógrafo(a): escenógrafo(a)
Cenoura: zanahoria
Cereja: cereza
Cerimônia: ceremonia
Cerveja: cerveza
Cestaria: cestería
Céu: cielo
Chá: té
Chamar(-se): llamar(se)
Chão: suelo
Chapada: altiplano
Chapéu: sombrero
Charmoso(a): coqueto(a)
Chateado(a): aburrido(a)
Chave: llave
Checar: chequear
Chefe(a): jefe(a)
Chegada: llegada
Chegar: acudir
Cheio(a): lleno(a)
Cheiro: olor
Cherimólia: chirimoya
Chorar: llorar
Choro: llanto
Chouriço: chorizo
Chuva: lluvia
Chuveiro: ducha
Chuvoso: lluvioso
Ciclone: ciclón
Cidadania: ciudadanía
Cidade: ciudad
Cigano(a): gitano(a)
Cílio: pestaña
Cimento: cemento
Cinema: cine
Cinto: cinturón
Cinza: ceniza; gris
Ciúme: celos
Claro(a): despejado(a)
Cliente: marchante
Cofre: hucha
Cofrinho: hucha
Cogumelo: seta
Coisa: cosa
Colar: collar, cadena; pegar
Colchão: colchón
Colchão de ar: colchón de aire
Colete: chaleco
Colheita: cosecha
Colonizador: poblador
Coluna: columna
Coluna de concreto: pilote
Com respeito a: respecto
Combater: combatir
Combustível: combustible
Começar: empezar
Comemorar: celebrar, conmemorar
Comerciante: mayorista
Cometa: cometa
Cometer um erro: meter la pata
Compartilhado(a): compartido(a)
Compartilhar: compartir
Competição: competición
Competitividade: competitividad
Compor: componer
Comportamento: conducta
Comportar(-se): portar(se)
Composto(a): compuesto(a)
Comprido(a): largo(a); alargado(a)
Computador: computadora, ordenador
Conceder: otorgar
Conceito: concepto
Concentração: concentración
Concerto: concierto
Concluir: inferir
Concurso com prêmios: certamen
Condimentado(a): condimentado(a)
Conduta: conducta
Conduzir: conducir
Confederação: confederación
Conformar(-se): conformar(se)
Conforme: según
Confortável: confortable
Confrontar(-se): confrontar(se)
Confundir(-se): equivocar(se)
Confusão: rollo
Confuso(a): confundido(a)
Conhecer: conocer
Conhecido(a): conocido(a)
Conhecimento: conocimiento
Conseguir: lograr
Conselho: consejo
Consentir: acceder
Conservação: mantenimiento
Considerar: contemplar (v. t. *contemplar*)
Consoante: consonante
Constituição: constitución
Construção: construcción
Conta: cuenta
Contaminação: contaminación
Contemplar: contemplar (v. t. *considerar*)
Contente: contento(a)
Conter: contener
Conteúdo: contenido
Contribuição: contribución
Controle: control
Converter(-se): convertir(se)
Convidar: invitar
Coordenador(a): coordinador(a)
Copo: vaso
Cor: color
Coração: corazón
Corda: cuerda
Corda: soga
Cordão: cordón
Corpo: cuerpo
Corredor: pasillo
Corrente: cadena; corriente
Corrida: carrera
Costas: espalda
Costumar: soler
Costume: costumbre; rutina
Costurar: coser
Cotar: cotizar
Cotovelo: codo
Couve-flor: coliflor
Coxa: muslo

Cozinha: cocina
Cozinheiro(a): cocinero(a)
Creche: guardería
Creme: crema
Criação: creación
Criança: niño(a)
Criar: crear
Criativo(a): creativo(a)
Crime: crimen
Cromo (figurinha): cromo
Cueca: calzoncillo
Cuidado: desvelo
Culminação: culminación
Cume: cumbre
Cumprir: cumplir
Cunhado(a): cuñado(a)
Curto(a): corto(a)
Custo: coste

D

Dado: dato
Dança: danza
Dança afro-uruguaia: candombe
Dançar: bailar
Danificar: dañar
Dano: daño
Dar: otorgar
Data: fecha
De acordo: según
Debaixo: debajo
Debandada: desbandada, estampida
Decisão: decisión
Decoração: decoración
Decote: escote
Deduzir: inferir
Defesa: defensa
Degrau: peldaño
Deitar(-se): acostar(se)
Delegacia de polícia: comisaría
Delicioso(a): exquisito(a)
Dente: diente
Depois de: tras
Depósito: almacén
Derivar: provenir
Derramar: volcar
Derrocado(a): derrocado(a) (v. t. *destituído(a)*)
Derrocar: derrocar (v. t. *destituir*)
Derrota: revolcón (v.t. *queda*)
Desafio: reto
Desaparição: desaparición
Desbotar: desteñir
Descalço(a): descalzo(a)
Descanso: siesta
Descascado(a): pelado(a)
Descobrimento: descubrimiento
Descobrir: destapar
Desconhecido(a): desconocido(a)
Desconto: descuento
Descrever: describir
Descuidado(a): descuidado(a)
Desculpa: excusa
Desde: desde
Desdobrar: desplegar
Desejar: desear
Desejo: deseo
Desemprego: paro
Desenhar: dibujar
Desenhista: dibujante; diseñador(a)
Desenho: dibujo; diseño
Desenvolver: desarrollar
Desenvolvido(a):desarrollado(a)
Desenvolvimento: desarrollo
Desfrutar: disfrutar
Desgostoso(a): asqueado(a)
Deslocar(-se): desplazar(se); trasladar(se)
Desmantelado(a): destartalado(a)
Despejar: verter
Despencado(a): destartalado(a)
Desperdício: despilfarro
Desprezível: despreciable
Desprezo: desprecio
Desta maneira: así
Destampar: destapar
Destituído(a): derrocado(a) (v. t. *derrocado(a)*)
Destituir: derrocar (v. t. *derrocar*)
Desvantagem: desventaja
Detalhe: detalle
Deter(-se): detener(se)
Deus: Dios
Dever: deber
Dezembro: diciembre
Diabo: diablo
Diante: delante
Diante de: ante
Diferente: distinto(a)
Digitar: tipear
Dinamarquês(esa): danés(esa)
Dinheiro: dinero
Direção: dirección
Direito(a): derecho(a)
Diretor(a): director(a)
Dirigir: conducir; manejar
Disciplina: asignatura
Dispensar: prescindir
Dispor: disponer
Disposto(a): dispuesto(a)
Dissolução: disolución
Distinção: distinción
Distração: distracción
Distraído(a): despistado(a)
Distribuído(a): escalonado(a)
Ditadura: dictadura
Ditatorial: dictatorial
Divagar(-se): andarse por las ramas
Diversão: diversión
Divertido(a): entretenido(a)
Dívida: deuda
Divisão: división
Divulgação: divulgación
Dizer: decir
Do: del
Doce: dulce
Documentário: documental
Doença: enfermedad, dolencia
Doente: enfermo(a)
Doer: doler
Dois: dos
Dom para agradar: don de gentes
Dona de casa: ama de casa
Dono(a): dueño(a)
Dor: dolor
Dormir: dormir
Dos(as): de los(as)
Doze: doce
Duplo: doble
Dúvida: duda
Duvidar: dudar

E

Economizar: ahorrar
Edificação: edificación
Educação: educación
Efeito: efecto
Efeito estufa: efecto invernadero
Ele: él
Eleger: elegir
Eleito(a): electo(a)
Eletricidade: electricidad
Eletrônico(a): electrónico(a)
Elevador: ascensor

Elogiar: alabar
Em dinheiro: en efectivo
Em direção a: hacia
Em frente: delante
Em meados de: a mediados de
Em vão: en vano
Em volta: alrededor
Emagrecer: adelgazar
Embaixador(a): embajador(a)
Embaixo: abajo
Embutido(a): empotrado(a)
Empacotar: empacar
Empanturrar(-se): atiborrar(se)
Empregado(a): empleado(a)
Emprego: plaza; puesto de trabajo
Encadeado(a): encadenado(a)
Encaixar: encajar(se)
Encanamento: cañería
Encaracolado(a): rizado(a)
Encargo: asunción
Encarregado(a): encargada(o)
Encher: atiborrar(se)
Encomenda: encomienda
Encontro: cita
Endereço: dirección
Enfeite: adorno
Enfermidade: enfermedad
Enfurecer(-se): enojar(se) (v. t. *irritar-se*)
Enganar(-se): equivocar(se)
Engenheiro(a): ingeniero(a)
Enquanto: mientras
Ensaio: ensayo
Ensinar: aleccionar; enseñar
Ensolarado: soleado
Entalhe: talla
Então: entonces
Entrar: incursionar
Entrelaçado(a): entrelazado(a)
Envelope: sobre
Equipamento: equipamiento
Equipe: equipo
Errar: equivocar(se)
Ervilha: guisante
Escada: escalera
Escalonado(a): escalonado(a)
Escasso: escaso, corto
Escavação: hoyo
Escavado(a): excavado(a)
Escola: escuela
Escolher: elegir
Escolhido(a): entresacado(a)
Esconde-esconde: escondite
Esconderijo: rincón (v. t. *canto*)
Escorrer: escurrir
Escova: cepillo
Escovar: cepillar(se)
Escrever: escribir
Escritório: despacho; oficina
Escuro(a): oscuro(a)
Escusa: excusa
Escutar: escuchar
Esgotado(a): agotado(a)
Esmagar: aplastar
Esmola: limosna
Espaço: espacio
Espaçoso(a): espacioso(a)
Espelho: espejo
Esperançoso(a): esperanzado(a)
Esperto(a): listo(a)
Espetáculo: espectáculo
Esplanada: explanada
Esporte: deporte
Esportista: deportista
Esportivo(a): deportivo(a)
Esquecer: olvidar(se)
Esquentar: calentar
Esquerda: izquierda
Esquimó: esquimal
Esquisito(a): raro(a)
Estabelecer: establecer
Estabelecido(a): establecido(a)
Estabelecimento: establecimiento
Estaca: pilote
Estação: estación
Estacionamento: aparcamiento, estacionamiento, parking
Estada: estancia
Estadia: estancia
Estágio: pasantía
Estalagem: mesón
Estampar: plasmar
Estante: estantería
Estar em moda: estar de onda
Estar pouco se importando: encoger de hombro
Estender: dilatar
Estima: cariño
Estiramento: estiramiento
Estrada: carretera
Estrada de ferro: ferrocarril
Estrangeiro(a): extranjero(a)
Estranho(a): raro(a)
Estreia: estreno
Estreito(a): angosto(a); estrecho(a)
Estrela: estrella
Estrofe: estrofa
Estruturar: vertebrar
Estudante: estudiante
Estudar: estudiar
Evoluído(a): evolucionado(a)
Exacerbar: exacerbar
Excursão: excursión
Exemplo: ejemplo
Exercício: ejercicio
Exibição: exhibición
Expansão: expansión
Explicar: exponer
Expor: exponer; presentar
Exposição: feria
Extraído(a): entresacado(a)

F

Fã: hincha
Fachada: portada
Facilidade: facilidad
Faculdade: facultad
Faixa: tira
Fala: habla
Falar: hablar; charlar
Falatório: habladuría
Fantasiar: fantasear
Farinha: harina
Fato: hecho
Fava: haba
Favela: chabola
Favorável: propicio(a)
Fazer: hacer
Fazer algo com rapidez: poner(se) las pilas
Febre: fiebre
Fechado(a): cerrado(a)
Fechar: cerrar
Feira: feria
Feiticeiro(a): hechicero(a)
Feminino: femenino
Fenda: hendidura
Férias: vacaciones
Ferida: herida
Ferramenta: herramienta
Ferrovia: ferrocarril
Festa: fiesta
Festivo(a): burlesco(a)
Fevereiro: febrero
Ficar: quedar(se)
Figo: higo

Fileira: hilera
Filhinho(a): hijito(a)
Filho(a): hijo(a)
Filhote: cachorro
Filme: película
Financeiro(a): financiero(a)
Fio: hilo
Fita: cinta
Fixo(a): fijo(a)
Flexibilidade: ductilidad
Flexível: flexible
Florestal: forestal
Flutuar: flotar
Fluxo: flujo
Fogão: cocina
Fogo: fuego
Foguete: cohete
Folclore: folclor
Fôlego: aliento
Folheto: folleto
Fome: hambre
Fonte: fuente
Fora: fuera
Força: fuerza
Formar: componer
Formoso(a): hermoso(a)
Forno: horno
Forte: fuerte
Fraco(a): flaco(a); débil
Fragrância: fragancia; aroma
Frango: pollo
Frear: frenar
Freio: freno
Frequentemente: a menudo
Fresco(a): fresco(a)
Frios: fiambre
Frivolidade: frivolidad
Frota: flota
Frugal: frugal
Fuga: estampida, desbandada
Fugir: huir
Fumaça: humo
Fundado(a): basado(a)
Fundir: fusionar
Fundo: fondo
Futebol: fútbol
Futilidade: frivolidad

G

Gabardine: gabardina
Gado: ganado
Gaivota: gaviota
Ganhar: ganar
Garagem: garaje
Garantido(a): garantizado(a)
Garantir: garantizar
Garçom(garçonete): camarero(a)
Gargalhada: carcajada
Garrafa: botella
Geladeira: nevera, heladera
Geleia: mermelada
Gelo: hielo
Gêmeo(a): gemelo(a)
General: general
Genro: yerno
Geração: generación
Geral: general
Geralmente: generalmente
Gerar: generar
Ginástica: gimnasia
Gíria: jerga
Gordura: grasa
Gorjeta: propina
Gostar: gustar
Governo: gobierno
Grafista (especialista em artes gráficas): grafista
Grama: césped
Grande: gran
Gravar: grabar
Gravata: corbata
Greve: huelga
Grosso(a): grueso(a)
Grou: grulla
Grudar: pegar
Gruta: cueva
Guarda-chuva: paraguas
Guia: calzada; directorio

H

Hábito: rutina
Hambúrguer: hamburguesa
Handebol: balonmano
Haver: haber
Herança: herencia
Herdar: heredar
Herói: héroe
Hesitação: incertidumbre
Hierarquia: jerarquía
Hífen: guion
Higiene: higiene
História em quadrinhos: historieta; tebeo
Hoje: hoy
Homem: hombre
Homenagem: homenaje
Honra: honor
Hormônio: hormona
Hospedaria: mesón
Hospitaleiro(a): hospitalario(a)
Humanidade: humanidad

I

Idade: edad
Ideia: idea
Identificação: identificación
Igreja: iglesia
Igualdade: igualdad
Ilha: isla
Imaginação: imaginación
Imbecil: imbécil
Imensa: inmensa
Imensidão: inmensidad
Imerso(a): inmerso(a)
Imigração: inmigración
Imitação: imitación
Imóvel: inmóvil
Imperdoável: imperdonable
Impermeável: impermeable
Impessoal: impersonal
Importunar: jorobar (v. t. *azucrinar*)
Imposto: impuesto
Imprensa: prensa
Impresso: folleto
Imprevisível: imprevisible
Inacessível: inaccesible
Inadequado(a): inapropiado(a)
Inalar: inhalar
Incerteza: incertidumbre
Incitar: jalear
Incluir: abarcar (v. t. *abranger*)
Inclusive: incluso
Incomodar: fastidiar; molestar
Incrível: increíble
Indecisão: indecisión
Independente: independiente
Indicar: señalar
Indispensável: imprescindible
Inesgotável: inagotable
Infância: niñez
Infecção: infección
Inferno: infierno

Informação: dato
Informar(-se): enterar(se)
Ingestão: ingesta
Ingratidão: ingratitud
Ingresso: billete
Iniciar: empezar
Início: apertura
Inimigo(a): enemigo(a)
Inocência: candor
Insatisfeito(a): insatisfecho(a)
Inscrito(a): ingresado(a)
Insegurança: inseguridad
Insensível: insensible
Insônia: desvelo
Inspiração: inspiración
Instável: inestable
Instituição: institución
Instruir: aleccionar
Insuficiente: insuficiente, escaso, corto
Insuportável: insoportable
Intenção: intención
Interesse: interés
Interface: interfaz
Interromper: interrumpir
Interrupção: paro
Introdução: introducción
Introduzir: introducir
Introduzir(-se): incursionar
Invariável: invariable
Invejoso(a): envidioso(a)
Inverno: invierno
Invisível: invisible
Iogurte: yogur
Ir levando: ir tirando
Irmão(ã): hermano(a)
Irritado(a): enfadado(a)
Irritar(-se): enojar(se) (v. t. *enfurecer-se*)
Isolado(a): aislado(a)
Isolamento: aislamiento
Isolante: aislante
Itinerário: recorrido; ruta

J

Já: ya
Janeiro: enero
Janela: ventana
Jantar: cena; cenar
Jaqueta: chaqueta
Jaqueta de brim: cazadora
Jaqueta para homens: americana
Joelho: rodilla
Jogador(a): jugador(a)
Jogar: jugar; tirar
Jogar(-se): tumbar(se) (v. t. *tombar-se*)
Jogo: juego
Joia: joya
Jornal: periódico
Jornalista: periodista
Jovem: joven
Juiz(íza): juez(a)
Julho: julio
Junho: junio
Juros: interés
Justiça: justicia

L

Lã: lana
Labial: labial
Laço: lazo
Lado: costado
Lagostim: langostino
Lâmpada: lámpara
Lançamento: lanzamiento
Lançar: arrojar; tirar; echar(se); lanzar
Lançar uma olhada: echar un vistazo
Lanche: merienda
Lapidação: talla
Lar: hogar
Laranja: naranja
Largo(a): ancho(a)
Lata: bote
Lava-louça: lavaplatos
Lazer: ocio
Legislação: legislación
Legível: legible
Legumes: legumbre
Lei: ley
Leite: leche
Lembrar: recordar
Lenço: pañuelo
Lençol: sábana
Lentilha: lenteja
Leprosário: leprosería
Leque: abanico
Ler: leer
Levar: llevar
Levar a cabo: llevar a cabo
Levar em consideração: llevar en cuenta; tener en cuenta
Levar em conta: llevar en cuenta
Leve: ligero(a)
Lição: lección
Ligar: prender; encender
Ligeiro(a): ligero(a)
Lilás: lila
Limão: limón
Limitação: restricción
Limpeza: limpieza
Língua: lengua
Linguiça: chorizo; longaniza
Linguiça de porco: butifarra
Linha: hilo; línea
Líquen: liquen
Liquidação: rebaja
Liquidificador: licuadora
Listra: raya
Livraria: librería
Livre: libre
Livro: libro
Lixeira: contenedor de basura
Lixo: basura
Localização: ubicación
Localizado(a): ubicado(a)
Localizar: ubicar
Locomotiva: locomotora
Logo: luego
Lograr: lograr
Loiro(a): rubio(a)
Loja: tienda
Longa-metragem: largometraje
Longe: lejos
Lousa: pizarra
Louvação: alabanza
Lugar: sitio
Luta: lucha
Lutar: luchar
Luvas: guante
Luxo: lujo
Luxuoso(a): lujoso(a)

M

Maçã: manzana
Macaco: mono
Macio(a): blando(a); tierno(a)
Madrinha: madrina
Mãe: madre
Magro(a): flaco(a); delgado(a)
Maiô: malla
Maio: mayo
Maior: mayor

Maioria: mayoría
Majoritariamente: mayoritariamente
Mala: maleta
Maldição: maldición
Malha: buzo
Mamãe: mamá
Manchar: ensuciar (v. t. *sujar*)
Manifestação: manifestación
Manipulação: manejo
Manteiga: mantequilla
Manter: mantener
Manual de instrução: directorio
Manuseio: manejo
Manutenção: mantenimiento
Mão: mano
Maquiador(a): maquillador(a)
Maquiagem: maquillaje
Maquilar(-se): maquillar(se)
Maratona: maratón
Maravilhoso(a): maravilloso(a)
Março: marzo
Mármore: mármol
Marrom: marrón
Mas: pero
Mascote: mascota
Massa: pasta
Matar a vontade: sacar(se) las ganas
Matéria: asignatura
Maturidade: madurez
Mau(má): malo(a)
Medo: recelo; miedo
Meia três quartos: medias, calcetín
Meigo(a): tierno(a)
Meio(a): mediado(a) (v. t. *metade*)
Meio-campo: media punta
Meio-dia: mediodía
Meio-fio: calzada
Melancia: sandía
Melão: melón
Melhor: mejor
Melhorar: mejorar; perfeccionar
Membro: miembro
Menino(a): chico(a)
Menosprezar: menospreciar
Merenda: merienda
Mergulho: buceo
Mesa de escritório: escritorio
Mesmo(a): mismo(a)
Metade: mediado(a) (v. t. *meio*)
Metrô: metro
Meu: mío; mi
Mexerico: habladuría
Mexilhão: mejillón
Microfone: micrófono
Migração: migración
Milhar: millar
Milho: maíz, choclo
Minha: mía; mi
Minissaia: minifalda
Missão: misión
Mistura: mezcla
Mobiliado(a): amueblado(a)
Modelo: canon
Moderado(a): frugal; mesurado(a); templado
Modesto: frugal
Modos: modal
Moeda: moneda
Moído(a): molido(a)
Moldado(a): moldeado(a)
Molho: salsa
Momento: rato
Monocromático: monocromo
Montagem: montaje
Montanha: montaña
Montão: montón
Montar: armar
Moradia: vivienda
Morango: fresa, frutilla
Morno(a): cálido(a)
Morrer: morir(se)
Morto(a): muerto(a)
Mostrar: enseñar
Mostrar(-se): asomar(se)
Motorista: conductor
Móvel: mueble
Mudança: cambio (v. t. *câmbio; troca; troco*)
Mudar: cambiar
Muito: muy
Muito(a): mucho(a)
Mulher: mujer
Museu: museo

N

Na frente de: delante de
Nação: nación
Nacionalidade: nacionalidad
Namorado(a): novio(a)
Não: no
Não só: sino
Narrar: exponer
Nascer: nacer
Natação: natación
Natal: navidad
Natureza: naturaleza
Neblina: niebla (v. t. *névoa*)
Nebuloso(a): brumoso(a) (v. t. *nublado(a)*)
Negro(a): negro(a)
Nervoso(a): nervioso(a)
Neto(a): nieto(a)
Neve: nieve
Névoa: niebla (v. t. *neblina*)
Ninguém: nadie
No: en el
Nobreza: nobleza
Noite: noche
Noivo(a): novio(a)
Nome: nombre
Nomeado(a): nominado(a)
Nomear: nombrar
Nono(a): noveno(a)
Nora: nuera
Normalidade: normalidad
Nosso(a): nuestro(a)
Noticiário televisivo: telediario
Noturno(a): nocturno(a)
Novela: telenovela
Novembro: noviembre
Novilha: ternera
Novo(a): nuevo(a)
Nublado(a): brumoso(a) (v. t. *nebuloso(a)*)
Nuvem: nube

O

O: el
Obcecado(a): obsesionado(a)
Obesidade: obesidad
Objetividade: objetividad
Obrigação: obligación
Obrigado(a): gracias
Obsessivo(a): obsesionado(a)
Obter: lograr; obtener
Ocasião: ocasión
Ócio: ocio
Oco: hueco
Ocorrer: ocurrir; transcurrir; pasar; suceder (v. t. *acontecer; passar; suceder; transcorrer*)
Ocorrer com frequência: soler

Óculos: gafas
Oferecer: ofrecer
Oficina: taller
Óleo: aceite
Olhada: mirada
Olho: ojo
Ondulado(a): rizado(a)
Ônibus: autobús; ómnibus
Ontem: ayer
Opala (tipo de pedra): ópalo
Opinião: opinión
Oposto(a): opuesto(a)
Oprimir: apretar
Orelha: oreja
Órfão(ã): huérfano(a)
Organizado(a): ordenado(a)
Órgão: órgano
Originar: arrancar
Orquestra: orquesta
Os(as): los(as)
Ou: o
Ouro: oro
Outono: otoño
Outro(a): otro(a)
Outubro: octubre
Ouvido: oído
Ouvir: oír
Ovelha: oveja
Ovo: huevo
Ovo mexido: huevo revuelto

P

Pacote: paquete
Padrinho: padrino
Pagamento: pago
Página de rosto: portada
Pai: padre
Painel de avisos: cartelera
Paisagem: paisaje
Paixão: pasión
Palafita (construção sobre estacas em um lago): palafito
Palavra: palabra
Palco: escenario
Pálpebra: párpado
Panela: olla
Pano: tela
Pão: pan
Papelão: cartón
Papelaria: papelería
Para: hacia
Parada: paro
Parágrafo: párrafo
Para-lama: aleta
Parceiro(a): pareja
Parecido: similar
Parede: pared
Parente: pariente(a)
Partido: partido
Passagem: billete; pasaje
Passamanaria: cintilla
Passar: pasar; ocurrir; suceder; transcurrir (v. t. *acontecer; ocorrer; suceder; transcorrer*)
Passar roupa: planchar
Pássaro: pájaro
Pasta: carpeta
Pastagem: pasto
Patogênico(a): patógeno(a)
Patrono(a): patrón(a)
Pé: pie
Peça de roupa: prenda
Pechincha: ganga
Pedacinho: trocito
Pedaço: trozo
Pedágio: peaje
Pedra: piedra
Pedraria: pedrería
Pegar: coger
Peito: pecho
Peixe: pescado
Pele: piel
Pelo: por lo
Pendente: pendiente
Pendurar: colgar
Pensão: pensión
Pente: peine
Pentear(-se): peinar(se)
Pepininho: pepinillo
Pequeno(a): pequeño(a)
Perambular: deambular
Perante: ante
Perceber: dar(se) cuenta
Perceber: percibir
Percorrer: recorrer
Percurso: recorrido
Percussão: percusión
Perda: pérdida
Perdão: perdón
Perfeito(a): perfecto(a)
Perfume: fragancia
Pergaminho: pergamino
Perguntador: preguntón
Perigoso(a): peligroso(a)
Perna: pierna
Pérola: perla
Perseguição: persecución
Personagem: personaje
Pertencer: pertenecer
Pertences: pertenencia
Perto: cerca
Perturbação: trastorno
Pescoço: cuello
Pêssego: melocotón, durazno
Pessoa: persona
Pessoal: personal
Petisco: pincho
Pia: fregadero
Picante: picante
Pilha: pila
Pílula: pastilla
Pimenta vermelha: ají
Pimentão: pimiento
Pior: peor
Piorar: empeorar
Pipa (papagaio): cometa
Piscar os olhos: guiñar
Planalto: altiplano
Planejar: planear
Planície: llanura
Plano: plan
Planta: planta
Pó: polvo
Poço: pozo
Polegada: pulgada
Policial: policiaca
Polpa: pulpa
Poltrona: butaca
Polvo: pulpo
Ponto: punto; puntada (de costura)
Pontuação: puntuación
Pontual: puntual
Pontuar: puntuar
População: población
Pôr em andamento: poner en marcha
Por mais que: aunque
Pôr(-se): poner(se)
Porção: tapa
Porco: cerdo
Porém: sin embargo, sino
Porta: puerta
Portal: portada
Porta-moeda: monedero
Pórtico: porche

Porto: puerto
Porvir: provenir
Posição: posición
Possível: posible
Possuído(a): poseído(a)
Pôster: cartel
Posto: plaza; puesto
Posto de gasolina: gasolinera
Pote: bote
Pouquinho: cachito
Pousada: parador
Povo: pueblo
Povoador: poblador
Povoar: poblar
Praça: plaza
Praia: playa
Prata: plata
Prateado(a): plateado(a)
Praticando: practicando
Praticar: practicar
Prato: plato
Prazer: placer
Prazeroso(a): placentero(a)
Prazo: plazo
Precaução: precaución
Preço: precio
Precoce: precoz
Preconceito: prejuicio
Predileto(a): predilecto(a)
Preencher: rellenar
Preenchido: relleno
Prefeito: alcalde
Prefeitura: ayuntamiento
Pregar: pegar
Preguiça: pereza
Prejudicar: dañar
Prejuízo: perjuicio
Prêmio: galardón
Preocupação: preocupación
Presente: regalo
Presentear: regalar
Presilha para cabelo: pasador
Preso(a): encadenado(a)
Pressa: prisa
Prestação: cuota
Prestar atenção: fijar(se)
Presunçoso(a): engreído(a)
Presunto: jamón
Prevenção: prevención
Previsão: predicción
Primavera: Primavera
Primeiro(a): primer(a)
Proceder: provenir
Produção: producción
Produzir: producir
Professor(a): maestro(a); profesor(a)
Profissão: profesión
Profissionalismo: profesionalismo
Projetado(a): proyectado(a)
Projeto: proyecto
Promoção: promoción
Promover: fomentar; promocionar
Pronome: pronombre
Pronto(a): listo(a)
Propaganda: divulgación
Propício(a): propicio(a)
Propor: proponer, plantear
Proposto(a): propuesto(a)
Próprio(a): propio(a)
Proteção: protección
Protegido(a): protegido(a)
Prova: prueba
Próximo(a): cercano(a)
Publicitário(a): publicista
Pular: saltar
Pular corda: comba
Pulôver: buzo
Pulsar: latir
Pulso: muñeca

Q

Quadril: cadera
Qualidade: calidad
Quanto ao: en cuanto al
Quarta-feira: miércoles
Quarto: habitación
Quarto de despejo: trastero(a)
Quase: casi
Quebrar: romper
Queda: revolcón (v.t. *derrota*)
Queijo: queso
Queixo: mentón
Quente: caluroso(a)
Quinta-feira : jueves
Quintal; pátio: patio

R

Rabanete: rabanito
Rachadura: hendidura
Ralado(a): rallado(a)
Ramificação: ramal
Rápido: pronto
Ratazana: rata
Razão: razón
Reação: reacción
Receber: recibir
Receio: recelo
Recente: reciente
Recheio: relleno
Reciclagem: reciclaje
Recomendável: recomendable
Reconhecido(a): reconocido(a)
Recordar: recordar
Recuperação: recuperación
Redator(a): redactor(a)
Rede: cadena
Redigir: redactar
Referir(-se): reportar
Refletido(a): reflejado(a)
Refletir: reflejar
Reflexão: reflexión
Reflorestamento: reforestación
Refrigerante: gaseosa
Região: región
Regime: régimen
Registrar: facturar
Regra: regla
Reitor(a): rector(a)
Rejeitar: rechazar
Relaxar: relajar
Relevo: relieve
Relógio: reloj
Reluzir: lucir(se)
Remontar: remontar
Renda: pensión
Renovação: renovación
Renovável: renovable
Reparação: reparación
Reportagem: reportaje
Repórter: reportero(a)
Representante: mayorista
Resistente: reacio(a); férreo(a)
Responder: contestar
Responsável: responsable
Restrição: restricción
Restritivo(a): restrictivo(a)
Resultar: resultar
Reticente: reacio(a)
Reto(a): recto(a)
Reunião: reunión
Revelar: destapar

Ridículo(a): burlesco(a)
Rir: reír
Riscar: tachar
Risco: riesgo
Rival: émulo
Rocha: roca
Roda: rueda
Rogar: rogar
Rojão: cohete
Rolo compressor: aplanadora
Romper: romper
Rosto: rostro
Rota: ruta
Roteirista: guionista
Roteiro de filme: guion
Rotina: rutina
Roupagem: ropaje
Roupão de banho: bata, albornoz
Roxo(a): púrpura, morado(a)
Rua: calle
Rubor: rubor
Ruim: malo(a)
Ruivo(a): pelirrojo(a)

S

Sabão: jabón
Saber: enterar(se)
Sacada: balcón
Sacola: bolsa
Saguão: recibidor
Saia: pollera, falda
Sair: salir
Sala: salón
Sala de cirurgia: quirófano
Sala de jantar: comedor
Salada: ensalada
Salão: salón
Salário: sueldo
Salsinha: perejil
Saltar: saltar
Salto: tacón
Sapato: zapato
Sarda: peca
Satisfeito(a): satisfecho(a)
Saudável: saludable; sano
Saúde: salud; sanidad
Saxofone: saxofón
Seção: sección
Século: siglo
Segredo: secreto
Seguinte: siguiente
Seguir sua vontade: ir a su aire
Segunda-feira: lunes
Segundo: según
Segurança: seguridad
Sem fio: inalámbrico
Semelhança: semejanza
Semelhante: semejante
Semente: semilla
Semidecotado: semiescotado(a)
Senhor(a): señor(a)
Sentido: dirección
Ser muito caro: estar por las nubes
Sesta: siesta
Setembro: septiembre
Seu(sua): su; suyo(a)
Sexta-feira: viernes
Signo: signo
Sim: sí
Sinal: signo
Sintoma: síntoma
Situação: situación
Só: solo(a)
Soberbo(a): engreído(a)
Sobrado: chalet
Sobrancelha: ceja
Sobremesa: postre
Sobrenome: apellido
Sobrinho(a): sobrino(a)
Sociável: sociable
Sofrer: sufrir
Sogro(a): suegro(a)
Soletrar: deletrear
Solo: suelo
Som: sonido
Somente: solo; solamente
Sonhar: soñar
Sonho: sueño, ensueño
Sopa fria de legumes: gazpacho
Sorte: suerte
Sorteio: sorteo
Sotaque: acento
Sozinho(a): solo(a), solito(a)
Sublinhar: subrayar
Submisso(a): sumiso(a)
Substituir: reemplazar
Suceder: pasar; ocurrir; suceder; transcurrir (v. t. *acontecer; ocorrer; passar; transcorrer*)
Suco: jugo, zumo
Sugestão: sugerencia
Sujar: ensuciar (v. t. *manchar*)
Sul: sur
Supervisão: supervisión
Suplicar: rogar
Supor: suponer
Suposição: suposición
Surdo(a): sordo(a)
Suspensório: tirante
Sustentabilidade: sostenibilidad
Sustento: mantenimiento

T

Tabacaria: estanco
Taberna: tasca
Tábua: tabla
Tachar: tachar
Tachinha: tachuela
Talheres: cubiertos
Talvez: quizá
Tamanho: talla; tamaño
Também: también
Tampa: tapa
Tampouco: tampoco
Tangerina: mandarina
Tapete: alfombra
Tarefa: tarea
Taxa: tasa
Taxar: cotizar
Tecido: tejido
Tédio: fastidio
Tela: pantalla; tela
Telefone: teléfono
Telenovela: telenovela
Televisão: televisión; tele
Telhado: tejado
Tema: tema; temática
Temperado(a): condimentado(a)
Tempestade: borrasca
Tempo: tiempo
Tênis: zapatilla
Ter: tener
Ter vontade de: tener ganas de
Terapia: terapia
Terça-feira: martes
Terceiro: tercer
Termo: término
Terno: traje
Terraço: terraza; azotea
Tesouro: tesoro
Testa: frente
Testemunha: testigo

Testemunho: testimonio
Teu(tua): tu
Textura: textura
Tijolo: ladrillo
Tio(a): tío(a)
Tipo: canon
Tira: tira
Tira-gosto: bocadillo
Tirar: sacar; quitar
Tirar(-se): quitar(se)
Toalha: toalla
Toalha de mesa: mantel
Tocar: sonar
Tocha: antorcha
Tom: tono
Tomar: coger
Tomar banho: duchar(se)
Tomar o café da manhã: desayunar
Tombar(-se): tumbar(se) (v. t. *jogar-se*)
Topo: cima
Torcedor: hincha
Tornar(-se): quedar(se)
Torneira: grifo
Tornozelo: tobillo
Torrada: tostada
Torrado(a): tostado(a)
Torrone: turrón
Torta: tarta
Trabalhar: trabajar
Trabalho: trabajo; laboral
Tradição: tradición
Traduzir: traducir
Tráfego: tráfico
Tráfico: tráfico
Traje: traje
Trancinha: trencita
Tranquilidade: tranquilidad
Transcorrer: transcurrir; pasar; ocurrir; suceder (v. t. *acontecer; ocorrer; passar; suceder*)
Transformar(-se): convertir(se)
Trânsito: tráfico
Transportar: trasladar(se)
Transporte: traslado
Transtorno: trastorno
Travesseiro: almohada
Travesso(a): travieso(a)
Trazer: traer
Treinar: entrenar
Três: tres
Trilha: senderismo
Troca: cambio (v. t. *câmbio; mudança; troco*)
Trocar: cambiar, intercambiar; canjear
Troco: cambio (v. t. *câmbio; mudança; troca*)
Trombone: trombón
Trompete: trompeta
Tumba: huaca

U

Umbigo: ombligo
Úmido(a): húmedo(a)
Universidade: universidad
Utensílios: enseres
Utilidade: utilidad

V

Vacina: vacuna
Vacinação: vacunación
Vagão: vagón
Vagão-cama: coche-cama
Vaidade: vanidad
Vaidoso(a): coqueto(a); vanidoso(a)
Vale: valle
Valorização: valoración
Valorizado(a): valorado(a)
Valorizar: valorar
Vantagem: ventaja
Variação: variación
Variedade: abanico
Vaso sanitário: inodoro
Vazio: hueco
Vazio(a): vacío(a)
Velho(a): viejo(a)
Venda: venta
Vendedor(a): dependiente(a)
Vento: viento
Veraneio: veraneo
Verão: verano
Vergonha: vergüenza; rubor
Verificar: averiguar
Vermelho(a): rojo(a)
Vestir(-se) elegantemente: ir(se) de punta en blanco
Viagem: viaje
Viajante: viajero(a)
Viável: viable
Vibração: vibración
***Videogame*:** videojuego
Vínculo: lazo
Vinheta: viñeta
Vinho: vino
Violão: guitarra
Violino: violín
Vir: venir; provenir
Vitalidade: vitalidad
Vitela: ternera
Vitória: victoria
Viúvo(a): viudo(a)
Vivenda: hogar
Viver: vivir
Vizinho(a): vecino(a)
Voador(a): volador(a)
Voar: volar
Vogal: vocal
Volta: vuelta
Voltar: volver
Voltar(-se): volcar(se)
Vontade: gana
Voo: vuelo
Votação: votación
Vulcão: volcán

X

Xícara: taza

Z

Zelo: desvelo
Zero: cero
Zoológico: zoo (abrev.)

Auxiliares: Ser, Estar, Haber, Tener
Regulares: Estudiar, Comer, Vivir
Irregulares: Pensar, Poder, Adquirir, Jugar, Conocer, Influir, Reír

(Verbos Auxiliares)

Modo Indicativo

Ser

	Presente	Pretérito Imperfecto	Pretérito Indefinido	Futuro Imperfecto
(Yo)	soy	era	fui	seré
(Tú) / **(Vos)**	eres / **sos**	eras	fuiste	serás
(Él / Ella / Ud.)	es	era	fue	será
(Nosotros[as])	somos	éramos	fuimos	seremos
(Vosotros[as])	sois	erais	fuisteis	seréis
(Ellos / Ellas / Uds.)	son	eran	fueron	serán

	Pretérito Perfecto	Pretérito Pluscuamperfecto	Pretérito Anterior	Futuro Perfecto
(Yo)	he sido	había sido	hube sido	habré sido
(Tú) / **(Vos)**	has sido	habías sido	hubiste sido	habrás sido
(Él / Ella / Ud.)	ha sido	había sido	hubo sido	habrá sido
(Nosotros[as])	hemos sido	habíamos sido	hubimos sido	habremos sido
(Vosotros[as])	habéis sido	habíais sido	hubisteis sido	habréis sido
(Ellos / Ellas / Uds.)	han sido	habían sido	hubieron sido	habrán sido

	Condicional Simple	Condicional Compuesto
(Yo)	sería	habría sido
(Tú) / **(Vos)**	serías	habrías sido
(Él / Ella / Ud.)	sería	habría sido
(Nosotros[as])	seríamos	habríamos sido
(Vosotros[as])	seríais	habríais sido
(Ellos / Ellas / Uds.)	serían	habrían sido

Modo Subjuntivo

	Presente	Pretérito Imperfecto	Futuro Imperfecto
(Yo)	sea	fuera / fuese	fuere
(Tú) / **(Vos)**	seas	fueras / fueses	fueres
(Él / Ella / Ud.)	sea	fuera / fuese	fuere
(Nosotros[as])	seamos	fuéramos / fuésemos	fuéremos
(Vosotros[as])	seáis	fuerais / fueseis	fuereis
(Ellos / Ellas / Uds.)	sean	fueran / fuesen	fueren

	Pretérito Perfecto	Pretérito Pluscuamperfecto	Futuro Perfecto
(Yo)	haya sido	hubiera / hubiese sido	hubiere sido
(Tú) / **(Vos)**	hayas sido	hubieras / hubieses sido	hubieres sido
(Él / Ella / Ud.)	haya sido	hubiera / hubiese sido	hubiere sido
(Nosotros(as))	hayamos sido	hubiéramos / hubiésemos sido	hubiéremos sido
(Vosotros(as))	hayáis sido	hubierais / hubieseis sido	hubiereis sido
(Ellos / Ellas / Uds.)	hayan sido	hubieran / hubiesen sido	hubieren sido

Modo Imperativo

sé	(Tú) / **(Vos)**
sea	(Él / Ella / Ud.)
seamos	(Nosotros(as))
sed	(Vosotros(as))
sean	(Ellos / Ellas / Uds.)

Formas no Personales

Formas Simples

Infinitivo	Gerundio	Participio
ser	siendo	sido

Formas Compuestas

Infinitivo	Gerundio
haber sido	habiendo sido

Modo Indicativo

Estar

	Presente	Pretérito Imperfecto	Pretérito Indefinido	Futuro Imperfecto
(Yo)	estoy	estaba	estuve	estaré
(Tú) / **(Vos)**	estás	estabas	estuviste	estarás
(Él / Ella / Ud.)	está	estaba	estuvo	estará
(Nosotros(as))	estamos	estábamos	estuvimos	estaremos
(Vosotros(as))	estáis	estabais	estuvisteis	estaréis
(Ellos / Ellas / Uds.)	están	estaban	estuvieron	estarán

	Pretérito Perfecto	Pretérito Pluscuamperfecto	Pretérito Anterior	Futuro Perfecto
(Yo)	he estado	había estado	hube estado	habré estado
(Tú) / **(Vos)**	has estado	habías estado	hubiste estado	habrás estado
(Él / Ella / Ud.)	ha estado	había estado	hubo estado	habrá estado
(Nosotros(as))	hemos estado	habíamos estado	hubimos estado	habremos estado
(Vosotros(as))	habéis estado	habíais estado	hubisteis estado	habréis estado
(Ellos / Ellas / Uds.)	han estado	habían estado	hubieron estado	habrán estado

	Condicional Simple	Condicional Compuesto
(Yo)	estaría	habría estado
(Tú) / (Vos)	estarías	habrías estado
(Él / Ella / Ud.)	estaría	habría estado
(Nosotros[as])	estaríamos	habríamos estado
(Vosotros[as])	estaríais	habríais estado
(Ellos / Ellas / Uds.)	estarían	habrían estado

Modo Subjuntivo

	Presente	Pretérito Imperfecto	Futuro Imperfecto
(Yo)	esté	estuviera / estuviese	estuviere
(Tú) / (Vos)	estés	estuvieras / estuvieses	estuvieres
(Él / Ella / Ud.)	esté	estuviera / estuviese	estuviere
(Nosotros[as])	estemos	estuviéramos / estuviésemos	estuviéremos
(Vosotros[as])	estéis	estuvierais / estuvieseis	estuviereis
(Ellos / Ellas / Uds.)	estén	estuvieran / estuviesen	estuvieren

	Pretérito Perfecto	Pretérito Pluscuamperfecto	Futuro Perfecto
(Yo)	haya estado	hubiera / hubiese estado	hubiere estado
(Tú) / (Vos)	hayas estado	hubieras / hubieses estado	hubieres estado
(Él / Ella / Ud.)	haya estado	hubiera / hubiese estado	hubiere estado
(Nosotros[as])	hayamos estado	hubiéramos / hubiésemos estado	hubiéremos estado
(Vosotros[as])	hayáis estado	hubierais / hubieseis estado	hubiereis estado
(Ellos / Ellas / Uds.)	hayan estado	hubieran / hubiesen estado	hubieren estado

Modo Imperativo

está	(Tú) / (Vos)
esté	(Él / Ella / Ud.)
estemos	(Nosotros[as])
estad	(Vosotros[as])
estén	(Ellos / Ellas / Uds.)

Formas no Personales

Formas Simples

Infinitivo	Gerundio	Participio
estar	estando	estado

Formas Compuestas

Infinitivo	Gerundio
haber estado	habiendo estado

Modo Indicativo

Haber

	Presente	Pretérito Imperfecto	Pretérito Indefinido	Futuro Imperfecto
(Yo)	he	había	hube	habré
(Tú) / (Vos)	has	habías	hubiste	habrás
(Él / Ella / Ud.)	ha	había	hubo	habrá
(Nosotros[as])	hemos	habíamos	hubimos	habremos
(Vosotros[as])	habéis	habíais	hubisteis	habréis
(Ellos / Ellas / Uds.)	han	habían	hubieron	habrán

	Pretérito Perfecto	Pretérito Pluscuamperfecto	Pretérito Anterior	Futuro Perfecto
(Yo)	he habido	había habido	hube habido	habré habido
(Tú) / (Vos)	has habido	habías habido	hubiste habido	habrás habido
(Él / Ella / Ud.)	ha habido	había habido	hubo habido	habrá habido
(Nosotros[as])	hemos habido	habíamos habido	hubimos habido	habremos habido
(Vosotros[as])	habéis habido	habíais habido	hubisteis habido	habréis habido
(Ellos / Ellas / Uds.)	han habido	habían habido	hubieron habido	habrán habido

	Condicional Simple	Condicional Compuesto
(Yo)	habría	habría habido
(Tú) / (Vos)	habrías	habrías habido
(Él / Ella / Ud.)	habría	habría habido
(Nosotros[as])	habríamos	habríamos habido
(Vosotros[as])	habríais	habríais habido
(Ellos / Ellas / Uds.)	habrían	habrían habido

Modo Subjuntivo

	Presente	Pretérito Imperfecto	Futuro Imperfecto
(Yo)	haya	hubiera / hubiese	hubiere
(Tú) / (Vos)	hayas	hubieras / hubieses	hubieres
(Él / Ella / Ud.)	haya	hubiera / hubiese	hubiere
(Nosotros[as])	hayamos	hubiéramos / hubiésemos	hubiéremos
(Vosotros[as])	hayáis	hubierais / hubieseis	hubiereis
(Ellos / Ellas / Uds.)	hayan	hubieran / hubiesen	hubieren

	Pretérito Perfecto	Pretérito Pluscuamperfecto	Futuro Perfecto
(Yo)	haya habido	hubiera / hubiese habido	hubiere habido
(Tú) / (**Vos**)	hayas habido	hubieras / hubieses habido	hubieres habido
(Él / Ella / Ud.)	haya habido	hubiera / hubiese habido	hubiere habido
(Nosotros[as])	hayamos habido	hubiéramos / hubiésemos habido	hubiéremos habido
(Vosotros[as])	hayáis habido	hubierais / hubieseis habido	hubiereis habido
(Ellos / Ellas / Uds.)	hayan habido	hubieran / hubiesen habido	hubieren habido

Modo Imperativo

he	(Tú) / (**Vos**)
haya	(Él / Ella / Ud.)
hayamos	(Nosotros[as])
habed	(Vosotros[as])
hayan	(Ellos / Ellas / Uds.)

Formas no Personales

Formas Simples

Infinitivo	Gerundio	Participio
haber	habiendo	habido

Formas Compuestas

Infinitivo	Gerundio
haber habido	habiendo habido

Modo Indicativo

Tener

	Presente	Pretérito Imperfecto	Pretérito Indefinido	Futuro Imperfecto
(Yo)	tengo	tenía	tuve	tendré
(Tú) / (**Vos**)	tienes / **tenés**	tenías	tuviste	tendrás
(Él / Ella / Ud.)	tiene	tenía	tuvo	tendrá
(Nosotros[as])	tenemos	teníamos	tuvimos	tendremos
(Vosotros[as])	tenéis	teníais	tuvisteis	tendréis
(Ellos / Ellas / Uds.)	tienen	tenían	tuvieron	tendrán

	Pretérito Perfecto	Pretérito Pluscuamperfecto	Pretérito Anterior	Futuro Perfecto
(Yo)	he tenido	había tenido	hube tenido	habré tenido
(Tú) / (**Vos**)	has tenido	habías tenido	hubiste tenido	habrás tenido
(Él / Ella / Ud.)	ha tenido	había tenido	hubo tenido	habrá tenido
(Nosotros[as])	hemos tenido	habíamos tenido	hubimos tenido	habremos tenido
(Vosotros[as])	habéis tenido	habíais tenido	hubisteis tenido	habréis tenido
(Ellos / Ellas / Uds.)	han tenido	habían tenido	hubieron tenido	habrán tenido

	Condicional Simple	Condicional Compuesto
(Yo)	tendría	habría tenido
(Tú) / **(Vos)**	tendrías	habrías tenido
(Él / Ella / Ud.)	tendría	habría tenido
(Nosotros[as])	tendríamos	habríamos tenido
(Vosotros[as])	tendríais	habríais tenido
(Ellos / Ellas / Uds.)	tendrían	habrían tenido

Modo Subjuntivo

	Presente	Pretérito Imperfecto	Futuro Imperfecto
(Yo)	tenga	tuviera / tuviese	tuviere
(Tú) / **(Vos)**	tengas	tuvieras / tuvieses	tuvieres
(Él / Ella / Ud.)	tenga	tuviera / tuviese	tuviere
(Nosotros[as])	tengamos	tuviéramos / tuviésemos	tuviéremos
(Vosotros[as])	tengáis	tuvierais / tuvieseis	tuviereis
(Ellos / Ellas / Uds.)	tengan	tuvieran / tuviesen	tuvieren

	Pretérito Perfecto	Pretérito Pluscuamperfecto	Futuro Perfecto
(Yo)	haya tenido	hubiera / hubiese tenido	hubiere tenido
(Tú) / **(Vos)**	hayas tenido	hubieras / hubieses tenido	hubieres tenido
(Él / Ella / Ud.)	haya tenido	hubiera / hubiese tenido	hubiere tenido
(Nosotros[as])	hayamos tenido	hubiéramos / hubiésemos tenido	hubiéremos tenido
(Vosotros[as])	hayáis tenido	hubierais / hubieseis tenido	hubiereis tenido
(Ellos / Ellas / Uds.)	hayan tenido	hubieran / hubiesen tenido	hubieren tenido

Modo Imperativo

ten / **tené**	(Tú) / **(Vos)**
tenga	(Él / Ella / Ud.)
tengamos	(Nosotros[as])
tened	(Vosotros[as])
tengan	(Ellos / Ellas / Uds.)

Formas no Personales

Formas Simples

Infinitivo	Gerundio	Participio
tener	teniendo	tenido

Formas Compuestas

Infinitivo	Gerundio
haber tenido	habiendo tenido

(Verbos Regulares)

Modo Indicativo

Estudiar

	Presente	Pretérito Imperfecto	Pretérito Indefinido	Futuro Imperfecto
(Yo)	estudio	estudiaba	estudié	estudiaré
(Tú) / (**Vos**)	estudias / **estudiás**	estudiabas	estudiaste	estudiarás
(Él / Ella / Ud.)	estudia	estudiaba	estudió	estudiará
(Nosotros[as])	estudiamos	estudiábamos	estudiamos	estudiaremos
(Vosotros[as])	estudiáis	estudiabais	estudiasteis	estudiaréis
(Ellos / Ellas / Uds.)	estudian	estudiaban	estudiaron	estudiarán

	Pretérito Perfecto	Pretérito Pluscuamperfecto	Pretérito Anterior	Futuro Perfecto
(Yo)	he estudiado	había estudiado	hube estudiado	habré estudiado
(Tú) / (**Vos**)	has estudiado	habías estudiado	hubiste estudiado	habrás estudiado
(Él / Ella / Ud.)	ha estudiado	había estudiado	hubo estudiado	habrá estudiado
(Nosotros[as])	hemos estudiado	habíamos estudiado	hubimos estudiado	habremos estudiado
(Vosotros[as])	habéis estudiado	habíais estudiado	hubisteis estudiado	habréis estudiado
(Ellos / Ellas / Uds.)	han estudiado	habían estudiado	hubieron estudiado	habrán estudiado

	Condicional Simple	Condicional Compuesto
(Yo)	estudiaría	habría estudiado
(Tú) / (**Vos**)	estudiarías	habrías estudiado
(Él / Ella / Ud.)	estudiaría	habría estudiado
(Nosotros[as])	estudiaríamos	habríamos estudiado
(Vosotros[as])	estudiaríais	habríais estudiado
(Ellos / Ellas / Uds.)	estudiarían	habrían estudiado

Modo Subjuntivo

	Presente	Pretérito Imperfecto	Futuro Imperfecto
(Yo)	estudie	estudiara / estudiase	estudiare
(Tú) / (**Vos**)	estudies	estudiaras / estudiases	estudiares
(Él / Ella / Ud.)	estudie	estudiara / estudiase	estudiare
(Nosotros[as])	estudiemos	estudiáramos / estudiásemos	estudiáremos
(Vosotros[as])	estudiéis	estudiarais / estudiaseis	estudiareis
(Ellos / Ellas / Uds.)	estudien	estudiaran / estudiasen	estudiaren

	Pretérito Perfecto	Pretérito Pluscuamperfecto	Futuro Perfecto
(Yo)	haya estudiado	hubiera / hubiese estudiado	hubiere estudiado
(Tú) / **(Vos)**	hayas estudiado	hubieras / hubieses estudiado	hubieres estudiado
(Él / Ella / Ud.)	haya estudiado	hubiera / hubiese estudiado	hubiere estudiado
(Nosotros[as])	hayamos estudiado	hubiéramos / hubiésemos estudiado	hubiéremos estudiado
(Vosotros[as])	hayáis estudiado	hubierais / hubieseis estudiado	hubiereis estudiado
(Ellos / Ellas / Uds.)	hayan estudiado	hubieran / hubiesen estudiado	hubieren estudiado

Modo Imperativo

estudia / **estudiá**	(Tú) / **(Vos)**
estudie	(Él / Ella / Ud.)
estudiemos	(Nosotros[as])
estudiad	(Vosotros[as])
estudien	(Ellos / Ellas / Uds.)

Formas no Personales

Formas Simples

Infinitivo	Gerundio	Participio
estudiar	estudiando	estudiado

Formas Compuestas

Infinitivo	Gerundio
haber estudiado	habiendo estudiado

Modo Indicativo

Comer

	Presente	Pretérito Imperfecto	Pretérito Indefinido	Futuro Imperfecto
(Yo)	como	comía	comí	comeré
(Tú) / **(Vos)**	comes / **comés**	comías	comiste	comerás
(Él / Ella / Ud.)	come	comía	comió	comerá
(Nosotros[as])	comemos	comíamos	comimos	comeremos
(Vosotros[as])	coméis	comíais	comisteis	comeréis
(Ellos / Ellas / Uds.)	comen	comían	comieron	comerán

	Pretérito Perfecto	Pretérito Pluscuamperfecto	Pretérito Anterior	Futuro Perfecto
(Yo)	he comido	había comido	hube comido	habré comido
(Tú) / **(Vos)**	has comido	habías comido	hubiste comido	habrás comido
(Él / Ella / Ud.)	ha comido	había comido	hubo comido	habrá comido
(Nosotros[as])	hemos comido	habíamos comido	hubimos comido	habremos comido
(Vosotros[as])	habéis comido	habíais comido	hubisteis comido	habréis comido
(Ellos / Ellas / Uds.)	han comido	habían comido	hubieron comido	habrán comido

	Condicional Simple	Condicional Compuesto
(Yo)	comería	habría comido
(Tú) / (**Vos**)	comerías	habrías comido
(Él / Ella / Ud.)	comería	habría comido
(Nosotros[as])	comeríamos	habríamos comido
(Vosotros[as])	comeríais	habríais comido
(Ellos / Ellas / Uds.)	comerían	habrían comido

Modo Subjuntivo

	Presente	Pretérito Imperfecto	Futuro Imperfecto
(Yo)	coma	comiera / comiese	comiere
(Tú) / (**Vos**)	comas	comieras / comieses	comieres
(Él / Ella / Ud.)	coma	comiera / comiese	comiere
(Nosotros[as])	comamos	comiéramos / comiésemos	comiéremos
(Vosotros[as])	comáis	comierais / comieseis	comiereis
(Ellos / Ellas / Uds.)	coman	comieran / comiesen	comieren

	Pretérito Perfecto	Pretérito Pluscuamperfecto	Futuro Perfecto
(Yo)	haya comido	hubiera / hubiese comido	hubiere comido
(Tú) / (**Vos**)	hayas comido	hubieras / hubieses comido	hubieres comido
(Él / Ella / Ud.)	haya comido	hubiera / hubiese comido	hubiere comido
(Nosotros[as])	hayamos comido	hubiéramos / hubiésemos comido	hubiéremos comido
(Vosotros[as])	hayáis comido	hubierais / hubieseis comido	hubiereis comido
(Ellos / Ellas / Uds.)	hayan comido	hubieran / hubiesen comido	hubieren comido

Modo Imperativo

come / **comé**	(Tú) / (**Vos**)
coma	(Él / Ella / Ud.)
comamos	(Nosotros[as])
comed	(Vosotros[as])
coman	(Ellos / Ellas / Uds.)

Formas no Personales

Formas Simples

Infinitivo	Gerundio	Participio
comer	comiendo	comido

Formas Compuestas

Infinitivo	Gerundio
haber comido	habiendo comido

Modo Indicativo

Vivir

	Presente	Pretérito Imperfecto	Pretérito Indefinido	Futuro Imperfecto
(Yo)	vivo	vivía	viví	viviré
(Tú) / **(Vos)**	vives / **vivís**	vivías	viviste	vivirás
(Él / Ella / Ud.)	vive	vivía	vivió	vivirá
(Nosotros[as])	vivimos	vivíamos	vivimos	viviremos
(Vosotros[as])	vivís	vivíais	vivisteis	viviréis
(Ellos / Ellas / Uds.)	viven	vivían	vivieron	vivirán

	Pretérito Perfecto	Pretérito Pluscuamperfecto	Pretérito Anterior	Futuro Perfecto
(Yo)	he vivido	había vivido	hube vivido	habré vivido
(Tú) / **(Vos)**	has vivido	habías vivido	hubiste vivido	habrás vivido
(Él / Ella / Ud.)	ha vivido	había vivido	hubo vivido	habrá vivido
(Nosotros[as])	hemos vivido	habíamos vivido	hubimos vivido	habremos vivido
(Vosotros[as])	habéis vivido	habíais vivido	hubisteis vivido	habréis vivido
(Ellos / Ellas / Uds.)	han vivido	habían vivido	hubieron vivido	habrán vivido

	Condicional Simple	Condicional Compuesto
(Yo)	viviría	habría vivido
(Tú) / **(Vos)**	vivirías	habrías vivido
(Él / Ella / Ud.)	viviría	habría vivido
(Nosotros[as])	viviríamos	habríamos vivido
(Vosotros[as])	viviríais	habríais vivido
(Ellos / Ellas / Uds.)	vivirían	habrían vivido

Modo Subjuntivo

	Presente	Pretérito Imperfecto	Futuro Imperfecto
(Yo)	viva	viviera / viviese	viviere
(Tú) / **(Vos)**	vivas	vivieras / vivieses	vivieres
(Él / Ella / Ud.)	viva	viviera / viviese	viviere
(Nosotros[as])	vivamos	viviéramos / viviésemos	viviéremos
(Vosotros[as])	viváis	vivierais / vivieseis	viviereis
(Ellos / Ellas / Uds.)	vivan	vivieran / viviesen	vivieren

	Pretérito Perfecto	Pretérito Pluscuamperfecto	Futuro Perfecto
(Yo)	haya vivido	hubiera / hubiese vivido	hubiere vivido
(Tú) / **(Vos)**	hayas vivido	hubieras / hubieses vivido	hubieres vivido
(Él / Ella / Ud.)	haya vivido	hubiera / hubiese vivido	hubiere vivido
(Nosotros[as])	hayamos vivido	hubiéramos / hubiésemos vivido	hubiéremos vivido
(Vosotros[as])	hayáis vivido	hubierais / hubieseis vivido	hubiereis vivido
(Ellos / Ellas / Uds.)	hayan vivido	hubieran / hubiesen vivido	hubieren vivido

Modo Imperativo

vive / **viví**	(Tú) / **(Vos)**
viva	(Él / Ella / Ud.)
vivamos	(Nosotros[as])
vivid	(Vosotros[as])
vivan	(Ellos / Ellas / Uds.)

Formas no Personales

Formas Simples

Infinitivo	Gerundio	Participio
vivir	viviendo	vivido

Formas Compuestas

Infinitivo	Gerundio
haber vivido	habiendo vivido

(Verbos Irregulares)

Modo Indicativo

Pensar

	Presente	Pretérito Imperfecto	Pretérito Indefinido	Futuro Imperfecto
(Yo)	pienso	pensaba	pensé	pensaré
(Tú) / **(Vos)**	piensas / **pensás**	pensabas	pensaste	pensarás
(Él / Ella / Ud.)	piensa	pensaba	pensó	pensará
(Nosotros[as])	pensamos	pensábamos	pensamos	pensaremos
(Vosotros[as])	pensáis	pensabais	pensasteis	pensaréis
(Ellos / Ellas / Uds.)	piensan	pensaban	pensaron	pensarán

	Pretérito Perfecto	Pretérito Pluscuamperfecto	Pretérito Anterior	Futuro Perfecto
(Yo)	he pensado	había pensado	hube pensado	habré pensado
(Tú) / **(Vos)**	has pensado	habías pensado	hubiste pensado	habrás pensado
(Él / Ella / Ud.)	ha pensado	había pensado	hubo pensado	habrá pensado
(Nosotros[as])	hemos pensado	habíamos pensado	hubimos pensado	habremos pensado
(Vosotros[as])	habéis pensado	habíais pensado	hubisteis pensado	habréis pensado
(Ellos / Ellas / Uds.)	han pensado	habían pensado	hubieron pensado	habrán pensado

	Condicional Simple	Condicional Compuesto
(Yo)	pensaría	habría pensado
(Tú) / (**Vos**)	pensarías	habrías pensado
(Él / Ella / Ud.)	pensaría	habría pensado
(Nosotros[as])	pensaríamos	habríamos pensado
(Vosotros[as])	pensaríais	habríais pensado
(Ellos / Ellas / Uds.)	pensarían	habrían pensado

Modo Subjuntivo

	Presente	Pretérito Imperfecto	Futuro Imperfecto
(Yo)	piense	pensara / pensase	pensare
(Tú) / (**Vos**)	pienses	pensaras / pensases	pensares
(Él / Ella / Ud.)	piense	pensara / pensase	pensare
(Nosotros[as])	pensemos	pensáramos / pensásemos	pensáremos
(Vosotros[as])	penséis	pensarais / pensaseis	pensareis
(Ellos / Ellas / Uds.)	piensen	pensaran / pensasen	pensaren

	Pretérito Perfecto	Pretérito Pluscuamperfecto	Futuro Perfecto
(Yo)	haya pensado	hubiera / hubiese pensado	hubiere pensado
(Tú) / (**Vos**)	hayas pensado	hubieras / hubieses pensado	hubieres pensado
(Él / Ella / Ud.)	haya pensado	hubiera / hubiese pensado	hubiere pensado
(Nosotros[as])	hayamos pensado	hubiéramos / hubiésemos pensado	hubiéremos pensado
(Vosotros[as])	hayáis pensado	hubierais / hubieseis pensado	hubiereis pensado
(Ellos / Ellas / Uds.)	hayan pensado	hubieran / hubiesen pensado	hubieren pensado

Modo Imperativo

piensa / **pensá**	(Tú) / (**Vos**)
piense	(Él / Ella / Ud.)
pensamos	(Nosotros[as])
pensad	(Vosotros[as])
piensen	(Ellos / Ellas / Uds.)

Formas no Personales

Formas Simples

Infinitivo	Gerundio	Participio
pensar	pensando	pensado

Formas Compuestas

Infinitivo	Gerundio
haber pensado	habiendo pensado

Modo Indicativo

Poder

	Presente	Pretérito Imperfecto	Pretérito Indefinido	Futuro Imperfecto
(Yo)	puedo	podía	pude	podré
(Tú) / (Vos)	puedes / podés	podías	pudiste	podrás
(Él / Ella / Ud.)	puede	podía	pudo	podrá
(Nosotros[as])	podemos	podíamos	pudimos	podremos
(Vosotros[as])	podéis	podíais	pudisteis	podréis
(Ellos / Ellas / Uds.)	pueden	podían	pudieron	podrán

	Pretérito Perfecto	Pretérito Pluscuamperfecto	Pretérito Anterior	Futuro Perfecto
(Yo)	he podido	había podido	hube podido	habré podido
(Tú) / (Vos)	has podido	habías podido	hubiste podido	habrás podido
(Él / Ella / Ud.)	ha podido	había podido	hubo podido	habrá podido
(Nosotros[as])	hemos podido	habíamos podido	hubimos podido	habremos podido
(Vosotros[as])	habéis podido	habíais podido	hubisteis podido	habréis podido
(Ellos / Ellas / Uds.)	han podido	habían podido	hubieron podido	habrán podido

	Condicional Simple	Condicional Compuesto
(Yo)	podría	habría podido
(Tú) / (Vos)	podrías	habrías podido
(Él / Ella / Ud.)	podría	habría podido
(Nosotros[as])	podríamos	habríamos podido
(Vosotros[as])	podríais	habríais podido
(Ellos / Ellas / Uds.)	podrían	habrían podido

Modo Subjuntivo

	Presente	Pretérito Imperfecto	Futuro Imperfecto
(Yo)	pueda	pudiera / pudiese	pudiere
(Tú) / (Vos)	puedas	pudieras / pudieses	pudieres
(Él / Ella / Ud.)	pueda	pudiera / pudiese	pudiere
(Nosotros[as])	podamos	pudiéramos / pudiésemos	pudiéremos
(Vosotros[as])	podáis	pudierais / pudieseis	pudiereis
(Ellos / Ellas / Uds.)	puedan	pudieran / pudiesen	pudieren

	Pretérito Perfecto	Pretérito Pluscuamperfecto	Futuro Perfecto
(Yo)	haya podido	hubiera / hubiese podido	hubiere podido
(Tú) / **(Vos)**	hayas podido	hubieras / hubieses podido	hubieres podido
(Él / Ella / Ud.)	haya podido	hubiera / hubiese podido	hubiere podido
(Nosotros[as])	hayamos podido	hubiéramos / hubiésemos podido	hubiéremos podido
(Vosotros[as])	hayáis podido	hubierais / hubieseis podido	hubiereis podido
(Ellos / Ellas / Uds.)	hayan podido	hubieran / hubiesen podido	hubieren podido

Modo Imperativo

puede / **podé**	(Tú) / **(Vos)**
pueda	(Él / Ella / Ud.)
podamos	(Nosotros[as])
poded	(Vosotros[as])
puedan	(Ellos / Ellas / Uds.)

Formas no Personales

Formas Simples

Infinitivo	Gerundio	Participio
poder	pudiendo	podido

Formas Compuestas

Infinitivo	Gerundio
haber podido	habiendo podido

Modo Indicativo

Adquirir

	Presente	Pretérito Imperfecto	Pretérito Indefinido	Futuro Imperfecto
(Yo)	adquiero	adquiría	adquirí	adquiriré
(Tú) / **(Vos)**	adquieres / **adquirís**	adquirías	adquiriste	adquirirás
(Él / Ella / Ud.)	adquiere	adquiría	adquirió	adquirirá
(Nosotros[as])	adquirimos	adquiríamos	adquirimos	adquiriremos
(Vosotros[as])	adquirís	adquiríais	adquiristeis	adquiriréis
(Ellos / Ellas / Uds.)	adquieren	adquirían	adquirieron	adquirirán

	Pretérito Perfecto	Pretérito Pluscuamperfecto	Pretérito Anterior	Futuro Perfecto
(Yo)	he adquirido	había adquirido	hube adquirido	habré adquirido
(Tú) / **(Vos)**	has adquirido	habías adquirido	hubiste adquirido	habrás adquirido
(Él / Ella / Ud.)	ha adquirido	había adquirido	hubo adquirido	habrá adquirido
(Nosotros[as])	hemos adquirido	habíamos adquirido	hubimos adquirido	habremos adquirido
(Vosotros[as])	habéis adquirido	habíais adquirido	hubisteis adquirido	habréis adquirido
(Ellos / Ellas / Uds.)	han adquirido	habían adquirido	hubieron adquirido	habrán adquirido

	Condicional Simple	Condicional Compuesto
(Yo)	adquiriría	habría adquirido
(Tú) / (Vos)	adquirirías	habrías adquirido
(Él / Ella / Ud.)	adquiriría	habría adquirido
(Nosotros[as])	adquiriríamos	habríamos adquirido
(Vosotros[as])	adquiriríais	habríais adquirido
(Ellos / Ellas / Uds.)	adquirirían	habrían adquirido

Modo Subjuntivo

	Presente	Pretérito Imperfecto	Futuro Imperfecto
(Yo)	adquiera	adquiriera / adquiriese	adquiriere
(Tú) / (Vos)	adquieras	adquirieras / adquirieses	adquirieres
(Él / Ella / Ud.)	adquiera	adquiriera / adquiriese	adquiriere
(Nosotros[as])	adquiramos	adquiriéramos / adquiriésemos	adquiriéremos
(Vosotros[as])	adquiráis	adquirierais / adquirieseis	adquiriereis
(Ellos / Ellas / Uds.)	adquieran	adquirieran / adquiriesen	adquirieren

	Pretérito Perfecto	Pretérito Pluscuamperfecto	Futuro Perfecto
(Yo)	haya adquirido	hubiera / hubiese adquirido	hubiere adquirido
(Tú) / (Vos)	hayas adquirido	hubieras / hubieses adquirido	hubieres adquirido
(Él / Ella / Ud.)	haya adquirido	hubiera / hubiese adquirido	hubiere adquirido
(Nosotros[as])	hayamos adquirido	hubiéramos / hubiésemos adquirido	hubiéremos adquirido
(Vosotros[as])	hayáis adquirido	hubierais / hubieseis adquirido	hubiereis adquirido
(Ellos / Ellas / Uds.)	hayan adquirido	hubieran / hubiesen adquirido	hubieren adquirido

Modo Imperativo

adquiere / adquirí	(Tú) / (Vos)
adquiera	(Él / Ella / Ud.)
adquiramos	(Nosotros[as])
adquirid	(Vosotros[as])
adquieran	(Ellos / Ellas / Uds.)

Formas no Personales

Formas Simples

Infinitivo	Gerundio	Participio
adquirir	adquiriendo	adquirido

Formas Compuestas

Infinitivo	Gerundio
haber adquirido	habiendo adquirido

Modo Indicativo

Jugar

	Presente	Pretérito Imperfecto	Pretérito Indefinido	Futuro Imperfecto
(Yo)	juego	jugaba	jugué	jugaré
(Tú) / **(Vos)**	juegas / **jugás**	jugabas	jugaste	jugarás
(Él / Ella / Ud.)	juega	jugaba	jugó	jugará
(Nosotros[as])	jugamos	jugábamos	jugamos	jugaremos
(Vosotros[as])	jugáis	jugabais	jugasteis	jugaréis
(Ellos / Ellas / Uds.)	juegan	jugaban	jugaron	jugarán

	Pretérito Perfecto	Pretérito Pluscuamperfecto	Pretérito Anterior	Futuro Perfecto
(Yo)	he jugado	había jugado	hube jugado	habré jugado
(Tú) / **(Vos)**	has jugado	habías jugado	hubiste jugado	habrás jugado
(Él / Ella / Ud.)	ha jugado	había jugado	hubo jugado	habrá jugado
(Nosotros[as])	hemos jugado	habíamos jugado	hubimos jugado	habremos jugado
(Vosotros[as])	habéis jugado	habíais jugado	hubisteis jugado	habréis jugado
(Ellos / Ellas / Uds.)	han jugado	habían jugado	hubieron jugado	habrán jugado

	Condicional Simple	Condicional Compuesto
(Yo)	jugaría	habría jugado
(Tú) / **(Vos)**	jugarías	habrías jugado
(Él / Ella / Ud.)	jugaría	habría jugado
(Nosotros[as])	jugaríamos	habríamos jugado
(Vosotros[as])	jugaríais	habríais jugado
(Ellos / Ellas / Uds.)	jugarían	habrían jugado

Modo Subjuntivo

	Presente	Pretérito Imperfecto	Futuro Imperfecto
(Yo)	juegue	jugara / jugase	jugare
(Tú) / **(Vos)**	juegues	jugaras / jugases	jugares
(Él / Ella / Ud.)	juegue	jugara / jugase	jugare
(Nosotros[as])	juguemos	jugáramos / jugásemos	jugáremos
(Vosotros[as])	juguéis	jugarais / jugaseis	jugareis
(Ellos / Ellas / Uds.)	jueguen	jugaran / jugasen	jugaren

	Pretérito Perfecto	Pretérito Pluscuamperfecto	Futuro Perfecto
(Yo)	haya jugado	hubiera / hubiese jugado	hubiere jugado
(Tú) / **(Vos)**	hayas jugado	hubieras / hubieses jugado	hubieres jugado
(Él / Ella / Ud.)	haya jugado	hubiera / hubiese jugado	hubiere jugado
(Nosotros[as])	hayamos jugado	hubiéramos / hubiésemos jugado	hubiéremos jugado
(Vosotros[as])	hayáis jugado	hubierais / hubieseis jugado	hubiereis jugado
(Ellos / Ellas / Uds.)	hayan jugado	hubieran / hubiesen jugado	hubieren jugado

Modo Imperativo

juega / **jugá**	(Tú) / **(Vos)**
juegue	(Él / Ella / Ud.)
juguemos	(Nosotros[as])
jugad	(Vosotros[as])
jueguen	(Ellos / Ellas / Uds.)

Formas no Personales

Formas Simples

Infinitivo	Gerundio	Participio
jugar	jugando	jugado

Formas Compuestas

Infinitivo	Gerundio
haber jugado	habiendo jugado

Modo Indicativo

Conocer

	Presente	Pretérito Imperfecto	Pretérito Indefinido	Futuro Imperfecto
(Yo)	conozco	conocía	conocí	conoceré
(Tú) / **(Vos)**	conoces / **conocés**	conocías	conociste	conocerás
(Él / Ella / Ud.)	conoce	conocía	conoció	conocerá
(Nosotros[as])	conocemos	conocíamos	conocimos	conoceremos
(Vosotros[as])	conocéis	conocíais	conocisteis	conoceréis
(Ellos / Ellas / Uds.)	conocen	conocían	conocieron	conocerán

	Pretérito Perfecto	Pretérito Pluscuamperfecto	Pretérito Anterior	Futuro Perfecto
(Yo)	he conocido	había conocido	hube conocido	habré conocido
(Tú) / **(Vos)**	has conocido	habías conocido	hubiste conocido	habrás conocido
(Él / Ella / Ud.)	ha conocido	había conocido	hubo conocido	habrá conocido
(Nosotros[as])	hemos conocido	habíamos conocido	hubimos conocido	habremos conocido
(Vosotros[as])	habéis conocido	habíais conocido	hubisteis conocido	habréis conocido
(Ellos / Ellas / Uds.)	han conocido	habían conocido	hubieron conocido	habrán conocido

	Condicional Simple	Condicional Compuesto
(Yo)	conocería	habría conocido
(Tú) / (**Vos**)	conocerías	habrías conocido
(Él / Ella / Ud.)	conocería	habría conocido
(Nosotros[as])	conoceríamos	habríamos conocido
(Vosotros[as])	conoceríais	habríais conocido
(Ellos / Ellas / Uds.)	conocerían	habrían conocido

Modo Subjuntivo

	Presente	Pretérito Imperfecto	Futuro Imperfecto
(Yo)	cono**z**ca	conociera / conociese	conociere
(Tú) / (**Vos**)	cono**z**cas	conocieras / conocieses	conocieres
(Él / Ella / Ud.)	cono**z**ca	conociera / conociese	conociere
(Nosotros[as])	cono**z**camos	conociéramos / conociésemos	conociéremos
(Vosotros[as])	cono**z**cáis	conocierais / conocieseis	conociereis
(Ellos / Ellas / Uds.)	cono**z**can	conocieran / conociesen	conocieren

	Pretérito Perfecto	Pretérito Pluscuamperfecto	Futuro Perfecto
(Yo)	haya conocido	hubiera / hubiese conocido	hubiere conocido
(Tú) / (**Vos**)	hayas conocido	hubieras / hubieses conocido	hubieres conocido
(Él / Ella / Ud.)	haya conocido	hubiera / hubiese conocido	hubiere conocido
(Nosotros[as])	hayamos conocido	hubiéramos / hubiésemos conocido	hubiéremos conocido
(Vosotros[as])	hayáis conocido	hubierais / hubieseis conocido	hubiereis conocido
(Ellos / Ellas / Uds.)	hayan conocido	hubieran / hubiesen conocido	hubieren conocido

Modo Imperativo

conoce / **conocé**	(Tú) / (**Vos**)
cono**z**ca	(Él / Ella / Ud.)
cono**z**camos	(Nosotros[as])
conoced	(Vosotros[as])
cono**z**can	(Ellos / Ellas / Uds.)

Formas no Personales

Formas Simples

Infinitivo	Gerundio	Participio
conocer	conociendo	conocido

Formas Compuestas

Infinitivo	Gerundio
haber conocido	habiendo conocido

Modo Indicativo

Influir

	Presente	Pretérito Imperfecto	Pretérito Indefinido	Futuro Imperfecto
(Yo)	influyo	influía	influí	influiré
(Tú) / (**Vos**)	influyes / **influís**	influías	influiste	influirás
(Él / Ella / Ud.)	influye	influía	influyó	influirá
(Nosotros[as])	influimos	influíamos	influimos	influiremos
(Vosotros[as])	influís	influíais	influisteis	influiréis
(Ellos / Ellas / Uds.)	influyen	influían	influyeron	influirán

	Pretérito Perfecto	Pretérito Pluscuamperfecto	Pretérito Anterior	Futuro Perfecto
(Yo)	he influido	había influido	hube influido	habré influido
(Tú) / (**Vos**)	has influido	habías influido	hubiste influido	habrás influido
(Él / Ella / Ud.)	ha influido	había influido	hubo influido	habrá influido
(Nosotros[as])	hemos influido	habíamos influido	hubimos influido	habremos influido
(Vosotros[as])	habéis influido	habíais influido	hubisteis influido	habréis influido
(Ellos / Ellas / Uds.)	han influido	habían influido	hubieron influido	habrán influido

	Condicional Simple	Condicional Compuesto
(Yo)	influiría	habría influido
(Tú) / (**Vos**)	influirías	habrías influido
(Él / Ella / Ud.)	influiría	habría influido
(Nosotros[as])	influiríamos	habríamos influido
(Vosotros[as])	influiríais	habríais influido
(Ellos / Ellas / Uds.)	influirían	habrían influido

Modo Subjuntivo

	Presente	Pretérito Imperfecto	Futuro Imperfecto
(Yo)	influya	influyera / influyese	influyere
(Tú) / (**Vos**)	influyas	influyeras / influyeses	influyeres
(Él / Ella / Ud.)	influya	influyera / influyese	influyere
(Nosotros[as])	influyamos	influyéramos / influyésemos	influyéremos
(Vosotros[as])	influyáis	influyerais / influyeseis	influyereis
(Ellos / Ellas / Uds.)	influyan	influyeran / influyesen	influyeren

	Pretérito Perfecto	Pretérito Pluscuamperfecto	Futuro Perfecto
(Yo)	haya influido	hubiera / hubiese influido	hubiere influido
(Tú) / **(Vos)**	hayas influido	hubieras / hubieses influido	hubieres influido
(Él / Ella / Ud.)	haya influido	hubiera / hubiese influido	hubiere influido
(Nosotros[as])	hayamos influido	hubiéramos / hubiésemos influido	hubiéremos influido
(Vosotros[as])	hayáis influido	hubierais / hubieseis influido	hubiereis influido
(Ellos / Ellas / Uds.)	hayan influido	hubieran / hubiesen influido	hubieren influido

Modo Imperativo

influye / **influí**	(Tú) / **(Vos)**
influya	(Él / Ella / Ud.)
influyamos	(Nosotros[as])
influid	(Vosotros[as])
influyan	(Ellos / Ellas / Uds.)

Formas no Personales

Formas Simples

Infinitivo	Gerundio	Participio
Influir	influyendo	influido

Formas Compuestas

Infinitivo	Gerundio
haber influido	habiendo influido

Modo Indicativo

Reír

	Presente	Pretérito Imperfecto	Pretérito Indefinido	Futuro Imperfecto
(Yo)	río	reía	reí	reiré
(Tú) / **(Vos)**	ríes / **reís**	reías	reíste	reirás
(Él / Ella / Ud.)	ríe	reía	rio	reirá
(Nosotros[as])	reímos	reíamos	reímos	reiremos
(Vosotros[as])	reís	reíais	reísteis	reiréis
(Ellos / Ellas / Uds.)	ríen	reían	rieron	reirán

	Pretérito Perfecto	Pretérito Pluscuamperfecto	Pretérito Anterior	Futuro Perfecto
(Yo)	he reído	había reído	hube reído	habré reído
(Tú) / **(Vos)**	has reído	habías reído	hubiste reído	habrás reído
(Él / Ella / Ud.)	ha reído	había reído	hubo reído	habrá reído
(Nosotros[as])	hemos reído	habíamos reído	hubimos reído	habremos reído
(Vosotros[as])	habéis reído	habíais reído	hubisteis reído	habréis reído
(Ellos / Ellas / Uds.)	han reído	habían reído	hubieron reído	habrán reído

	Condicional Simple	Condicional Compuesto
(Yo)	reiría	habría reído
(Tú) / (Vos)	reirías	habrías reído
(Él / Ella / Ud.)	reiría	habría reído
(Nosotros[as])	reiríamos	habríamos reído
(Vosotros[as])	reiríais	habríais reído
(Ellos / Ellas / Uds.)	reirían	habrían reído

Modo Subjuntivo

	Presente	Pretérito Imperfecto	Futuro Imperfecto
(Yo)	ría	riera / riese	riere
(Tú) / (Vos)	rías	rieras / rieses	rieres
(Él / Ella / Ud.)	ría	riera / riese	riere
(Nosotros[as])	riamos	riéramos / riésemos	riéremos
(Vosotros[as])	riais	rierais / rieseis	riereis
(Ellos / Ellas / Uds.)	rian	rieran / riesen	rieren

	Pretérito Perfecto	Pretérito Pluscuamperfecto	Futuro Perfecto
(Yo)	haya reído	hubiera / hubiese reído	hubiere reído
(Tú) / (Vos)	hayas reído	hubieras / hubieses reído	hubieres reído
(Él / Ella / Ud.)	haya reído	hubiera / hubiese reído	hubiere reído
(Nosotros[as])	hayamos reído	hubiéramos / hubiésemos reído	hubiéremos reído
(Vosotros[as])	hayáis reído	hubierais / hubieseis reído	hubiereis reído
(Ellos / Ellas / Uds.)	hayan reído	hubieran / hubiesen reído	hubieren reído

Modo Imperativo

ríe / reí	(Tú) / (Vos)
ría	(Él / Ella / Ud.)
riamos	(Nosotros[as])
reíd	(Vosotros[as])
rían	(Ellos / Ellas / Uds.)

Formas no Personales

Formas Simples

Infinitivo	Gerundio	Participio
reír	riendo	reído

Formas Compuestas

Infinitivo	Gerundio
haber reído	habiendo reído

GUION DEL CD

LECCIÓN 1 • QUIÉNES SOMOS

Pista 2 Gramática, actividad 2, página 9
Pista 3 Comunicación, página 12
Pista 4 Diálogo 1, página 12
Pista 5 Diálogo 2, página 12

LECCIÓN 2 • NUESTRA FAMILIA

Pista 6 Comunicación, página 24

LECCIÓN 3 • NUESTRAS VIVIENDAS

Pista 7 Comunicación, página 34

LECCIÓN 4 • NUESTRA CIUDAD

Pista 8 Comunicación, página 44

LECCIÓN 5 • NUESTROS HÁBITOS

Pista 9 Comunicación, página 54

LECCIÓN 6 • NUESTRA SALUD: NUTRICIÓN

Pista 10 Comunicación, página 64

LECCIÓN 7 • EL OCIO Y EL TRABAJO

Pista 11 Comunicación, página 74

LECCIÓN 8 • NUESTROS GUSTOS: VESTUARIO

Pista 12 Comunicación, página 84

LECCIÓN 9 • HEMOS CONOCIDO MARAVILLAS...

Pista 13 Comunicación, página 118

LECCIÓN 10 • CONTANDO EN EL PASADO

Pista 14 Comunicación, página 128

LECCIÓN 11 • ¿CÓMO ERA ANTES?

Pista 15 Comunicación, página 138

LECCIÓN 12 • ME HAN DICHO QUE...

Pista 16 Comunicación, página 148

LECCIÓN 13 • NUESTRAS IDEAS Y SUPOSICIONES

Pista 17 Comunicación, página 158

LECCIÓN 14 • NUESTROS PLANES

Pista 18 Comunicación, página 168

LECCIÓN 15 • NUESTRAS EXPECTATIVAS

Pista 19 Comunicación, página 178

LECCIÓN 16 • NUESTROS DERECHOS, LEYES Y DEBERES

Pista 20 Comunicación, página 188

LECCIÓN 17 • ¿CÓMO NOS CUIDAMOS?

Pista 21 Comunicación, página 222

LECCIÓN 18 • HEMOS DESCUBIERTO SABORES DIVERSOS...

Pista 22 Comunicación, página 232

LECCIÓN 19 • TODO SE TRANSFORMA

Pista 23 Comunicación, página 242

LECCIÓN 20 • ASÍ NOS ENTERAMOS DE TODO

Pista 24 Comunicación, página 252

LECCIÓN 21 • PARADOS

Pista 25 Comunicación, página 262

LECCIÓN 22 • EL MUNDO DE LAS PALABRAS Y LETRAS

Pista 26 Comunicación, página 273

LECCIÓN 23 • CONÉCTATE: NADIE ES UNA ISLA

Pista 27 Comunicación, página 284

LECCIÓN 24 • ASÍ SOMOS NOSOTROS

Pista 28 Comunicación, página 294

CRÉDITOS FOTOGRÁFICOS

(Los créditos están puestos de izquierda a derecha y de arriba abajo)

CID: © Eduardo Santalliestra / CID, p. 65, tercera y cuarta fotos; © Andreza Moreira / CID, p. 80; p. 223; © CID, p. 47; p. 160, primera foto; p. 169 (bicicleta).

Corbis – Latinstock: © Viel / Photocuisine / p. 4 (paella); © Kurt Krieger / p. 5 (Maradona); © Warren Toda / p. 5 (Gael); © Peter Foley / EPA p. 7, primera foto; © Ajax / zefa / p. 10; © Alberto Morante / epa / p. 13, primera foto; © Ariel Skelley / p. 16, primera foto; p. 130, quinta foto; © Simon Marcus / p. 16, segunda foto; p. 47, segunda foto; p. 56, sexta foto; p. 214 (tai-chi-chuan); © Kirk Burris / Stock This Way / p. 16, quinta foto; © Kevin Dodge / p. 16, sexta foto; p. 280, primera foto; © Tracy Kahn / p. 17, primera foto; © Rick Gayle Studio / p. 25 (hija); © Blaine Harrington III / p. 26, segunda foto; p. 30, quinta foto; © Keren Su / p. 26, quinta foto; © Adina Tovy / Robert Harding World Imagery / p. 27, segunda foto; © Walter Bibikow / p. 30, primera foto; © Demetrio Carrasco / JAI / p. 36 (palacio); © Peter M. Wilson / p. 36, (basílica); © Keith Dannemiller / p. 36, (trajineras); © Walter Bibikow / JAI / p. 42; © Randy Faris / p. 50, primera foto; © Orestis Panagiotou / epa / p. 50, segunda foto; © George Tiedemann / GT Images / p. 50, tercera foto; © Daniel Dal Zennaro / epa / p. 50, cuarta foto; © Fernando Bengoechea / Beateworks / p. 56, primera foto; © Leo Mason / p. 56, cuarta foto; © J. Mallet / Photocuisine / p. 65, segunda foto; © Jose Luis Pelaez, Inc. / p. 66, primera foto; © Eddy Risch / epa / p. 70, primera foto; © David Madison / p. 75, quinta foto; © Ted Soqui / p. 76, cuarta foto; © Scot Frei / p. 79 (zapatillas); © Mathias Kulka / Zefa / p. 79 (botas); © Laurie Chamberlain / p. 110, tercera foto; © Archivo Iconográfico, S.A. / p. 110, séptima foto; © Uli Wiesmeier / zefa / p. 115; © Daniel Aubry NYC / p. 119, sexta foto; © Hugh Sitton / zefa / p. 119, novena foto; © Alejandro Ernesto / epa / p. 120, primera foto; © C. Devan / zefa / p. 129, segunda foto; © Holger Scheibe / zefa / p. 129, tercera foto; © Rick Gomez / p. 131, primera foto; © Tim O'Leary / zefa / p. 131, segunda foto; © Toni Garriga / epa / p. 136, segunda foto; © Vicky Alhadeff / Lebrecht Music & Arts / p. 139, primera foto; © Nik Wheeler / p. 139, quinta foto; © Darrell Gulin / p. 139, sexta foto; © Roy McMahon / p. 139, séptima foto; © Charles & Josette Lenars / p. 140, undécima foto; © Michelle Chaplow / p. 139, duodécima foto; © Carlos Cazalis / p. 139, decimal tercera foto; © Adrian Wilson / Beateworks / p. 149; segunda foto; © Peter Turnley / p. 149, tercera foto; © Klaus Hackenberg / zefa / p. 149, sexta foto; © Ann Thomas / p. 160, quinta foto; © Layne Kennedy / p. 169 (avión); © Horst Ossinger / dpa / p. 169 (teleférico); © Pantellis Saitas / epa / p. 173; © Richard Hamilton Smith / p. 179 primera foto; Ed Kashi / p. 179, tercera foto; © Fly Fernandez / zefa / p. 179, cuarta foto; © Tim McGuire / p. 179, quinta foto; © Dany Virgili / epa / p. 180 primera foto; © Don Mason / p. 214 (auriculoterapia); © Motofish Images / p. 214 (ouvindo música); © Envision / p. 233, tercera foto; © Marcelo Del Pozo / Reuters / p. 267, primera foto; © Keith Dannemiller / p. 275 (ómnibus); © Anthony Redpath / p. 280, cuarta foto; © Steven Vidler / Eurasia Press / p. 293, segunda foto.

Folha imagem: © Fabiano Ramos / p. 26, primera foto; © Marlene Bergamo / p. 30, segunda foto; © Samir Baptista / p. 30, tercera foto; © Sérgio Lima / p. 55, segunda foto; © Fernando Moraes / p. 56, quinta foto; © Renato Stockler / Na Lata / p. 79 (pantalón femenino); © Marcelo Barabani / p. 79 (bermuda y gorras); © Roberto Assunção / p.79 (cazadora); © Antônio Gaudério / p. 136, tercera foto; © p. 225, segunda foto; © Vânia Delpoio / p. 225, tercera foto; © Carol Freichas / p. 244, primera foto.

Getty Images: © Alberto Simon / AFP / p. 4 (toreo); © Mark Von Holden / WireImage / p. 5 (Thalía); © p. 5 (Messi); © Rodrigo Varela / WireImage / p.5 (Christian); © Peter Kramer / p. 7, segunda foto; © Ariel Skelley / Photographer's Choice / p. 16, tercera foto; © Stuart Westmorland / Stone / p. 27, primera foto; © Tadao Yamamoto / Sebun Photo / p. 30, cuarta foto; © R H Productions / p. 37; © Lori Adamski Peek / Stone / p. 46, segunda foto; © Phil Boorman / Taxi / p. 46, quinta foto; © Nancy Brown / p. 49; © Feng Li / p. 55, primera foto; © Stewart Cohen / Taxi / p. 56, segunda foto; © Rob Brimson / Taxi / p. 75, séptima foto; © Emmanuel Faure / Stone / p. 75, novena foto; © Marsaili McGrath / p. 76, primera foto; © Vince Bucci / p. 76, segunda foto; © George DeSota / Liaison / p. 76, tercera foto; © Junko Kimura / p. 76, quinta foto; © Chris Moore / Catwalking / p. 76, sexta foto; © Princess Diana Archive / Hulton Archive / p. 79 (vestidos); © Dave King / Dorling Kindersley / p. 79 (calcetines y blusas); © Harri Tahvanainen / Gorilla Creative Images / p. 79 (pantalón masculino); © Mark Mainz / p. 85, primera foto; © Fernanda Calfat / p. 85, segunda foto; © Ramon Cavallo / AFP / p. 119, primera foto; © Jose Jordan / AFP / p. 119, segunda foto; © Rafa Rivas / AFP / p. 119, tercera foto; © Ruth Tomlinson / p. 119, cuarta foto; © David Silverman / p. 130, segunda foto; © Dirk Anschutz / p. 130, cuarta foto; © Mel Yates / p. 131, tercera foto; © Carlos Davila / p. 139, segunda foto; © Las Vegas Stock / O'Gara / Bissell Photography / p. 139, cuarta foto; © David Hogsholt / p. 139, novena foto; © Frederick M. Brown / p. 145; © Petri Artturi Asikainem / p. 149, primera foto; © Erik Dreyer / p. 149, cuarta foto; © Phil Hunt / p. 149, séptima foto; © Alex Lay / p. 169 (tuc tuc); Mitchell Funk / pág. 169 (charrete); © Abid Katib / p. 180, quinta foto; © Stock Food / p. 224 (pescado); © Matthias Clamer / p. 239, segunda foto.

Keystone: © Jupiterimages / p. 4 (iguanas); p. 5 (Macchu Picchu); p. 16, cuarta foto; p. 17, segunda foto; p. 25 (madre, padre, nuera, hijo, yerno, nieta, nieto); p. 27, tercera foto; p. 41; p. 46, tercera y cuarta fotos; p. 50, quinta foto; p. 52; p. 56, tercera foto; p. 65, primera foto; p. 66, segunda, tercera, cuarta y quinta fotos; p. 69, tercera foto; p. 70, segunda, cuarta y quinta fotos; p. 75, primera, segunda, tercera y cuarta fotos; p. 75, sexta foto; p. 75, octava, décima, undécima, duodécima, décima tercera fotos; p. 110, cuarta y quinta fotos; p. 114; p. 129, primera, cuarta y quinta fotos; p. 130, primera foto; p. 136, primera y quinta fotos; p. 139, tercera foto; octava foto; décima foto; p. 150; p. 151; p. 169 (patines); p. 179, segunda foto; p. 180, tercera foto; p. 216; p. 237; p. 244, sexta foto; p. 280, segunda y tercera fotos; p. 285, segunda foto; © Macduff Everton / The Image Works / Top Foto /, p. 36, (afresco); © Everett Collection /, p. 69, cuarta foto; © Javier Larrea / Age Fotostock / p. 110, segunda foto; © Herbst, G. / p. 130, tercera foto; © Chassenet, p. 214 (dor no cotovelo); © Top Foto / p. 286, tercera foto; © Super Stock / Age Fotostock / p. 286, segunda foto; © Danilo Donadoni / Age Fotostock / p. 287, segunda foto.

Kino: © Jacek / p. 26, tercera y cuarta fotos; p. 35; © Iara Venanzi / p. 79 (saia, blusas, camisa masculina); p. 136, cuarta foto; p. 224 (*acarajé*); p. 180, sexta foto.

Latinstock: © Christian Darkin / Science Photo Library / p. 46, primera foto; © Adam Hart-Davis / Science Photo Library / p. 54; © Abaca Press / p. 239, primera foto; © Albert Gea / Reuters / p. 239, tercera foto; © Digital Art / Corbis / p. 285, primera foto; © AKG / p. 287, primera foto.

Olhar Imagem: © Juca Martins / p. 110, sexta foto; p. 160, tercera foto; p. 169 (autobús); p. 169 (jangada); © Ricardo Azoury / p. 111, primera foto; © Zig Koch / p. 111, tercera foto.

Other Images: © Hounsfield Pierre / Gamma / p. 5 (Shakira); © George Contorakes / Masterfile / p. 69, segunda foto; © Masterfile / p. 70, tercera foto; © Roy Ooms / Masterfile / p. 131, cuarta foto; © AEP / Alamy / p. 149, octava foto; © Mike Randolph / Masterfile / p. 160, segunda foto; © Zoran Milich / Masterfile / p. 160, cuarta foto; © W. Otto / p. 180, cuarta foto; © David Schimidt / Masterfile / p. 214 (yoga); © Michele Molinari / Alamy / p. 227, primera foto; p. 233, segunda foto; © Angela Hampton Picture Library / Alamy / p. 227, segunda foto; © Tim Hill / Alamy / p. 227, tercera foto; © Imagebroker / Alamy / p. 227, cuarta foto; © Crispin Rodwell / Alamy / p. 233, primera foto; © Eddie Gerald / Alamy / p. 239, cuarta foto; © Eddie Gerald / Alamy / p. 239, quinta foto; © Roger Bamber / Alamy / p. 244, tercera foto; © Jenny Matthews / Alamy / p. 274, sexta foto; © David R. Frazier Photolibrary, Inc. / Alamy / p. 274, segunda foto; © Robert Harding Picture Library Ltd. / Alamy / p. 286, primera foto; © Robert Fried / Alamy / p. 293, primera foto.

Otras imágenes: © Luis Padilla / Image Plus p. 5 (tango); © Maristela Colucci, p. 111, segunda foto; © Julio Muñoz / AFP Photo, p. 119, quinta foto; © Guillermo G. Montenegro / Notimex / AFP Photo, p. 119, séptima foto; © Jose Jordan / AFP Photo, p. 119, octava foto; © Kevin O'Hara / Agefotostock / Image Plus, p. 120, segunda foto; © Gonzalo Azumendi / Image Plus, p. 120, tercera foto; © Angelo Cavalli / Agefotostock / Image Plus, p. 120, cuarta foto; © Arquivo Particular Pedro Zöhrer, p. 171; p. 175; © Ali Burafi / AFP, p. 180, segunda foto; © Christian Darkin / Science Photo Library, p. 215 (chakras); © Nélio Rodrigues / Abril Imagens, p. 224 (*pão de queijo*); © Eduardo Pozella / Abril Imagens, p. 224 (*arroz com feijão*); © Maurício Barbieri / AE, p. 224 (*vatapá*); © Pedro Rubens / Abril Imagens, p. 225, primera foto; © Gary Atkinson / Photonica / Wide Images, p. 244, quinta foto; © TPG Images / AGB Photo, p. 287, tercera foto.

Pulsar Imagens: © Ricardo Azoury / p. 110, primera foto; © Juca Martins / p. 169 (carro); © João Prudente / Pulsar Imagens, p. 169 (carro de buey);

© **Reuters / Corbis**, p. 292;

Zefa /Corbis: © Kerstin Hamburg / p. 79 (zapatos de tacón).

ESPAÑA

SANTIAGO DE COMPOSTELA
GALICIA
ASTURIAS
OVIEDO
SANTANDER
CANTABRIA
PAÍS VASCO
VITORIA
PAMPLONA
NAVARRA
LOGROÑO
LA RIOJA
CASTILLA-LEÓN
VALLADOLID
FRANCIA
OCÉANO ATLÁNTICO
PORTUGAL
ZARAGOZA
ARAGÓN
CATALUÑA
BARCELONA
MADRID
TOLEDO
MÉRIDA
EXTREMADURA
CASTILLA-LA MANCHA
VALENCIA
VALENCIA
ISLAS BALEARES
MENORCA
MALLORCA
IBIZA
MURCIA
MURCIA
SEVILLA
ANDALUCÍA
MAR MEDITERRÁNEO
CEUTA
MELILLA
LA PALMA
ISLAS CANARIAS
GOMERA
TENERIFE
HIERRO
LANZAROTE
GRAN CANARIA
FUERTE VENTURA
0
90 km
0
1 cm

SANTILLANA
ESPAÑOL

Dirección: *Paul Berry*
Coordinación editorial: *Sandra Possas*
Dirección de arte: *Christiane Borin*
Coordinación gráfica: *André Monteiro da Silva, Maria de Lourdes Rodrigues*
Coordinación de iconografía: *Ana Lucia Soares*
Coordinación de *bureau*: *Américo Jesus*
Coordinación de revisión: *Estevam Vieira Lédo Jr.*
Coordinación de producción industrial: *Wilson Aparecido Troque*

Proyecto editorial: *Daisy Pereira Daniel*

Edición: *Daisy Pereira Daniel*
Asistente editorial: *Priscilla Elyane Bernardes, Daiene P. S. de Melo*
Corrección: *Engenho e Arte, Daisy Pereira Daniel*
Revisión lingüística: *Eugenia Flavian*
Revisión: *Letras e Ideias Assessoria em textos Ltda.*
Diseño gráfico: *Andreza Moreira*
Ilustración: *Moa, Laboro Comunicação, Vicente Mendonça*
Diseños especiales: *Raquel Buim Barradas, Daniel de Souza Fantini, Laboro Comunicação*
Cubierta: *Andreza Moreira*
Captura de fotos: *Janaína Horie*
Tratamiento de fotos: *Evaldo de Almeida, Fabio N. Precendo, Rubens M. Rodrigues*
Maquetación: *Grapho Editoração*
Preimpresión: *Helio P. de Souza Filho, Marcio Hideyuki Kamoto*
Fotomecánica: *Grapho Editoração*
Impresión: Digital Page Gráfica e Editora

Críticas y sugerencias:

Dados Internacionais de Catalogação na Publicação (CIP)
(Câmara Brasileira do Livro, SP, Brasil)

Español, esencial : volume único : ensino médio /
Lívia Rádis Baptista (org.). -- 2. ed --
São Paulo : Moderna, 2011.

Inclui CD.
ISBN 978-85-16-07481-4 (aluno)
ISBN 978-85-16-07482-1 (professor)

1. Espanhol (Ensino médio) I. Baptista Rádis,
Lívia.

11-13455 CDD-460.7

Índice para catálogo sistemático:
1. Espanhol : Ensino médio 460.7

SANTILLANA
EDITORA MODERNA LTDA.
Rua Padre Adelino, 758 — Belenzinho
São Paulo — SP — Brasil — CEP 03303-904
Central de atendimento ao usuário: 0800 771 8181
Fax +55 11 2790-1284
www.santillana.com.br
2014
Impresso no Brasil

Organización
Lívia Rádis Baptista

Elaboración
Lecciones
Claudia Pacheco Vita
Daniela Sayuri K. Kanashiro
Francis da Silveira Firmo
Isabel Rivas M. Gradvohl
María Alicia Manzone Rossi
Myrta Garcia Pradel Biondo
Solange Chagas do N. Munhoz

Manual del Profesor
Lívia Rádis Baptista

Cuaderno de actividades
Fábio Marques de Souza
María Alicia Manzone Rossi
Sandra Tânia Hurtado Lazarte
Solange Chagas do N. Munhoz
Priscilla Lyane Bernardes

Tabloide
Selección de textos, Actividades y Manual del Profesor
Elena María Barcellós Morante
Óscar Domínguez Núñez

HISPANOAMÉRICA